Financial Law

工业和信息化普通高等教育"十三五"规划教材立项项目

21世纪高等院校经济管理类规划教材

金融法

□ 贾翱 主编

人民邮电出版社

北 京

图书在版编目（CIP）数据

金融法 / 贾翱主编. -- 北京：人民邮电出版社，
2017.4
21世纪高等院校经济管理类规划教材
ISBN 978-7-115-44992-4

Ⅰ. ①金… Ⅱ. ①贾… Ⅲ. ①金融法－中国－高等学
校－教材 Ⅳ. ①D922.28

中国版本图书馆CIP数据核字(2017)第034188号

内 容 提 要

　　本书是作者在总结多年金融法教学改革和金融法实务经验的基础上，精心编写的一本金融法教材。全书立足于我国最新的金融法律法规，结合当前金融业改革与创新成果，全面介绍了金融法的基础知识和最新发展。本书内容深入浅出、重点突出、条理清晰、注重理论联系实际。

　　本书提供 PPT 等资料，资料索取方式请参见书末的"配套资料索取示意图"或通过编辑 QQ：602983359 及微信：15652315123 索取。

　　本书适合普通高等院校本、专科学生使用，也可作为金融从业人员培训教材和自学参考读物。

◆ 主　　编　贾　翱
　　责任编辑　万国清
　　责任印制　杨林杰

◆ 人民邮电出版社出版发行　　北京市丰台区成寿寺路 11 号
　　邮编　100164　电子邮件　315@ptpress.com.cn
　　网址　http://www.ptpress.com.cn
　　三河市中晟雅豪印务有限公司印刷

◆ 开本：787×1092　1/16
　　印张：17.25　　　　　　　2017 年 4 月第 1 版
　　字数：426 千字　　　　　2017 年 4 月河北第 1 次印刷

定价：49.80 元

读者服务热线：(010)81055256　印装质量热线：(010)81055316
反盗版热线：(010)81055315
广告经营许可证：京东工商广字第 8052 号

前言

经过数十年的改革发展，中国的金融结构日益完善，金融从业者和金融机构日益增多，金融在国民经济中的地位越来越重要。尤其是近几年来，中国的金融环境发生了巨大的变革，金融创新的步伐不断加快，更多的金融工具被引入实践领域。在银行领域、资本市场、财富管理、保险领域等方面都有很多可喜的变化，金融改革为创新驱动提供了强大的动力。

本书编者曾在中国工商银行的基层支行担任法律顾问，获得博士学位以后在东北财经大学法学院从事民商法、经济法方面的教学研究工作。同时，也在海内外知名的北京大成律师事务所担任执业律师并以金融业务作为主要执业领域。曾参与新三板挂牌、公司并购重组、私募基金设立与运行、民营银行设立、资产证券化、不良资产处置、银行理财等方面的诉讼和非诉讼法律业务，具有丰富的金融法理论研究和实务运作经验。

本书内容全面，涵盖了金融法的主要领域。目前我国的金融活动可以按金融领域划分为四类，第一类是间接融资，主要是信贷市场融资。涉及的法律制度包括银行机构法、银行业务法、非银行金融机构法、票据法等；二类是直接融资，主要在包括货币市场和资本市场在内的证券市场进行。涉及的法律包括证券法、期货法等；第三类是资产管理。随着居民财富的增加，中国资产管理行业日渐繁荣。涉及的法律包括信托法、投资基金法等；第四类是大数定律下的互助关系，即保险关系。涉及的法律主要是保险法。本书对上述金融领域的法律规范和基础知识均进行了介绍。

本书贴近现实，关注金融实践中的热点问题。今天中国金融领域热点不断。金融脱媒步伐加快，民营银行纷纷设立，大资管时代到来，新股发行注册制改革推进，上市公司突破3 000家，新三板进入万家时代，公司债扩容，资产证券化产品创新，私募基金如雨后春笋，互联网金融兴起，P2P网络借贷经历繁荣和阵痛，险资频频举牌等。本书力求将鲜活实际的金融法案例引入金融法课堂，使读者能在书本和生活之间实现平滑快速的转换。

本书的形式多样。在正文之外，穿插了小知识、法规索引、文本链接、案例阅读、延伸阅读、资料链接、法律实务、常用网站等模块。在篇幅有限的情况下，尽可能让读者获得更多实用内容。本书提供PPT等资料，资料索取方式请参见书末的"配套资料索取示意图"或通过编辑QQ：602983359及微信：15652315123索取。

金融是现代经济的核心，法治则是现代金融的前提，金融活动的开展离不开相关的法律规范。希望通过本书，让更多的人了解金融法，并为中国金融事业的发展做出贡献。在本书编写过程中，东北财经大学法学院王子正老师，研究生赫云、黄乔丹、孙唯，本科生张沈硕以及人民邮电出版社的编辑们向我提供了很多帮助，向他们表示感谢！本书难免出现缺点和错误，欢迎读者批评指正。

编 者

目　录

第一章

金融法基本理论

学习目标

通过本章的学习，较为全面、系统地掌握金融法的基本原理、把握金融法体系的总体框架，进而为以后各章的学习，以及准确把握金融法的具体法律制度并在实践中应用打下坚实的理论基础。

关键概念

金融　金融关系　金融法　金融法的基本原则　金融法律关系　金融法体系　金融体制　金融立法

引导案例

微信支付入选2014中国十大金融创新案例

微信支付是一种在微信平台上的移动支付方式。2014年，以微信公众号+微信支付为基础，"微信智慧生活全行业"解决方案致力于帮助传统行业将原有商业模式"移植"到微信平台，并为亿万网友带来"水和电"一样的智慧生活方式。

思考：通过微信支付案例思考金融法的功能。

第一节　金融法的概念和调整对象

一、金融

金融通常被理解为货币或货币资金余缺的融通、调剂活动的总体。其内涵可以表述为：经济生活中所有货币资产借贷、买卖等活动以及在信用基础上组织起来的货币流通这两个不可分割部分的集合。金融是跨时间、跨空间的价值交换。

金融活动的表现形式十分丰富，包括：货币的发行、流通与回笼；存款的吸收与支付；贷款的发放与收回；票据的承兑与贴现；银行同业拆借；金银和外汇的买卖；国内、国际货币的收付与结算；股票、债券的发行与交易；财产的信托；融资租赁；证券投资基金；保险；等等。金融既有别于货币流通和信用活动，又容纳、概括了这两者，

> **视听学习**
>
> 中央电视台纪录片《华尔街》——以华尔街金融危机为契机，梳理两百多年来，以证券市场为中心的现代金融来龙去脉；是站在华尔街，在历史坐标中，探寻、发现资本市场兴衰与经济起伏的规律；为中国决策者提供依据，为资本市场的实践者提供镜鉴，为中国大众提供关于资本市场的启示。
>
> http://jingji.cntv.cn/special/hej/01/

是货币流通和信用活动相互依存、相互作用的产物。

金融活动一般分为直接金融、间接金融、资产管理和大数定律下的互助关系或称之为经济补偿关系等四种形式。金融市场也可以分为四个市场：证券市场、信贷市场、保险市场和资产管理市场。

第一类是间接融资，主要是信贷市场融资。信贷市场主要的特点是金融中介机构所筹集的资金以债权的方式自主运用，存款人承担中介机构倒闭的风险。吸收存款是间接金融中介机构——银行的专属权。

📖 小知识

金融脱媒

金融脱媒是指在金融管制的情况下，资金供给绕开商业银行体系，直接输送给需求方和融资者，完成资金的体外循环。随着经济金融化、金融市场化进程的加快，商业银行主要金融中介的重要地位在相对降低，储蓄资产在社会金融资产中所占比重持续下降及由此引发的社会融资方式由间接融资为主向直、间接融资并重转换。金融深化（包括金融市场的完善、金融工具和产品的创新、金融市场的自由进入和退出、混业经营和利率、汇率的市场化等）也会导致金融脱媒。金融脱媒是经济发展的必然趋势。

第二类是直接融资，主要是证券市场的产品。证券市场分为货币市场和资本市场，其中不管通过债务工具还是股权工具筹措资金，都是投资方要直接承担融资方的风险。

第三类是资产管理。资产管理关系在本质上是一种信托关系。信托关系就是金融中介机构按照协议合同以受托人的名义管理处置财产，委托人享受收益，承担风险。随着居民财富的增加，中国进入了"大资管时代"。

📖 小知识

大资管时代

随着国内机构与个人财富的迅速积累，急需更丰富、多元化的资产管理渠道，才能使中国的资产管理行业迅猛发展。自 2012 年 5 月以来，中国的资产管理行业迎来了一轮监管放松、业务创新的浪潮。新一轮的监管放松，在扩大投资范围、降低投资门槛以及减少相关限制等方面，均打破了证券公司、期货公司、证投基金管理公司、银行、保险公司、信托公司之间的竞争壁垒，使资产管理行业进入进一步的竞争、创新、混业经营的大资管时代。

第四类是大数定律下的互助关系，主要是保险关系。保险业具有基于精算技术的经济补偿功能，投保人承担经营机构的偿付风险。

二、金融法

法治是现代金融的核心前提，金融活动的开展离不开相关的法律规范。法是由国家强制力保证实施的法律规范系统构成的，调整同一类性质的社会关系的法律规范集合而成的一个法律部门或法律制度。

实质意义上的金融法，就是指调整金融关系和金融管理关系的法律规范系统，或表述为调整金融关系和金融管理关系的法律规范的总和。

形式意义上的金融法，是指国家立法机关制定的调整金融关系和金融管理关系的规范性文件，也就是金融法律或金融法规，例如《商业银行法》《银行业监督管理法》《证券法》《保险法》《外汇管理条例》等。目前我国尚未制定集中调整金融关系的以"金融法"命名的法律，从世界范围上来看，也没有哪个国家制定以金融法命名的包含大部分金融法律规范的法典。对金融法，大多从实质意义上去定义。因此，金融法是调整金融关系和金融管理关系的法律规范的总称。

想一想

金融法和民法、商法、经济法的关系如何？

三、金融法的调整对象

法的调整对象是社会关系，也可以说人的行为是法的调整对象。从金融法的定义看，其调整的对象就是金融关系和金融管理关系。

在市场经济条件下，金融经营者（包括银行或其他非银行金融机构）相互之间、金融经营者与其他工商企业等市场主体之间、金融经营者与金融消费者之间，以及金融经营者和金融消费者与政府金融监管部门之间以及金融机构与个人之间，都存在着融资活动和金融管理活动，从而构成复杂的金融关系和金融管理关系。

金融关系是指金融经营者（包括银行或其他非银行金融机构）相互之间、金融经营者与其他工商企业等市场主体之间以及它们与金融消费者（主要是客户）之间发生的各种融资关系。由于资金形成和使用在时间上存在差异，必然会形成一部分经济主体成为资金盈余者，而另一部分成为资金短缺者，这是融资关系形成的客观基础。

金融管理关系是指金融监督管理机关为规范和保护金融市场，依法对金融经营主体（主要是银行和非银行金融机构）、金融消费主体所从事的金融经营活动和金融消费行为进行监督管理和保护而发生的社会关系。它主要包括银行业、信托业监管关系，证券业、基金业监管关系，保险业监管关系等。如银监会因商业银行的设立、变更、接管和终止而产生的金融监管关系；对各类存款、贷款与中介业务等经营活动进行监管而产生的金融监管关系等。

案例 1-1

某银行违规被罚 140 万元

2016年11月，银监会网站发布消息，上海某银行杭州分行违规办理无真实贸易背景的银行承兑汇票业务；贷款资金回流转存保证金或定期存款为银行承兑汇票业务提供担保等业务，被中国银监会浙江银监局罚款人民币140万元。处罚依据：《银行业监督管理法》第46条；《商业银行法》第35条；《票据法》第10条；《中国银监会办公厅关于加强银行承兑汇票业务监管的通知》（银监办发〔2012〕286号）；《中国银监会办公厅关于银行承兑汇票业务案件风险提示的通知》（银监办发〔2011〕206号）。

第二节　金融法的原则

一、金融法基本原则的含义

金融法的基本原则，是金融立法的指导思想，是调整整个金融关系及从事金融调控、监管活动和金融业务活动必须遵循的行为准则。它是金融法本质和内容的最集中的表现，对金融法的各个法律制度具有普遍的意义和指导作用。

金融法的基本原则在不同性质的国家有所不同，在同一国家经济发展的不同时期也会有别。它往往与一国某一时期的经济发展水平、货币金融政策目标等密切相关，是一国特定的经济、金融环境在法律上的反映。

二、我国金融法的基本原则

为适应社会主义市场经济体制的建立和发展，我国金融法应遵循以下几个原则。

1. 规范和完善国家金融调控、监管行为的原则

我国在全国范围内统一国家对金融业的法律、法令管理，由法定国家金融调控、监管部门统管金融全局，依法制定统一的金融规章和货币金融政策，对金融各业各机构的市场准入、市场退出、业务开展以及金融市场实行统一、无例外的监管，不受其他政府部门、地方政府、经济组织和个人的非法干涉。

金融调控、监管部门不能一身兼有管理金融和从事一般商业性金融业务的双重职能，而应由其制定统一的货币金融政策和金融规章，执行金融调控、监管等法定金融公共事务职能；金融各业的商业性、政策性、专业性机构在法律、法规、规章和统一的金融政策允许范围内开展金融业务活动，依法享有经营自主权，但不得行使金融管理方面的职能。

国家金融调控、监管部门要适应金融自由化、全能化、电子化、全球化发展的趋势和要求，改善人民银行货币调控措施和手段，尽量用间接的、经济的、法律的方法来调控金融，以实现宏观经济目的；在金融监管方面，要从制度、体制、机制多方面入手，完善有关金融监管独立性、问责制、透明度和操守诸要素的建设，使政府机构金融监管与金融企业治理、行业组织自律、社会中介和金融客户监督实现有机结合和良性互动，真正实现对金融机构和金融市场的动态化、功能化的审慎性金融监管。

2. 稳定货币与促进经济增长相结合的原则

经济增长、币值稳定是市场经济协调发展的重要标志，是一国货币政策的主要目标。我国中央银行法也把"保持货币币值的稳定，并以此促进经济增长确定为我国的货币政策目标，从而使其成为我国金融法的重要原则。

保持币值稳定，对内是指保持物价稳定，对外是指保持人民币汇率的稳定。要稳定币值，就必须贯彻货币制度独立、统一的方针，执行经济发行的原则。货币制度的独立是指货币政策的制定和实施要与其他政策相互独立，货币的发行必须与财政发行、政府信用分开，即财政部门不得向人民银行透支，人民银行不得直接认购、包销国债和其他政府债券，不得向地方政府、各级政府部门提供贷款。统一是指货币的发行与管理要统一由人民银行负责，其他银行非依法律规定或经特别授权不得发行任何形式的银行券。稳定货币是与经济发行相联系的，是指货币的发行只能是满足生产和流通的正常需要，使货币的总供给和总需求保持平衡，

从而保持货币币值的稳定，防止通货膨胀。此外，还应保持内外经济发展的均衡。

促进经济增长，要求货币的发行、金融机构金融活动的开展、金融监管与调控行为的进行要有利于为经济发展创造良好的货币金融环境，使经济活动保持较快的、平稳的、可持续的发展势头。

视听学习

中央电视台十集
大型纪录片《货币》
http://jishi.cntv.cn/2015
/01/16/ARTI142139725
3626179.shtml

3. 维护金融市场主体利益和社会利益的原则

金融活动和金融关系涉及各方面当事人的权益。金融法必须明确金融机构在金融活动中应当维护各方当事人的合法权益。由于资金融通量大，经济关系复杂，经营风险高，加之现代社会信息交流快，所以金融业对社会影响极大。金融法采取的货币政策工具和其他制度措施，必须考虑减少金融风险，维护国家与社会整体利益及金融安全。

案例 1-2

金融委托理财合同中保底条款无效

关某与某证券公司签订书面协议一份，写明："本金100万元，2012年利润各分50%，1年为期，亏损由某证券公司全部承担，截止日为2012年12月31日。"截至2012年12月31日，关某账户上的资金仅剩70万元，亏损30万元，故诉至法院，请求判令某证券公司赔偿亏损30万元。某证券公司则称亏损应由关某自行承担，不予赔付。法院经审理认为：双方所签协议中关于"理财亏损由某证券公司全部承担"的条款，具有保底条款的性质，违背了民法的公平原则以及委托关系中责任承担的规则，亦违背了基本的经济规律和资本市场规则，应属无效约定。因保底条款系金融类委托理财合同的目的条款和核心条款，不能成为相对独立的合同无效部分，故保底条款无效应导致委托理财合同整体无效。无效的合同自订立之时即不具有效力，因此，合同被确认无效后，相应权益应当恢复至合同订立之时的状态，即由受托人向委托人返还委托资产，故判决支持了关某的诉讼请求。

4. 提高资金使用效率原则

金融在现代整体经济中占据主导性地位，是现代经济的核心。金融活动的好坏、金融秩序的稳定与否，直接决定着国家整体经济的运行情况，也攸关着人民大众的生活福祉，并最终影响到所有社会主体的经济利益。因此，金融法律制度的制定、金融机构的设置、金融市场的构建、金融业务活动的开展和金融监管调控行为的实施，都必须以增进社会整体经济利益、维护整体金融秩序的稳定为依归，而不得对此加以损害。

5. 防范和化解金融风险原则

金融业是从事货币资金融通的、具有高度设置公共性的特种行业，是时刻面临多种类型风险威胁的高风险行业。所谓"风险"是可能发生的危险。金融风险即金融的不确定性危险，它随金融业的发展与创新而日益多样化。金融风险包括信用风险、国家和转移风险、市场风险、利率风险、流动性风险、操作风险、法律风险、声誉风险等。

6. 维护国家主权和尊重国家惯例原则

市场经济是开放型经济，市场经济体制要求与国际经济体制接轨。随着经济全球化、区域经济一体化、金融自由化进程的加快和我国对外开放的深入，我国的经济、金融活动将日益融合到国际经济、区域经济"大家庭"中去。特别是2007年我国的金融业依"入世"承诺全面对外开放，外资金融机构大量涌入，我国的金融业也越来越广泛地参与国际金融活动。我国的金融立法要大胆地借鉴市场经济国家中金融立法的通行做法，采用国际金融立法的通例，培养和发育开放型的金融市场。同时，又要从我国的基本国情出发，从维护国家主权和促进本国经济的发展入手，对外债、外汇、人民币国际化进行必要的监督管理，对外资金融机构在华的市场准入、市场退出、业务经营等活动及我国境外中资金融机构及其活动进行立法管理和有效的金融监管。

第三节　金融法的渊源和体系

一、金融法的渊源

金融法的渊源是指金融法律规范的表现形式。我国金融法的渊源包括国内渊源和国际渊源两大类。

（一）国内渊源

1. 宪法

宪法作为金融法的渊源，主要是指宪法中涉及调整金融关系的法律条文，如我国《宪法》第 15 条规定："国家实行社会主义市场经济。国家加强经济立法，完善宏观调控。国家依法禁止任何组织或个人扰乱社会经济秩序。"《宪法》第 18 条规定："中华人民共和国允许外国的企业和其他经济组织或者个人依照中华人民共和国法律的规定在中国投资，同中国的企业或者其他经济组织进行各种形式的经济合作。在中国境内的外国企业和其他外国经济组织以及中外合资经营的企业，都必须遵守中华人民共和国的法律。它们的合法的权利和利益受中华人民共和国法律的保护。"宪法是我国金融法律规范的最高法律形式，是我国金融立法的基础。

2. 金融法律

金融法律是由国家最高权力机关及其常设机关依法制定的调整金融关系的规范性文件，是一国金融法的主要渊源。在我国，金融法律是指由全国人民代表大会依法制定和颁布的调整金融机构及其业务活动的规范性法律文件。可以分为专门金融立法和其他部门法中与金融有关的部分。近年来，我国专门金融法律的数量逐渐增加，内容逐渐完善。如的《中国人民银行法》《商业银行法》《证券法》《保险法》《信托法》《银行业监督管理法》等。

除此之外，其他普通法律中也有涉及金融活动的有关规定。如《民法通则》中关于民事主体、财产所有权、债权等方面的法律规定；《担保法》中有关保证、抵押、质押的规定；《公司法》中关于组织形式的规定；《合同法》关于借款合同、融资租赁合同的规定；等等。

金融法律不得与宪法相抵触，在整个金融法律体系中，金融法律位阶最高，其权威性、效力层次仅次于宪法。

3. 金融行政法规

金融行政法规主要是指国务院依照法定权限、法定程序制定、颁布的调整金融机构及其业务活动的规范性文件。金融行政法规是我国金融法的重要表现形式，如《中国人民银行货币政策委员会条例》《人民币管理条例》《储蓄管理条例》《企业债券管理条例》《储蓄管理条例》《借款合同条例》《股票发行与交易管理暂行条例》等。由上述国务院金融管理职能部门制定的金融行政法规，数量十分庞大。除专门调整金融关系的行政法规外，其他行政法规中调整金融关系的法律规范，也是金融法的渊源。

4. 金融部门规章

金融部门规章主要是中国人民银行和金融监管机关等主管金融工作的行政部门根据法律和行政法规的规定，在职权范围制定和颁布的调整金融机构及其业务活动的规范性文件。《宪法》第 90 条第 2 款规定，各部、各委员会根据法律和国务院的行政法规、决定、命令，在本部门的权限内，发布命令、指示和规章。我国金融主管机关有中国人民银行、中国银行业监督管理委员会、中国证券监督管理委员会和中国保监会等。这些金融主管机关为执行金融法律、行政法规制定了大量规章。如中国人民银行发布的《支付结算办法》《贷款通则》《银行账户管理办法》，中国证监会发布的《私募投资基金监督管理暂行办法》《公司债券发行与交易管理办法》《上市公司重大资产重组管理办法》等。

> **文本链接**
>
> 中国银监会办公厅立法工作计划 http://www.cbrc.gov.cn/chinese/home/docView/C50391C0D6F14A368CF6286CC4834C90.html

5. 金融地方性法规和规章

地方各级人民代表大会和地方各级人民政府，在法律规定的权限内制定的调整金融关系的地方性法规，也是金融法的渊源。地方法规仅在制定机关所辖区域内有效。如自 2016 年 7 月 1 日起实施的《山东省地方金融条例》。

6. 金融自律性规范

金融自律性规范是由金融业的行业协会、市场组织机构等制定的，约束其内部成员及市场参加者的具有自治自律性质的行为规范，如我国银行业协会、证券业协会、基金业协会、保险业协会等的章程和自律性质的行为规范，上海、深圳证券交易所的股票上市规则等。金融自律规范在一定的行业协会和业务范围内，具有一定的内部约束力和强制规范力，对金融秩序的稳定发挥着重要作用，因此，金融自律性规范在理论上应当被视为金融法的渊源。

📖 **小知识**

中国银行业协会会员签署自律公约

2006 年 7 月 7 日，中国银行业协会 68 家会员金融机构共同签署《中国银行业反商业贿赂承诺》和《中国银行业从业人员道德行为公约》《中国银行业从业人员流动公约》《中国银行业反不正当竞争公约》，向社会各界做出"反对商业贿赂"的郑重承诺。《中国银行业反商业贿赂承诺》及三个公约是银行业协会为配合银监会开展治理商业贿赂专项工作，组织各会员单位，广泛征集社会各界的意见和建议，反复修改、推敲形成的。三个公约对于银行业从业人员的职业道德、执业规范以及合理流动、公平竞争等方面都提出了明确要求。

7. 金融司法解释

金融司法解释属于法律的正式解释或有权解释，是司法机关基于宪法和法律的授权而对法律所作出的解释。在我国，最高人民法院和最高人民检察院在适用金融法律的过程中所作出的规范性文件，也是调整金融法律关系的法律渊源。我国典型的金融司法解释，如最高人民法院《关于审理票据纠纷案件若干问题的规定》《关于审理存单纠纷案件的若干规定》《最高人民法院关于审理融资租赁合同纠纷案件适用法律问题的解释》等。

（二）国际渊源

1. 国际条约

我国缔结或参加的与金融有关的国际条约，除我国声明保留的以外，构成我国金融法的重要渊源。我国缔结或者参加的国际条约与我国法律有不同规定的，适用该国际条约的规定，即国际条约具有优先于国内法的效力。目前，我国缔结或加入的国际金融条约、协定主要有：《国际货币基金组织协定》《国际复兴开发银行协定》《国际复兴开发银行协定附则》《国际复兴开发银行贷款和国际开发协会信贷采购指南》及中国加入 WTO《关于金融服务承诺的谅解》《世界贸易组织协定》及其附件等；此外，还包括我国与一些国家达成的清算支付协定、贷款协定等。

2. 国际金融惯例

国际金融惯例是指在国际金融交往实践中逐渐形成的不成文规则，它通常指人们在长期的国际金融实践中经反复的类似行为而形成，并被从事有关实践的当事人普遍认为具有法的约束力的习惯做法和通例。为了有效促进国际惯例的统一化，一些国际组织与学术团体对某些国际金融惯例进行了整理和系统编撰，从而形成了规范的国际惯例文件。目前，在世界范围内具有普遍影响力的国际惯例包括：国际商会的《商业单据托收统一规则》《商业跟单信用证统一惯例》，世界银行的《贷款协定和担保协定通则》《合同担保统一规则》，巴塞尔银行监管委员会的《巴塞尔资本协议 I》《有效银行监管核心原则》，以及国际保理联合会的《国际保付代理通则》等。此外，国际金融惯例还包括国际金融活动中的一些习惯，如贷款协定中的格式条款和订立程序等。

我国国内法规定了国际惯例的效力，即中华人民共和国法律和缔结或者参加的国际条约没有规定的，可以适用国际惯例。

> **常用网站**
> 中国金融法研究中心
> http://www.zgjrf.com/

二、金融法的体系

> **学术观点**
> 我国金融法律体系的现状与缺陷
> http://news.hexun.com/2015-07-22/177740717.html

金融法的体系是指一国调整不同领域的金融关系的法律规范所组成的有机联系的统一整体。按不同的标准有不同的划分方法。

金融法具有综合性和复杂性的特征，因此，金融法的法律部门也无法在理论上做出完美周延的划分。对金融法律部门的划分不一定要拘泥于严格的形式逻辑，应以有利于发挥法律制度的功能和实现法律体系的和谐为标准。综合各国的金融立法情况，结合我国实际，金融法主要由以下这些法律部门组成。

1. 银行法

银行法是调整银行的主要组织和业务行为的法律规范的总称。按不同的标准，银行法可以划分成不同的类别：按银行类型的不同，可以分为中央银行法、商业银行法、外资银行法等；按银行的运作情况，可分为银行组织法和银行业务法等。

案例 1-3

《商业银行法》最新修改

2015年8月29日，中华人民共和国主席习近平颁布了中华人民共和国主席令第34号。根据第十二届全国人民代表大会常务委员会第十六次会议决定对《中华人民共和国商业银行法》作如下修改：①删去第39条第1款第2项。②删去第75条第3项中的"存贷比例"。自2015年10月1日起施行。

2. 非银行金融机构法

广义的非银行金融机构，是指除商业银行和专业银行以外的所有金融机构。主要包括公募基金、私募基金、信托、证券、保险、融资租赁等机构以及财务公司等。狭义的非银行金融机构包括货币经纪公司、财务公司、金融资产管理公司、汽车金融公司、消费金融公司、贷款公司、小额贷款公司、典当行等。围绕上述机构形成了一系列法律规范。

3. 证券法

证券法是调整证券发行和流通中发生的资金融通关系的法律规范。不同的角度证券法亦有不同的分类：从静态上，按证券的种类，可以分为债券法和股票法；从动态上，即从证券融资的运作过程，可以分为证券发行法和证券交易法。证券法还包括上市公司并购以及新三板市场的法律规范。

4. 票据法

票据法是规定票据的种类、形式、内容及调整票据关系的法律规范。

5. 保险法

保险法是调整保险关系的法律规范。通常由保险业法、保险合同法和保险特别法三部分组成。

6. 信托法

信托法是调整金融信托关系的法律规范，主要包括信托机构的设立条件、法律地位、信托业务规范、信托合同制度等内容。

7. 融资租赁法

融资租赁法是调整融资租赁关系的法律规范，主要包括融资租赁公司成立的条件、法律地位、融资租赁合同等内容。

8. 金融担保法

在现代市场经济中，金融担保应用日趋广泛，由于金融业务的特点，金融担保往往形成特殊的法律关系，金融担保法律制度十分重要。

9. 投资基金法

投资基金法是调整投资基金关系的法律规范的总称。投资基金是一种集合投资，涉及的

法律关系复杂多样。投资基金法主要包括证券投资基金法和私募股权投资基金法。

10. 互联网金融法

近年来，互联网金融异军突起，其发展异常火爆。与此同时，其风险集聚不可忽视，要促进互联网金融健康发展，互联网金融的"野蛮生长"亟待依法治理和规范。随着一系列规范性文件的颁布，互联网金融法成为金融法中的一个重要组成部分。

11. 期货法

期货法是调整期货交易关系和期货管理关系的法律规范。

12. 金融监管法

金融监管法是调整金融业监督管理关系的法律规范系统。自 2004 年 2 月 1 日起施行的《银行业监督管理法》，连同《证券法》《保险法》《信托法》《证券投资基金法》《外汇管理条例》等法律法规中的规定的商业银行、证券、保险、信托、基金、外汇流通等监管法律规范内容，构成了我国金融监管体系。

13. 金融调控法

金融调控是指国家综合运用经济、法律和行政手段，调节金融市场，保证金融体系稳定运行，实现物价稳定和国际收支平衡。金融调控是宏观经济调控的重要组成部分。金融调控法是调整金融调控关系的法律规范。

14. 外汇管理法

外汇管理又称外汇管制，一般是指一个国家为了维持国际收支平衡和汇价水平的稳定，对外汇买卖和国际结算实行限制性的政策。外汇管理法是调整外汇管理过程中产生的社会关系的法律规范的总称。

15. 涉外金融法

涉外金融法是调整涉外金融关系的法律规范的总称。涉外金融关系包括企业跨境上市、中国企业境外上市、企业跨境债券发行、跨境银团贷款、国际项目融资贷款、国际贸易融资、中国企业跨境贷款等活动形成的法律关系。

第四节 金融法的功能和作用

从总体上讲，金融法的功能在于促进社会经济的发展。从结构上将，金融法的功能具有递进的三个层次：首先，金融法可以推动和促进金融市场的健康发展；其次，金融法可以完善和加强宏观调控体系；最后，金融法还可以从整体层面维护和实现整体经济利益。

一、推动和促进金融市场健康发展

建立和完善社会主义市场经济体制，是我国经济体制改革的目标和战略任务，建立和完善社会主义市场经济体制，必须发展和完善我国的金融市场，建立能够保证良好的金融秩序的法律环境。金融法根据社会对金融业的多向度、多层次、多样化的个性服务需求，合理设置具有不同功能的全能化、专业化的商业性金融机构和合作金融机构，特定目的的政策性金融机构，建立不同类型的货币市场、多层次的资本市场和其他金融市场；设置完善的市场监管制度来规范金融交易行为，防范系统性、全局性金融风险，为建立统一开放、有序竞争、充满生机的金融市场提供可靠的法律保障。

二、完善和加强宏观经济调控体系

我国的宏观调控体系是财政、金融、计划、对外经济政策等相互配合和制约的系统工程。在现代社会里，金融是现代经济的核心，金融业是事关全局、事关千家万户的公共性行业，金融市场是瞬息万变、充满了不确定性的市场，任何一个金融机构的金融活动开展，已经超越了交易个体自身的范围，这就需要通过金融法对金融业进行宏观调控。金融调控是整个宏观经济调控的重要组成部分，通过金融立法使金融调控与其他调控政策相互配合，对社会总供给和总需求进行平衡，对于完善宏观经济调控体系具有重要的意义。

资料链接

中国立法程序
http://news.sina.com.cn/pc/2012-03-08/326/2561.html

案例链接

五大案例深度解析金融消费者如何妥善维权
http://www.360doc.com/content/16/0506/12/11/1113159_556731315.shtml

三、维护和实现整体经济利益

金融在现代整体经济中占据主导性地位，是现代经济的核心。金融活动的好坏，金融秩序的稳定与否，直接决定着国家整体经济的运行状况，也攸关人民大众的生活福祉，并最终影响到所有社会主体的经济利益。

第五节　金融法律关系

金融法律关系的构成要素是指构成金融法律关系不可缺少的组成部分，和其他法律关系的构成要素一样，金融法律关系的构成要素也是由主体、客体和内容三个要素构成。

一、金融法律关系主体

金融法律关系主体是指参加金融法律关系，依法享有权利、承担义务的当事人。国家机关、企事业单位、社会组织和个人依法可以成为金融法律关系的主体，而金融机构则是金融法律关系的当然主体。

1. 金融经营主体

金融经营主体主要是各类银行和非银行金融机构。各类银行是指政策性银行、国有商业银行、股份制银行、城市商业银行、农村商业银行、农村合作银行、外资银行、外国银行分行、中外合资银行以及其他经营存款、放款、汇兑结算等业务的金融企业。非银行金融机构是指未冠以"银行"字样的经营信托、投资、租赁、债券、保险、货币经纪等金融业务的金融机构，也称其他金融机构。包括保险公司、证券公司、信托公司、财务公司、货币经纪公司、金融租赁公司、小额贷款公司等。

2. 金融消费主体

金融消费主体主要包括法人和非法人组织以及自然人。法人和非法人组织包括各经济组织、事业单位、社会团体。这些主体可以是法人组织，也可以是非法人的合伙组织、联营组织。自然人包括中国公民、外国公民、无国籍人。他们参与金融活动就成为金融法律关系的主体。自然人一般应具有权利能力和行为能力才能成为金融法律关系主体，但在特殊情况下，无行为能力人或限制行为能力人也能成为金融法律关系的主体。

3. 金融监管和服务主体

金融管理主体主要包括中国人民银行、国家外汇管理局、中国银行业监督管理委员会、中国证券业监督管理委员会、中国保险监督管理委员会。它们作为法定的国家金融监管、调控部门，代表国家组织、管理金融机构及其活动，代表国家监管、调控金融市场。除此之外，一些金融行业自律组织，也发挥部分金融监管职能。例如，中国银行业协会、中国证券业协会、中国期货业协会、中国证券投资基金业协会、中国保险行业协会、中国银行间市场交易商协会等。一些为金融市场提供服务的公司也具有部分监管职能。例如，全国中小企业股份转让系统有限责任公司、中国证券登记结算有限责任公司、上海证券交易所、深圳证券交易所等。

小知识

中国银行间市场交易商协会

中国银行间市场交易商协会（National Association of Financial Market Institutional Investors，NAFMII）是由市场参与者自愿组成的，包括银行间债券市场、同业拆借市场、外汇市场、票据市场和黄金市场在内的银行间市场的自律组织，会址设在北京。

---

4. 金融特殊主体

在特定的情况下，国家也能以主体身份参加金融活动，成为金融法律关系的主体。如发行货币、发行国家公债、缔结国际条约等就是国家的特权。

二、金融法律关系客体

金融法律关系的客体是指参加金融法律关系的主体的权利义务所共同指向的对象。没有金融法律关系的客体，金融法律关系

常用网站

中国金融服务法治网
http://www.financialservicelaw.com.cn/

也不可能产生，权利和义务就会落空。能够成为金融法律关系客体的有货币、外汇、金银、有价证券、票据、期权、金融衍生品等金融资产和金融调控行为、监管行为、交易行为、服务行为。

货币是金融法上最广泛和基础的客体。货币是指固定的充当一般等价物的特殊商品。在信用货币条件下，货币是一种交换媒介，是保有或向社会索取等量物质财富的权利。从性质上说，货币为动产、代替物、种类物、消耗物。货币具有价值尺度、流通手段、储藏手段、支付手段和世界货币五种职能。在货币形态上，经历了由实物货币、金属货币到纸币的发展过程，并随着信息化的发展出现了电子货币。货币形态不断更新，但其基本职能不变。货币作为特殊商品，占有货币也就取得了货币的所有权。

货币有本币与外币之分。本币为本国的货币，外币为外国的货币。我国的本币为人民币，在境内可任意流通。我国香港和澳门特别行政区的货币、台湾地区的货币以及外国的货币属于限制流通物，在境内一般不能作为支付手段。

《中国人民银行法》第 16 条规定："中华人民共和国的法定货币是人民币。以人民币支付中华人民共和国境内的一切公共的和私人的债务，任何单位和个人不得拒收。"根据该条规定，人民币是我国流通的法定货币。

依据我国法律规定，中国人民银行是我国的货币发行机关，而且是唯一的货币发行机关。《中国人民银行法》第18条规定："人民币由中国人民银行统一印制、发行。中国人民银行发行新版人民币，应当将发行时间、面额、图案、样式、规格予以公告。"除中国人民银行外，任何单位和个人都不得发行或变相发行货币；未经国家批准，任何单位和个人都无权动用国家的货币发行基金；人民币发行的数额、票券和铸币的种类、式样都须报国务院批准决定。中国人民银行作为货币发行机关直接对国家负责。

根据《中国人民银行法》和《人民币管理条例》的有关规定，中国人民银行作为货币发行机关和国家管理人民币的主管机关，其负有的发行和管理职责主要有：组织和设计新版人民币；统一管理人民币的发行，回收、销毁停止流通的和残缺、污损的人民币；维护人民币的信誉，保障人民币的流通；制定货币发行业务有关的规章规定；宣传国家货币发行政策，组织反假人民币工作；办理人民币发行基金的保管、调运、销毁及核算业务；办理商业银行和其他金融机构存取现金业务；监督、检查、协调商业银行和其他金融机构的现金出纳业务。

三、金融法律关系内容

金融法律关系内容是指主体之间的权利义务。鉴于具体金融法律关系的繁杂，金融法律关系主体之间的权利义务不尽相同。例如，证券法律关系中主体的权利义务和保险法律关系中主体的权利义务就是不相同的。

四、金融法律关系责任

金融法律关系责任是指当违反金融法律规定的行为发生后，应当按照法律事先规定的性质、范围、程度、期限和方式追究违法者的责任。

追究金融法律责任要坚持一定的原则，主要包括三个方面：一是责任法定原则。即指当违反金融法律规定的行为发生后，应当按照法律事先规定的性质、范围、程度、期限和方式追究违法者的责任。二是公正原则。即公平、正义。公正原则的基本要求是：首先，对违法行为应当承担法律责任的，必须予以追究；其次，责任与违法程度相适应，即法律责任的种类、强度必须与违法行为的社会危害性、行为人的主观恶意程度和责任能力相一致；再次，法律面前人人平等。三是必要程序保障原则。程序保障的具体内容是法律责任的追究要履行一定的法定程序，赋予当事人以必要的程序参与权。

1. 民事责任

民事责任是指民事主体在民事活动中，因实施了民事违法行为，根据民法所承担的对其不利的民事法律后果或者基于法律特别规定而应承担的民事法律责任。民事责任属于法律责任的一种，是保障民事权利和民事义务实现的重要措施，是民事主体因违反民事义务所应承担的民事法律后果。它主要是一种民事救济手段，旨在使受害人被侵犯的权益得以恢复。

案例 1-4

南纺股份民事赔偿案

2014年5月，上市公司南纺股份收到证监会下发的《行政处罚决定书》，认定南纺股份在2006年至2010年期间存在虚构利润的证券违法行为。最终，证监会对南纺股份罚款50万元，并对12名责任人员共罚款103万元。2015年9月，南纺股份公告显示，公司已收到66起证券虚假陈述股民索赔案件，诉讼金额共计约1 279万元，案件均由南京市中级人民法院受理。南纺股份在2015年一份公告中称：公司根据股民索赔诉讼受理情况及实际赔付情况滚动计提预计负债并列入营业外支出。根据诉讼目前进展情况，经公司财务测算，将补提预计负债并增加营业外支出约336万元。

2. 刑事责任

刑事责任是依据国家刑事法律规定，对犯罪分子依照刑事法律的规定追究的法律责任。刑事责任包括两类问题：一是犯罪，二是刑罚。对于金融犯罪的犯罪分子应追究其刑事责任。金融犯罪即发生在金融活动过程中的，违反金融管理法规，破坏金融管理秩序，依法应受刑罚处罚的行为。诸如洗钱、金融诈骗等均是我们日常生活中所熟悉的金融犯罪类型。

小知识

刑法中的金融犯罪罪名

《刑法》第三章破坏社会主义市场经济秩序罪中的第四节破坏金融管理秩序罪包括了 30 个罪名：伪造货币罪；出售、购买、运输假币罪；金融工作人员购买假币、以假币换取货币罪；持有、使用假币罪；变造货币罪；擅自设立金融机构罪；伪造、变造、转让金融机构经营许可证、批准文件罪；高利转贷罪；骗取贷款、票据承兑、金融票证罪；非法吸收公众存款罪；伪造、变造金融票证罪；妨害信用卡管理罪；窃取、收买、非法提供信用卡信息罪；伪造、变造国家有价证券罪；伪造、变造股票、公司、企业债券罪；擅自发行股票、公司、企业债券罪；内幕交易、泄露内幕信息罪；利用未公开信息交易罪；编造并传播证券、期货交易虚假信息罪；

诱骗投资者买卖证券、期货合约罪；操纵证券、期货市场罪；背信运用受托财产罪；违法运用资金罪；违法发放贷款罪；吸收客户资金不入账罪；违规出具金融票证罪；对违法票据承兑、付款、保证罪；逃汇罪；骗购外汇罪；洗钱罪。第五节金融诈骗罪包括 8 个罪名，即集资诈骗罪、贷款诈骗罪、票据诈骗罪、金融凭证诈骗罪、信用证诈骗罪、信用卡诈骗罪、有价证券诈骗罪及保险诈骗罪。

3. 行政责任

行政责任是指经济法主体违反经济法律法规依法应承担的行政法律后果，包括行政处罚和行政处分。行政责任是指因为违反行政法或因行政法规定而应承担的法律责任，行政法律规范要求国家行政机关及其公务人员在行政活动中履行和承担的义务。

案例 1-5

骗取贷款罪承担刑事责任

2012年10月，某银行与上海某酒业公司签订合作协议，银行为购买酒业公司产品且有分期付款需求的借款人提供贷款。2012年11月至2013年4月，彭某作为酒业公司实际负责人，虚构18人系酒业公司购货商身份，伪造相关材料，骗取银行贷款2 018万余元，案发时尚有1 053万余元无力偿还。经检察院提起公诉，上海市浦东新区人民法院2014年11月判决上海某酒业公司犯骗取贷款罪，罚金20万元。彭某犯骗取贷款罪，判处有期徒刑1年零6个月，罚金2万元，违法所得责令退赔。

本章小结

本章主要介绍了金融法的概念和调整对象、金融法的基本原则、金融法的渊源和体系、金融法的功能和作用、金融法律关系的含义，以及金融法律关系的主体、客体、内容和责任。

第二章

银行机构法

学习目标

银行在我国的金融体系中占有重要地位，本章旨在学习了解我国主要银行机构法律制度，以及中央银行、商业银行、政策性银行、民营银行、村镇银行等银行机构的概念、性质、特征、业务范围、设立与变更的程序、法律监管等内容。

关键概念

中央银行　商业银行　政策性银行　外资银行　村镇银行　民营银行　城市商业银行　城乡信用社
资金互助合作社

引导案例

银监局处罚银行违规行为

2016年11月，江苏银监局官网显示，苏州银监分局10月8日向某银行苏州分行开出了一份行政处罚单。苏州银监分局认为，上述银行"未发现其消费贷款被借款人挪用于支付首付款，严重违反审慎经营规则"。早在2016年9月，另一家银行的苏州分行就曾因未发现"首付贷"问题被罚款25万元。而这是自"首付贷"被叫停后，江苏省开出的首张罚单。

思考：什么是商业银行的审慎经营规则？

第一节　中央银行

一、中央银行概述

中央银行是国家最高的货币金融管理组织机构，在各国金融体系中居于主导地位。国家赋予其制定和执行货币政策，对国民经济进行宏观调控，对其他金融机构乃至金融业进行监督管理权限。中央银行与其他金融机构在业务上的根本区别在于，中央银行所从事的业务不是为了营利，而是为实现国家宏观经济目标服务。

🤓 小知识

中国历史上的中央银行

中国最早的中央银行名为户部银行，于1905年8月在北京开业，它是清末官商合办的银行，模仿西方国家中央银行而建立。1928 年 11 月 1 日，法定中央银行为国家银行，行使中央银行职责。1948 年 12 月 1 日，中国人民银行在石家庄正式宣告成立。1998 年 10 月，中国人民银行及其分支机构在全国范围内进行改组，撤销中国人民银行省级分行，在全国设立 9 个跨省、自治区、直辖市的一级分行，重点加强对辖区内金融业的监督管理。1995 年 3 月 18 日，为了确立中国人民银行的地位，明确其职责，保证国家货币政策的正确制定和执行，建立和完善中央银行宏观调控体系，维护金融稳定，制定了《中国人民银行法》。

二、中国人民银行的性质与法律地位

1. 中国人民银行的性质

《中国人民银行法》第 2 条规定："中国人民银行是中华人民共和国的中央银行。中国人民银行在国务院的领导下，制定和执行货币政策，防范和化解金融风险，维护金融稳定。"该法第 8 条规定："中国人民银行的全部资本由国家出资，属于国家所有。"

中国人民银行是我国的中央银行，是国务院组成部门，是特殊的国家机关。作为中央银行，人民银行在国务院领导下，制定和实施货币政策，承担金融宏观调控职能；拥有资本，可依法开展业务，行使发行的银行、政府的银行和银行的银行的职能；同时，它还是国家金融稳定的重要力量，在国务院领导下防范和化解系统性、整体性金融风险，维护金融稳定。

2. 中国人民银行的法律地位

中国人民银行的性质，及我国现行的政治体制结构，决定了人民银行的法律地位只能是在国务院领导下具有相对独立性的国家金融调控与监管机关。人民银行的工作人员是国家公务员。

三、中国人民银行的职能与职责

1. 中国人民银行的职能

按《中国人民银行法》第 2 条的规定，人民银行的基本职能是在国务院领导下，制定和执行货币政策，防范和化解金融风险，维护金融稳定。该法第 4 条又规定了人民银行的 13 项职责。中国人民银行具有中央银行应当具备的一切职能，即具有发行的银行、银行的银行、政府的银行、金融调控和监管的银行等职能。

2. 中国人民银行的职责

中国人民银行的职责包括：发布与履行其职责有关的命令和规章；依法制定和执行货币政策；发行人民币，管理人民币流通；监督管理银行间同业拆借市场和银行间债券市场；实施外汇管理，监督管理银行间外汇市场；监督管理黄金市场；持有、管理、经营国家外汇储备、黄金储备；经理国库；维护支付、清算系统的正常运行；指导、部署金融业反洗钱工作，负责反洗钱的资金检测；负责金融业的统计、调查、分析和预测；作为国家的中央银行，从事有关的国际金融活动；国务院规定的其他职责。

人民银行作为执行货币政策的部门，可以依照该法第四章的有关规定从事金融业务活动。

四、中国人民银行的组织机构

（一）领导机构

人民银行的领导机构是人民银行的决策机构和执行机构，包括行长一人，副行长若干人。

行长根据国务院总理提名，由全国人大决定；人大闭会期间，由全国人大常委会决定，由国家主席任免。副行长由国务院总理任免。人民银行实行行长负责制，行长领导人民银行工作，副行长协助行长工作。人民银行总行行长属于国务院的组成人员，每届任期五年，可以连任。

中国人民银行实行行长负责制，行长在国务院的领导下，主持中国人民银行的工作。副行长协助行长工作。中国人民银行不再设理事会，由行长一人主持工作和承担责任。

（二）货币政策委员会

依据《中国人民银行法》第 12 条和《中国人民银行货币政策委员会条例》（1997 年 4 月 15 日国务院发布），人民银行还设有货币政策委员会，作为其制定货币政策的咨询议事机构。其职责是：在综合分析宏观经济形势的基础上，依据国家的宏观经济调控目标，讨论下列货币政策事项，并提出建议：货币政策的制定、调整；一定时期内的货币政策控制目标；货币政策工具的运用；有关货币政策的重要措施；货币政策与其他宏观经济政策的协调。

（三）总、分支机构

1. 总行

中国人民银行总行设在北京。经中央有关部门批准，2005 年 8 月 10 日，中国人民银行设立了上海总部。上海总部作为总行的有机组成部分，在总行的领导和授权下开展工作，主要承担部分中央银行业务的具体操作职责，同时履行一定的管理职能。

小知识

中国人民银行上海总部

上海总部承担的职责主要有：根据总行提出的操作目标，组织实施中央银行公开市场操作；管理银行间市场，跟踪金融市场发展，研究并引导金融产品的创新；负责对区域性金融稳定和涉外金融安全的评估；负责有关金融市场数据的采集、汇总和分析；围绕货币政策操作、金融市场发展、金融中心建设等开展专题研究；负责有关区域金融交流与合作工作，承办有关国际金融业务；承担国家部分外汇储备的经营和黄金储备经营管理工作；承担上海地区人民银行有关业务的工作等。上海总部承担的管理职能包括对现有上海分行辖区内人民银行分支机构的管理，以及人民银行部分驻沪企事业单位的管理和协调。直接管理的单位包括中国外汇交易中心、中国反洗钱检测分析中心、人民银行数据处理中心、人民银行征信服务中心等；协调管理的单位是中国银联和上海黄金交易所。

2. 国内分支机构

人民银行根据履行职责的需要设置分支机构，作为人民银行的派出机构，人民银行对分支机构实行统一领导和管理。

小知识

人民银行分支机构

中国人民银行根据履行职责的需要设有天津、沈阳、上海、南京、济南、武汉、广州、成都、

3．驻外机构

为适应金融对外开放的需要，人民银行还设有以下驻外机构：中国人民银行驻北美洲代表处、中国人民银行驻欧洲（伦敦）代表处、中国人民银行驻法兰克福代表处、中国人民银行驻加勒比开发银行联络处、中国人民银行驻非洲代表处、中国人民银行驻东京代表处、中国人民银行驻南太平洋代表处。

五、中国人民银行的业务

1．中国人民银行业务活动的特点与原则

中国人民银行作为我国的中央银行和国家金融调控、监管机关，为履行其宏观调控和金融监管的基本职能，必然要开展业务活动。但由于它的特殊银行与特殊机关的特殊性质决定其业务活动开展也必然具有特殊性，必须遵循特定的原则。

想一想

中国人民银行的业务与商业银行的业务有何区别？

2．中国人民银行的法定业务

综观《中国人民银行法》第三章、第四章的规定，人民银行的法定业务主要包括以下内容：统一印刷、发行人民币；要求银行业金融机构按规定比例交存存款准备金；确定中央银行基准利率；为银行业金融机构办理再贴现；向商业银行提供贷款；开展公开市场业务操作；依法律、行政法规经理国库；代理财政部门向各金融机构组织发行、兑付国债和其他政府债券；组织或者协助组织银行业金融机构相互间的清算系统，协调清算事项，提供清算服务。

视听学习

中国人民银行决定自 2013 年 7 月 20 日起全面放开金融机构贷款利率管制
http://v.ifeng.com/news/finance/201307/01f87dff-f0d2-4f9b-9b25-b2ab851972df.shtml

3．中国人民银行的禁止性业务

为确保人民银行宏观调控职能的实现，《中国人民银行法》规定了人民银行不得进行的业务，主要包括：不得向商业银行发放超过 1 年的贷款；不得对政府财政透支，不得直接认购、包销国债和其他政府债券；不得向地方政府、各级政府部门提供贷款；不得向非银行金融机构以及其他单位和个人提供贷款，但国务院决定人民银行可以向特定的非银行机构提供贷款的除外；不得向任何单位和个人提供担保。

六、中国人民银行的金融监督管理权

人民银行享有的金融监督管理权具体包括以下几种。

1．对金融市场的监测、调控权

人民银行有权依法监测金融市场的运行情况，对金融市场实施宏观调控，以促进其协调

发展。

2. 直接检查监督权

人民银行有权对金融机构以及其他单位和个人的下列行为进行检查监督：执行有关存款准备金管理规定的行为；与人民银行特种贷款（指国务院决定人民银行向金融机构发放的用于特定目的的贷款）有关的行为；执行有关人民币管理规定的行为；执行有关银行间同业拆借市场、银行间债券市场管理规定的行为；执行有关外汇管理（包括批准商业银行等经营外汇、售汇业务）规定的行为；执行有关黄金管理规定的行为；代理人民银行经理国库的行为；执行有关清算管理规定的行为（包括会同银监会制定支付结算规则）；执行有关反洗钱规定的行为。

3. 建议检查监督权

人民银行根据执行货币政策和维护金融稳定的需要，可以建议银监会对银行业金融机构进行检查监督；银监会应当自收到建议之日起 30 日内予以回复。此一规定旨在避免监管重复，减轻银行业金融机构负担，提高监管效率。

4. 特定情况下的全面检查监督权

当银行业金融机构出现支付困难时，可能引发金融风险时，为维护金融稳定，人民银行经国务院批准，有权对银行业金融机构进行检查监督。此项检查监督权不受《中国人民银行法》第 32 条规定范围的限制。

5. 获取有关报表、资料权及相关处罚权

人民银行根据履行职责的需要，有权要求银行业金融机构报送必要的资产负债表、利润表以及其他财务会计、统计报表和资料。

6. 编制和公布全国金融统计数据权

人民银行负责统一编制全国金融统计数据、报表，并按照国家有关规定予以公布。

为保障人民银行能够切实履行金融监管职责，协调与其他监管机构的关系，避免监管真空和重复监管，人民银行应当建立、健全本系统的稽核、检查制度，加强内部的监督管理；人民银行应当和银监会、国务院其他金融监管机构建立监督管理信息共享机制；国务院建立金融监督管理协调机制，具体办法由国务院规定。

七、中国人民银行的财务会计和法律责任

人民银行的财务会计制度，由财务预算管理、财务收支与会计事务、年度报表及年度报告三方面的内容构成。

延伸阅读

中国人民银行年度报表与报告

中央银行的金融年度报表和年报的内容包括：货币发行情况、金银配售情况、存款准备金情况，再贴现情况，国库储备变化以及外汇储备情况，市场现金流量变化情况，利率变化情况和汇率变化情况等。中央银行负责进行国家的金融统计工作和金融市场的调查工作。在统计资料的基

础上制成年度报表，在报表的基础上编制中央银行的年报。年报的内容对国家宏观经济和经济决策部门制定有关政策是非常必要的。中国人民银行应当于每一个会计年度结束后的 3 个月内，编制资产负债表、损益表和相关的财务会计报表，并编制年度报告，按照国家有关规定予以公布。会计年度从公历的 1 月 1 日起到 12 月 31 日止。中央银行年度报表应该在第二年的 3 月份前编制完毕，在公开出版的《中国人民银行公报》上公布。

《中国人民银行法》针对各类主体的各种违法行为，以一章的篇幅专章规定了各种违法行为应当承担的法律责任。具体包括违反人民币发行及流通管理规定行为人的法律责任、违反金融监督管理规定行为人的法律责任、人民银行及其工作人员违法行为的法律责任和其他组织和个人违法行为的法律责任。

1998 年 7 月国务院发布的《非法金融机构和非法金融业务活动取缔办法》、1999 年 1 月国务院通过的《金融违法行为处罚办法》、1998 年 5 月人民银行发布的《关于对金融机构违法、违规经营责任人的行政处分规定》、2001 年人民银行发布的《中国人民银行行政处罚程序规定》和《中国人民银行行政复议办法》对有关法律责任及行政救济等问题作了进一步明确规定。

案例 2-1

中国人民银行对某支付网络公司违法行为进行处罚

2016年3月11日，中国人民银行宁波市中心支行对某支付网络服务股份有限公司宁波分公司做出甬银罚字〔2016〕第3号处罚决定，该公司因违反"1. 未按规定履行客户身份识别义务；2. 未按规定报送大额交易报告或者可疑交易报告；3. 与身份不明的客户进行交易或者为客户开立匿名、假名账户"三项规定，被处以共计100多万元的罚款。2014年1月1日至2015年10月12日，该公司宁波分公司未按照《支付机构反洗钱和反恐怖融资管理办法》（银发〔2012〕54号）第10条、第11条、第14条、第19条、第20条、第21条、第23条规定履行客户身份识别义务，根据《反洗钱法》第32条第（一）项规定，处以30万元罚款；未按照《支付机构反洗钱和反恐怖融资管理办法》第33条、第36条规定对交易进行监测、分析和报送可疑交易报告，根据《反洗钱法》第32条第（三）项规定，处以30万元罚款；未按照《支付机构反洗钱和反恐怖融资管理办法》第10条、第11条、第14条、第19条、第20条、第21条、第23条要求与身份不明的客户进行交易，根据《中华人民共和国反洗钱法》第32条第（四）项规定，处以35万元罚款。另根据《反洗钱法》第32条第（一）项、第（三）项和第（四）项规定，对该公司宁波分公司1名相关责任人员处以6.5万元罚款。

第二节 商 业 银 行

一、商业银行法概述

1. 商业银行的概念、性质和职能

商业银行是以金融资产和负债为经营对象，以利润最大化或股东收益最大化为主要目标，提供多样化服务的综合信用中介机构，是金融企业的一种。根据《商业银行法》第 2 条的规定，商业银行是指依法设立的吸收公众存款、发放贷款、办理结算等业务的企业法人。

实用网站

中国银行业协会官方网站
http://www.china-cba.net/

商业银行作为金融组织体系的基本主体，其对现代经济生活的重要性集中反映在它的四个基本职能上，即信用中介职能、支付中介职能、信用创造职能、金融服务职能。

商业银行的种类繁多，除了中央银行和政策性银行以外，其他银行都可以归入商业银行的范畴。包括股份制商业银行、外资银行、民营银行、村镇银行、农村商业银行、城市商业银行、农村信用社等。

2. 商业银行的业务范围

根据我国《商业银行法》第3条的规定，商业银行可以经营下列部分或全部业务：吸收公众存款；发放短期、中期和长期贷款；办理国内外结算；办理票据承兑和贴现；发行金融债券；代理发行、代理兑付、承销政府债券；买卖政府债券、金融债券；从事同业拆借；买卖、代理买卖外汇；从事银行卡业务；提供信用证服务及担保；代理收付款项及代理保险业务；提供保管箱业务；经中国银监会批准的其他业务。上述商业银行业务，按资金来源和用途，可归纳为三大类，即负债业务、资产业务和中间业务。

商业银行以安全性、流动性、效益性为经营原则，实行自主经营，自担风险，自负盈亏，自我约束。商业银行依法开展业务，不受任何单位和个人的干涉。商业银行以其全部法人财产独立承担民事责任。

3. 我国的商业银行法律规范体系

1995年，我国制定并发布了《商业银行法》，该法是我国规范商业银行组织和行为的基本法律。曾于2003年和2015年两次修订。除《商业银行法》外，还包括数量众多的法律、法规和规范性文件。主要包括：①银行业相关法律。包括《银行业监督管理法》《反洗钱法》等。②银行业行政法规。包括《储蓄管理条例》《现金管理暂行条例》《个人存款账户实名制规定》等。③银行业司法解释。包括《最高人民法院关于审理存单纠纷案件的若干规定》《最高人民法院关于审理信用证纠纷案件若干问题的规定》等。④银行业相关部门规章及规范性文件。这部分内容较多，依据内容主要有以下类别：行政许可、机构管理、业务准入管理、董事及高管人员管理、银行综合业务、银行授信业务、银行表外（中间）业务、非银行金融机构业务、公司治理、内部控制、风险管理、会计与财务管理、资本管理、信息披露、统计与非现场监管等。

二、商业银行的市场准入和变更

（一）商业银行的组织机构

1. 组织形式

我国《商业银行法》第17条规定，商业银行的组织形式适用《公司法》的规定。因而也即规定了商业银行必须采取股份有限公司或有限责任公司（包括国有独资公司）的形式成立。在我国的现有商业银行中，绝大多数是股份制商业银行。

2. 内部组织机构

采取有限责任公司形式的银行，其内部组织机构包括股东会、董事会、行长等高级管理层和其领导下的各职能部门，及监事会等监督机构。采取国有独资公司形式的国有独资商业银行，不设股东会，由国有资产监督管理机构行使股东会职权，并可由其授权银行董事会行使股东会的部分职权，决定银行的重大事项。国有独资银行设立监事会，监事会的产生办法由国务院规定。采取股份有限公司形式的商业银行，其内部组织机构由股东大会、董事会、行长等高级管理层及职能部门和监事会组成。

（二）商业银行的设立

1. 商业银行的设立条件

根据《商业银行法》第12条的规定，设立商业银行应当具备下列五个条件：①有符合《商业银行法》和《公司法》规定的章程；②有符合《商业银行法》规定的注册资本最低限额；③有具备任职专业知识和业务工作经验的董事、高级管理人员；④有健全的组织机构和管理制度；⑤有符合要求的营业场所、安全防范措施和与业务有关的其他设施。此外，设立商业银行，还应当符合其他审慎性条件。

设立全国性商业银行的注册资本最低限额为10亿元人民币。设立城市商业银行的注册资本最低限额为1亿元人民币，设立农村商业银行的注册资本最低限额为5 000万元人民币。注册资本应当是实缴资本。国务院银行业监督管理机构根据审慎监管的要求可以调整注册资本最低限额，但不得少于上述限额。

〰️ **案例 2-2** 〰️

交通银行（卢森堡）有限公司巴黎分行正式成立

当地时间2016年11月15日，交通银行（卢森堡）有限公司巴黎分行正式开业。这是继2015年交通银行（卢森堡）有限公司成立后，该行利用欧盟护照便利在欧盟境内跨国设立的首家分行，标志着该行欧洲机构布局进一步完善。始建于1908年的交通银行是中国历史最悠久的银行之一，中国内地规模第五大的商业银行，分别在香港和上海证交所挂牌上市。截至2016年9月末，交通银行集团资产总额达80 918.1亿元人民币，较年初增长13.09%；实现净利润525.78亿元人民币，同比增长1.03%。境内在职员工近10万人，业务涵盖商业银行、投资银行、证券、信托、租赁、基金、保险、离岸服务等诸多金融领域。

2. 商业银行的设立程序

商业银行的设立程序可分为筹建申请、开业申请、申领证照三个程序。

（1）筹建申请。设立商业银行，申请人应当向中国银监会提交下列文件、资料：申请书，申请书应当载明拟设立的商业银行的名称、所在地、注册资本、业务范围等；可行性研究报告书；中国银监会规定提交的其他文件、资料。

国有商业银行法人机构、股份制商业银行法人机构的筹建申请，应当由发起人各方共同向银监会提交，银监会受理、审查并决定。银监会自受理之日起4个月内做出批准或不批准的书面决定。城市商业银行法人机构的筹建申请，应当自发起人各方共同向拟设地银监局提交，拟设地银监局受理并初步审查，银监会审查并决定。银监会自收到完整申请材料之日起4个月内作出批准或不批准的书面决定。

中资商业银行法人机构的筹建期为批准决定之日起6个月。国有商业银行、股份制商业银行法人机构未能按期筹建的，该机构筹建应当在筹建期届满前1个月向银监会提交筹建延期报告。筹建延期不得超过一次，筹建延期的最长期限为3个月。该机构筹建组应在规定的期限届满前提交开业申请，逾期未提交的，筹建批准文件失效，由决定机关办理筹建许可注销手续。

（2）开业申请。商业银行筹建就绪，其筹建申请经审查符合商业银行成立的法定要求，申请人应当提出开业申请，填写正式申请表，并提交下列文件、资料：章程草案；拟任职的董事、高级管理人员的资格证明；法定验资机构出具的验资证明；股东名册及其出资额、股份；持有注册资本5%以上的股东的资信证明和有关资料；经营方针和计划；营业场所、安全防范措施和与业务有关的其他设施的资料；中国银监会规定的其他文件、资料。国有商业银行、股份制商业银行法人机构的开业申请应当向银监会提交，由银监会受理、审查并决定。银监会自受理之日起2个月内做出核准或不予核准的书面决定。城市商业银行法人机构的开业申请应当向所在地银监局提交，由所在地银监局受理并决定。银监局自受理之日起2个月内做出核准或不予核准的书面决定，抄报银监会。

（3）申领证照。中资商业银行法人机构应在收到开业核准文件并按规定领取金融许可证后，根据工商行政管理部门的规定办理登记手续，领取营业执照。

中资商业银行法人机构应自领取营业执照之日起6个月内开业。国有商业银行、股份制商业银行未能按期开业的，应在开业期限届满前1个月：向银监会提交开业延期报告。开业延期不得超过一次，开业延期的最长期限为3个月。中资商业银行法人机构未能在规定期限内开业的，开业核准文件失效，由决定机关办理开业许可注销手续，收回其金融许可证，并予以公告。

商业银行的分支机构在设立时，申请人应当向银监会提交下列文件、资料：①设立分支机构的申请书，载明拟设立的分支机构的名称、营运资金额、业务范围、总行及分支机构所在地等；②申请人最近两年的财务会计报告；③分支机构拟任职的高级管理人员的资格证明；④分支机构的经营方针和计划；⑤分支机构的营业场所、安全防范措施和与业务有关的其他设施的资料；⑥银监会规定的其他文件、资料。

经批准设立的商业银行分支机构，由中国银监会颁发经营许可证，并凭该许可证向工商行政管理部门办理注册登记，领取营业执照。

案例 2-3

锦州银行本溪分行成立

辽宁省银监局本溪银监分局2016年10月10日作出《关于锦州银行股份有限公司本溪分行开业的批复》（本银监复〔2016〕24号）。内容为，根据《中国银行业监督管理委员会中资商业银行行政许可事项实施办法》等有关规定，经审核，同意锦州银行股份有限公司本溪分行开业，并应自批复之日起10日内到分局领取金融许可证，并到工商行政管理部门办理登记，领取营业执照。2016年11月28日，锦州银行本溪分行正式开业运营，这是锦州银行在辽宁省内设立的第11家分行。

（三）商业银行的变更

商业银行的变更是指商业银行组织的变更和重大事项的改变，包括商业银行的分立、合并和重大事项的变更。

商业银行有下列变更事项之一的，应当经中国银监会批准：变更名称；变更注册资本；变更总行或者分支行所在地；调整业务范围；变更持有资本总额或者股份总额 5%以上的股东；修改章程；国务院银行业监督管理机构规定的其他变更事项；商业银行更换董事、高级管理人员时，应当报经中国银监会审查其任职资格。

中国银监会发布的《中资商业银行行政许可事项实施办法》等对商业银行法人机构变更、境内分支机构变更、境外机构变更等的条件、程序作了详细规定。

三、商业银行的接管和终止

1. 商业银行的接管

商业银行已经或者可能发生信用危机，严重影响存款人的利益时，国务院银行业监督管理机构可以对该银行实行接管。接管的目的是对被接管的商业银行采取必要措施，以保护存款人的利益，恢复商业银行的正常经营能力。被接管的商业银行的债权债务关系不因接管而变化。

接管由国务院银行业监督管理机构决定，并组织实施。国务院银行业监督管理机构的接管决定应当载明下列内容：被接管的商业银行名称；接管理由；接管组织；接管期限。接管决定由国务院银行业监督管理机构予以公告。接管自接管决定实施之日起开始。自接管开始之日起，由接管组织行使商业银行的经营管理权力。接管期限届满，国务院银行业监督管理机构可以决定延期，但接管期限最长不得超过两年。有下列情形之一的，接管终止：接管决定规定的期限届满或者国务院银行业监督管理机构决定的接管延期届满；接管期限届满前，该商业银行已恢复正常经营能力；接管期限届满前，该商业银行被合并或者被依法宣告破产。

想一想

商业银行接管制度与破产制度有何区别和联系？

2. 商业银行的终止

商业银行因分立、合并或者出现公司章程规定的解散事由需要解散的，应当向国务院银行业监督管理机构提出申请，并附解散的理由和支付存款的本金和利息等债务清偿计划。经国务院银行业监督管理机构批准后解散。商业银行解散的，应当依法成立清算组，进行清算，按照清偿计划及时偿还存款本金和利息等债务。国务院银行业监督管理机构监督清算过程。

商业银行因吊销经营许可证被撤销的，国务院银行业监督管理机构应当依法及时组织成立清算组，进行清算，按照清偿计划及时偿还存款本金和利息等债务。商业银行不能支付到期债务，经国务院银行业监督管理机构同意，由人民法院依法宣告其破产。商业银行被宣告破产的，由人民法院组织国务院银行业监督管理机构等有关部门和有关人员成立清算组，进行清算。商业银行破产清算时，在支付清算费用、所欠职工工资和劳动保险费用后，应当优先支付个人储蓄存款的本金和利息。

案例链接

海南发展银行：中国银行业倒闭第一案
http://finance.sina.com.cn/money/bank/20130626/072415917875.shtml

商业银行因解散、被撤销和被宣告破产而终止。

第三节　政策性银行

一、政策性银行概述

（一）政策性银行的概念

政策性银行是指由政府创立、参股或保证，不以营利为目的，专门为贯彻、配合政府经济政策、社会政策，在特定的业务领域内，直接或者间接地从事政策性融资活动的专门金融机构。政策性银行既不同于中央银行，也不同于商业银行。政策性银行的一些特殊的融资原则和特征包括资金主要来源于政府、融资条件法定、不以营利为目的、体现政策引导性以及主要从事资产业务等。政策性银行一般单独立法，不受商业银行法的制约。

小知识

政策性银行与商业银行的区别

政策性银行与商业银行的区别体现在以下几方面：①经营方式不同。政策性银行多由政府出资建立，业务上由政府相应部门领导。商业银行多采取股份制的形式，业务上自主经营、独立核算。②资金来源不同。政策性银行一般不接受存款，也不接受民间借款。而商业银行以存款作为其主要的资金来源。③经营目的不同。政策性银行是为了支持某些部门的发展而专门成立的，不以营利为目的，与相应的产业部门关系密切。而商业银行则以利润最大化为经营目的，业务范围广泛。

（二）我国的政策性银行的法律规范

我国关于政策性银行立法文件主要分为三类，包括法律、行政法规和决定、命令和规章。

1. 法律

相关法律主要集中在监管方面。如 2003 年 12 月 27 日修改后的《中国人民银行法》第52 条中明确规定："本法所称银行业金融机构，是指在中华人民共和国境内设立的商业银行、城市信用合作社、农村信用合作社等吸收公众存款的金融机构以及政策性银行。"《中国人民银行法》规定对银行业金融机构实施的有关监管制度对于政策性银行来说也是适用的。《银行业监督管理法》第 2 条对银行业金融机构进行了解释，其中也包括政策性银行。在监管上不区分政策性银行、商业银行还是其他银行业金融机构。《银行业监督管理法》在附则第 48 条中规定，对在中国境内设立的政策性银行、金融资产管理公司的监督管理，法律、行政法规另有规定的，依照其规定。除了上述规定，我国现行法律中再无对政策性银行的规定。

2. 行政法规

目前关于政策性银行的行政规章和制度主要有《国务院关于组建国家开发银行的通知》（1994）、《国务院关于组建中国农业发展银行的通知》（1994）、《中国农业发展银行组建和运行方案》（1994）、《中国农业发展银行章程》（1994）、《国务院关于金融体制改革的决定》（1995）等，以及三大政策性银行在各自发展过程中所制定颁布的多种规章、制度和通知等。

除上述规章制度之外，对政策性银行进行规制的行政性决定、规章或命令还包括《信贷资金暂行管理办法》（1994）、《中国人民银行加强金融机构内部控制的指导原则》（1997）等涉及政策性银行的部门规章以及国务院、中国人民银行、银监会等颁布的涉及政策性银行监督管理的规定、文件等。这些规范性文件规定了各政策性银行的性质、任务、资金来源、业务范畴、组织机构、内部监督、财务会计等内容。

3．规章

我国政策性银行立法主要集中在规章层面。除了前述的规范性文件之外，主要有中国人民银行颁布的部门规章，如《信贷资金管理暂行方法》《加强金融机构内部控制的指导原则》等；国务院批准的《国家开发银行组建和运行方案》《中国农业发展银行组建方案》《中国进出口银行组建方案》《国家开发银行章程》《中国农业发展银行章程》和《中国进出口银行章程》等。

（三）我国的政策性银行及其改革

中国的政策性银行主要包括国家开发银行、进出口银行和中国农业发展银行。2015 年 4 月 12 日，中国政府网公布三大政策性银行深化改革方案获得国务院批准，其中明确提出：国家开发银行要坚持开发性金融机构定位，中国进出口银行改革要强化政策性职能定位，中国农业发展银行改革要坚持以政策性业务为主体。

延伸阅读

三家政策性银行改革方案
http://www.gov.cn/xinwen/2015-04/12/content_2845351.htm

二、中国的政策性银行

（一）国家开发银行

1．国家开发银行的设立宗旨与发展概况

国家开发银行成立于 1994 年 3 月 17 日，总部设在北京，除总行外，在全国共设立 37 家分行（含香港分行）和 3 个代表处。另外，还控股国开金融、国开证券、国银金融租赁、中非发展基金公司及多家村镇银行。

实用网站

国家开发银行官方网站
http://www.cdb.com.cn/

国家开发银行是一家以国家重点建设为主要融资对象的政策性投资开发银行，主要办理国家重点建设（包括基本建设和技术改造）的政策性贷款及贴息业务。其设立宗旨是为了更有效地集中资金保证国家重点建设，缓解经济发展的"瓶颈"制约，增强国家对固定资产投资的宏观调控能力，进一步深化投融资体制的改革。

2．国家开发银行的地位和任务

国家开发银行是直属国务院领导的政策性金融机构，是我国唯一具有正部级级别的政策性金融机构，直属国务院领导，在业务上接受中国人民银行和银监会的指导和监管，财务决算由财政部审批。

国家开发银行的主要任务是：根据国民经济发展的战略目标和发展方向，以国家信用为基础，依靠市场发债，筹集和引导境内外资金，遵循金融规则，利用各种现代金融工具，为国家基础设施、基础产业、支柱产业和高新技术产业重点建设项目提供金融服务，促进国民经济持续、快速、健康发展。

国家开发银行在金融业务上接受人民银行的指导和银监会的监督，根据国务院的规定，在遇有流动性短缺时，中国人民银行有义务向国家开发银行提供短期贷款，这种短期贷款没有期限和金额上的限制。根据国家开发银行的信贷计划，中国人民银行将保证国家开发银行获得充足的长期资金来源。

3. 国家开发银行的资金来源和业务开展

（1）资金来源

包括财政部拨付的资本金和重点建设基金。国家开发银行对社会发行的国家担保债券和对国内金融机构发行的人民币金融债券，其发行额度由国家发展和改革委员会、人民银行确定；吸收与贷款项目有关的存款；境外筹资，包括出口信贷、境外发债、商业贷款、政府贷款和国际金融组织贷款；在开发银行出现头寸短缺时，向中国人民银行申请再贷款等。

案例 2-4

国开行增发 50 亿固息债

国家开发银行定于2016年12月2日招标发行不超过50亿元金融债，期限30年，发行所筹资金可用于支持棚户区改造、城市基础设施等项目建设。国开行此次增发的2016年第十六期债券为30年期固定利率债券，按年付息，发行量不超过50亿元。债券缴款日为12月6日，上市日为12月8日，起息日为11月4日，兑付日为2046年11月4日，票面利率为3.50%。第一次付息日为2017年11月4日，以后每年11月4日为结息日，如遇节假日，则支付日顺延。本期债券固定面值，采用单一价格（荷兰式）招标方式，于12月2日上午9：30发标，9:30至10:30进行投标，12月5—6日为分销日。

（2）业务开展

按照有关规定，目前国家开发银行经营和办理下列业务：管理和运用国家预算内经营建设基金和贴息资金业务；在国内发行金融债券及财政担保建设债券业务；经批准在国外发行债券，根据国家计划筹借国际商业借款业务；办理有关外国政府和国际金融组织贷款的转贷业务，具体被授权负责世界银行和亚洲开发银行给中国政府贷款的转贷工作；办理人民币同业拆借业务；向国家基础设施、基础产业、支柱产业的大中型基本建设和技术改造等政策性项目及其配套工程发放政策性贷款业务；建设项目贷款的评审、咨询和担保业务，为重点建设项目物色国内外合资伙伴，提供投资机会和投资信息；外汇贷款业务；与贷款项目有关的本外币企业存款和结算业务；贷款项下的外汇汇款业务；贷款项目进口设备项下的国际结算；贷款项目设备进口项下代客资金保值的代客外汇买卖业务；外汇担保；自营外汇买卖；发行股票以外的外币有价证券；买卖股票以外的外币有价证券；同业外汇拆借业务；承销有信贷关系的企业债券；资信调查、咨询和见证业务。

国家开发银行在办理上述政策性金融业务时，要实行独立核算，自主、保本经营，责权利统一，建立投资约束和风险责任机制。

案例 2-5

宁波市鄞州区污水处理项目获国开行 14.4 亿贷款支持

2012年4月，国家开发银行宁波分行与鄞州区城市排水有限公司签订贷款合同，向该区污水处理项目建设提供14.4亿元贷款，其中1.91亿元贷款已发放到位。这也是国开行宁波分行支持鄞州经济建设的首个贷款项目。鄞州区污水处理工程总投资36亿元，2012年计划完成投资8.6亿元，其中区级污水处理厂和主干管网工程投资6.6亿元，镇乡（街道）污水收集管网投资2亿元。

（二）中国农业发展银行

1. 中国农业发展银行的设立

中国农业发展银行是一家以承担国家粮棉油储备、农副产品收购等方面的政策性贷款为主要业务的政策性银行。其成立的宗旨是为了完善农村金融服务体系，更好地贯彻落实国家的产业政策和区域发展政策，促进农业和农村经济的健康发展。

实用网站

中国农业发展银行官方网站
http://www.adbc.com.cn/

中国农业发展银行设立了总行营业部、省级分行营业部和计划单列市分行、各地（市）二级分行及农业政策性金融业务量大的县（市、区）支行。农业银行专司粮棉油收购、调销、储备贷款业务，集中精力加强粮棉油收购资金的封闭管理。

2. 中国农业发展银行的地位和任务

中国农业发展银行是直属国务院领导的农业政策性金融机构，是独立的法人组织，实行独立核算，自主、保本经营，企业化管理。其主要任务是：按照国家的法律、法规和方针、政策，以国家信用为基础，筹集农业政策性信贷资金，承担国家规定的农业政策性金融业务，代理财政性支农资金的支付，为农业和农村经济服务。

文本链接

中国农业发展银行农业小企业贷款管理办法
http://blog.sina.com.cn/s/blog_9c8134f10102wlhq.html

3. 中国农业发展银行的注册资本、运营资金来源和业务范围

（1）注册资本

按照国务院《关于金融体制改革的决定》和《中国农业发展银行章程》的规定，中国农业发展银行的注册资本为200亿元人民币。

（2）运营资金来源

中国农业发展银行的运营资金来源除注册资本外，包括：发展金融债券；财政支农资金；业务范围内开户企事业单位的存款；向中国人民银行申请再贷款；境外筹资。

案例链接

农发行保证金案胜诉影响深远
http://www.adbc.com.cn/n136/n138/n148/c15715/content.html

（3）业务范围

目前中国农业发展银行的主要业务是：办理粮食、棉花、油料收购、储备、调销贷款；办理肉类、食糖、烟叶、羊毛、化肥等专项储备贷款；办理农、林、牧、副、渔业产业化龙头企业和粮棉油加工企业贷款；办理粮食、棉花、油料种子贷款；办理粮食仓储设施和农业科技贷款；办理农业小企业贷款和农业科技贷款；办理农村基础设施贷款等以及经国务院或中国银监会批准的其他业务。

4. 中国农业发展银行的组织体制和监督管理

（1）组织体制

按照国务院《关于金融体制改革的决定》《关于农村金融体制改革的决定》和《中国农业

发展银行章程》等的规定，中国农业发展银行在机构设置上实行总行、一级分行、二级分行、支行制；在管理上实行总行一级法人制，总行行长为法定代表人；系统内实行垂直领导的管理体制，各分支机构在总行授权范围内依法依规开展业务经营活动。

（2）监督管理

中国农业发展银行在业务上接受中国人民银行和中国银行业监督管理委员会的指导和监督，并应按规定向中国人民银行交存存款准备金。

文本链接

中国农业发展银行2015年年度报告
http://www.adbc.com.cn/pdfToJpg/92f3aef6-3e76-4c4c-a433-c5e611b08fa3/show.html

中国农业发展银行实行独立核算，自主、保本经营、企业化管理。在资金管理上实行"统一计划、指标管理、统筹统还、专款专用"的资金计划管理办法，其财务会计制度按照《会计法》《企业会计准则》《企业财务通则》和财政部有关金融、保险企业财务、会计制度执行。中国农业发展银行以公历自然年度为会计年度，每年向财政部报送年度财务决算。中国农业发展银行基本财务报表为资产负债表和损益表，每年定期公布，并由中国的注册会计师和审计事务所出具审计报告。中国农业发展银行负责政策性贷款的审批、发放、管理、监督和检查。中国农业发展银行对接受其他部门委托发放的低息贷款，按委托协议办理。中国农业发展银行职员实行行员制。

（三）中国进出口银行

1. 中国进出口银行的法律地位和职责

中国进出口银行是经国务院批准设立的国有全资政策性金融机构，直属国务院领导。中国进出口银行依法具有法人资格，实行自主、保本经营，企业化管理。在业务上接受财政部、商务部、人民银行、银监会的指导和监督。其主要职责是：贯彻执行国家产业政策、外经贸政策、金融政策和外交政策，为扩大我国机电产品和高新技术产品出口，推动有比较优势的企业开展对外承包工程和境外投资，促进对外经济技术合作和交流，提供政策性金融支持。

常用网站

中国进出口银行官方网站
http://www.eximbank.gov.cn//

2. 中国进出口银行的资金来源与业务范围

中国进出口银行的注册资本为33.8亿元人民币（后增至1500亿元人民币），资本金全部由财政部拨付。根据《中国进出口银行章程》等的规定，中国进出口银行主要通过在境内发行金融债券和在境外发行有价证券（不含股票）筹集运营资金。在资金出现临时性不足时，通过银行间市场拆入资金和向中国人民银行申请短期再贷款加以解决。中国进出口银行的财务决算由财政部审批，经营中出现的政策性亏损，由财政部给予弥补。

中国进出口银行的业务范围如下：办理与机电产品和成套设备等资本性货物出口有关的卖方信贷、买方信贷；办理中国政府对外优惠贷款；提供对外担保；转贷外国政府和金融机构提供的贷款；办理本行贷款项下的国际国内结算业务和企业存款业务；在境内外资本市场、货币市场筹集资金（不含发行股票）；办理对外承包工程和境外投资类贷款；办理国际银行间的贷款，组织或参加国际、国内银团贷款；从事人民币同业拆借和债券回购；从事自营外汇资金交易的经批准的代客外汇资金交易；办理与本行业务相关的资信调查、咨询、评估的见证业务，经批准和受委托的其他业务。

中国进出口银行与亚行签署联合贷款协议

亚洲开发银行2009年5月4日表示，已与中国进出口银行签署联合贷款协议，该协议将于2009年6月起生效，为期三年，将为亚洲发展中国家的一些项目提供至少30亿美元资金。这份协议是在双方2006年3月签署的谅解备忘录基础上达成的，旨在简化各国政府、次主权借款人及私人企业获得资金的流程，特别是基础设施项目融资。

3. 中国进出口银行的经营管理、财务会计及监督管理

中国进出口银行实行独立核算、企业化管理、依法纳税；按国家有关规定自主决定人员聘用和辞退；根据国家有关法规和政策，按国务院发布的行员工资制度决定职工的报酬。

中国进出口银行按照《会计法》《企业会计准则》《企业财务通则》和财政部有关金融、保险企业财务、会计制度等规定，制定本行财务管理、会计核算的实施细则。

中国进出口银行设监事会，由国务院根据《国有重点金融机构监事会暂行条例》委任派出，对国务院负责，并依据该《条例》的规定对中国进出口银行的财务状况和经营管理情况实施监督。监事会设主席一名，专职监事和工作人员若干名。

案例 2-7

中国进出口银行深圳分行获最佳社会责任实践案例奖

2015年6月12日，中国进出口银行深圳分行荣获"2014年深圳市银行业最佳社会责任实践案例奖"。中国进出口银行深圳分行在履行国家战略责任方面，综合运用多种政策性金融手段，重点支持具有自主知识产权及高新技术、大型成套机电设备的产品出口，以及先进技术、关键设备和国内短缺资源进口，着力培育和支持华为、中兴、中集、比亚迪、华星光电等一批企业做大做强。截至2015年5月末，当年新增支持进出口贸易贷款余额占比近67%。除此之外，中国进出口银行深圳分行支持企业海外收购，先后支持海航集团收购西班牙NH酒店集团股权和流通股票，支持大新华航空有限公司收购香港第二大航空公司——香港航空的股权；支持基础设施建设，先后支持深圳地铁三期工程9号线和11号线、厦深铁路广东段、港珠澳大桥的建设，支持太子湾邮轮母港的建设；先后支持中广核集团的台山核电、阳江核电、防城港核电项目，支持东江环保股份有限公司的江门工业废物处理建设项目；积极支持新能源汽车项目，先后为比亚迪戴姆勒电动汽车制造项目、沃特玛新能源交通工具动力电池系统产能扩大项目提供贷款；响应国家关于大力发展物流服务业的号召，积极推动区域经济发展，向顺丰控股（集团）有限公司"上海青浦中转枢纽项目"提供服务贸易固定资产贷款。

第四节 外资银行

一、外资银行概述

外资银行是指在我国境内设立的、由外国银行单独出资或者与其他外国金融机构或中国境内机构合资经营的银行类机构。按照我国现行《外资银行管理条例》（国务院 2006 年 11 月 11 日发布，自 2006 年 12 月 11 日起施行，2014 年 11 月 27 日第二次修订）的分类，

包括外商独资银行、中外合资银行、外国银行分行、外国银行代表处四种形式。其中，前三者都从事商业银行的金融业务，故《条例》把它们合称为"外资银行营业性机构"。外国代表处只是外国银行为进入中国市场而设立联络、信息收集、市场调查的派出机构，不从事经营活动。

目前，《中华人民共和国外资银行管理条例》和《中华人民共和国外资银行管理条例实施细则》是主要的调整外资银行法律关系的主要法律依据。

小知识

2015 年排名前十的外资银行

某网站整理了 2015 年排名前十的外资银行如表 2-1 所示，香港（中国）汇丰银行拔得头筹。在 2015 外资银行前十排名中，港资银行占据了三位，其他银行分别是美资、德资、瑞资等不等。综合来看，中国内地的外资银行中，港资银行比较有竞争力。汇丰银行于 2007 年 4 月 2 日在内地正式开业，总部在上海。是在内地投资最多的外资银行之一，入股内地中资金融机构及自身发展的总投资已超过 70 亿美元，其中包括入股交通银行 19%的股份，平安保险 15.57%的股份，以及上海银行 8% 的股份。（资料来源：希财网）

表 2-1　　　　　　　　　　2015 年排名前十的外资银行

排名	外资银行名称	外资银行来源国/地区
1	汇丰银行	中国香港
2	渣打银行	英国
3	东亚银行	中国香港
4	花旗银行	美国
5	星展银行	新加坡
6	恒生银行	中国香港
7	瑞士银行	瑞士
8	华侨银行	新加坡
9	德意志银行	德国
10	南洋商业银行	中国香港

二、外资银行监管

（一）设立与登记

外商独资银行、中外合资银行的注册资本最低限额为 10 亿元人民币或者等值的自由兑换货币。注册资本应当是实缴资本。外商独资银行、中外合资银行在中华人民共和国境内设立的分行，应当由总行无偿拨给不少于 1 亿元或者等值的自由兑换货币的营运资金。外商独资银行、中外合资银行拨给各分支机构营运资金的总和，不得超过总行资本金总额的 60%。外国银行分行应当由其总行无偿拨给不少于 2 亿元人民币或者等值的自由兑换货币的营运资金。国务院银行业监督管理机构根据外资银行营业性机构的业务范围和审慎监管的需要，可以提高注册资本或者营运资金的最低限额，并规定其中的人民币份额。

外资银行合并

2015年2月2日，两家韩资法人银行——韩亚银行中国法人和外换银行中国法人成功完成合并，合并后的"韩亚银行（中国）有限公司"在京正式开业。这是中国银行业监督管理历史上首次2家外资银行合并案例。合并后的韩亚中国法人的总资产为436亿元人民币，贷款190亿元人民币，存款347亿元人民币，人员数813人，分支机构30家。韩亚银行计划通过营业网点的持续扩大、新产品及服务的开发以及有效客户数的扩增等方式，在2025年成为进入中国境内外资银行排名前五的银行。合并后的韩亚中国法人正在实行本土化战略，向中国客户的贷款比重接近总贷款的70%，当地员工占总员工的93%。

（二）外资银行股东资格

根据《外资银行管理条例》的规定，拟设外商独资银行、中外合资银行的股东或者拟设分行、代表处的外国银行应当具备下列条件：具有持续盈利能力，信誉良好，无重大违法违规记录；拟设外商独资银行的股东、中外合资银行的外方股东或者拟设分行、代表处的外国银行具有从事国际金融活动的经验；具有有效的反洗钱制度；拟设外商独资银行的股东、中外合资银行的外方股东或者拟设分行、代表处的外国银行受到所在国家或者地区金融监管当局的有效监管，并且其申请经所在国家或者地区金融监管当局同意；国务院银行业监督管理机构规定的其他审慎性条件。拟设外商独资银行的股东、中外合资银行的外方股东或者拟设分行、代表处的外国银行所在国家或者地区应当具有完善的金融监督管理制度，并且其金融监管当局已经与国务院银行业监督管理机构建立良好的监督管理合作机制。

拟设外商独资银行的股东应当为金融机构，除应当具备上述条件外，其中唯一或者控股股东还应当具备下列条件：为商业银行；提出设立申请前 1 年年末总资产不少于 100 亿美元；资本充足率符合所在国家或者地区金融监管当局以及国务院银行业监督管理机构的规定。

拟设中外合资银行的外方股东及中方唯一或者主要股东应当为金融机构，且外方唯一或者主要股东还应当具备下列条件：为商业银行；提出设立申请前 1 年年末总资产不少于 100 亿美元；资本充足率符合所在国家或者地区金融监管当局以及国务院银行业监督管理机构的规定。

拟设分行的外国银行应当具备下列条件：提出设立申请前 1 年年末总资产不少于 200 亿美元；资本充足率符合所在国家或者地区金融监管当局以及国务院银行业监督管理机构的规定。

学术观点

段继宁：新形势下外资银行发展与监管

http://bank.hexun.com/2015-03-02/173654861.html

（三）外资金融机构高级管理人员任职资格

根据《中华人民共和国外资银行管理条例实施细则》（2015 年 9 月 1 日起实施）的规定，拟任人有故意或者重大过失犯罪记录的；有违反社会公德的不良行为，造成恶劣影响等情形之一的，不得担任外资银行的董事、高级管理人员和首席代表。

（四）外资银行的业务范围

外商独资银行、中外合资银行按照国务院银行业监督管理机构批

新闻链接

业务受限有望松绑外资行"翻身"有戏？
http://finance.sina.com.cn/roll/2016-11-14/doc-ifxxsmuu5552997.shtml

准的业务范围，可以经营下列部分或者全部外汇业务和人民币业务：吸收公众存款；发放短期、中期和长期贷款；办理票据承兑与贴现；买卖政府债券、金融债券，买卖股票以外的其他外币有价证券；提供信用证服务及担保；办理国内外结算；买卖、代理买卖外汇；代理保险；从事同业拆借；从事银行卡业务；提供保管箱服务；提供资信调查和咨询服务；经国务院银行业监督管理机构批准的其他业务。外商独资银行、中外合资银行经中国人民银行批准，可以经营结汇、售汇业务。

外国银行分行按照国务院银行业监督管理机构批准的业务范围，可以经营下列部分或者全部外汇业务以及对除中国境内公民以外客户的人民币业务：吸收公众存款；发放短期、中期和长期贷款；办理票据承兑与贴现；买卖政府债券、金融债券，买卖股票以外的其他外币有价证券；提供信用证服务及担保；办理国内外结算；买卖、代理买卖外汇；代理保险；从事同业拆借；提供保管箱服务；提供资信调查和咨询服务；经国务院银行业监督管理机构批准的其他业务。外国银行分行可以吸收中国境内公民每笔不少于 100 万元人民币的定期存款。外国银行分行经中国人民银行批准，可以经营结汇、售汇业务。

案例 2-9

首家外资银行零售业务退出中国

2014年7月3日，原荷兰银行现苏格兰皇家银行重庆分行发布公告，苏格兰皇家银行（中国）有限公司将退出中华人民共和国境内的零售银行业务。退出工作2010年12月开始，目前正接近尾声。苏格兰皇家银行是首家退出零售（个人）银行业务的外资银行，开行业之先。

延伸阅读

外资银行在华业务需调整发展方式
http://business.sohu.com/
20161020/n470764595.shtml

外资银行营业性机构经营规定业务范围内的人民币业务的，应当具备下列条件，并经国务院银行业监督管理机构批准：提出申请前在中华人民共和国境内开业 1 年以上；国务院银行业监督管理机构规定的其他审慎性条件。外国银行分行改制为由其总行单独出资的外商独资银行的，其中，第一项规定的期限自外国银行分行设立之日起计算。外国银行的 1 家分行已经依照规定获准经营人民币业务，该外国银行的其他分行申请经营人民币业务的，不受上述限制。

（五）监督管理

外资银行营业性机构应当建立与其业务发展相适应的内部控制制度和业务操作规程，并于每年 3 月末前将内部控制制度和业务操作规程的修订内容报送所在地中国银监会派出机构。

外商独资银行、中外合资银行应当设置独立的风险管理部门、合规管理部门和内部审计部门。外国银行分行应当指定专门部门或者人员负责合规工作。

外资银行营业性机构结束内部审计后，应当及时将内审报告报送所在地中国银监会派出机构，所在地中国银监会派出机构可以采取适当方式与外资银行营业性机构的内审人员沟通。

外资银行营业性机构应当建立贷款风险分类制度，并将贷款风险分类标准与中国银监会规定的分类标准的对应关系报送所在地中国银监会派出机构。

外商独资银行、中外合资银行应当遵守《中华人民共和国商业银行法》第39条资产负债比例管理的规定。外商独资银行、中外合资银行有关资产负债比例的计算方法执行银行业监管报表指标体系的规定。

外商独资银行、中外合资银行应当建立关联交易管理制度，关联交易必须符合商业原则，交易条件不得优于与非关联方进行交易的条件。中国银监会及其派出机构按照商业银行关联交易有关管理办法的规定对关联方及关联交易进行认定。

外资银行营业性机构应当制定与业务外包相关的政策和管理制度，包括业务外包的决策程序、对外包方的评价和管理、控制银行信息保密性和安全性的措施和应急计划等。外资银行营业性机构签署业务外包协议前应当向所在地中国银监会派出机构报告业务外包协议的主要风险及相应的风险规避措施等。

案例 2-10

银监会处罚三家违规外资银行

2003年9月底，银监会向各地分局和各大金融机构发出《关于处罚某银行北京上海两家代表处的通报》（银监通〔2003〕25号）。根据25号通报，上述两家代表处从事经营的非法所得2万美元遭监管部门没收，并被科以等同于非法所得收入的罚款，共计4万美元；同时，银监会还取消了该银行上海代表处首席代表一年任职资格。该银行是美国第五大银行，1995年进入中国内地，建立上海代表处，1997年设立北京代表处。与此同时，另外两家外资银行又收到上海银监局开出的罚单。其中一家外资银行上海代表处被查出代理总行业务，从事"出口单据快邮催收、以电代邮"等活动。银监会这次处罚该银行，遵循了巴塞尔协议中《有效银行监管的核心原则》，将处罚通知同时传给了该银行美国总行及美国货币监理署，加强了监管工作的国际化和透明化。

（六）终止与清算

外资银行营业性机构自行终止业务活动的，应当在终止业务活动 30 日前以书面形式向国务院银行业监督管理机构提出申请，经审查批准予以解散或者关闭并进行清算。外资银行营业性机构已经或者可能发生信用危机，严重影响存款人和其他客户合法权益的，国务院银行业监督管理机构可以依法对该外资银行营业性机构实行接管或者促成机构重组。外资银行营业性机构因解散、关闭、依法被撤销或者宣告破产而终止的，其清算的具体事宜，依照中华人民共和国有关法律、法规的规定办理。外资银行营业性机构清算终结，应当在法定期限内向原登记机关办理注销登记。外国银行代表处自行终止活动的，应当经国务院银行业监督管理机构批准予以关闭，并在法定期限内向原登记机关办理注销登记。

（七）双重监管

巴塞尔委员会 1975 年发布的《对银行国外机构监管的原则》第一次明确指出：任何银行的国外机构（无论是分行还是子行）都不应当逃避监管，母国与东道国都有监管责任，双方应通力合作。

小知识

外资银行代表处

外资银行代表处将退出中国历史舞台，外资银行在华设立网点将以外资银行在华分行、外商独资银行和中外合资银行 3 种方式存在。2006 年 11 月 28 日《外资银行管理条例实施细则》正式公布，在 2006 年 12 月 11 日中国银行业面向外资全面开放以后，该细则将成为外资银行在华设点并展开业务的法律依据。在银监会关于《外资银行管理条例实施细则》公告中明确指出，今后外商独资银行、中外合资银行不得设立代表处，《条例》施行前设立的外商独资银行代表处、中外合资银行代表处的监督管理参照《条例》《细则》执行。外资银行将其在中国境内分行改制为外商独资银行的，该外资银行在中国境内已经设立的代表处可以保留不变，已经设立的总代表处应当在改制后的外商独资银行开业时完成关闭手续。其他外资银行总代表处在 2007 年 6 月 1 日前关闭，其职能转入该外资银行在中国境内被指定为管理行的外资银行分行。

第五节　民　营　银　行

一、民营银行的概念

民营银行是指资本金主要来自民间的银行。在本质上，民营银行属于商业银行的一种。民营银行是具有中国特色的概念。我国目前并无单独的民营银行立法。银监会发布的《关于促进民营银行发展的指导意见》对民营银行设立的基本原则、基本条件、准入程序等作出了规定。《关于促进民营银行发展的指导意见》明确民营银行设立应坚持积极发展、公平对待；依法合规、防范风险；循序渐进、创新模式的原则。我国首批试点的五家民营银行前海微众银行、天津金城银行、温州民商银行、上海华瑞银行、浙江网商银行已获准筹建并运营。

案例 2-11

首批民营银行之一金城银行挂牌一年资产达 180 亿

2016 年 4 月 27 日，天津金城银行正式挂牌一周年。截至当日，其资产总额达 180 亿元人民币。其一般性存款超 100 亿元，各项贷款余额突破 50 亿元，获得同业 30 余家机构，近 300 亿元授信额度。一年以来，金城立足天津、辐射京津冀。一是贯彻"一带一路"，京津冀协同发展和自贸区政策，服务中小企业，积极与自贸区注册的外贸平台对接，以退税质押贷款为突破口，优化融资期限及授信额度，以平台为通道，聚集京、津、冀中小外贸出口企业，做好批量金融服务。二是有效发挥自贸区法人银行优势，服务当地企业，利用天津自贸区政策，建立境外同业合作平台，在为境内企业降低资金成本、便利融资通道、缩短贷款周期等方面提供有效支持。三是坚持服务供应链中小客户的战略方向，创新推出"政购通""金物通"等服务实体经济、服务中小企业的特色产品，降低客户融资成本，提高服务时效。

二、民营银行设立准入条件

根据《中华人民共和国银行业监督管理法》《中华人民共和国商业银行法》《中国银监会中资商业银行行政许可事项实施办法》等法律法规的规定，积极支持民间资本与其他资本按同等条件进入银行业。

1. 坚持依法合规，鼓励符合条件的民营企业以自有资金投资银行业金融机构

投资入股银行业金融机构的民营企业应满足依法设立，具有法人资格，具有良好的公司

治理结构和有效的组织管理方式，具有良好的社会声誉、诚信记录和纳税记录，具有较长的发展期和稳定的经营表现，具有较强的经营管理能力和资金实力，财务状况、资产状况良好，最近 3 个会计年度连续盈利，年终分配后净资产达到总资产 30%以上，权益性投资余额不超过净资产 50%等条件。

2. 防范风险传递，做好民营银行股东遴选

拟投资民营银行的资本所有者应具有良好的个人声望，奉公守法、诚信敬业，其法人股东的公司治理结构与机制符合《中华人民共和国公司法》要求，关联企业和股权关系简洁透明，没有关联交易的组织构造和不良记录。

3. 夯实发展基础，严格民营银行设立标准

设计良好的股权结构与公司治理结构，确定合理可行的业务范围、市场定位、经营方针和计划，建立科学有效的组织机构和管理制度、风险管理体系及信息科技架构等。发起设立民营银行应制订合法章程，有具备任职所需专业知识和业务工作经验的董事、高级管理人员和熟悉银行业务的合格从业人员，有符合要求的营业场所、安全防范措施和与业务有关的其他设施。民营银行注册资本要求遵从城市商业银行有关法律法规规定。

4. 借鉴试点经验，确定民间资本发起设立民营银行的五项原则

有承担剩余风险的制度安排；有办好银行的资质条件和抗风险能力；有股东接受监管的协议条款；有差异化的市场定位和特定战略；有合法可行的恢复和处置计划。

案例 2-12

前海微众银行不设柜台和网点

前海微众银行注册资本30亿元人民币，主要股东腾讯、百业源投资和立业集团分别持股30%、20%和20%，其他认购股份占总股本10%以下企业的股东资格由深圳银监局按照有关法律法规审核。前海微众将办成以重点服务个人消费者和小微企业为特色的银行。前海微众明确不设立物理网点，未来将着眼于"大平台"的定位，利用腾讯的用户、数据、IT等优势广泛地与其他银行展开合作。腾讯希望通过互联网连接广大的消费者、个人、中小微企业、优秀金融机构，形成一个良好的金融生态圈。前海微众银行将结合互联网，以"普惠金融"为概念，主要面对个人或企业的小微贷款需求。该银行将引入国家级的银行风控体系，在此基础上导入腾讯在互联网领域的技术能力，运用大数据等技术进行业务风控。

三、民营银行设立许可程序

根据《中华人民共和国商业银行法》《中国银监会中资商业银行行政许可事项实施办法》等法律法规规定，不断提高银行业市场准入透明度，加强对各地民营银行发起设立工作的指导和服务。

1. 筹建程序

筹建申请由发起人共同向拟设地银监局提交，拟设地银监局受理并初步审查，报银监会审查并决定。银监会自收到完整申请材料之日起 4 个月内作出批准或不批准的书面决定。民营银行筹建期为批准决定之日起 6 个月，未能按期筹建的，筹建组应当在筹建期限届满前 1 个月向银监会提交延期筹建报告。筹建延期不得超过一次，筹建延期的最长期限为 3 个月。

筹建组应当在规定期限届满前提交开业申请，逾期未提交的，筹建批准文件失效，由银监会办理筹建许可注销手续。

2. 开业程序

民营银行开业申请由筹建组向所在地银监局提交，由所在地银监局受理、审查并决定。银监局自受理之日起 2 个月内作出核准或不予核准的书面决定。民营银行在收到开业核准文件并按规定领取金融许可证后，根据工商行政管理部门的规定办理登记手续，领取营业执照。民营银行应当自领取营业执照之日起 6 个月内开业，未能按期开业的，应当在开业期限届满前 1 个月向所在地银监局提交开业延期报告。开业延期不得超过一次，开业延期的最长期限为 3 个月。民营银行未在规定期限内开业的，开业核准文件失效，由所在地银监局办理开业许可注销手续，收回金融许可证，并予以公告。

第六节　村　镇　银　行

一、村镇银行概述

村镇银行是指经中国银行业监督管理委员会依据有关法律、法规批准，由境内外金融机构、境内非金融机构企业法人、境内自然人出资，在农村地区设立的主要为当地农民、农业和农村经济发展提供金融服务的银行业金融机构。村镇银行的建立，有效地填补了农村地区金融服务的空白，增加了农村地区的金融支持力度。村镇银行不同于银行的分支机构，属一级法人机构。

2006 年 12 月 20 日，全国银监会出台了《关于调整放宽农村地区银行业金融机构准入政策，更好支持社会主义新农村建设的若干意见》，提出在湖北、四川、吉林等 6 个省（区）的农村地区设立村镇银行试点，全国的村镇银行试点工作从此启动。截至 2014 年 12 月，全国共有村镇银行 1 547 家。

二、村镇银行的特点

根据《村镇银行管理暂行规定》（自 2007 年 1 月 22 日起实施），村镇银行具备以下几个特点。

1. 地域和准入门槛

村镇银行的一个重要特点就是机构设置在县、乡镇，根据《村镇银行管理暂行规定》，在地（市）设立的村镇银行，其注册资本不低于人民币 5 000 万元；在县（市）设立的村镇银行，其注册资本不得低于 300 万元人民币；在乡（镇）设立的村镇银行，其注册资本不得低于 100 万元人民币。

2. 市场定位

村镇银行的市场定位主要在于两个方面：一是满足农户的小额贷款需求，二是服务当地中小型企业。《村镇银行管理暂行规定》中明确要求村镇银行不得发放异地贷款，在缴纳存款准备金后其可用资金应全部投入当地农村发展建设，然后才可将富余资金投入其他方面。

3. 治理结构

作为独立的企业法人，村镇银行根据现代企业的组织标准建立和设置组织构架，同时按照科学运行、有效治理的原则，村镇银行的管理结构是扁平化的，管理层次少、中间不易断开或时滞，决策链条短、反应速度相对较快，业务流程结构与农业产业的金融资金要求较为贴合。

4. 发起人制度和产权结构

村镇银行采取"发起人制度"，即必须有一家符合监管条件，管理规范、经营效益好的商业银行作为主要发起银行并且单一金融机构的股东持股比例不得低于20%；此外，单一非金融机构企业法人及其关联方持股比例不得超过10%。后为了鼓励民间资本投资村镇银行，银监会于2012年5月出台《关于鼓励和引导民间资本进入银行业的实施意见》，将主发起行的最低持股比例降至15%，进一步促进了村镇银行多元化的产权结构。

案例 2-13

山阴县太行村镇银行组建诚信联盟

山阴县太行村镇银行股份有限公司是经中国银监会依据有关法律法规批准，由晋城银行发起，在山西省山阴县设立的，主要为当地农民、农业和农村经济发展及小型、微型企业提供金融服务的股份制商业银行。注册资本3 300万元。山阴太行村镇银行针对农民没有抵押、信用体系建设不完善的情况，开展了名为"诚信联盟"的小额信贷模式，由至少5人组成一个诚信联盟，签署一个诚信宣言。向银行借贷时，如果5人都讲诚信，那么就会获得利率等奖励政策；但如果有1人不讲诚信，那么其他4人虽不用连带担保，但负有帮助催收义务，并在下次贷款中无法享受利率优惠政策。截至2016年9月前后，该行农户信用贷款最多可贷3万元，商户最多可贷5万元，贷款余额总计4.83亿元。

三、村镇银行的设立程序

中国银监局发布的关于设立村镇银行的办法中，明确规定了设立村镇银行应当经过筹建和开业两个阶段，其中，村镇银行的筹建申请，由银监分局或所在城市银监局受理，银监局审查并决定。银监局自收到完整申请材料之日起或自受理之日起 4 个月内作出批准或者不批准的书面决定。村镇银行的开业申请，由银监分局或所在城市银监局受理、审查并决定。银监分局或所在城市银监局自受理之日起 2 个月内作出核准或者不予核准的书面决定。《村镇银行管理暂行规定》还就村镇银行的分支机构的设立程序、行政许可程序及时限要求作出规定，简化了行政许可程序，提高了行政许可效率。

🐵 **文本链接**

筹建村镇银行材料范本
http://blog.sina.com.cn/s/blog_9c8134f10102wlf7.html

申请村镇银行董事和高级管理人员任职资格，拟任人除应符合银行业监督管理机构规定

的基本条件外，还应符合下列条件：①村镇银行董事应具备与其履行职责相适应的知识、经验及能力；②村镇银行董事长和高级管理人员应具备从事银行业工作5年以上，或者从事相关经济工作8年以上（其中从事银行业工作2年以上）的工作经验，具备大专以上（含大专）学历。村镇银行董事和高级管理人员的任职资格需经银监分局或所在城市银监局核准。银监分局或所在城市银监局自受理之日起30日内作出核准或不予核准的书面决定。

村镇银行的筹建由银监分局或所在城市银监局受理，银监局审查并决定。银监局自收到完整申请材料或自受理之日起4个月内作出批准或不批准的书面决定。村镇银行达到开业条件的，其开业申请由银监分局或所在城市银监局受理、审查并决定。银监分局或所在城市银监局自受理之日起2个月内做出核准或不予核准的决定。

四、村镇银行分支机构

村镇银行可根据农村金融服务和业务发展需要，在县域范围内设立分支机构。设立分支机构不受拨付营运资金额度及比例的限制。

村镇银行设立分支机构需经过筹建和开业两个阶段。村镇银行分支机构的筹建方案，应事前报监管办事处备案。未设监管办事处的，向银监分局或所在城市银监局备案。村镇银行在分支机构筹建方案备案后即可开展筹建工作。村镇银行分支机构开业申请，由银监分局或所在城市银监局受理、审查并决定，银监分局或所在城市银监局自受理之日起2个月内作出核准或不予核准的决定。

村镇银行分支机构的负责人应通过所在地银监局组织的从业资格考试，并在任职前报银监分局或所在城市银监局备案。

经核准开业的村镇银行及其分支机构，由决定机关颁发金融许可证，并凭金融许可证向工商行政管理部门办理登记，领取营业执照。

案例 2-14

对员工行为监管不力浙江某村镇银行因违规被罚

2016年11月9日，中国银监督会官网发布"金银监罚决字〔2016〕3号"行政处罚决定书。信息显示，因对员工行为监管不力，浙江某村镇银行被银监会金华监管分局处以20万元罚款。该村镇银行主要违法违规事实：对员工行为监督管理不力，未及时发现并纠正员工违规保管经客户签章但关键条款空白的重要资料的行为。金华监管分局依据《银行业监督管理法》第21条、《中国银监会办公厅关于进一步加强银行业务和员工行为管理的通知》（银监办发〔2014〕57号）及《银行业监督管理法》第46条的相关规定，作出罚款人民币20万元的行政处罚决定。作出处罚决定的日期是2016年10月26日。

第七节　信用合作社和资金互助合作社

一、城市信用社与城市商业银行

城市信用社是城市居民集资建立的合作金融组织。城市信用社旨在为城市小集体经济组织和个体工商户服务，通过信贷活动帮助他们解决资金困难，促进生产发展。其性质为集体所有制企业，具有独立法人地位的经济实体。实行独立经营，由社员进行民主管理，盈利归集体所有，并按股金分红。城市信用社经营的业务一般有：吸收单位和个人的存款；对经营企业发放短期贷款；办理抵押贷款；办理同城及部分异地的结算业务；信息和咨询服务；代办企业保险业务等。

案例 2-15

最后一家城市信用社改制成城市商业银行

宁波东海银行2012年4月6日在浙江宁波正式成立，系全国最后一家城市信用社改制成城市商业银行。宁波东海银行前身是成立于1988年的象山县绿叶城市信用合作社，历经两次改革，于2012年3月29日正式获宁波市银监局批复同意成立宁波东海银行。改制后的宁波东海银行注册资本5.09亿元，由宁波市、象山县两级政府国资企业、多家民营大型企业和上市公司以及其他法人单位和个人股东共同出资组建。1995年全国第一家城商行——深圳市城市合作银行（现为平安银行）成立，2015年6月末，全国134家城市商业银行总资产达到20.25万亿元，占银行业金融机构的比例接近11%。主要经营指标超过全国银行业平均水平，市场份额不断扩大，不良率持续下降，资产质量大幅提高，越来越多的城商行跨入全球银行业前500强序列。

目前，城市信用社均已改制为城市商业银行。城商行的主要功能是为本地区经济的发展融通资金，重点为城市中小企业的发展提供金融服务。作为地方金融机构，城商行既是地方信贷资金和当地居民金融服务的提供者，也是城乡普惠金融发展的激发者，还是缓冲经济波动冲击、服务地方经济发展的重要金融力量。

资料链接

中国城市商业银行 TOP100
http://www.enet.com.cn/article/20
15/1019/A20151019006191.html

二、农村信用社

农村信用社是由农民或农村的其他个人集资联合组成，以互助为主要宗旨的合作金融组织。

农村信用社的业务范围：在创办初期，社员都是农民，合作社的规模较小，社员贷款被严格地用于农业生产。信用合作社的成员由原来主要是农民，逐渐扩大到兼业农民、农村的小工商业者、农场的工人和职员；在信用合作社以下还设有若干分社。农村信用合作社由原来主要办理种植业的短期生产贷款，发展到综合办理农林牧副渔和农村工商业及社员消费性的短期贷款。资金充裕的信用社，还对农业生产设备、中小工商业提供中、长期贷款，并逐步采取了抵押贷款方式，以不动产或有价证券担保。

小知识

我国农村城市信用社的发展

我国的农村信用合作社始建于第一次国内革命战争时期，当时建立农村信用合作社的目的在于抵制地主、商人的高利贷剥削。不断发展的根据地和解放区的中国农村信用合作社，对解决农民生产、生活困难，打击高利贷，促进农业生产发展，支援革命战争都起到了积极作用。新中国成立以后，与农业生产的集体化配合，农村信用社得到进一步发展。1996年，我国对农村信用社的改革重点在于规范农村信用社。明确农村信用社主要由农户、农村集体经济组织和农村信用社职工入股，实行民主管理，最高权力机构是社员代表大会，坚持主要为社员服务的方针。2003年，农村信用社在中央银行发行专项票据或安排专项借款的支持下，开始了新一轮深化改革。改革试点以来至2014年年末，央行对全国2 408个县（市）农信社兑付专项票据1 699亿元，大大消化了农信社历年亏损挂账。改革后扭转亏损，截至2014年年末累计盈利11 202亿元。2014年年末，全国农信社各项核心指标远远高于当初改革的设计目标。2010年，银监会表示未来五年，农信社股份制改革将全面完成，为此银监会将不再组建农村合作银行，现有农村合作银行也要改制为农村商业银行。

三、农村资金互助合作社

农村资金互助社是指经银行业监督管理机构批准，由乡（镇）、行政村农民、农村小企业、农民专业合作社社员自愿入股组成，为农村资金互助社社员提供存款、贷款、结算等业务的合作制的社区互助性银行业金融机构。

2006年12月，银监会出台了《关于调整放宽农村地区银行业金融机构准入政策若干意见》，准许产业资本和民间资本到农村地区新设银行，批准在农村可以设立村镇银行、信用合作组织、专营贷款业务的银行全资子公司；并允许农村地区的农民和农村小企业，发起设立为入股社员服务、实行社员民主管理的社区性信用合作组织。2007年1月22日，中国银监会发布了《农村资金互助社管理暂行规定》。2007年2月4日，中国银监会印发了《农村资金互助社示范章程》。

案例 2-16

中国的"罗虚代尔"

2007年3月9日，全部由农民自愿入股组建的农村合作金融机构——吉林省梨树县闫家村百信农村资金互助社正式开业。这是中国银监会调整放宽农村地区银行类金融机构准入政策以来，在农村行政村一级批准设立的第一家农村资金互助社。资金互助社将为社员办理存、贷款、结算业务；买卖政府和金融债券；同业存放；代理业务；还可向其他银行业金融机构融入资金（符合审慎要求）以及经银行业监督管理机构批准的其他业务。2007年2月1日，闫家村农民自愿发起设立农村资金互助社，32名发起人中村组干部4人，占发起人总数12.5%；党员5人，占发起人总数15.6%；具有初中学历18人，占发起人总数56.3%；高中以上学历3人，占发起人总数9.4%。因发起设立第一家农民互助银行，吉林省梨树县闫家村被誉为中国的"罗虚代尔"。

根据《农村资金互助社管理暂行规定》，农村资金互助社是指经银行业监督管理机构批准，由乡（镇）、行政村农民和农村小企业自愿入股组成，为社员提供存款、贷款、结算等业务的社区互助性银行业金融机构。农村资金互助社实行社员民主管理，以服务社员为宗旨，谋求社员共同利益。农村资金互助社是独立的企业法人，对由社员股金、积累及合法取得的其他资产所形成的法人财产，享有占有、使用、收益和处分的权利，并以上述财产对债务承担责任。农村资金互助社的合法权益和依法开展经营活动受法律保护，任何单位和个人不得侵犯。农村资金互助社社员以其社员股金和在本社的社员积累为限对该社承担责任。农村资金互助社从事经营活动，应遵守有关法律法规和国家金融方针政策，诚实守信，审慎经营，依法接受银行业监督管理机构的监管。

江苏省某农村资金互助合作社倒闭

贾汪镇农村资金互助合作社成立于2011年1月，为民办非企业组织，成员以农民为主，实行民主管理，自主经营，自负盈亏。因经营不善，造成资金链断裂，于2015年5月22日关门。审计报告显示，截至2015年5月期末资金结存明细，共633笔（236户）尚未兑付，股金997.559万元，应计利息约16.83万元、分红30.23万元。贾汪区政府公告称，截至2016年5月，已经兑付225户，金额1 368 954.6元，兑付比例分别为本金的12%~20%不等。

本章小结

本章主要介绍了中国银行机构的法律制度概况，不同种类银行的内涵、性质以及在经济中的作用。具体内容包括中国人民银行的法律地位、职能、业务等，商业银行的定义、特征及业务规定，以及政策性银行、外资银行、民营银行、村镇银行及城乡信用社的定义、业务、特征及相关法律规范等。

第三章

商业银行业务法律制度

学习目标

商业银行业务有复杂的法律规则，本章旨在了解商业银行主要业务相关法律制度的内容并能够运用。

关键概念

存款　单位存款　储蓄　同业拆借　金融债券　贷款　委托贷款　不良贷款　五级分类　商业银行贷款损失准备　银行结算账户　理财产品　银行卡　信用卡

引导案例

抵押贷款

北京市海淀区某实业有限公司和某美食娱乐城均系周某创办的私营企业。因业务发展需要，周某拟向某银行海淀区某支行借款人民币80万元，约定用于补充流动资金，借款期限为6个月，2016年6月15日前一次性还清，按季结息，若不按期归还借款，逾期部分加收利息20%，并由娱乐城作为第三方以其所有的空调等财产作为抵押物进行担保。

思考：我国商业银行贷款的主要法律规则有哪些？

第一节　负债业务

银行负债业务是指商业银行通过吸收和借入等形式来筹集经营资金的活动。它是商业银行最基本、最主要的业务，构成银行经营的基础。银行负债业务主要有：①自有资金。包括股本金、储备资金以及未分配利润。在商业银行的全部信贷资金来源中，自有资金所占比重很小，一般为全部负债业务总额的10%左右。②存款负债。存款是商业银行经营资金的主要来源。③借款负债。通过票据的再抵押、再贴现等方式向中央银行融入资金和通过同业拆借市场向其他银行借入短期资金。④其他负债。包括代理行的同业存款负债、金融债券负债、大额可转让定期存单负债、买卖有价证券、占用客户资金、境外负债等。

一、存款储蓄法律制度

（一）存款与存款合同

存款是商业银行等具有存款业务经营资格的金融机构（以下简称银行）接受客户存入资

金，并在存款人支取存款时支付存款本息的一种信用业务。它是银行最主要、最基本的负债业务。在存款关系中，存款人是债权人，依法享有存款资金本息的请求权；银行是债务人，负有依法按期支付存款本金及利息的义务，存款人和银行之间的存款关系是通过存款合同确定的。

目前我国还没有统一的存款管理法，有关存款的管理规定散见于《宪法》《民法通则》《中国人民银行法》《银行业监督管理法》《商业银行法》《储蓄管理条例》《个人存款账户实名制规定》《银行卡业务管理办法》等。我国存款制度的基本原则有存款业务经营特许制原则；金融机构须依法缴存存款准备金原则；财政性存款和存款准备金由人民银行专营原则，任何金融机构不得占用；存款实名制原则；依法保护存款人利益的原则。

（二）存款的分类

根据不同的标准存款可作多种分类：①按存款主体不同，可分为单位存款和个人存款。单位存款具有强制性；个人存款具有自愿性和有偿性。②按存期的不同，可分为活期存款和定期存款。前者是指存款人可以随时提取的存款，最典型的是支票存款；后者是指银行和存款人对存款的期限和提取方式事先加以约定的存款。③按存款币种的不同，分为人民币存款（本币存款）和外币存款。④按支取存款的方式不同，分为支票存款、存（折）单存款、银行卡存款、通知存款、透支存款、存贷合一存款、特种存款（如协定存款、教育储蓄存款、大额可转让定期存单）等。⑤特定目的存款。指银行存款业务中发展出来的一些基于新目的的存款业务品种，如结构性存款、集团账户存款等。结构性存款包括外汇结构性存款和人民币结构性存款两大类。集团账户存款主要是指集团总公司一级账户的存款业务。集团总公司通过集团一级账户资金的上收和下拨，在其子公司之间进行资金的灵活调剂，达到加强资金的集中管理、提高资金使用效率的目的。

（三）储蓄与储蓄机构

储蓄是指个人将属于其所有的人民币或外币存入储蓄机构，储蓄机构开具存折或者存单等作为凭证，个人凭以支取存款本息的信用活动。《商业银行法》第29条、《储蓄管理条例》第5条规定了储蓄机构办理个人储蓄业务应遵循的原则，即"存款自愿、取款自由、存款有息、为储户保密"原则，以保护个人存款的所有权，鼓励个人参加储蓄。

储蓄机构是指经人民银行（现为中国银监会）或其派出机构批准，具有储蓄业务经营资格的金融机构，包括各商业银行、信用合作社以及邮政储蓄银行办理储蓄业务的机构。设立储蓄机构必须经银监会批准，并领取"金融机构营业许可证"，储蓄机构不具有法人资格。其设置必须具有以下三个条件：①有机构名称、组织机构和营业场所；②熟悉储蓄业务的工作人员不少于4人，保证营业时间内双人临柜；③有必要的安全防范设施。储蓄机构经银监会派出机构批准，可以在企业、机关、学校、部队等单位设立代办网点。

根据《储蓄管理条例》规定,储蓄机构可办理下列人民币业务:①活期储蓄存款;②定期储蓄存款,含整存整取、零存整取、存本取息、整存零取四种;③定活两便储蓄存款;④华侨(人民币)定期储蓄存款;⑤其他存款,如大额可转让定期存单等。储蓄机构经外汇管理部门批准,可办理活期储蓄、整存整取等外币储蓄业务。另外,在金融实践中,储蓄机构经批准或备案,还可以办理自动转存业务,住房储蓄业务,个人定期储蓄存单小额抵押贷款业务,代理发售、兑换有价证券,代发工资,代收房租、水电费等代理业务。

案例链接

平安银行人民币存款系列产品
http://bank.pingan.com/gongsi/cunkuan/rmb/index.shtml

(四)储蓄业务的基本规则

储蓄机构开展业务应遵循以下基本规则。

1. 储蓄存款利率及计息规则

储蓄存款利率由人民银行拟定,经国务院批准后公布,或者由国务院授权人民银行制定、公布。储蓄机构必须挂牌公告储蓄存款利率,不得擅自变动。

未到期的定期储蓄存款,全部提前支取的,按支取日挂牌公告的活期储蓄存款利率计付利息;部分提前支取的,提前支取的部分按支取日挂牌公告的活期储蓄存款利率计付利息,其余部分到期时按存单开户日挂牌公告的定期储蓄存款利率计付利息。逾期支付的定期储蓄存款,其超过原定存期的部分,除约定自动转存的以外,按支取日挂牌公告的活期储蓄存款利率计付利息。定期储蓄存款在存期内遇有利率调整,按存单开户日挂牌公告的相应的定期储蓄存款利率计付利息。活期储蓄存款在存入期间遇有利率调整,按结息日挂牌公告的活期储蓄存款利率计付利息。活期储蓄每年6月30日为结息日,结算利息一次,并入本金起息,元以下尾数不计利息。全部支取活期储蓄存款,按清户日挂牌公告的活期储蓄存款利率计付利息。

储户认为储蓄存款利息支付有错误时,有权向经办的储蓄机构申请复核;经办的储蓄机构应当及时受理、复核。

2. 提前支取规则

未到期的定期储蓄存款,储户提前支取的,必须持存单和存款人的身份证明办理;代储户支取的,代支取人还必须持本人身份证明。

3. 挂失规则

存单、存折分为记名式和不记名式。记名式的存单、存折可以挂失,不记名式的存单、存折不能挂失。储户遗失存单、存折或者预留印鉴的印章的,必须立即持本人身份证明,并提供储户的姓名、开户时间、储蓄种类、金额、账号及地址等有关情况,向其开户的储蓄机构书面申请挂失。在特殊情况下,储户可以用口头或者函电形式申请挂失,但必须在5天内补办书面申请挂失手续。

储蓄机构在确认该笔存款未被支取的情况下,可受理挂失手续。挂失7天后,储户需与储蓄机构约定时间,办理补领存单(折)或支取存款手续。受理挂失前储蓄存款已被他人支取的,储蓄机构不负赔偿责任。

4. 查询、冻结、扣划个人储蓄存款规则

储蓄机构及其工作人员对储户的储蓄情况负有保密责任。储蓄机构不代任何单位和个

人查询、冻结或者扣划个人储蓄存款，但法律另有规定的除外。中国人民银行依据有关法律的规定，于2002年1月15日发布、自同年2月1日实施的《金融机构协助查询、冻结、扣划工作管理规定》就查询、冻结、扣划的机构种类、协助的程序和条件等问题作了明确规定。

5. 存款过户与支取规则

储蓄存款的所有权发生争议，涉及办理过户或支付手续的，根据《中国人民银行关于执行〈储蓄管理条例〉的若干规定》第40条的规定，应慎重处理。

6. 储蓄业务禁止规则

《商业银行法》和《储蓄管理条例》都明确规定：任何单位和个人不得将公款以个人名义开立储户存储。公款的范围包括：凡列在国家机关、企事业单位会计科目的任何款项；各保险机构、企事业单位吸收的保险金款项；属于财政性存款范围的款项；国家机关和企事业单位的库存现金等。违反《储蓄管理条例》，应承担一定的法律责任。

案例 3-1

罗苑玲 8 年期储蓄存款确认有效

2008年10月14日，被告罗苑玲到银行办理定期存单支取业务，其所持存单载明，存期8年，到期日为2008年7月6日，凭密码身份证支取。该存单上的"利率"及"到期利息"栏均为空白。根据中国人民银行的有关规定，自1996年5月1日起，取消8年期定期整存整取储蓄种类。但由于原告工作人员的疏忽，在办理该笔业务时仍按已取消的8年期定期整存整取利率计付利息，因此多付被告利息70 093.59元。事后罗苑玲与银行多次协商返还多付利息未果。二审法院认定，国务院《储蓄管理条例》第22条"储蓄存款利率由中国人民银行拟订，经国务院批准后公布，或者由国务院授权中国人民银行制定、公布"和第23条"储蓄机构必须挂牌公告储蓄存款利率，不得擅自变动"的规定，是对金融机构关于储蓄存款利率的管理性规定，不是对外签订、履行储蓄存款合同的效力性规定，不影响民事行为的效力，不能以储蓄机构违反该项规定为由，确认涉案储蓄合同关于存期的约定无效。

（五）单位存款法律制度

单位存款也称机构存款，是指个人储蓄存款以外的所有存款。具体是指企业、事业、机关、部队和社会团体在金融机构办理的人民币存款。我国一般称为"对公存款"。

按不同标准单位存款可作不同分类。根据单位存款的主体不同，可分为企业存款和财政性存款。前者是指企业将经济运行中暂时闲置的货币资金和结余资金存入银行所形成的存款，包括工商企业存款、营利性的事业单位存款和个体工商户存款三种。后者是国家将其集中起来待分配的或待使用的资金存入银行所形成的存款，包括国库存款和机关、事业单位经费存款。因其具有先收后支的特点，故可为银行所运用。根据存款期限和支取方式的不同，可分为定期存款、活期存款、通知存款、协定存款等。

《商业银行法》《现金管理暂行条例》《通知存款管理办法》和《人民币单位存款管理办法》等法律法规对单位存款进行了规范，上述法律、行政法规规定了我国单位存款应遵循的原则，即财政性存款由人民银行专营原则、强制存入原则、存款实名原则、限制支出原则以及监督使用原则。

二、同业拆借法律制度

1. 同业拆借的概念

同业拆借是指经中国人民银行批准进入全国银行间同业拆借市场（以下简称同业拆借市场）的金融机构之间，通过全国统一的同业拆借网络进行的无担保资金融通行为。全国统一的同业拆借网络包括全国银行间同业拆借中心的电子交易系统、中国人民银行分支机构的拆借备案系统及中国人民银行认可的其他交易系统。同业拆借活动要遵守 2007 年 8 月 6 日起实行的《同业拆借管理办法》的规定。

同业借款的用途主要有两方面：一是为了填补法定存款准备金的不足，这一类借款大都属于日拆借行为；二是为了满足银行季节性资金的需求，一般需要通过同业拆借市场来进行。同业借款在方式上比向中央银行借款灵活，手续也比较简便。

小知识

同业业务

商业银行同业业务是指以金融同业客户为服务与合作对象，以同业资金融通为核心的各项业务，是商业银行近年来兴起并蓬勃发展的一项新业务。具体包括代理同业资金清算、同业存放、债券投资、同业拆借、外汇买卖、衍生产品交易、代客资金交易和同业资产买卖回购、票据转贴现和再贴现等业务。近年来，一些股份制商业银行同业业务发展迅速，同业业务量、收入、利润等在商业银行各项业务的占比和贡献明显提高。人民银行、银监会、证监会、保监会、外汇局联合印发了《关于规范金融机构同业业务的通知》（银发〔2014〕127 号）。

中国人民银行依法对同业拆借市场进行监督管理。金融机构进入同业拆借市场必须经中国人民银行批准，从事同业拆借交易接受中国人民银行的监督和检查。中国人民银行于 2005 年 1 月 21 日制定了《银行业金融机构进入全国银行间同业拆借市场审核规则》。

延伸阅读
同业存款等 10 项业务对比
http://www.360doc.com/content/16/0705/21/31942261_573374533.shtml

2. 同业拆借市场准入

下列金融机构可以向中国人民银行申请进入同业拆借市场：政策性银行；中资商业银行；外商独资银行、中外合资银行；城市信用合作社；农村信用合作社县级联合社；企业集团财务公司；信托公司；金融资产管理公司；金融租赁公司；汽车金融公司；证券公司；保险公司；保险资产管理公司；中资商业银行（不包括城市商业银行、农村商业银行和农村合作银行）授权的一级分支机构；外国银行分行；中国人民银行确定的其他机构。

申请进入同业拆借市场的金融机构应当具备以下基本条件：在中华人民共和国境内依法设立；有健全的同业拆借交易组织机构、风险管理制度和内部控制制度；有专门从事同业拆借交易的人员；主要监管指标符合中国人民银行和有关监管部门的规定；最近两年未因违法、违规行为受到中国人民银行和有关监管部门处罚；最近两年未出现资不抵债情况；中国人民银行规定的其他条件。

下列金融机构申请进入同业拆借市场，除具备基本条件外，还应具备以下条件：外商独资银行、中外合资银行、外国银行分行经国务院银行业监督管理机构批准获得经营人民币业务资格；企业集团财务公司、信托公司、金融资产管理公司、金融租赁公司、汽车金融公司、保险资产管理公司在申请进入同业拆借市场前最近两个年度连续盈利；证券公司应在申请进入同业拆借市场前最近两个年度连续盈利，同期未出现净资本低于 2 亿元的情况；保险公司应在申请进入同业拆借市场前最近 4 个季度连续的偿付能力充足率在 120%以上。

金融机构申请进入同业拆借市场，应按照中国人民银行规定的程序向中国人民银行或其分支机构提交申请材料。中国人民银行及其分支机构审核金融机构进入同业拆借市场申请的期限，适用《中国人民银行行政许可实施办法》第 28 条和第 29 条的规定。

已进入同业拆借市场的金融机构决定退出同业拆借市场时，应至少提前 30 日报告中国人民银行或其分支机构，并说明退出同业拆借市场的原因，提交债权债务清理处置方案。金融机构退出同业拆借市场必须采取有效措施保证债权债务关系顺利清理，并针对可能出现的问题制订有效的风险处置预案。

中国人民银行及其分支机构批准金融机构进入同业拆借市场或者接到金融机构退出同业拆借市场的报告后，应以适当方式向同业拆借市场发布公告。在中国人民银行或其分支机构正式发布公告之前，任何机构不得擅自对市场发布相关信息。中国人民银行及其分支机构自发布金融机构退出同业拆借市场公告之日起两年之内不再受理该金融机构进入同业拆借市场的申请。

3. 同业拆借交易

同业拆借交易必须在全国统一的同业拆借网络中进行。政策性银行、企业集团财务公司、信托公司、金融资产管理公司、金融租赁公司、汽车金融公司、证券公司、保险公司、保险资产管理公司以法人为单位，通过全国银行间同业拆借中心的电子交易系统进行同业拆借交易。通过中国人民银行分支机构拆借备案系统进行同业拆借交易的金融机构应按照中国人民银行当地分支机构的规定办理相关手续。

延伸阅读

全面解读《全国银行间同业拆借市场业务操作细则》
http://www.ocn.com.cn/chanjing/201608/gjfjr10112041.shtml

同业拆借交易以询价方式进行，自主谈判、逐笔成交。同业拆借利率由交易双方自行商定。

金融机构进行同业拆借交易，应逐笔订立交易合同。交易合同的内容应当具体明确，详细约定同业拆借双方的权利和义务。合同应包括以下内容：同业拆借交易双方的名称、住所及法定代表人的姓名；同业拆借成交日期；同业拆借交易金额；同业拆借交易期限；同业拆借利率、利率计算规则和利息支付规则；违约责任；中国人民银行要求载明的其他事项。

常用网站

上海银行间同业拆放利率
http://www.shibor.org/

交易合同可采用全国银行间同业拆借中心电子交易系统生成的成交单，或者采取合同书、信件和数据电文等书面形式。同业拆借的资金清算涉及不同银行的，应直接或委托开户银行通过中国人民银行大额实时支付系统办理。同业拆借的资金清算可以在同一银行完成的，应以转账方式进行。任何同业拆借清算均不得使用现金支付。

《同业拆借管理办法》同时规定了一系列风险管理措施。

三、金融债券法律制度

金融债券是银行等金融机构作为筹资主体为筹措资金而面向个人和机构发行的一种有价证券，是表明债务、债权关系的一种凭证。债券按法定发行手续，承诺按约定利率定期支付利息并到期偿还本金。它属于银行等金融机构的主动负债。我国调整金融债券方面的规范性文件主要有《全国银行间债券市场债券交易管理办法》《全国银行间债券市场债券远期交易管理规定》《全国银行间债券市场债券借贷业务管理暂行规定》《全国银行间债券市场做市商管理规定》《银行间债券市场非金融企业债务融资工具管理办法》《全国银行间债券市场金融债券发行管理操作规程》《银行间债券市场债券登记托管结算管理办法》《国际开发机构人民币债券发行管理暂行办法》等。

想一想

金融债券与公司债券有什么区别？

金融债券和存款都是商业银行资金的来源，同样起着扩大信贷资金规模的作用。金融债权与存款在行为方式和功能等方面有一定的差异。吸收存款在一定意义上是全面扩大银行资金来源的总量，而发行债券则着眼于增长长期资金来源和满足特定用途的资金需要。吸收存款是经常性的、无限额的，而金融债券的发行是集中的、有限额的。存款规模取决于存款者的意愿，而发行金融债券的主动权在银行手中，属于卖方市场，是银行的"主动负债"。金融债券的利率高于存款的利率，其筹资的效率在一般情况下高于存款。金融债券一般都具有明确的偿还期，因而资金的稳定性强；存款的期限具有较大的弹性，即便是定期存款，在特定的状况下也可提前支取，因而资金的稳定性较差。金融债券一般不记名，有广泛的二级市场流通转让，具有较强的流动性。而存款一般都是记名式的，资金一旦转化为存款，债权债务关系便被固定在银行和客户之间，因而资金的流动性差。吸收存款受准备金率的影响，而金融债券获得的资金则不受其影响。

根据《全国银行间债券市场债券交易管理办法》，全国银行间债券市场债券交易（以下称债券交易）是指以商业银行等金融机构为主的机构投资者之间以询价方式进行的债券交易行为。

中国的债券市场

我国债券市场主要包括银行间市场和交易所市场。银行间债券市场是指依托于中国外汇交易中心暨全国银行间同业拆借中心（简称同业中心）和中央国债登记结算公司（简称中央登记公司）的，包括商业银行、农村信用联社、保险公司、证券公司等金融机构进行债券买卖和回购的市场。银行间债券市场目前已成为我国债券市场的主体部分。记账式国债的大部分、政策性金融债券都在该市场发行并上市交易。2016年12月8日，上海市财政局通过公开招标方式，面向中国（上海）自由贸易试验区内已开立自由贸易等账户的区内及境外机构投资者，成功发行一只上海市政府债券。本次发行的上海市政府自贸区债券是我国首只自贸区债券，发行总额30亿元，期限为3年。中标结果显示，区内及境外机构投资者认购踊跃，认购倍数达到2.78倍，中标利率为2.85%。有观点认为，这标志着在银行间市场和交易所之外，中国第三个债券市场的诞生——自贸区债券市场。

债券交易品种包括回购和现券买卖两种。回购是交易双方进行的以债券为权利质押的一种短期资金融通业务，指资金融入方（正回购方）在将债券出质给资金融出方（逆回购方）融入资金的同时，双方约定在将来某一日期由正回购方按约定回购利率计算的资金额向逆回购方返还资金，逆回购方向正回购方返还原出质债券的融资行为。现券买卖是指交易双方以约定的价格转让债券所有权的交易行为。债券是指经中国人民银行批准可用于在全国银行间债券市场进行交易的政府债券、中央银行债券和金融债券等记账式债券。

中央国债登记结算有限责任公司（简称中央结算公司）为中国人民银行指定的办理债券的登记、托管与结算机构。中国人民银行是全国银行间债券市场的主管部门。中国人民银行各分支机构对辖内金融机构的债券交易活动进行日常监督。

下列机构可成为全国银行间债券市场参与者，从事债券交易业务：①在中国境内具有法人资格的商业银行及其授权分支机构；②在中国境内具有法人资格的非银行金融机构和非金融机构；③经中国人民银行批准经营人民币业务的外国银行分行。

第二节 贷款业务

银行通过吸收存款、发行债券以及吸收股东投资等方式获得资金后，除了用于发放贷款以获得贷款利息外，其余的一部分用于投资交易以获得投资回报。贷款是银行主要的资产业务。

一、贷款与贷款管理

（一）贷款的含义

贷款是贷款人对借款人提供的并按照约定的利率和期限还本付息的货币资金。贷款是商业银行等金融机构的资产业务，是商业银行资金收益的最主要来源，因而是商业银行的业务核心。贷款作为资产业务，反映的是贷款人（金融机构）与借款人之间的债权债务关系。贷款之债是合同之债，贷款人是债权人，借款人是债务人。

贷款主体是借款人，借款人是指从经营贷款业务的中资金融机构取得贷款的法人、其他组织、个体工商户和自然人。借款人应当是经工商行政管理机关（或主管机关）核准登记的企（事）业法人、其他经济组织、个体工商户或具有中国国籍的具有完全民事行为能力的自然人。借款人申请贷款，应当具备产品有市场、生产经营有效益等条件。

（二）贷款的种类

贷款包括人民币贷款和外币贷款，按不同标准可作多种分类。

1. 按贷款人自己是否承担贷款风险划分

按贷款人自己是否承担贷款风险，划分为：①自营贷款，指贷款人以合法方式筹集的资金自主发放的贷款，其风险由贷款人承担，并由贷款人收回本金和利息。②委托贷款，指由政府部门、企事业单位及个人等委托人提供资金，由贷款人（即受托人）根据委托人确定的贷款对象、用途、金额、期限、利率等代为发放、监督使用并协助收回的贷款。贷款人（受托人）只收取手续费，不承担贷款风险。2000年，央行出台了《关于商业银行开办委托贷款业务有关问题的通知》，对委托贷款的业务界定有相应的规定。2015年，银监会就《商业银行委托贷款管理办法（征求意见稿）》公开征求意见，规范了委托贷款的申请前提、资金来源、资金用途、合同要求、账户管理、账务处理等。强调商业银行严禁接受国家规定具有特殊用途的各类专项基金、银行授信资金、发行债券筹集的资金、筹集的他人资金等用于发放委托贷款。同时，从资金审查、授权管理、账务核算、信息报送、业务检查等多维度提出管理要求，其中强调商业银行应对委托贷款业务与自营贷款业务实行分账核算，严格按照会计核算制度要求记录委托贷款业务。③特定贷款，指经国务院批准并对贷款可能造成的损失采取相应补救措施后责成国有独资商业银行发放的贷款，这种贷款的政策性成分较多。

2. 按贷款期限长短划分

按贷款期限长短，划分为：①短期贷款，指贷款期限在1年以内（含1年）的贷款。②中期贷款，指贷款期限在1年以上（不含1年）5年以下（含5年）的贷款。③长期贷款，指贷款期限在5年（不含5年）以上的贷款。

3. 按有无担保及担保的形式划分

按有无担保及担保的形式，划分为：①信用贷款，系指以借款人的信誉发放的贷款。②担保贷款，包括保证贷款、质押贷款、抵押贷款。③票据贴现，指贷款人以购买借款人未到期商业票据的方式发放的贷款。除委托贷款以外，贷款人发放贷款，借款人应当提供担保。贷款人应当对保证人的偿还能力，抵押物、质物的权属和价值，以及实现抵押权、质权的可行性进行严格审查。经贷款审查，评估，确认借款人资信良好，确能偿还贷款的，可以不提供担保。

4. 按贷款在社会再生产中占用形态划分

按贷款在社会再生产中占用形态，划分为：①流动资金贷款。可分为工业流动资金贷款、商业流动资金贷款以及其他流动资金贷款。2010年2月12日，银监会发布《流动资金贷款管理暂行办法》，规定了流动资金贷款的受理与调查、风险评价与审批、合同签订、发放与支付、贷后管理和法律责任等内容。②固定资产贷款。固定资产贷款是银行为解决企业固定资产投资活动的资金需求而发放的贷款，主要用于固定资产项目的建设、购置、改造及其相应配套设施建设的中长期本外币贷款。2009 年 7 月 23 日，银监会发布《固定资产贷款管理暂行办法》，规定了固定资产贷款的受理与调查、风险评价与审批、合同签订、发放与支付、贷后管理和法律责任等内容。

5. 按贷款的对象划分

按贷款的对象，划分为：对公贷款和个人贷款。对公贷款是银行对符合条件的机构（企事业单位、公司等）发放的贷款，是相对于个人贷款而言的。个人贷款是指贷款人向符合条件的自然人发放的用于个人消费、生产经营用途的本外币贷款。个人贷款种类较多，常见的有个人消费类贷款、个人经营类贷款、助学贷款等。2012 年 2 月 12 日，银监会发布《个人贷款管理暂行办法》，规定了个人贷款的受理与调查、风险评价与审批、合同签订、发放与支付、贷后管理和法律责任等内容。

6. 按向一家企业提供贷款的银行数量划分

按向一家企业提供贷款的银行数量，划分为：双边贷款和银团贷款。双边贷款是只有一家银行作为贷款人向借款人提供的贷款。银团贷款是指由两家或两家以上银行基于相同贷款条件，依据同一贷款协议，按约定时间和比例，通过代理行向借款人提供的本外币贷款或授信业务。国际银团是由不同国家的多家银行组成的银行集团。2011 年 8 月 1 日，银监会发布《银团贷款业务指引》，是我国商业银行开展银团贷款业务的主要规范性文件。

7. 并购贷款

并购贷款即商业银行向并购方企业或并购方控股子公司发放的，用于支付并购股权对价款项的本外币贷款。它是针对境内优势客户在改制、改组过程中，有偿兼并、收购国内其他企事业法人、已建成项目及进行资产、债务重组中产生的融资需求而发放的贷款。并购贷款是一种特殊形式的项目贷款。普通贷款在债务还款顺序上是最优的，但如果贷款用于并购股权，则通常只能以股权分红来偿还债务。2015 年 3 月 12 日，中国银监会发布最新的《商业银行并购贷款风险管理指引》。

案例 3-2

中国信达成功筹 390 亿港币贷款并购南洋商业银行

2016年2月25日，中国信达资产管理股份有限公司（"中国信达"）并购南洋商业银行390亿港币银团贷款在北京成功签约，标志着中国银行业史上最大的并购融资成功筹组完成。中国信达（香港）控股有限公司（"信达香港"）为该笔银团贷款的借款人，其下设特殊目的载体信达金融控股有限公司为并购交易的实际受让方。该笔贷款采用固定利率，分为5年、7年和10年三个年期。中国信达作为信达香港的母公司提供股权回购承诺、投资及流动性支持承诺作为该笔银团贷款的增信措施。中国建设银行由中国信达委任担任该笔银团贷款的独家全球协调行、独家簿记行、代理行和押品代理行，并与国家开发银行共同担任委任牵头行，负责银团筹组事宜。中国农业银行、交通银行、中国工商银行、招商银行、光大银行参加了该笔银团贷款。

二、贷款规则

（一）贷款期限规则

1. 贷款期限确定规则

贷款期限根据借款人的生产经营周期、还款能力和贷款人的资金供给能力，由借贷双方协商确定，并在借款合同中载明。其中，自营贷款期限一般不得超过 10 年，超过 10 年应报人民银行备案；票据贴现最长不得超过 6 个月，贴现期限从贴现之日起到票据到期日止。

2. 贷款展期规则

贷款展期的决定权在贷款人，借款人不能按期归还贷款的，应当在贷款到期日之前，向贷款人申请贷款展期；是否展期由贷款人决定。申请保证贷款、抵押贷款、质押贷款展期的，还应由保证人、抵押人、出质人出具同意的书面证明。

短期贷款展期期限累计不得超过原贷款期限；中期贷款展期期限累计不得超过原贷款期限的一半；长期贷款展期期限累计不得超过 3 年。借款人未申请展期或申请展期未得到批准，其贷款从到期次日起，转入逾期贷款账户。

案例 3-3

鄂尔多斯某银行"借新还旧"审批不审慎 被罚 20 万

鄂尔多斯某银行在2013年向鄂尔多斯市毅隆建筑涂料有限责任公司办理的2 700万元贷款中存在违规行为，贷款审批不审慎，被鄂尔多斯银监分局于2014年9月责令改正，并处20万元罚款。银监局认为，该行在2013年给毅隆涂料办理2 700万元贷款时，只依据该企业提供的报表进行了测算，未将企业目前市场发展状况、销售资金回笼较慢及企业已显现的经营困难等情况进行综合考虑（该公司在某银行的2 000万元贷款逾期、利息及逾期罚息结欠近600万元），未能对企业经营状况进行全面分析，贷前调查不充分。此外，该行还存在贷后检查没有全面反映该企业贷款资金用途、流向，对企业的运行情况、贷款资金是否能按时收回等未进行明确判断。在企业已不能按时结息的情况下，在贷款后检查表中均显示正常，未能对企业经营状况、能否按期足额还款等进一步检查。银监局还认为，该行授信评审委员贷款审批不审慎。毅隆涂料在2 000万元贷款逾期期间，于2013年7月10日又提出申请贷款2 700万元，该行授信评审委员会凭贷前调查报告，并未考虑企业经营及过去贷款已出现逾期等情况，于2013年8月15日对该笔2 700万元贷款进行了审批，并作出同意向毅隆涂料办理流动资金2 700万元贷款的审批意见，期限12个月，未提出质疑或限制性条款，盲目增加授信，贷款发放违反审慎原则。

（二）贷款利率规则

贷款人应按照人民银行规定的贷款利率的上下限，确定每笔贷款利率，并在借款合同中载明。贷、借双方应按借款合同和人民银行有关计息规定按期计收或交付利息。贷款的展期期限加上原期限达到新的利率期限档次时，从展期之日起，贷款利息按新的期限档次利率计收。逾期贷款按规定计收罚息。根据国家政策，为了促进某些产业和地区经济的发展，有关部门可以对贷款补贴利息，对有关部门贴息的贷款，承办银行应当自主审查发放，并根据《贷款通则》的有关规定严格管理。除国务院规定外，任何单位和个人无权决定停息、减息、缓息和免息。贷款人应当依国务院规定，按照职责权限范围具体办理停息、减息、缓息和免息。

（三）贷款程序

按照《贷款通则》等相关法律规范性文件的规定，贷款程序包括申请、审批等8个程序。

1. 贷款申请

借贷人需要贷款，应当向主办银行或其他银行的经办机构直接申请，填写包括借款金额、借贷用途、还款能力及还款方式等主要内容的《借款申请书》，并提供以下资料：借贷人及保证人基本情况；财政部门或会计（审计）事务所核准的上年度财政报告，以及申请借款前一期的财务报告；原有不合理占用的贷款的纠正情况；抵押物、质物清单和有处分权人的同意抵押、质押的证明及保证人拟同意保证的有关证明文件；项目建议书可行性报告；贷款人认为需提供的其他有关资料。

2. 对借贷人的信用等级评估

应当根据借贷人的领导者素质、经济实力、资金结构、履约情况、经营效益和发展前景等因素，评定借贷人的信用等级。信用评级机构是依法设立的从事信用评级业务的社会中介机构。国际上公认的最具权威性的专业信用评级机构有：美国标准·普尔公司、穆迪投资服务公司和惠誉国际信用评级有限公司。评级可由贷款人独立进行，内部掌握；也可由权威部门批准的评估机构进行。

3. 贷款调查

贷款人受理借款人申请后，应当对借款人的信用等级以及借款的合法性、安全性、盈利性等情况进行调查，核实抵押物、质物、保证人情况，测定贷款的风险度。

案例 3-4

全套假资料骗走银行贷款 3 000 万

针对当前日趋严重的恶意逃废债现象，我国《刑法修正案（六）》新增设了骗取贷款罪，该罪名成立不用考虑行为人非法占有的主观犯意，只要行为人采取了欺骗手段获取贷款，数额达到100万元或给银行造成损失20万元以上的，均可入刑。2016年12月，中国建设银行湖南省分行曝出离奇骗贷案：除了贷款经办人是真的，提交给银行的公章、证件、文件等资料都是假的，却能突破层层"防线"，获得1.3亿元贷款授信，最终导致银行贷款损失3 000万元。

http://mt.sohu.com/2016
1212/n475633868.shtml

---

4. 贷款审批

贷款人应当建立审贷分离、分级审批的贷款管理制度。审查人员应当对调查人员提供的资料进行核实、评定，复测贷款风险度。提出意见，按规定权限报批。

5. 签订借款合同

所有贷款应当由贷款人与借款人签订借款合同。借款合同应当约定借款种类，借款用途、金额、利率，借款期限，还款方式，借、贷双方的权利、义务，违约责任和双方认为需要约定的其他事项。

保证贷款应当由保证人与贷款人签订保证合同，或保证人在借款合同上载明有贷款人协商一致的保证条款，加盖保证人的法人公章，并由保证人的法定代表人或其授权代理人签名。

抵押贷款、质押贷款应由抵押人、出质人与贷款人签订抵押合同、质押合同，需要办理登记的，应依法办理登记。

6. 贷款发放

贷款人要按借款合同规定按期发放贷款。贷款人不按约定发放贷款的，应偿付违约金。借款人不按约定借款的，应偿付违约金。

7. 贷后检查

贷款发放后，贷款人应当对借款人执行借款合同情况及借款人的经营情况进行追踪调查和检查。

8. 贷款归还

借款人应当按照借款合同规定按时足额归还贷款本息，贷款人在短期贷款到期1个星期之前，中长期贷款1个月之前，应当向借款人发送还本付息通知单；借款人应当及时筹备资金，按时还本付息。贷款人对逾期的贷款要及时发出催收通知单，做好逾期贷款本息的催收工作。贷款人对不能按借款合同约定期限归还的贷款，应当按规定加罚利息；对不能归还或者不能落实还本付息事宜的，应当督促归还或者依法起诉。借款人提前归还贷款，应当与贷款人协商。

> **法律实务**
>
> 商业银行不良贷款催收方式及风险防范初探
> http://lawyer.fabao365.com/4063/article_24398

三、不良贷款监管

贷款人应当建立和完善贷款的质量监管制度，对不良贷款进行分类、登记、考核和催收。根据《贷款通则》规定，不良贷款包括呆账贷款、呆滞贷款及逾期贷款。即所谓"一逾两呆"。1998年5月，中国人民银行参照国际惯例，结合中国国情，制定了《贷款分类指导原则》，要求商业银行依据借款人的实际还款能力进行贷款质量的五级分类。该文件后于2007年1月5日被中国人民银行公告废止。2007年4月3日，中国银监会发布《贷款风险分类指引》，这是我国商业银行进行贷款分类的主要法律规范。

根据《贷款风险分类指引》（银监会发〔2007〕54号），贷款分类是指商业银行按照风险程度将贷款划分为不同档次的过程，其实质是判断债务人及时足额偿还贷款本息的可能性。商业银行应按照规定，至少将贷款分为正常、关注、次级、可疑和损失五类，后三类合称不良贷款。各商业银行可根据自身实际制定贷款分类制度，细化分类方法，但不得低于指引提出的标准和要求，并向中国银行业监督管理委员会或其派出机构进行报备。对贷款以外的各类资产，包括表外项目中的直接信用替代项目，也应进行五级分类。

商业银行应至少每季度对全部贷款进行一次分类。如果影响借款人财务状况或贷款偿还因素发生重大变化，应及时调整对贷款的分类。对不良贷款应严密监控，加大分析和分类的频率，根据贷款的风险状况采取相应的管理措施。商业银行内部审计部门应对信贷资产分类政策、程序和执行情况进行检查和评估，将结果向上级行或董事会作出书面汇报，并报送中国银行业监督管理委员会或其派出机构。检查、评估的频率每年不得少于一次。

中国银行业监督管理委员会及其派出机构通过现场检查和非现场监管对贷款分类及其质量进行监督管理。商业银行应当按照相关规定，向中国银行业监督管理委员会及其派出机构报送贷款分类的数据资料。商业银行应在贷款分类的基础上，根据有关规定及时足额计提贷款损失准备，核销贷款损失。商业银行应依据有关信息披露的规定，披露贷款分类方法、程序、结果及贷款损失计提、贷款损失核销等信息。

新闻链接

商业银行不良贷款拐点到了吗？
http://news.hexun.com/2016-11-02/186702940.html

四、贷款债权保全和清偿的管理

借款人不得违反法律规定，借兼并、破产或者股份制改造等途径，逃避银行债务，侵吞信贷资金；不得借承包、租赁等途径逃避贷款人的信贷监管以及偿还贷款本息的责任。

贷款人有权参与处于兼并、破产或股份制改造等过程中的借款人的债务重组，应当要求借款人落实贷款还本付息事宜。

贷款人应当要求实行承包、租赁经营的借款人，在承包、租赁合同中明确落实原贷款债务的偿还责任。

贷款人对实行股份制改造的借款人，应当要求其重新签订借款合同，明确原贷款债务的清偿责任。对实行整体股份制改造的借款人，应当明确其所欠贷款债务由改造后公司全部承担；对实行部分股份制改造的借款人，应当要求改造后的股份公司按占用借款人的资本金或资产的比例承担原借款人的贷款债务。

贷款人对联营后组成新的企业法人的借款人，应当要求其依据所占用的资本金或资产的比例将贷款债务落实到新的企业法人。

贷款人对合并（兼并）的借款人，应当要求其在合并（兼并）前清偿贷款债务或提供相应的担保。借款人不清偿贷款债务或未提供相应担保，贷款人应当要求合并（兼并）企业或合并后新成立的企业承担归还原借款人贷款的义务，并与之重新签订有关合同或协议。

贷款人对与外商合资（合作）的借款人，应当要求其继续承担合资（合作）前的贷款归还责任，并要求其将所得收益优先归还贷款。借款人用已作为贷款抵押、质押的财产与外商合资（合作）时必须征求贷款人同意。

贷款人对分立的借款人，应当要求其在分立前清偿贷款债务或提供相应的担保。借款人不清偿贷款债务或未提供相应担保，贷款人应当要求分立后的各企业，按照分立时所占资本或资产比例或协议，对原借款人所欠贷款承担清偿责任。对设立子公司的借款人，应当要求其子公司按所得资本或资产的比例承担和偿还母公司相应的贷款债务。

案例链接

企业进入破产重整程序银行如何应对？
http://bank.hexun.com/2015-01-06/172093312.html

贷款人对产权有偿转让或申请解散的借款人，应当要求其在产权转让或解散前必须落实贷款债务的清偿。

贷款人应当按照有关法律参与借款人破产财产的认定与债权债务的处置，对于破产借款人已设定财产抵押、质押或其他担保的贷款债权，贷款人依法享有优先受偿权；无财产担保的贷款债权按法定程序和比例受偿。

五、商业银行贷款损失准备

根据《商业银行贷款损失准备管理办法》（自 2012 年 1 月 1 日起实施），贷款损失准备是指商业银行在成本中列支、用以抵御贷款风险的准备金，不包括在利润分配中计提的一般风险准备。

银行业监管机构设置贷款拨备率和拨备覆盖率指标考核商业银行贷款损失准备的充足性。贷款拨备率为贷款损失准备与各项贷款余额之比；拨备覆盖率为贷款损失准备与不良贷款余额之比。贷款拨备率基本标准为 2.5%，拨备覆盖率基本标准为 150%。该两项标准中的较高者为商业银行贷款损失准备的监管标准。银行业监管机构对商业银行贷款损失准备监管标准进行动态调整和差异化调整。

商业银行董事会对管理层制定的贷款损失准备管理制度及其重大变更进行审批，并对贷款损失准备管理负最终责任。商业银行管理层负责建立完备的识别、计量、监测和报告贷款风险的管理制度，审慎评估贷款风险，确保贷款损失准备能够充分覆盖贷款风险。

商业银行贷款损失准备管理制度应当包括：贷款损失准备计提政策、程序、方法和模型；职责分工、业务流程和监督机制；贷款损失、呆账核销及准备计提等信息统计制度；信息披露要求；其他管理制度。

商业银行应当建立完善的贷款风险管理系统，在风险识别、计量和数据信息等方面为贷款损失准备管理提供有效支持。商业银行应当定期对贷款损失准备管理制度进行检查和评估，及时完善相关管理制度。商业银行应当在半年度、年度财务报告中披露贷款损失准备相关信息，包括但不限于：本期及上年同期贷款拨备率和拨备覆盖率；本期及上年同期贷款损失准备余额；本期计提、转回、核销数额。

银行业监管机构定期评估商业银行贷款损失准备制度与相关管理系统的科学性、完备性、有效性和可操作性，并将评估情况反馈董事会和管理层。商业银行应当按月向银行业监管机构提供贷款损失准备相关信息。银行业监管机构对商业银行贷款损失准备金进行监管。

第三节　支付结算业务

一、支付结算的概念、原则和管理体制

1. 支付结算的概念和原则

支付结算是指单位、个人在社会经济活动中使用票据、银行卡和汇兑、托收承付、委托收款等结算方式进行货币给付及其资金清算的行为。银行（包括城乡信用合作社）是支付结算和资金清算的中介机构，未经批准的非银行金融机构和其他单位不得作为中介机构经营支付结算业务。根据《非金融机构支付服务管理办法》的规定，依法取得"支付业务许可证"的非金融机构可以成为支付机构，在收付款人之间作为中介机构提供网络支付、预付卡的发行与受理、银行卡收单和中国人民银行确定的其他支付服务。但这些支付机构之间的货币资金转移应委托银行业金融机构办理，不得通过支付机构相互存放货币资金或委托其他支付机构等形式办理。这些支付机构也不得办理银行业金融机构之间的货币资金转移，经特别许可的除外。

依据债权债务支付清偿的地域范围划分，可以分为国内结算和国际结算；依是否以票据方式进行结算，可以分为票据结算和非票据结算；依是否以现金方式结算，可以分为现金结算和非现金结算。原则上交易双方在其债权债务超过结算起点金额（1 000 元）进行结算时，应采用非现金结算方式，亦即通过银行进行支付结算。

1997 年 9 月人民银行发布的《支付结算办法》第 16 条重申，各单位、个人和银行在办理支付结算时，必须遵循这三项原则。即：①恪守信用，履约付款原则。②谁的钱进谁的账，由谁支配原则。③银行不垫款原则。上述三个原则，第一项是要付款人保证付款，第二项是要银行保证将款项付给收款人，第三项要银行不垫付资金。这三项原则各有侧重，同时又有紧密的联系，是一个整体。

新闻链接

个人银行账户分类管理
2016 年 12 月 1 日正式实施
http://cnews.chinadaily.com.cn/2016-12/02/content_27550498.htm

2. 支付结算的管理体制

按《支付结算办法》的规定，我国的支付结算实行集中统一和分级管理的管理体制。其含义是指：人民银行总行负责制定统一的支付结算制度，组织、协调、管理监督全国的支付结算工作，调解、处理银行之间的支付结算纠纷。人民银行分行制定支付结算的实施细则，报总行备案；根据需要制定单项支付结算办法，报经总行批准后执行。人民银行分、支行负责组织、协调、管理、监督本辖区的支付结算工作，处理本辖区银行之间的支付结算纠纷。政策性银行、商业银行总行可以根据统一的支付结算制度，结合本行情况，制定具体管理实施办法，报人民银行总行批准后执行。政策性银行、商业银行负责组织、管理、协调本行内的支付结算，调解、处理本行内分支机构之间的支付结算纠纷。2003 年银监会成立后，对银行的业务包括支付结算业务依法行使监督管理权，所以，我国现在的支付结算是由人民银行和银监会共同监督和组织实施的。

小知识

中国现代化支付系统

中国现代化支付系统（CNAPS）是人民银行按照我国支付清算需要，利用现代计算机技术和通信网络自主开发建设的，能够高效、安全处理各银行办理的异地、同城各种支付业务及其资金清算的应用系统。它包括大额支付系统和小额批量支付系统两个业务应用系统，是各银行和货币市场的公共支付清算平台，是人民银行发挥其金融服务职能的重要的核心支付系统。中国人民银行通过建设现代化支付系统，将逐步形成一个以中国现代化支付系统为核心，商业银行行内系统为基础，各地同城票据交换所并存，支撑多种支付工具的应用和满足社会各种经济活动支付需要的中国支付清算系统。中国现代化支付系统建有两级处理中心，即国家处理中心（NPC）和全国省会（首府）及深圳城市处理中心（CCPC）。中央银行会计核算系统（ABS）是现代化支付系统运行的重要基础。

二、银行结算账户的管理

1. 银行结算账户的定义、分类和管理原则

银行结算账户是指银行为存款人开立的办理资金收付结算的人民币活期存款账户。银行结算账户办理的是人民币业务，与外币账户不同；银行结算账户办理的是资金收付结算业务，不同于普通的储蓄账户；银行结算账户是活期存款账户。

按存款人的不同，银行账户可分为单位银行结算账户和个人银行结算账户。单位银行结算账户是存款人以单位名称开立的银行结算账户。个体工商户凭营业执照以字号或经营者姓名开立的银行结算账户纳入单位银行结算账户管理。单位银行结算账户按用途可分为基本存

款账户、一般存款账户、专用存款账户和临时存款账户。中国人民银行对于基本存款账户、临时存款账户（因注册验资和增资验资而开立的除外）、预算单位专用存款账户和 QFII 专用存款账户实行核准制度。存款人因投资、消费、结算等凭个人身份证件，以自然人名称开立的可办理支付结算业务的银行结算账户，为个人银行结算账户。邮政储蓄机构办理银行卡业务开立的账户纳入个人银行结算账户管理。

2. 银行结算账户的开立

（1）基本存款账户是指存款人因办理日常转账结算和现金收付需要而开立的银行账户，是其主办账户。企业法人、非企业法人等主体可以开立基本存款账户。

（2）一般存款账户是指存款人在基本存款账户开户银行以外的银行营业机构开立的用于办理借款转存、借款归还和其他结算的银行存款账户。该账户可以办理现金缴存，但不得办理现金支取。开立基本存款账户的存款人都可以开立一般存款账户。

（3）专用存款账户是指存款人按照法律、行政法规和规章，为对特定资金进行专项管理和使用而开立的银行结算账户。对于基本建设资金、更新改造资金等需要专项管理和使用的资金可以开立专用存款账户。

📖 **延伸阅读**

中国人民银行 民政部关于规范全国性社会组织开立临时存款账户有关事项的通知

http://www.mca.gov.cn/article/zwgk/tzl/201604/20160400000065.shtml

（4）临时存款账户是指存款人因临时需要并在规定期限内使用而开立的银行结算账户。对于设立临时机构、异地临时经营活动等情况下，存款人可以申请开立临时存款账户。

（5）个人银行结算账户用于办理个人转账收付和现金存取。存款人有下列情况的，可以申请开立个人银行结算账户：使用支票、银行卡、电子支付等信用支付工具的；办理汇兑、定期借记（如代付水、电、话费）、定期贷记（代发工资）、借记卡等结算业务的。

（6）异地存款账户。存款人一般应在注册地（指存款人的营业执照等开户证明文件上记载的住所地）或住所地开立银行结算账户。

3. 银行结算账户的撤销

银行结算账户的撤销是指存款人因开户资格或其他原因终止银行结算账户使用的行为。发生下列事由之一的，存款人应向开户银行提出撤销银行结算账户的申请：被撤并、解散、宣告破产或关闭的；注销、被吊销营业执照的；因迁址需要变更开户银行的；其他原因需要撤销银行结算账户的。存款人因主体资格终止撤销银行结算账户的，应先撤销一般存款账户、专用存款账户、临时存款账户，将账户资金转入基本存款账户后，方可办理基本存款账户的撤销。

📖 **法规索引**

支付结算主要法律法规

http://blog.sina.com.cn/s/blog_9c8134f10102wloh.html

三、非票据结算的法律规定

（一）汇兑

汇兑是汇款人委托银行将其款项支付给收款人的结算方式。单位和个人的各种款项的结算，均可使用汇兑结算方式。由于汇兑结算手续方便，不受金额起点限制，长期以来一直是银行异地划汇资金的主要结算方式之一。汇兑分为信汇、电汇两种，由汇款人根据需要选择使用。

《支付结算办法》第四章第二节就汇兑的基本规则作了以下规定。签发汇兑凭证必须记载下列事项：①表明"信汇"或"电汇"的字样；②无条件支付的委托；③确定的金额；④收款人名称；⑤汇款人名称；⑥汇入的地点、汇入行的名称；⑦汇出的地点、汇出行名称；⑧委托日期；⑨汇款人签章。汇兑凭证上欠缺前述记载事项之一的，银行不予受理。

汇兑凭证上记载收款人为个人的，收款人需要到汇入银行领取汇款，汇款人应在汇兑凭证上注明"留行待取"字样；留行待取的汇款，要指定单位的收款人领取汇款的，应注明收款人的单位姓名；信汇凭收款人签章支取的，应在信汇凭证上预留其签章；汇款人确定不得转汇的，应在汇兑凭证备注栏注明"不得转汇"字样；汇款人和收款人均为个人，需要在汇入银行支取现金的，应在信、电汇凭据上填写"现金"字样和汇款金额。汇出银行受理汇兑凭证，经审查无误后，应及时向汇入银行办理汇款，并向汇款人签发汇款回单。

汇入款项的支取规则如下：（1）对开立存款账户的收款人，汇入银行应将汇给收款人的款项直接转入其账户，并向其发出收账通知。（2）未到银行开立存款账户的收款人，凭信、电汇的取款通知或"留行待取"的，向汇入银行支取款项时，须交验本人的身份证件，并在"收款人签盖章"处签章；信汇凭签章支取的，收款人的签章必须与预留信汇凭证上的签章相符。银行审查无误后，以收款人的姓名开立应解汇款及临时存款账户，该账户只付不收，付完清户，不计付息。

想一想

银行转账和电汇有什么区别？

（二）托收承付

托收承付是根据购销合同由收款人发货后委托银行向异地付款人收取款项，由付款人向银行承认付款的结算方式。

使用托收承付结算方式的收款、付款单位，必须是国有企业、供销合作社，以及经营管理较好，并经开户银行审查同意的城乡集体所有制工业企业。办理托收承付结算的款项，必须是商品交易，以及因商品交易而产生的劳务供应的款项。代销、寄销、赊销商品的款项，不得办理托收承付结算。目前，《支付结算办法》是托收承付的唯一依据。

托收承付的前提条件包括：①收付双方使用托收承付结算必须签有购销合同，并在合同上订明使用托收承付结算方式。②收款人办理托收，必须具有商品确已发运的证件；没有发运证件的，特殊情况可凭其他有关证件办理托收。③托收承付结算金额起点每笔10万元，新华书店系统每笔起点为1 000元。

签发托收承付凭证必须记载下列事项。①表明"托收承付"的字样；②确定的金额；③付款人名称及账号；④收款人名称及账号；⑤付款人开户银行名称；⑥收款人开户银行名称；⑦托收附寄单证张数或册数；⑧合同名称、号码；⑨委托日期；⑩收款人签章。托收承付凭证上欠缺前列事项之一的，银行不予受理。

延伸阅读

办理异地托收承付应当注意哪些问题？
http://www.canet.com.cn/acc/kjsw/2015/0630/455398.html

托收承付结算款项的划回方法。分邮寄和电报两种，由收款人选用。其程序包括托收和承付两个阶段。

（三）委托收款

委托收款是收款人委托银行向付款人收取款项的结算方式。单位和个人凭已承兑商业汇票、债券、存单等付款人债务证明办理款项的结算，均可以使用委托收款结算方式。这种方式适于单位主动收款，它不受同城与异地及金额起点的限制，其款项的划回方式，分邮寄和电报两种，由收款人根据需要选用。即收、付款双方事先签订合同，收款单位委托。

在同城范围内，收款人收取公用事业费，如水电、邮电、电话等费用或根据有关规定，也可以使用同城特约委托收款。即收、付款双方事先签订合同，收款单位委托银行收款时，由付款人开户银行授权，银行从付款单位账户主动付款或直接从付款人处收取现金转入收款人账户的一种结算方式。

《支付结算办法》第四章第四节就委托收款的基本规则作了以下规定："签发委托收款凭证必须记载下列事项：表明"委托收款"的字样；确定的金额；付款人名称；收款人名称；委托收款凭据名称及附寄单证张数；委托日期；收款人签章。"欠缺记载前列事项之一的，银行不予受理。

委托收款以银行以外的单位为付款人的，委托收款凭证必须记载付款人开户银行名称；以银行以外的单位或在银行开立存款账户的个人为收款人的，必须记载汇款人开户银行名称；以未在银行开立存款账户的个人为收款人的，必须记载被委托银行名称。欠缺记载的，银行不予受理。

收款人办理委托收款应向银行提交委托收款凭证和有关的债务证明。银行接到寄来的委托收款凭证及债务证明，审查无误后办理付款，将款项划给收款人。银行在办理划款时，付款人存款账户不足支付的，应通过被委托银行向收款人发出未付款项通知书。付款人审查有关债务证明后，对收款人委托收取的款项需要拒绝付款的，可以出具拒绝证明，连同有关证明、凭证寄给被委托银行，办理拒绝付款。

委托收款银行不享有票据权利，与出票人不具有法律关系。在票据被退、未收到票据款项的情况下，因自身工作过失而向收款人不当付款造成的损失，不能向出票人主张利益返还请求权。

案例 3-5

北京市公积金缴存可采用委托银行收款方式

住房公积金是指国家机关、国有企业、城镇集体企业及其在职职工缴存的长期住房储金。北京市公积金缴存可以采取多种方式，委托银行收款方式的流程是，单位与公积金管理部签署《委托银行收款缴交住房公积金协议》，与开户银行签订《北京市特约委托收款付款授权书》后，管理部在系统中为单位办理委托收款登记；单位每月定期与管理部做委托收款确认，包括：无人员变更的，做无变更汇缴确认，有人员变更的，单位报管理部《住房公积金汇缴变更清册》一份；住房公积金管理中心会计处每月按约定的时间通过系统汇总委托收款信息，办理银行托收；收款成功后，住房公积金管理中心会计处根据银行提供的《委托收款结算凭证》收款联，将托收款项计入单位暂存款；管理部查询收款成功信息，办理住房公积金汇缴分配，将汇缴金额记入个人账户。

（四）电子支付

《电子支付指引（第一号）》的规定：电子支付是指单位或个人（即客户）直接或授权他人通过电子终端发出支付指令，实现货币支付与资金转移的行为。电子支付按其支付指令发起方式的不同可分为网上支付、电话支付、移动支付、销售点终端交易、自动柜员机交易和其他电子支付等。销售点终端交易、自动柜员机交易多与卡基支付工具相关。

电子支付工具从其基本形态上看是电子数据，它以金融电子化网络为基础，通过计算机网络系统以传输电子信息的方式实现支付功能。其中，网上支付是指人们通过互联网完成支付结算的行为，一般情况下仍需银行作为中介，银行建立支付网关和网上支付系统，为客户提供网上支付服务。现实生活中常见的网上支付方式有网银方式、银行支付网关方式、共建支付网关方式和 TT 公司支付方式。移动支付又称"手机支付"，是指利用移动电话采取编发短信息和拨打某个号码的方式实现支付结算的行为。移动（手机）支付系统主要涉及消费者、商家及无线运营商三方，因此，移动支付系统大致可分为三部分，即消费者前端消费系统、商家管理系统和无线运营商综合管理系统。

（五）定期借记和直接贷记

1. 定期借记

定期借记是在付款人、收款人和银行三方协议基础上实现的新型支付结算方式。主要用于公共事业费、保险费、税款、学费等各项费用的支付。在该支付结算方式中，收款人主要通过书面或通过计算机联机传送的方式将支付命令发送给银行，银行据此直接借记付款人账户和贷记收款人账户。

2. 直接贷记

直接贷记是与直接借记同时开始使用的支付结算方式。该方式主要用于工资、保险金、养老金的支付结算。目前在许多大企业、政府机关中，都广泛使用磁介质或数据传送向银行发送有关工资薪金、养老金等的支付指令。

四、国内信用证结算的法律规定

1. 信用证的概念

信用证是由银行应申请人的请求和指示，向受益人开立的载有一定金额，在一定期限内凭规定的单据在指定地点向受益人付款的书面保证文件。我国《国内信用证结算办法》第 2 条规定：信用证是指开证行依照申请人的申请开出的，凭符合信用证条款的单据支付的付款承诺。

在我国，信用证是一种不可撤销、不可转让的跟单信用证，适用于国内企业之间的商品交易的转账结算，不得支取现金。办理信用证结算业务的金融机构，限于经人民银行批准经营结算业务的商业银行总行以及经商业银行总行批准开办信用证结算业务的分支机构。

按《国内信用证结算条款》的规定，签发信用证应包括以下条款：开证行名称及地址；开证日期；信用证编号；不可撤销、不可转让信用证；开证申请人的名称和地址；受益人名称及地址（一般为卖方）；通知行名称；信用证有效期及有效地点；交单期；信用证金额；付款方式；运输条款；货物描述；单据条款；其他条款；开证行保证文句。

2. 信用证结算的过程

信用证结算过程比较复杂，一般是开证申请人（买方）先向其开户银行提出开证申请，由银行开出信用证交给受益人所在地（卖方地）银行，卖方地银行收到信用证后，通知卖方按信用证条款发货并准备好相应单据，卖方将全部单据连同信用证一并交给卖方地指定银行，该银行根据信用证条款逐项审核单据无误后，将货款扣除议付利息后交给卖方。卖方地指定银行再将全部单据寄交给开证银行，开证银行经审核无误后偿付货款，并通知买方付款赎单，买方拿已付款的银行单据到货运公司提取货物。

由于信用证以银行信用代替了商业信用，对买卖双方和银行都有利，因而可以促进国内贸易活动的开展。

3. 信用证结算的当事人

信用证结算的当事人包括下列人员：开证申请人，是指向银行申请开立信用证的人，即买卖关系中的买方；开证行，是指接受开证申请人的申请，开立信用证的银行，一般是买方的开户行；通知行，是指接受开证行的委托向受益人通知信用证的银行，一般是开证行在卖方所在地的分行或代理行；受益人，是指信用证所指定的有权享有信用证款项的人，即卖方；议付行，是指愿意买进或贴现受益人交来的跟单汇票的卖方地指定银行，议付行通常是通知行，在我国议付行必须是开证行指定的受益人的开户行；付款行，是指信用证上指定的付款银行，通常是开证行。

4. 信用证结算关系

信用证结算关系包括以下五种关系：①开证申请人与受益人之间基于订立购销合同而产生的合同关系，这是信用证结算的前提；②开证申请人与开证行之间以开证申请书和承诺书建立起来的委托代理关系；③开证行和通知行之间基于合同建立的委托代理关系，通知行依约既可只履行通知义务，也可依约成为保兑行或议付行；通知行与受益人之间的通知关系；开证行与受益人之间的无条件付款关系。

此外，《国内信用证结算办法》就信用证结算的程序，包括开证与通知、议付、付款、单据审核标准等作了明确规定。2005 年 11 月 14 日最高人民法院发布了《关于审理信用证纠纷案件若干问题的规定》，就信用证开立、通知、修改、撤销、保兑、议付、偿付等环节产生的纠纷如何审理的问题作了规定。该规定自 2006 年 1 月 1 日起施行。

第四节　理财业务

一、银行理财业务概述

理财业务是指商业银行接受客户委托，按照与客户事先约定的投资计划和收益与风险承担方式，为客户提供的资产管理服务。商业银行开展理财业务，应当以理财产品管理人名义，代表理财产品投资客户利益行使法律权利或者实施其他法律行为。

商业银行理财产品财产独立于管理人、托管机构和其他参与方的固有财产，因理财产品财产的管理、运用、处分或者其他情形而取得的财产，均归入银行理财产品财产。商业银行理财产品管理人、托管机构和其他参与方不得将银行理财产品财产归入其固有财产，因依法解散、被依法撤销或者被依法宣告破产等原因进行清算的，银行理财产品财产不属于其清算财产。商业银行理财产品管理人管理、运用和处分银行理财产品所产生的债权，不得与管理人、托管机构和其他参与方因固有财产所产生的债务相抵消；管理人管理、运用和处分不同银行理财产品财产所产生的债权债务，不得相互抵销。

商业银行开展理财业务，应当诚实守信、勤勉尽职地履行受人之托、代人理财职责，遵守成本可算、风险可控、信息充分披露原则，充分保护金融消费者的合法权益。中国银行业监督管理委员会依法对商业银行理财业务活动实施监督管理。

二、产品定义与分类管理

1. 保本型理财产品和非保本型理财产品

按照是否保证产品本金兑付，理财产品可以分为保本型和非保本型。保本型是指商业银行按照约定条件向客户保证本金支付的理财产品。非保本型是指商业银行按照约定条件和实际投资收益情况向客户支付收益，不保证本金支付和收益水平的理财产品。保本型可以分为保本浮动收益型和保证收益型。

保本浮动收益型是指商业银行按照约定条件向客户承诺支付本金，本金以外的投资风险由客户承担，并根据实际投资收益情况确定客户实际收益的理财产品。保证收益型是指商业银行按照约定条件向客户承诺支付固定收益，并承担由此产生的投资风险，或者银行按照约定条件向客户承诺支付最低收益并承担相关风险，其他投资收益由银行和客户按照合同约定分配，并共同承担相关投资风险的理财产品。保证收益理财产品中高于商业银行本行同期储蓄存款利率的保证收益或最低收益，应当是对客户有附加条件的保证收益或最低收益。附加条件可以是对理财产品期限调整、币种转换、最终支付货币和工具的选择权利等，附加条件产生的投资风险应当由客户承担。

商业银行不得无条件向客户承诺高于本行同期储蓄存款利率的保证收益率或最低收益率，不得承诺或变相承诺除保证收益或最低收益以外的任何可获得收益。

2. 净值型、预期收益率型和其他理财产品

按照收益表现方式的不同，理财产品可以分为净值型、预期收益率型和其他收益表现方式理财产品。

净值型是指在存续期内定期或不定期披露单位份额净值的理财产品。预期收益率型是指在发行时披露预期收益率或预期收益率区间的理财产品。其他收益型是指在发行和存续期内不向投资者披露预期收益率、预期收益率区间或者产品单位份额净值，在产品终止时计算并向投资者披露实际收益的理财产品。

3. 封闭式和开放式

按照存续期内是否开放，商业银行理财产品可以分为封闭式和开放式。封闭式是指有确

定到期日，且自产品成立日至终止日期间内，客户不得进行申购、赎回的理财产品。开放式是指自产品成立日至终止日期间内，客户可以按照协议约定的开放日和场所，进行申购、赎回的理财产品。开放式理财产品可以有确定到期日期，也可以无确定到期日期。

4. 结构性理财产品和非结构性理财产品

按照是否挂钩衍生产品，可以分为结构性理财产品和非结构性理财产品。

结构性理财产品是指理财产品本金或部分本金投资于存款、国债等固定收益类资产，同时以不高于以上投资的预期收益和剩余本金投资于衍生产品，并以投资交易的收益为限向客户兑付理财产品收益的理财产品。非结构性理财产品是指除结构性理财产品之外的理财产品。

商业银行不得发行分级理财产品。分级理财产品是指商业银行按照本金和收益受偿顺序的不同，将理财产品划分为不同等级的份额，不同等级份额的收益分配不按份额比例计算，而是由合同另行约定，按照优先与劣后份额安排进行收益分配的理财产品。

延伸阅读

结构性理财产品应规避风险
http://finance.china.com.cn/roll/20160718/3815433.shtml

5. 基础类理财业务和综合类理财业务

根据理财产品投资范围，可以分为基础类理财业务和综合类理财业务。基础类理财业务是指商业银行发行的理财产品可以投资于银行存款、大额存单、国债、地方政府债券、中央银行票据、政府机构债券、金融债券、公司信用类债券、信贷资产支持证券、货币市场基金、债券型基金等资产。综合类理财业务是指在基础类业务范围基础上，商业银行理财产品还可以投资于非标准化债权资产、权益类资产和银监会认可的其他资产。

延伸阅读

2016 年银行理财产品大数据报告
http://finance.sina.com.cn/stock/t/2016-01-15/doc-ifxnqrkc6490630.shtml

具备衍生产品交易资格的商业银行可以发行挂钩衍生工具的结构性理财产品，结构性理财产品的基础资产应当与衍生产品交易部分相分离，投资范围应当符合本行理财业务经营范围；衍生产品交易部分应当符合银监会关于衍生产品业务管理的相关规定。

具有代客境外理财业务资格的银行可以按照关于代客境外理财业务的相关规定发行代客境外理财产品。

商业银行应当根据其经营战略、投资管理能力、风险管理水平、资本实力、管理信息系统和专业人员配置等因素，按照银监会认可的投资范围开展理财业务。

三、商业银行理财业务监督管理

2016 年 7 月 27 日，中国银监会向各银行下发了《商业银行理财业务监督管理办法（征求意见稿）》。目前，对商业银行理财业务进行系统性规范的只有《商业银行理财产品销售管理办法》和《商业银行个人理财业务管理暂行办法》两部部门规章，更多的细节内容则散见于几十部补丁式的规范性文件中。2014 年，银监会曾经向各家银行下发了一版《商业银行理财业务监督管理办法（征求意见稿）》，但因市场反应巨大，并未及时出台正式的文件。

《商业银行理财业务监督管理办法（征求意见稿）》对商业银行

新闻链接

银监会出台文件统一监管理财业务
http://bank.hexun.com/2014-12-22/171658645.html

的监督管理做出了较为明确的规定。

（一）商业银行从事理财业务的条件

从事综合类理财业务的商业银行应当符合以下条件：公司治理良好，具备与理财业务发展相适应的管理体系和管理制度，风险管理、内部控制和问责机制健全；主要审慎监管指标符合监管要求；监管评级良好；资本净额不低于 50 亿元人民币；具有与所开展的理财业务相匹配的专业人员、业务处理系统、会计核算系统和管理信息系统；在全国银行业理财信息登记系统中及时、准确地报送理财产品信息，无重大错报、漏报、瞒报等行为；理财业务管理规范，最近 3 年无严重违法违规行为和因内部管理问题导致的重大案件；银监会规定的其他审慎性条件。

商业银行首次开展理财业务的，应当从事基础类理财业务。商业银行开展基础类理财业务超过 3 年，且符合综合类理财业务条件的，可以开展综合类理财业务，并应当在业务开办前 20 日向银监会提交书面报告。

商业银行总行应当按照以下要求，在全国银行业理财信息登记系统对理财产品进行集中登记：在理财产品销售前 10 日，通过全国银行业理财信息登记系统向银监会提交电子化报告；在理财产品存续期间，按照有关规定持续登记理财产品投资资产、资产交易明细、资产估值等信息；在理财产品终止后 5 日内完成终止登记。商业银行不得发行未通过全国银行业理财信息登记系统向银监会提交电子化报告、未进行登记以及未获得登记编码的理财产品。

案例 3-6

~~~~~~

男子买理财产品亏损起诉银行成功索赔

2011年3月，胡某认购了银行代售的基金产品。在交付100万元认购款时在基金交易凭条上签字确认，签名下方记载，"本人充分知晓投资开放式基金的风险，自愿办理银行代理的基金业务，自担投资风险"，并在《风险提示函》下方签字。后胡某以银行为被告、基金公司为第三人提起诉讼，要求银行赔偿其亏损18万余元及投资期间利息。庭审中，银行确认在销售系争理财产品时，未对胡某进行风险评估。但之前胡某曾在银行作过风险评估，评估结果为：风险承受能力评级及适合购买的产品为稳健型。一审认为，银行作为理财产品代销机构，已尽到了合理的风险告知义务。签署合同即应视为其已对合同文本的内容进行阅读并知晓，胡某作为具有多次投资理财产品经验的投资者，应当能够预判系争理财产品的风险程度，由此产生的投资损失应自行承担。上海一中院二审认为，根据《商业银行个人理财业务管理暂行办法》及《商业银行个人理财业务风险管理指引》等相关规定，银行在金融服务法律关系中，负有依照客户的风险承受能力及财务状况等推介合适产品的义务。胡某虽签字确认知晓相关风险，但并不能据此免除银行在缔约前的评估和适当推介义务。胡某属稳健型投资者，风险承受能力较差，银行违反"将合适的产品销售给合适的投资者"的原则，将风险相对较高的产品销售给了胡某，故对其损失负有主要过错。胡某未依照自身状况进行合理投资，对相应损失的发生亦有相应过错，根据《侵权责任法》相应规定，银行的侵权赔偿责任可相应减低。故要求赔偿其本金损失18万元的诉请可予支持，赔偿利息损失的诉请不予支持。

（二）业务规则与风险管理

1. 管理体系与管理制度

商业银行董事会和高级管理层应当充分了解理财业务及其所面临的各类风险，确定开展理财业务的总体战略和政策，确保具备从事理财业务和风险管理所需要的专业人员、业务处理系统、会计核算系统和管理信息系统等人力、物力资源。

2. 销售管理

商业银行销售理财产品，应当按照《商业银行理财产品销售管理办法》的要求，加强投资者适当性管理，向客户充分披露信息和揭示风险，不得误导客户购买与其风险承受能力不相匹配的理财产品。

3. 投资管理

商业银行理财产品不得直接或间接投资于本行信贷资产及其受（收）益权，不得直接或间接投资于本行发行的理财产品。商业银行面向非机构客户发行的理财产品不得直接或间接投资于不良资产及其受（收）益权，银监会另有规定的除外。

4. 理财托管

商业银行应当选择银监会认可的托管机构托管本行发行的理财产品。银监会认可的托管机构包括具有证券投资基金托管业务资格的商业银行、符合规定的其他商业银行和银行业理财登记托管中心。商业银行不能托管本行发行的理财产品。

5. 风险准备金

商业银行应当建立理财产品风险准备金管理制度，规定风险准备金的提取、划转、使用和支付等政策和程序，并经董事会或高级管理层批准后，将相关管理制度报告银监会。

6. 信息披露

商业银行应当按照银监会关于信息披露的有关规定，在本行官方网站及时、准确、完整地向客户披露理财产品的以下信息：全国银行业理财信息登记系统的编码；销售文件，包括说明书、销售协议书、风险揭示书和客户权益须知；发行公告；重大事项公告；理财定期报告；理财产品到期公告；涉及理财产品的诉讼；临时性信息披露；银监会规定的其他信息。商业银行面向私人银行客户和机构客户发行的理财产品，可以根据与客户的约定，在指定渠道定向披露上述信息。

第五节　银行卡业务

一、银行卡概述

1. 银行卡的概念

按照《银行卡业务管理办法》的规定，银行卡是指由商业银行（含邮政金融机构，下同）向社会发行的具有消费信用、转账结算、存取现金等全部或部分功能的信用支付工具。商业银行未经中国人民银行批准不得发行银行卡。凡在中华人民共和国境内办理银行卡业务的商业银行、持卡人、商户及其他当事人均应遵守该办法。

银行卡卡面应当载有以下要素：发卡银行一级法人名称、统一品牌名称、品牌标识（专用卡除外）、卡号（IC 卡除外）、持卡人使用注意事项、客户服务电话、持卡人签名条（IC 卡除外）等。单位卡应当在卡面左下方的适当位置凸印 dwk 字样。

2. 银行卡的分类

一般情况下，银行卡按是否给予持卡人授信额度分为信用卡和借记卡。此外银行卡还可以按信息载体不同分为磁条卡和芯片卡；按发行主体是否在境内分为境内卡和境外卡；按发行对象不同分为个人卡和单位卡；按账户币种不同分为人民币卡、外币卡和双币种卡。

借记卡按功能不同分为转账卡、专用卡、储值卡。借记卡不能透支。转账卡具有转账、存取现金和消费功能。专用卡是在特定区域、专用用途（是指百货、餐饮、娱乐行业以外的用途）使用的借记卡，具有转账、存取现金的功能。储值卡是银行根据持卡人要求将资金转至卡内储存，交易时直接从卡内扣款的预付钱包式借记卡。借记卡可以在网络或 POS 消费或者通过 ATM 转账和提款，不能透支，卡内的金额按活期存款计付利息。消费或提款时资金直接从储蓄账户划出。借记卡在使用时一般需要密码（PIN）。

信用卡又分为贷记卡和准贷记卡。贷记卡是指发卡银行给予持卡人一定的信用额度，持卡人可在信用额度内先消费、后还款的信用卡。准贷记卡是指持卡人先按银行要求交存一定金额的备用金，当备用金不足支付时，可在发卡银行规定的信用额度内透支的信用卡。准贷记卡是一种具有中国特色的信用卡种类，国外并没有这种类型的信用卡。准贷记卡作为中国信用卡产业发展过程中的过渡产品正在逐步退出历史舞台。

3. 信用卡管理法律制度

中国人民银行 1992 年颁布了《信用卡业务管理暂行办法》，是我国第一个信用卡管理规章。1996 年央行颁布了《信用卡业务管理办法》。1999 年，央行制定了《银行卡业务管理办法》。

小知识

我国刑法中的信用卡犯罪

我国《刑法》中对信用卡的相关犯罪进行了规定。2004 年全国人大常委会对《刑法》中"信用卡"的含义进行了解释：信用卡是指商业银行或者其他金融机构发行的具有消费支付、信用贷款、转账结算、存取现金等全部功能或者部分功能的电子支付卡。2005 年《刑法修正案（五）》对原《刑法》第 196 条所规定的"信用卡诈骗罪"进行了修正。依照该规定，使用信用卡进行诈骗的犯罪，是指以非法占有为目的，以信用卡为工具进行金钱诈骗，且数额较大的行为。其主要行为方式如下：①使用伪造的信用卡，或者使用以虚假的身份证明骗领的信用卡。②使用作废的信用卡。③冒用他人信用卡。④恶意透支。恶意透支是指持卡人以非法占有为目的，超过规定限额或者规定期限透支，并且经发卡银行催收后仍不归还的行为。同时《刑法修正案（五）》还在第177 条之一增设了"妨害信用卡管理罪"。

二、银行卡业务审批

银行卡需要良好的技术、管理、人员等条件，《银行卡业务管理办法》对此作了规定：开业 3 年以上，具有办理零售业务的良好业务基础；符合中国人民银行颁布的资产负债比例管理监控指标，经营状况良好；已就该项业务建立了科学完善的内部控制制度，有明确的内部授权审批程序；合格的管理人员和技术人员、相应的管理机构；安全、高效的计算机处理系统；发行外币卡还须具备经营外汇业务的资格和相应的外汇业务经营管理水平；中国人民银行规定的其他条件。

中国银行业监督管理委员会《中资商业银行行政许可事项实施办法》（2015 年 6 月 5 日起施行）对商业银行申请银行卡应当具备的条件也作了类似的要求，但某些条件有所放松。中国银监会《农村中小金融机构行政许可事项实施办法》（2015 年 6 月 5 日起施行）对农村中小金融机构开办信用卡事宜提出了相应的要求。申请开办信用卡业务分为申请发卡业务和申请收单业务。

《银行卡业务管理办法》规定商业银行开办各类银行卡业务，应当按照中国人民银行有关加强内部控制和授权授信管理的规定，分别制订统一的章程或业务管理办法，报中国人民银行总行审批。

三、银行卡账户及交易管理

个人申领银行卡（储值卡除外），应当向发卡银行提供公安部门规定的本人有效身份证件，经发卡银行审查合格后，为其开立记名账户；凡在中国境内金融机构开立基本存款账户的单位，应当凭中国人民银行核发的开户许可证申领单位卡；银行卡及其账户只限经发卡银行批准的持卡人本人使用，不得出租和转借。

单位人民币卡账户的资金一律从其基本存款账户转账存入，不得存取现金，不得将销货收入存入单位卡账户。单位外币卡账户的资金应从其单位的外汇账户转账存入，不得在境内存取外币现钞。其外汇账户应符合下列条件：①按照中国人民银行境内外汇账户管理的有关规定开立；②其外汇账户收支范围内具有相应的支付内容。

个人人民币卡账户的资金以其持有的现金存入或以其工资性款项、属于个人的合法的劳务报酬、投资回报等收入转账存入。个人外币卡账户的资金以其个人持有的外币现钞存入或从其外汇账户（含外钞账户）转账存入。该账户的转账及存款均按国家外汇管理局《个人外汇管理办法》办理。个人外币卡在境内提取外币现钞时应按照我国个人外汇管理制度办理。除国家外汇管理局指定的范围和区域外，外币卡原则上不得在境内办理外币计价结算。

持卡人在还清全部交易款项、透支本息和有关费用后，可申请办理销户。销户时，单位人民币卡账户的资金应当转入其基本存款账户，单位外币卡账户的资金应当转回相应的外汇账户，不得提取现金。

单位人民币卡可办理商品交易和劳务供应款项的结算，但不得透支；超过中国人民银行规定起点的，应当经中国人民银行当地分行办理转汇。发卡银行对贷记卡的取现应当每笔授权，每卡每日累计取现不得超过 2 000 元人民币。发卡银行应当对持卡人在自动柜员机（ATM 机）取款设定交易上限，每卡每日累计提款不得超过 5 000 元人民币。储值卡的面值或卡内币值不得超过 1 000 元人民币。发卡银行依据密码等电子信息为持卡人办理的存取款、转账结算等各类交易所产生的电子信息记录，均为该项交易的有效凭据。发卡银行可凭交易明细记录或清单作为记账凭证。银行卡通过联网的各类终端交易的原始单据至少保留两年备查。

四、银行卡风险管理

发卡银行应当认真审查信用卡申请人的资信状况，根据申请人的资信状况确定有效担保及担保方式。发卡银行应当对信用卡持卡人的资信状况进行定期复查，并应当根据资信状况的变化调整其信用额度。

发卡银行应当建立授权审批制度，明确对不同级别内部工作人员的授权权限和授权限额。

发卡银行应当加强对止付名单的管理，及时接收和发送止付名单。通过借记卡办理的各项代理业务，发卡银行不得为持卡人或委托单位垫付资金。发卡银行应当遵守信用卡业务风险控制指标要求。发卡银行通过下列途径追偿透支款项和诈骗款项：①扣减持卡人保证金、依法处理抵押物和质物；②向保证人追索透支款项；③通过司法机关的诉讼程序进行追偿。发卡银行采取了措施后仍不足以弥补的，将按照财政部《呆账准备金管理办法》执行。对已核销的透支款项又收回的，本金和利息作增加"呆账准备金"处理。商业银行分支机构出资加入所在城市的银行卡信息交换中心，应当报经其总行批准。

~~~ 案例 3-7 ~~~

信用卡被他人盗刷银行承担赔偿责任

2008年8月11日，张先生在某银行申领一张借记卡，并在卡内存入1万元。同年9月13日17时59分12秒，张先生到该行金海花园支行的ATM机上取款100元后离开。令他没有想到的是，短短30多秒，其银行卡的账户信息和密码全部被复制下来。事后，公安机关调取的录像资料显示，案发当日17时50分55秒左右，有两名男子在金海花园的ATM机上安装了不明物体，直到17时56分40秒左右安装完毕。3分钟后，张先生进行了取款行为。第二天，张先生的卡在民生银行广州分行的取款机上被分四次取款9 800元，手续费16元，共损失9 816元。同月16日，银行致电张先生称其账户交易不正常时，原告才发现其账户的款项已被取走。张先生遂向公安机关报案，并与银行交涉。法官认为，本案中报警记录、交易流水记录、录像资料及相关陈述之间，能形成完整的证据链，能确认卡被他人盗刷的事实。而银行作为ATM机的提供者，对该交易工具的安全性具有保障义务，在本案中存在明显过错，应承担赔偿责任。

第六节　商业银行其他业务

一、代理业务

代理类中间业务指商业银行接受客户委托，代为办理客户指定的经济事务，提供金融服务并收取一定费用的业务，包括代理政策性银行业务、代理中国人民银行业务、代理商业银行业务、代收代付业务、代理证券业务、代理保险业务、代理其他银行银行卡收单业务等。

案例链接

银行代理保险的投诉案例
http://rizhao.dzwww.com/caijing/lcwq/201506/t20150619_12575933.html

二、担保及承诺业务

商业银行为客户债务清偿能力提供担保，承担客户违约风险的业务，主要包括银行承兑汇票、备用信用证、各类保函等。

商业银行在未来某一日期按照事前约定的条件向客户提供约定信用的业务，主要指贷款承诺，包括可撤销承诺和不可撤销承诺两种。可撤销承诺附有客户在取得贷款前必须履行的特定条款，在银行承诺期内，客户如没有履行条款，则银行可撤销该项承诺。可撤销承诺包括透支额度等。不可撤销承诺是银行不经客户允许不得随意取消的贷款承诺，具有法律约束力，包括备用信用额度、回购协议、票据发行便利等。

三、交易类业务

交易类中间业务指商业银行为满足客户保值或自身风险管理等方面的需要，利用各种金融工具进行的资金交易活动，主要包括远期合约、金融期货、互换、期权等金融衍生业务。

四、投资银行业务

投资银行业务主要包括证券发行、承销、交易，企业重组、兼并与收购，以及投资分析、风险投资、项目融资等业务。

五、咨询顾问类业务

咨询顾问类业务指商业银行依靠自身在信息、人才、信誉等方面的优势，收集和整理有关信息，并通过对这些信息以及银行和客户资金运动的记录和分析，形成系统的资料和方案，提供给客户，以满足其业务经营管理或发展需要的服务活动。包括企业信息咨询业务、资产管理顾问业务、财务顾问业务（包括大型建设项目财务顾问业务和企业并购顾问业务）、现金管理业务等。

六、其他中间业务

商业银行其他中间业务包括基金托管业务、保管箱业务以及其他业务等。

本章小结

本章主要介绍了中国商业银行业务相关法律制度，商业银行的业务主要包括资产业务、负债业务和中间业务。重点介绍了包括储蓄存款业务、同业拆借、金融债券在内的负债业务和以各种类型贷款为主的资产业务，同时介绍了理财业务、信用卡业务、非票据支付结算业务、其他业务等相关法律规范内容。

第四章

票 据 法

学习目标

通过本章的学习，掌握票据的概念和特征、票据法的概念和调整对象，票据法的基础理论，汇票、本票、支票的法律制度等内容。

关键概念

票据　票据法　票据权利　票据行为　出票　承兑　票据追索权　本票　汇票　支票

引导案例

中国农业银行2016年1月22日晚间发布公告，农业银行北京分行票据买入返售业务发生重大风险事件，涉及风险金额为39.15亿元。公安机关已立案侦查。农业银行正积极配合侦办工作，加强与相关机构沟通协调，以最大限度地保证资金安全。当日早间财新网曾报道称，农行北京分行2名员工已被立案调查，原因是涉嫌非法套取38亿元票据，同时利用非法套取的票据进行回购资金，且未建立台账，回购款中相当部分资金违规流入股市，而由于股价下跌，出现巨额资金缺口无法兑付。公安部和银监会已将该案件上报国务院。

想一想：什么是票据返售业务？

第一节　票据与票据法概述

一、票据的概念和种类

票据是指出票人签发的，承诺由本人或者委托他人在见票时或者在票载日期无条件支付一定金额给持票人的有价证券。根据我国《票据法》第2条第2款的规定，我国法律上的票据是汇票、本票和支票的合称。

> 👧 **背景资料**
>
> 我国票据的起源与发展
> http://www.cngold.com.cn/newt
> opic/20160123/wgpjdqyyfz.html

1. 汇票

《票据法》第19条规定："汇票是出票人签发的，委托付款人在见票时或者在指定日期无条件支付确定的金额给收款人或者持票人的票据。"

2. 本票

《票据法》第73条规定："本票是出票人签发的，承诺自己在见票时无条件支付确定的金

额给收款人或者持票人的票据。"

3. 支票

《票据法》第 81 条规定："支票是出票人签发的，委托办理支票存款业务的银行或者其他金融机构在见票时无条件支付确定的金额给收款人或者持票人的票据。"

二、票据的特征

票据是有价证券。所谓"有价证券"，法律上并没有统一的规定，乃是指各种记载了某种民事权利的文书（纸张），并且该权利与记载权利的文书具有紧密的结合关系，该权利的发生、转移、行使须全部或部分依该文书而为之。日常生活和商业活动中所使用的纸质邮票、提单、仓单、电影票、车票、演出或体育比赛入场券等，都是有价证券。票据上记载的是请求支付一定金额的债权（票据权利），并且票据权利与票据具有紧密的结合关系，因而是有价证券的一种。

票据作为依据票据法发行的、无条件支付一定金额的一种有价证券，具有自己独特的性质。

1. 票据是债权证券和金钱证券

持票人可以就票据上所载的金额向特定票据债务人行使其请求权，其性质是债权，所以票据是债权证券。就债权的标的而言，持票人享有的权利就是请求债务人给付一定的金钱，所以票据是一种金钱证券。

2. 票据是设权证券

所谓设权证券，是指权利的发生必须首先做成证券。票据上所表示的权利，是由出票这种行为而创设，没有票据就没有票据上的权利。因此，票据是一种设权证券。

想一想

设权证券与证权证券有什么区别？

3. 票据是文义证券

票据上的一切权利义务，都严格按照票据上所记载的文义而定，文义之外的任何理由、事项都不得作为依据。也就是说，票据上记载的文义即使有错，通常也不得依据票据之外的其他证据变更或者补充。票据的这个特征主要是保护善意的持票人，以维护交易安全。

常用网站

中国票据网
http://www.chinacp.com.cn/

三、票据的分类

根据不同标准，票据可以作以下分类。

1. 委托票据与自付票据

根据出票人是否直接对票据付款，可作此种分类。委托票据是指出票人不担任票据付款人，而且记载他人为付款人的票据，如汇票和支票。但是，有的出票人也可能由出票人将自己记载为付款人。自付票据是指由出票人自己承担付款义务的票据，其典型是本票。

2. 即期票据与远期票据

根据票据所记载的到期日不同，可作此种分类。有的票据的到期日就是"见票即付"，即持票人可以随时请求付款，此种票据称为即期票据。有的票据并非持票人可以随时请求付款，而须在票据记载的特定日期或者以一定方法计算的日期到来时，才有权请求付款，此种票据称为远期票据。按照我国法律的有关规定，本票、支票均为即期票据，汇票可以是即期票据也可以是远期票据。

四、票据在经济上的职能

票据是商品经济活动不可缺少的工具，它起着加强商业信用、促进商品流通、加速资金周转的重大作用。票据对于经济发展所发生的特别作用，来源于票据自身所具有的特别功能，这就是票据所具有的经济性功能。票据具有汇兑功能、支付功能、流通功能、信用功能、融资功能等几项主要的经济性功能。

第二节　票据法基础理论

一、票据关系与非票据关系

票据关系是指基于票据行为而发生的，以请求支付票据金额为内容的债权债务关系。这种法律关系的内容，一方面是票据债权，另一方面是票据债务。我国通常将票据债权称为票据权利，将票据债务称为票据义务或票据责任。

但是，票据关系只是票据法所规范的法律关系中的一部分，或者说，票据权利和票据义务只是票据法所规范的权利与义务的一部分。此外，票据法还规范所谓"非票据关系"。非票据关系是指与票据有密切联系，但是并非基于票据行为而发生，并且不以请求支付票据金额为内容的法律关系。非票据关系也是票据法规范对象，但其内容并非请求票据金额，在票据法上居于比较次要的地位。

1. 票据法上的非票据关系。它是指依据票据法上的规定而发生的非票据关系。其中比较重要的是票据利益返还请求权。

2. 民法上的非票据关系。它是指依据民法的一般规定而发生的、与票据有紧密联系的法律关系。民法上的非票据关系的特点在于其发生依据是民法的一般规定，这些规定并不包含于狭义的票据法之中。但是，由于这些法律关系与票据有紧密联系，票据法不得不规定它们对票据关系有何种影响。民法上的非票据关系又被称为票据基础关系。其中最重要的是票据签发、转让的当事人之间的票据原因关系。

二、票据行为

（一）票据行为的概念

票据行为是票据法上的基本概念之一。我国《票据法》规定，制定票据法的目的是为了规范票据行为。但票据行为的具体内容则可能因为票据行为的性质及效力的不同而有所不同。一般意义上的票据行为可以称为广义上的票据行为，即指所有受票据法规范的行为。

广义的票据行为可以分为票据上行为和非票据上行为两类。在票据法理论上所指票据行为仅指票据上行为，也称为狭义的票据行为。在我国《票据法》中，作为票据上行为，就汇票规定了出票、背书、承兑、保证四种票据行为，就本票规定了出票、背书、保证三种票据行为，而就支票则仅规定了出票、背书两种票据行为。出票是指行为人签发票据，将其交付接受人，从而设定票据权利的行为。

（二）票据行为的特征

票据行为具有无因性、独立性和形式性。

1. 票据行为的无因性

票据行为的无因性，是指票据行为与作为其发生前提的实质性原因关系相分离，从而使票据行为的效力不再受原因关系的存废或其效力有无的影响。

延伸阅读

比较票据行为的无因性和独立性

https://zhidao.baidu.com/question/550724297.html

2. 票据行为具有形式性

票据行为的形式性，是指票据行为具有法律规定的行为方式及其效力解释，行为人必须依法律规定的行为方式为票据行为，而不允许自行选择行为方式，也不能对票据行为的效力进行任意性解释。

3. 票据行为具有独立性

票据行为的独立性，就是同一票据所为的若干票据行为，互补牵连，均分别依各个行为人在票据上所记载的内容，独立地发生效力。

（三）票据行为的种类

票据行为可以分为主票据行为和从票据行为，主票据行为是指出票行为，从票据行为是指背书行为、承兑行为、保证行为等。

出票行为又称发行行为。出票的行为人称为出票人；接受票据交付的人为收款人或持票人。

小知识

出票人

银行汇票的出票人为经中国人民银行批准办理银行汇票业务的银行，商业汇票的出票人为银行以外的企业和其他组织。向银行申请办理汇票承兑的商业汇票的出票人，必须具备下列条件：①在承兑银行开立存款账户；②资信状况良好，并具有支付汇票金额的可靠资金来源。

背书是指行为人在已发行的票据上进行背书文句的记载，完成签名，并将其交付接受人，从而转让票据权利的行为。背书的行为人称为背书人；接受其交付的人称为被背书人。在汇票、本票、支票三种票据中，都存在背书行为。

承兑是指汇票上所载付款人，在汇票上进行承兑文句的记载，完成签名并将其交付持票人，从而表明到期承担付款责任的行为。汇票上所载付款人，在其完成承兑行为时，即成为承兑人。承兑行为仅存在于汇票中。

保证是指行为人在已发行的票据上进行保证文句的记载，完成签名并将其交付持票人，从而表明对特定的票据债务人的票据债务承担保证的行为。行为人称为保证人，由其担保的特定票据债务人称为被保证人，根据我国《票据法》的规定，在汇票和本票中存在保证行为，在支票中不存在保证行为。我国票据法规定，在汇票、本票中的保证，保证人可以为出票人、付款人、承兑人、背书人等票据债务人中的一人进行保证，也可以为其中的数人或全体进行保证。

一个票据行为必须满足法律规定的所有要件，才能够发生法律效力，导致票据关系发生。票据法关于票据行为的要件，有诸多复杂的规定。

1. 形式要件

票据行为的行为人，须以一定方式在票据上进行记载。票据法对于票据行为的形式，有许多复杂的要求，其中较为重要的有：①票据凭证；②特定事项的记载方式；③签章方式；④一定的款式；⑤交付等。

2. 票据行为的实质要件

除了上述形式要件外，票据行为还必须满足诸多的实质要件才能生效。①票据行为能力。《票据法》第 6 条规定："无民事行为能力人或者限制民事行为能力人在票据上签章的，其签章无效，但是不影响其他签章的效力。"②意思表示真实。根据《票据法》第 12 条第 1 款的规定，以欺诈、胁迫手段取得票据的，不能取得票据权利。③如果票据行为由代理人进行，则代理权的欠缺也会影响票据行为的效力。④如果背书转让票据的背书人并不享有处分权，则背书行为无效。但是，如果符合善意取得的要件，则背书转让行为可以有效。

> **延伸阅读点**
>
> 浅析票据的善意取得及例外
> http://www.lawtime.cn/article/lll43
> 49905435499900204337

（四）票据的代理

1. 票据行为代理的概念

票据行为是一种民事法律行为，可以由代理人进行，其法律效果归属于被代理人。《票据法》第 5 条第 1 款规定："票据当事人可以委托其代理人在票据上签章，并应当在票据上表明其代理关系。"

2. 票据代理行为的生效要件

票据行为如果由代理人进行，除了需要满足票据行为的成立要件和其他生效要件外，还必须满足法律对于票据代理行为特别规定的生效要件。包括：①须明示本人（被代理人）的名义，并表明代理的意思；②代理人签章；③代理人有代理权。

延伸阅读

最高法院关于票据案件审理的新规定

http://blog.sina.com.cn/s/blog_9c8134f10102wlsy.html

3. 票据行为的无权代理

《票据法》第 5 条第 2 款规定："没有代理权而以代理人名义在票据上签章的，应当由签章人承担票据责任；代理人超越代理权限的，应当就其超越权限的部分承担票据责任。"

4. 越权代理

《票据法》第 5 条第 2 款规定："代理人超越代理权限的，应当就其超越权限的部分承担票据责任。"

三、票据权利与利益返还请求权

（一）票据权利的概念及种类

票据权利是指持票人向票据债务人请求支付票据金额的权利，包括付款请求权和追索权。其特征包括：票据权利是证券性权利，无因性权利，二重性权利和短期性权利。

票据权利的取得分为原始取得和继受取得，原始取得包括发行取得和善意取得，继受取得包括票据法上的继受取得和非票据法上的继受取得。

票据权利的行使、保全和消灭。票据权利的行使是指票据权利人请求票据义务人履行票据义务，以实现其票据权利的行为，如持票人行使付款请求权以请求支付票款，在付款请求权无法实现或无从实现时行使追索权以请求清偿。票据权利的保全是指票据权利人为防止票据权利丧失而为的各种行为，如提示付款、提起诉讼而使诉讼时效中断，保全付款请求权，或向票据主债务人或票据付款人在法定期限内请求付款以保全追索权的行为。持票人未在票据法规定的时效期内主张其权利，将会导致票据权利的消灭，追索权还可因保全手续欠缺而消灭。

延伸阅读

票据权利时效

http://baike.baidu.com/view/8691976.htm

票据法上的权利。票据法上的权利是指非依票据当事人的意思，也不是由票据行为而产生，却与票据权利的行使密切相关的权利。其主要作用就在于保障票据权利的实现，并在票据权利不能正常行使时，给权利人以合理的补偿。票据法上的权利主要是指利益偿还请求权为追索通知的损害赔偿请求权。

（二）票据权利的取得

票据权利乃是依票据行为而发生的债权。因此，票据行为是票据权利最主要的发生原因。但是，票据权利也可能因为其他原因而取得。

1. 依票据行为而取得票据权利

票据行为是一种民事法律行为。依照票据行为而取得票据权利，也就是依当事人的意思而使票据权利发生。我国《票据法》所规定的依票据行为取得票据权利的情形有四种：

（1）依出票行为而取得。出票行为是票据上的第一个票据行为，有效的出票可以使票据上第一次发生票据权利。

（2）依让与而取得。最主要的情形是让与背书，在例外情况下也可以是空白票据的单纯交付。善意取得是让与取得的特殊方式。

（3）依票据保证而取得。票据保证人提供了票据保证，票据权利人即可以向保证人行使票据权利。

（4）依票据质押而取得。票据质押行为（质押背书）虽然在严格意义上并未使得票据权利人取得票据权利，但是质权人可以像票据权利人一样直接行使票据权利。

2. 非基于票据行为而取得

在特定情形下，当事人并非基于他人的票据行为而取得票据权利，而是基于法律的规定而直接取得票据权利。具体包括下列两类情形。

（1）依票据法上的规定而取得。其中最主要的是，被追索人（含票据保证人）向持票人偿还票据金额、利息费用后，可以取得票据权利。

（2）依其他法律规定而取得。其中比较重要的是，因为继承、法人合并或者分立、税收等原因而取得票据权利。

（三）票据权利的消灭

票据权利的消灭是指因发生一定的法律事实而使票据权利不复存在。票据权利消灭后，票据上的债权债务关系也随之消灭。票据权利的消灭事由一般包括：①付款。②因为没有进行票据权利的保全而导致追索权消灭，即如果票据权利人没有按照规定期限提示承兑或者提示付款，或者在收到拒绝时没有依法取证，其追索权消灭。③消灭时效期间的经过，票据权利人没有在法定的消灭时效期间内行使权利的，其票据权利因此而消灭。④免除、混同等。我国《票据法》第17条则着重规定了持票人的票据权利因时效届满而消灭的四种情形。

〜〜〜〜 **案例 4-1** 〜〜〜〜〜〜〜〜〜〜〜〜〜〜〜〜〜〜〜〜〜〜〜〜〜〜

票据纠纷再审案

2012年10月11日、12日，民生银行武汉分行与武汉法华物资贸易有限公司（简称法华公司）签订《综合授信合同》与《银行承兑协议》，约定民生银行武汉分行自2012年10月11日至2013年10月11日期间为法华公司提供最高额8 000万元人民币的综合授信，法华公司法定代表人石付军承诺对该公司债务承担连带保证责任。2013年8月21日，民生银行武汉分行依据法华公司的承兑申请书，为法华公司开具了5张银行承兑汇票，总计金额5 000万元，汇票到期日均为2014年2月21日，法华公司提供了2 000万元的保证金。前述5张承兑汇票至2016年6月仍未有持票人向民生银行武汉分行请求付款。2014年初，民生银行武汉分行以法华公司未依约存入足额承兑汇票保证金为由，起诉请求法华公司立即交付承兑汇票保证金人民币3 000万元及利息，石付军对此承担连带责任。一、二审法院认为，法华公司于判决生效之日起10日内，向民生银行武汉分行交付银行承兑汇票保证金人民币3 000万元，石付军对此承担连带责任。当事人向最高人民法院申请再审，该院审查后指令湖北省高院再审本案。湖北省高院再审认为，本案5 000万元银行承兑汇票的到期日为2014年2月21日，再审期间，本案银行承兑汇票的票据权利2年时效届满而持票人未提示付款，持票人的票据权利消灭。民生银行武汉分行不再就该5 000万元银行承兑汇票承担支付票据金额的票据义务，即使有持票人向其主张权利，民生银行武汉分行也仅仅在因票据权利消灭而获得的利益范围内对持票人负有返还的民事义务。因此，民生银行武汉分行依据《银行承兑协议》，要求法华公司交付承兑汇票保证金3 000万元及逾期利息的诉讼请求，没有事实和法律依据，遂改判：撤销一、二审判决，驳回中国民生银行股份有限公司武汉分行的诉讼请求。

（四）票据权利的行使与保全

票据权利的行使是指票据权利人向票据债务人提示票据，请求其履行票据债务的行为。如提示票据请求承兑、请求付款、行使追索权等。

票据权利的保全是指票据权利人为防止其票据权利的丧失，依票据法的规定所为的行为。如：为防止付款请求权与追索权因时效而丧失，采取中断时效的行为；为防止追索权的丧失，采取做成拒绝证明的行为；遵期提示，即票据持有人向付款人出示票据，请求付款。

我国《票据法》第16条规定："持票人对票据债务人行使票据权利，或者保全票据权利，应当在票据当事人的营业场所和营业时间内进行，票据当事人无营业场所的，应当在其住所进行。"此处的票据当事人是指对票据债务承担义务的承兑人、付款人、保证人、出票人或前手背书人等。所称住所，按《民法通则》的规定："法人以它的主要办事机构所在地为住所"，公民则"以他的户籍所在地的居住地为住所，经常居住地与住所不一致的，经常居住地视为住所"。

（五）票据权利的补救

票据一旦丧失，票据权利的实现就会受到影响。各国票据法一般都规定有票据丧失后的补救措施。我国《票据法》颁布之前，《民事诉讼法》就规定有公示催告制度。我国《票据法》第15条规定了更为全面的挂失止付、公示催告和普通诉讼三种救济措施。

案例 4-2

挂失止付并不是提起公示催告程序的必要程序

董某系A市某服装厂的会计。某日，董某前往A市客户方某处催收服装厂的一笔货款。当时，方某刚好收到第二轻公司（出票人）支付给他的一张5万元金额劳务费的支票。方某见董某前来收款，就将该支票背书给了服装厂，作为支付货款的款项。但是由于不慎，董某的支票被其家人用洗衣机绞成了碎片，便向法院提起公示催告程序。法院立案看了该服装厂的申请公示催告书并了解到有关情况后，拒绝受理，理由有两点：①支票虽然被绞碎，但尚未灭失，不存在被冒领的危险，只需要求出票人重新签发一张支票即可，无须启动公示催告程序；②即使需要提起公示催告程序，也应由支票上的收款人方某提起，某服装厂不是该支票的收款人，没有资格提起公示催告程序。同时，法院也认为应先到银行办理挂失止付，然后才可以提起公示催告程序。但实际上，某法院的拒绝理由不能成立。原因有二：其一，《票据法》规定，有权提起公示催告的申请人是失票人而非收款人。某服装厂申请公示催告的该支票有明确的付款人，符合提起该程序的必要条件。其二，挂失止付并不是提起公示催告程序的必要程序，也不是票据的复权方法。

（六）票据的伪造与变造

我国《票据法》第14条第1款明确规定："票据上的记载事项应当真实，不得伪造、变造。伪造、变造票据上的签章和其他事项的，应当承担法律责任。"

票据伪造是指无权限人假冒他人或虚构他人的名义签章的行为，包括票据本身的伪造和票据签名的伪造。

票据变造是指无权更改票据内容的人，对票据上的签章以外的记载事项加以改变的行为。签章的变造属于伪造。票据的变造的前提是在该票据在变造前须为形式上有效的票据，而在变造后仍为形式上有效的票据。

📖 小知识

票据变造责任的承担

对于变造的票据来说，在变造之前签章的人，仅对原记载事项负责。在变造后签章的人，仅对票据被变造后的记载事项负责。如果不能辨认当事人的签章是在变造前作出的，还是在变造后作出的，票据法规定，视同该当事人是在变造前作出的签章，按原记载事项承担票据责任。

（七）利益偿还请求权

利益偿还请求权是指票据上的权利因时效届满或手续欠缺而消灭时，持票人对出票人或承兑人在其所得的利益的限度内，请求偿还其利益的权利。我国《票据法》第 18 条规定："持票人因超过票据权利时效或者因票据记载事项欠缺而丧失票据权利的，仍享有民事权利，可以请求出票人或者承兑人返还其与未支付的票据金额相当的利益。"

四、票据抗辩

（一）票据抗辩的含义

票据抗辩是指票据上记载的票据债务人基于合法事由对持票人拒绝履行票据债务的行为。票据所记载的债务人，包括出票人、承兑人、转让背书和质押背书人、保证人。

（二）票据抗辩中的"物的抗辩"

票据上的物的抗辩，是指票据所记载的债务人可以对任何持票人所主张的抗辩。其具体情形可以包括以下两类。

1. 票据所记载的全部票据权利均不存在

（1）出票行为因为法定形式要件的欠缺而无效。

（2）票据权利已经消灭。

2. 票据上记载的特定债务人的债务不存在

虽然票据上记载了特定人所进行的票据行为，但是基于法律的规定，该当事人并不因此而发生票据债务。这样，无论谁是持票人，在向其主张权利时，该当事人均可基于其并非票据债务人而拒绝付款。

（三）票据抗辩中的"人的抗辩"

票据上的人的抗辩，是指票据债务人仅可以对特定的持票人主张的抗辩事由。此类情形下，票据所记载的债务人是真正的债务人。但是，如果特定的票据权利人向其主张票据权利，票据债务人可以此类事由拒绝履行义务。如果其他人取得并向其主张票据权利，则不得对其主张该抗辩事由。其具体情形，可以包括以下几类。

1. 基于持票人方面的原因

包括持票人不享有票据权利；持票人不能够证明其权利；背书人记载了"不得转让"字样的情形下，记载人对于其直接后手的后手不承担票据责任。

2. 在票据行为的直接当事人之间，票据债务人可以基于基础关系上的事由对票据权利人进行抗辩

《票据法》第13条第2款规定："票据债务人可以对不履行约定义务的与自己有直接债权债务关系的持票人，进行抗辩。"票据行为的当事人之间，总是基于一定的民法上的基础关系而为票据行为。

3. 票据债务人以其与持票人的前手之间的抗辩事由对抗持票人的情形

如上所述，《票据法》第13条第2款规定，在票据行为的直接当事人之间，票据债务人以基础关系上的事由对抗票据权利。如果双方并非直接当事人，在特定情形下，票据债务人可以基于其与持票人前手之间在基础关系上的抗辩事由，对抗持票人。这主要包括两类情形：持票人未给付对价而取得票据；明知出票人对持票人的前手存在抗辩事由而取得票据。

4. 抗辩切断制度

根据《票据法》第13条第1款，除了上文介绍的两种情形外，票据债务人原则上不得以自己与出票人或者持票人的前手之间的抗辩事由，对抗持票人。这一制度被称为票据抗辩的切断。

📖 **小知识**

上海票据交易所开业

2016年12月8日，上海票据交易所开业，票据交易系统顺利上线，并开始无纸化票据交易、托收和清算。上海票交所作为具备票据交易、登记托管、清算结算、信息服务多功能的全国统一票据交易平台，将大幅提高票据市场透明度和交易效率，激发市场活力，更好防范票据业务风险；也有助于完善中央银行金融调控，优化货币政策传导机制，增强金融服务实体经济的能力。据介绍，票据市场是中国货币市场的重要组成部分，其规模仅次于债券回购市场；发展票据业务对解决企业的合理资金需求，特别是缓解中小企业融资难题具有积极的作用。上海票据交易所成立以后，将进一步建立健全统一规范的票据业务运行规则、行业标准和价格体系，形成全国统一的票据市场。

第三节　汇　票

一、汇票概述

汇票是指由出票人签发，委托付款人在指定的到期日向持票人无条件支付一定金额的票据。

根据不同标准，可以将汇票区分为不同的种类。在我国实际业务中最重要的一种分类是，根据出票人的不同，将汇票分为银行汇票和商业汇票。

1. 银行汇票

银行汇票就是银行作为出票人的汇票。但是，根据我国有关规定，银行汇票又被限定为一种仅具有汇兑或者结算功能的汇票。

2. 商业汇票

商业汇票是由银行之外的企业或者其他组织作为出票人的汇票。只有在银行开立存款账户的法人以及其他组织之间，才能使用商业汇票。

案例链接

票据返还请求权纠纷 支付地法院无管辖权
http://www.chinacourt.org/article/detail/2014/05/id/1290539.shtml

商业汇票所记载的付款人可能是银行，也可能是其他当事人。以此为区别，商业汇票又分为银行承兑汇票和商业承兑汇票。银行承兑汇票的出票人记载银行为付款人，并由付款人（银行）予以承兑。商业承兑汇票出票人记载银行之外的人为付款人，并由付款人予以承兑。

二、汇票的出票

1. 出票的含义

出票是指出票人签发票据并将其交付给收款人的票据行为。

2. 汇票出票款式

（1）绝对必要记载事项。根据《票据法》第22条的规定，票据必须记载以下七个事项，否则票据无效：表明"汇票"的字样；无条件支付的委托；确定的金额；付款人名称；收款人名称；出票日期；出票人签章。

（2）相对必要记载事项。出票人可以记载付款日期、付款地、出票地。根据《票据法》第23条的规定，如果未记载，出票行为仍然有效，但是应该根据该条规定确定这三个事项。其中，汇票上未记载付款日期的，为见票即付；汇票上未记载付款地的，付款人的营业场所、住所或者经常居住地为付款地；汇票上未记载出票地的，出票人的营业场所、住所或者经常居住地为出票地。

（3）可以记载事项。出票人可以记载"不得转让"字样。如果未作该种记载，则汇票可以转让。根据《票据法》第27条第2款的规定，汇票不得转让。

（4）记载不发生票据法上效力的事项。除了票据法明确规定应当记载或者可以记载的事项之外，出票人还可以记载其他事项，如有关利息、违约金的记载。但是这些记载不具有票据上的效力。是否具有民法上的效力，应根据民法进行判断。

（5）记载无效事项。《票据法》第26条规定："出票人签发汇票后，即承担保证该汇票承兑和付款的责任。"基于该规定，出票人不得在票据上表明不承担保证该汇票承兑或者付款的责任；如有此类记载，出票行为仍然有效，但是该记载无效，出票人在持票人不能获得承兑或者付款时，仍应承担票据责任。

3. 出票的效力

如果出票行为有效，则发生如下法律效力：

（1）对出票人的效力。出票人成为票据债务人，承担担保承兑和付款的责任。

（2）对付款人的效力。付款人成为票据上的关系人。付款人并未在票据上签字，并非票据义务人。

（3）对收款人的效力。收款人取得票据权利，包括付款请求权、追索权，以及以背书方式处分其票据权利的权利。

三、汇票的背书

1. 背书的含义

背书是指持票人为将票据权利转让给他人或者将票据权利授予他人行使，在票据背面或者票据粘单上记载有关事项并签章，然后将票据交付给背书人的票据行为。背书包括转让背书、委托收款背书和质押背书。

2. 转让背书的款式

（1）绝对必要记载事项。根据《票据法》的规定，转让背书的绝对必要记载事项包括背书人、被背书人的签章。

（2）相对必要记载事项。根据《票据法》第29条的规定，背书人应当记载背书日期；背书未记载日期的，视为在汇票到期日前背书。

（3）可以记载事项。根据《票据法》第34条的规定："背书人在汇票上记载'不得转让'字样，其后手再背书转让的，原背书人对后手的被背书人不承担保证责任。"如果背书人进行了该记载，该记载不影响被背书人对他人进行转让背书、质押背书的效力，但是背书人仅对其直接后手承担票据责任，而不对其直接后手的后手承担票据责任。

（4）记载不发生票据法上效力的事项。《票据法》第33条第1款规定："背书不得附有条件。背书时附有条件的，所附条件不具有汇票上的效力。"当然，背书所附条件可能具有民法上的效力。

3. 背书转让的效力

（1）权利转移的效力。转让背书生效后，被背书人取得票据权利，原权利人的权利消灭。此时，并没有抗辩切断制度的适用。

（2）权利担保的效力。背书人对于所有后手承担了担保承兑和担保付款的责任，从而在被追索时，承担相应的票据责任。不过，票据法在两种情形下设置了例外规定。第一种情形，背书人记载"不得转让"，则对后手的被背书人不承担票据责任。第二种情形是"回头背书"。《票据法》第69条规定："持票人为出票人的，对其前手无追索权。持票人为背书人的，对其后手无追索权。"

（3）权利证明的效力。以背书转让的汇票，背书应当连续。持票人以背书的连续，证明其汇票权利；非经背书转让，而以其他合法方式取得汇票的，依法举证，证明其汇票权利。所谓背书连续，是指在票据转让中，转让汇票的背书人与受让汇票的被背书人在汇票上的签章依次前后衔接。

4. 委托收款背书

（1）委托收款背书的含义。委托收款背书是指以授予他人行使票据权利、收取票据金额的代理权为目的的背书。委托收款背书并不导致票据权利的转移，而是使得被背书人取得代理权，因此与转让背书有很大区别。

（2）委托收款背书的款式。与一般背书相同，但是必须加上"委托收款""托收"或者"代理"字样作为绝对必要记载事项。如果没有记载该事项，则其形式上体现为转让背书。

（3）委托收款背书的效力。委托收款背书的主要效力是，被背书人取得代理权，具备包括形式付款请求权、追索权以及收取款项的代理权。背书人的权限不包括处分票据权利的代理权。

5. 质押背书

质押背书是指为担保他人实现债权，票据权利人在票据上为了对债权人设定质权而进行的背书行为。票据质权也是权利质权的一种，除了《票据法》有规定外，在《物权法》中也有相关规定。

案例 4-3

票据背书的连续性

根据江苏省高级人民法院（2015）苏审二商申字第00221号莱州万宝隆盐业有限公司、中国农业发展银行连云港市赣榆区支行、江苏东成生物科技集团有限公司票据损害责任纠纷再审复查与审判监督案。票据上背书的连续性，除具有票据原因关系的直接前后手可以对价关系予以抗辩之外，对于其他持票人而言，仅指前手之间背书转让形式上的连续性。依据《票据法》第31条的规定，持票人依背书的连续性证明其享有汇票权利。

四、汇票的承兑

1. 承兑的概念

承兑是指远期汇票的付款人，在票据正面作出承诺在票据到期日无条件支付票据金额的记载并签章，然后将票据交付请求承兑之人的票据行为。

小知识

承兑是汇票特有的一种制度

汇票的出票人在出票时，是委托他人（付款人）代替其支付票据金额，而该付款人在出票时并未在票据上签章，并非票据债务人，无当然的支付义务。为使票据法律关系得以确定，就需要确认付款人能否进行付款，于是就设计了汇票的承兑制度。

2. 承兑的程序

承兑的过程由持票人和付款人的行为构成。

（1）提示承兑。提示承兑是指持票人向付款人出示汇票，要求付款人承诺付款的行为。持票人提示承兑应在一定期限内进行。定日付款或者出票后定期付款的汇票，持票人应当在汇票到期日前向付款人提示承兑。见票后定期付款的汇票，持票人应当自出票日起一个月内向付款人提示承兑。不在上述期限内提示承兑的，持票人丧失对出票人之外对前手的追索权。

（2）付款人签发回单。付款人收到持票人提示承兑的汇票时，应当向持票人签发收到汇票的回单，回单上应当记明汇票提示承兑日期并签章。

（3）付款人承兑或者拒绝承兑。付款人对向其提示承兑的汇票，应当自收到提示承兑的汇票之日起3日内承兑或者拒绝承兑。付款人通常基于与出票人之间的约定而有义务在持票人提示承兑时进行承兑。但是，付款人的这一义务仅仅是民法上的义务。如果付款人拒绝承兑，仍然在票据法上发生拒绝承兑的效果。至于如何追究出票违约人的责任，则是民法上的问题，应另行解决。这就是票据法上所谓"承兑自由原则"。

3. 承兑的款式

（1）绝对必要记载事项。根据《票据法》第42条第2款的规定，承兑行为的绝对必要记载事项包括承兑文句（"承兑"字样）以及签章。

（2）相对必要记载事项。根据《票据法》第42条第2款的规定，承兑日期是相对必要记载事项。如果承兑人未记载承兑日期，则以收到提示承兑的汇票之日起的第3日为承兑日期。

（3）记载使承兑无效事项。根据《票据法》第43条的规定，承兑附有条件的，视为拒绝承兑。

4. 承兑的效力

（1）对付款人的效力。承兑使得付款人成为票据债务人，称为承兑人。《票据法》第44条规定："付款人承兑汇票后，应当承担到期付款的责任。"并且，承兑人是汇票上的主债务人，承担最终的追索责任。持票人即使未按期提示付款或者依法取证，也不丧失承兑人的追索权。

（2）对持票人的效力。经承兑，持票人即取得对承兑人的付款请求权。

案例 4-4

银行涉放贷票据违规被罚 110 万

四川银监局在2016年8月底对某外资银行成都分行连续开出三张罚单。该行成都分行所涉的事由是，"违规放贷，严重违反审慎经营规则；承兑无真实贸易背景金融票据；向监管部门提供虚假资料"。四川银监局同时向符某、陈某开出行政处罚决定，称二人在任该银行成都分行行长助理和副行长，以及成都分行行长助理期间，"对该行违规放贷、承兑无真实贸易背景金融票据等严重违反审慎经营规则行为，以及该行向监管部门提供虚假资料行为负有直接领导责任"。

五、汇票的保证

1. 票据保证的含义

票据保证是指票据债务人之外的人，为担保特定票据债务人的债务履行，以负担同一内容的票据债务为目的，在票据上记载有关事项并签章的票据行为。

2. 票据保证的实质要件

除了应具备票据行为的一般要件之外，票据保证行为的保证人的资格也有特殊要求。

《票据管理实施办法》第 12 条规定："票据法所称'保证人'，是指具有代为清偿票据债务能力的法人、其他组织或者个人。""国家机关、以公益为目的的事业单位、社会团体、企业的分支机构和职能部门作为票据保证人的，票据保证无效，但经国务院批准为使用外国政府或者国际经济组织贷款进行转贷，国家机关提供票据保证的，以及企业法人的分支机构在法人书面授权范围内提供票据保证的除外。"

3. 票据保证的款式

（1）绝对必要记载事项。根据《票据法》第 46 条、第 47 条的规定，票据保证的绝对必要记载事项包括：保证文句（表明"保证"的字样）、保证人的名称和住所、保证人签章。

（2）相对必要记载事项。根据《票据法》第 47 条的规定，被保证人名称、保证日期是相对必要记载事项。该条第 1 款规定，保证人未记载被保证人的，已承兑的汇票，承兑人为被保证人；未承兑的汇票，出票人为被保证人。该条第 2 款规定，保证人未记载保证日期的，出票日期为保证日期。

（3）记载不生票据法上效力事项。《票据法》第 48 条规定："保证不得附有条件；附有条件的，不影响对汇票的保证责任。"

4. 票据保证的效力

（1）对保证人的效力。票据保证的主要效力是，使得签章人（保证人）成为票据债务人。

（2）对持票人的效力。票据生效的，持票人的权利又多了一个票据债务人。如果承兑人是被保证人，持票人有权向保证人行使付款请求权。如果出票人、转让背书人是保证人，持票人有权对其行使追索权。

（3）对被保证人及其前手、后手的效力。票据保证行为使得持票人的权利增加了一个债务人。如果承兑人是被保证人，保证人向持票人履行票据债务后，票据关系全部消灭。如果出票人、转让背书人是被保证人，当持票人对其行使追索权时，保证人对其履行票据债务后，被保证人的后手的票据责任消灭，但是，被保证人及其前手的票据责任仍然存在，保证人成为票据权利人，可以对其行使再追索权。

案例链接

新三板承兑汇票问题汇总解析
http://blog.sina.com.cn/s/blog_5ace45870102w42l.html

六、汇票的付款

1. 汇票付款的概念

汇票付款是指付款人或者代理付款人依照汇票文义支付票据金额的行为。广义的付款还包括追索义务人对追索权利人的支付、票据保证人对持票人的支付。这里所分析的是狭义的付款。

出票是票据关系的起点。在通常情形下，付款是票据关系的终点。付款人或者代理付款人支付票据金额后，票据关系全部消灭。但是，付款并非一种票据行为。依照上文所述的票据行为的定义，票据行为是能够导致票据权利、义务发生的法律行为。付款的法律效果是导致票据权利、义务消灭。显然，付款并非票据行为。

2. 提示付款

提示付款是指持票人或者其代理人向付款人或者代理付款人现实地出示票据，请求其付款的行为。

（1）提示付款的当事人。有权提示付款的，是持票人，包括持有票据的票据权利人，以及受委托收取票款的代理人。实务中，多数汇票由持票人委托自己的开户银行（通过委托收款背书）作为代理人来提示付款。

（2）提示付款时应提供的文件。提示付款时，提示人应提交票据，还应提供合法身份证明或者有效证件。如果背书不连续，或者持票人是因为票据行为之外的原因（例如法人合并）而取得票据权利，还应提供相关证据。

（3）提示付款的例外。如果票据权利人丧失了票据，就无法正常地提交票据以请求付款，只能依照票据丧失的补救措施来证明自己的权利，并持相应的法律文书请求付款。

3. 付款

（1）付款人的审查。收到付款提示后，付款人应当进行审查。付款人的审查主要分两个方面：票据权利的真实性；提示付款人身份的真实性。也就是说，票据所记载的持票人是否真实地享有票据权利；提示付款人是否就是票据所记载的持票人。《票据法》第57条第一款规定："付款人及其代理付款人付款时，应当审查汇票背书的连续，并审查提示付款人的合法身份证明或者有效证件。"该款即分别就上述两个方面做出规定。当然，该款仅规定了付款人对背书连续性的审查，这并不全面，因为背书连续人是付款人审查票据权利真实性的主要环节，但并非唯一的事项。

（2）汇票的签收与缴回。付款人付款时，有权要求持票人在汇票上签收并交出汇票。

（3）付款的效力。付款人对票据权利人付款的，汇票上的票据关系全部消灭，全体票据债务人的债务消灭。

案例 4-5

银行汇票不记载利息

2015年10月，卫某向银行交存100万元现汇，并经交纳手续费后申请了一张自带银行汇票，带往外地做生意。汇票的付款期限为两个月，收款人记载为卫某自己。签发汇票当日，银行便将卫某交存的资金划转到本行的往来账户上。两个月后，卫某因未做成生意，遂将该汇票带回交还银行，并要求退还有关汇票款项且支付两个月以来的利息。银行收回汇票后原银奉还，但未支付卫某利息。双方因此发生纠纷。根据我国法律，卫某无权要求银行支付利息，我国银行汇票一律不记载利息。

七、汇票的追索权

1. 汇票追索权的概念

汇票的追索权是指汇票到期不获付款、到期前不获承兑或者有其他法定原因时，持票人依法向汇票上的债务人请求偿还票据金额、利息和其他法定款项的票据权利。

追索权是票据法上的重要制度。持票人的付款请求权不能或者有可能不能实现时，追索权制度使得持票人可以向所有的票据债务人请求偿还票据金额以及利息和费用，其债权获得最终实现的可能性大大提高，从而增加了票据的信用。《票据法司法解释》第 5 条将付款请求权称为"第一顺序权利"，将追索权称为"第二顺序权利"。

2. 追索权的当事人

（1）追索权人。依法享有追索权的人，包括最初追索权人和再追索权人。最初追索权人享有了作为持票人的权利，享有再追索权，有权向其前手进行再追索。再追索权人，可以包括背书人、保证人、出票人。其中，关于保证人的追索权，《票据法》第 52 条规定："保证人清偿汇票后，可以行使持票人对被保证人及前手的追索权。"

（2）被追索人。追索权人的追索权所针对的义务人，称为被追索人，或者偿还义务人，其负有偿还票据金额、利息和法定费用的义务。根据《票据法》第 61 条的规定，被追索人包括背书人、出票人、保证人、承兑人。其中，承兑人既是付款义务人，也是被追索人。在其作为被追索人而承担票据责任时，其票据义务的范围不限于票据金额，还包括利息和费用。

3. 追索权的取得与保全

追索权是第二顺序的票据权利，与票据请求权不同，须满足更多的条件时，才能够取得该权利，并且在特定情形下，票据权利人还会丧失对部分持票债务人的追索权。

（1）到期追索权发生的原因。汇票到期被拒绝付款的，持票人可以行使追索权。在解释上，在汇票到期时因为付款人的原因而发生客观上无法提示付款的情形时，也可以行使追索权。

（2）前期追索权发生的原因。对于远期汇票来说，持票人还可能在到期前取得追索权。在票据记载的到期日到来之前，如果发生了特定的事由使到期付款已经不可能或者可能性显著降低，法律赋予了持票人在到期之前就进行追索的权利。这种追索权被称为"前期追索权"。持票人取得前期追索权的情形主要有：票据被拒绝承兑的；承兑人或者付款人死亡逃匿的；承兑人或者付款人被依法宣告破产的或者因违法被责令终止业务活动的。但是，我国当前的汇票一般不存在个人作为付款人的情形，即使是商业承兑汇票也是在法人和其他组织之间使用。

（3）追索权的保全。如上文所述，持票人须遵期提示、依法取证，才能保全其追索权。但在例外情况下，持票人可以不必提示承兑或者提示付款，就可以基于有关证据而行使追索权，而不发生丧失追索权的后果。这主要包括：在票据到期之前或者到期时，出现付款人死亡、逃匿、被宣告破产、被责令终止业务活动等情形，持票人无法对其提示承兑或者提示付款。

此时，持票人无法取得证明，但是可以依法取得关于付款人死亡或者逃逸的有关证明，包括医院或者有关单位出具的付款人死亡的证明、人民法院出具的宣告付款人失踪或死亡的证明或者法律文书；公安机关出具的付款人逃匿或下落不明的证明等；公安机关出具的具有拒绝证明效力的文书；人民法院宣告付款人破产的司法文书以及行政主管部门责令付款人终止业务活动的行政处罚决定。这些文件具有拒绝证明的效力，持票人可以据以行使追索权。如果未取得这些文件，则不能行使追索权。

上述内容都是关于最初追索权的保全。如果最初追索权得以保全，自然可以进而发生再追索的问题。如果最初追索权因为未能保全而消灭，则只有持票人和承兑人仍然承担票据责任。在这种情形下，再追索权的发生余地已经很小，即持票人向出票人追索，出票人对其清偿债务以后，向承兑人进行再追索。无论最初追索权还是再追索权，都可能因为消灭时效期间的经过而消灭。

4. 追索金额

持票人行使追索权，可以请求被追索人支付的金额包括：被拒绝付款的汇票金额；汇票金额自到期日或者提示付款日起至清偿日止，按照中国人民银行规定的利率计算的利息；取得有关拒绝证明和发出通知书的费用。

被追索人向追索人清偿后，向其他汇票债务人行使追索权时可以请求支付的金额包括：已清偿的全部金额；前项金额自清偿日起至再追索清偿日止，按照中国人民银行规定的利率计算的利息；发出通知书的费用。

5. 追索权的行使

首先，持票人负有及时通知的义务。持票人应当自收到被拒绝承兑或者拒绝付款的有关证明之日起3日内，将拒绝事由通知其前手，还可以同时通知其他的追索义务人。如果未按照规定期限通知，虽然仍然可以行使追索权，但应当赔偿因为迟延通知而给被追索人造成的损失，赔偿金额以汇票金额为限。持票人的直接前手应当自收到通知之日起3日内，书面通知自己的再前手。

其次，持票人应当确定被追索的对象。汇票的出票人、背书人、承兑人和保证人对持票人承担连带责任。持票人可以不按照汇票债务人的先后顺序，对其中任何一人、数人或者全体行使追索权。持票人对汇票债务人中的一人或者数人已经进行追索的，对其他汇票债务人仍可以行使追索权。票据债务人的连带责任，使得持票人获得了很高程度的保障。需要注意的是，在回头背书的情况下，持票人的追索权受限制，即持票人为出票人的，对其前手无追索权。持票人为背书人的，对其后手无追索权。

被追索人如果对追索人进行了清偿，则消灭了自己的债务。如果被追索人是票据上的最终债务人，则票据上的全部债权债务消灭。如果被追索人是其他票据债务人，则其享有与持票人相同的权利，可以再向其前手追索。再追索权人行使其权利时，其追索义务人仍然承担连带责任，假如其选择最终债务人行使权利，并且最终债务人全额履行债务，则票据上的全部债权债务消灭。如果被追索人是其他票据债务人，其清偿债务后还进一步发生再追索问题。无论是行使最初追索权还是再追索权，被追索人清偿债务时，持票人均应交出汇票和有关拒绝证明，并出具所收到利息和费用的收据。

6. 追索权行使的效力

被追索人清偿债务后，其自身的票据责任消灭。并且根据被追索人是否属于票据上的最后债务人来确定票据上的全部债权债务均告消灭，抑或被追索人成为新的票据权利人，进而对其前手发生再追索权。在后种情形下，抗辩制度适用于再追索人与其追索义务人之间的关系。也就是说，被追索人不得以其对于再追索人的前手之间的抗辩事由对抗再追索权人，除非其相互之间有直接的基础关系，或者再追索人明知这一抗辩事由的存在。

案例 4-6

追索权的行使

2016年3月20日，光华沙发厂与某家具销售公司签订了一份价款为50万元的沙发购销合同。合同约定以汇票方式进行结算。3月27日，家具销售公司向光华厂签发了一张票面金额为50万元、到期日为9月27日的汇票。沙发厂根据合同约定发送了沙发，接受了汇票。3月29日，光华沙发厂将汇票背书转让给某皮革厂，该皮革厂又将汇票于5月20日背书转让给某畜牧场，以抵销所欠货款。畜牧厂在该汇票到期日，向家具销售公司的开户银行提示付款，因家具公司在开户行存款不足而遭到退票。畜牧场向皮革厂追索票款未果。畜牧场遂以票据债务人即出票人家具销售公司、背书人光华沙发厂、皮革厂为被告向法院起诉，要求被告承担连带责任，清偿票款。依据《票据法》第68条，畜牧场在不获付款的情况下，可以向其前手票据债务人依次或全部行使追索权，也可以要求所有债务人一并承担连带清偿责任。本案中，畜牧场为了尽快从票据债务链条中解脱出来，诉请所有前手承担连带责任，对此诉讼请求，法院予以支持，判决出票人家具销售公司、背书人光华沙发厂、某皮革厂对票据承担连带清偿责任。

第四节　本　票

一、本票概述

1. 本票的概念

本票是指出票人签发的，承诺自己在见票时无条件支付确定的金额给收款人或者持票人的票据。

2. 本票的特征

本票是出票人承诺自己支付一定金额的票据，因此并不存在与汇票上的付款人相当的票据当事人，进而也就不存在承兑制度。从理论上来说，可以根据出票人的身份是银行还是其他当事人，区分为银行本票和商业本票。我国现行法之下的本票仅有银行本票。我国现行票据制度承认出票人兼付款人的商业承兑汇票，其功能相当于商业本票。

根据《支付结算办法》等规定，我国的本票仅仅在有限的情形下使用。单位或者个人需要使用银行本票的，应当将相应的金额交给出票银行。银行收妥后，在符合法律规定的其他条件的情形下，签发银行本票。此外，现行法之下的本票均为见票即付，而不存在远期的本票。也就是说，我国实务中的本票仅仅发挥支付功能，与银行汇票类似，而不像商业汇票那样可以发挥信用功能。

《票据法》关于汇票的规定是比较完整的，而关于本票的规定中，只规定本票的特殊制度，其他制度适用关于汇票的规定。

想一想

本票和汇票有什么区别？

二、本票的出票

1. 本票的出票人

根据《支付结算办法》第 100 条的规定，银行本票的出票人，为经中国人民银行当地分行批准办理银行本票业务的银行机构。向银行申请签发本票的当事人（"本票申请人"）并非出票人。

2. 本票出票的款式

（1）绝对必要记载事项。根据《票据法》第 75 条的规定，本票的绝对必要记载事项包括6 项：表明"本票"的字样；无条件支付的承诺；确定的金额；收款人名称；出票日期；出票人签章。未记载上述任一事项均导致出票无效。

收款人由出票人按照本票申请人的指定填写。出票人当然也可以指定由自己作为收款人。假如出票人按照申请人的要求填写了第三人作为收款人，出票人在记载完毕后，并非直接将本票支付给收款人，而是支付给申请人。此时，出票行为尚未完成，因为票据行为所要求的"支付"要件是指交付给票据权利人。只有当申请人将本票交付给收款人时，出票行为才生效。

（2）相对必要记载事项。根据《票据法》第 76 条的规定，付款地和出票地是相对必要记载事项。本票上未记载付款地的，出票人的营业场所为付款地。本票上未记载出票地的，出票人的营业场所为出票地。

（3）其他事项。根据《票据法》第 80 条第 2 款的规定，本票的出票行为除了该章的特殊规定外，适用《票据法》第 24 条关于汇票的规定，即其他记载事项不发生票据法上的效力。出票人如果记载了"不得转让"字样，该本票不得转让。

3. 出票的效力

出票行为生效后，出票人成为第一债务人，收款人成为票据权利人。

三、本票的付款

1. 被提示人

与汇票不同，本票的出票人是最终的票据责任人，持票人应当向出票人提示付款。

2. 提示付款日期

现行法之下的本票均为见票即付。《票据法》第 78 条规定，持票人的提示见票并请求付款的期限最长不超过 2 个月。也就是说，持票人可以在出票日起 2 个月内随时提示付款。超过这一期限提示付款的，按照《票据法》第 79 条的规定，持票人即丧失对出票人之外的前手的追索权。

🦔 **延伸阅读**

"票据游戏"里的食物链
http://www.sinotf.com/GB/136/1364/
2016-12-08/wOMDAwMDIxNTUwOQ.html

四、汇票有关制度的适用

《票据法》第 80 条第 1 款规定："本票的背书、保证、付款行为和追索权的行使，除本章规定外，适用本法第二章有关汇票的规定。"有关内容可以参考上文所述。

由于本票制度的特点，汇票上的有关制度并非可以全部适用。例如，仅适用于远期汇票的各种规定，不能适用本票。

其中包括并不发生所谓期前追索的问题。

第五节 支　　票

一、支票概述

1. 支票的概念

支票是指出票人签发的，委托办理支票存款业务的银行或其他金融机构在见票时无条件支付确定的金额给收款人或持票人的票据。

2. 支票的特点

支票与汇票非常类似，其基本当事人有三个：出票人、付款人、收款人。其最特殊之处是，付款人的资格有明确的限制。支票的付款人，必须是办理支票存款业务的银行或其他金融机构（以下统一简称为"银行"）。其他组织或者个人不能成为支票的付款人。

根据《票据管理实施办法》第 11 条规定，支票的出票人，为在经中国人民银行批准办理支票存款业务的银行、城市信用合作社和农村信用合作社开立支票存款账户的企业、其他组织和个人。一个单位或个人在银行开立支票存款业务后，存入一定的款额，即可领用空白支票本，供其在需要时签发支票。

在我国，支票主要发挥的是支付手段的功能。因此，现行法不允许支票所记载的付款人进行承兑。持票人请求付款时，假如出票人在付款人处的存款金融足够支付支票金额，则付款人应当付款；如果不足，则付款人应当拒绝付款。

此外，根据《票据法》第 90 条规定，支票均为见票即付，不存在远期支票。

支票的另一特点是，收款人名称并非出票行为的绝对必要记载事项，可以授权补记。

案例 4-7

支票授权补记，出票人承担民事责任

2014年10月，某房地产公司与某建材厂达成了一份购销合同，付款方式约定为转账。合同履行中，某房地产公司出具转账支票，该转账支票填写了出票日期和金额，收款人及用途均未填写。此后，某建材厂又与杨某发生了经济往来，该厂随即将该票据交付给了杨某冲抵欠款。当杨某向银行提示付款时，银行以出票人存款不足以支付该票据款项为由退回。杨某于2015年2月起诉至法院，要求某房地产公司支付支票金额5万元。重庆市北碚区人民法院审理后，认定杨某持有的涉案支票是合法有效的，判令某房地产公司支付支票金额5万元。法官表示，本案中，涉案支票虽未填写收款人及用途，但该支票印章齐全，持票人依法取得后，应是合法有效的。对于空白票据的补记，由于出票人的默示授权，持票人有权在票据的空白处进行补记。某房地产公司签发空头支票导致退票，应承担相应民事责任。某房地产公司辩称其向某建材厂支付了货款，因属于另一法律关系，亦不能免除其票据责任。

二、支票出票的款式

1. 绝对必要记载事项

根据《票据法》第 84 条规定，支票的出票行为有 6 个绝对必要记载事项：表明"支票"

的字样；无条件支付的委托；确定的金额；付款人名称；出票日期；出票人签章。支票上未记载前款规定事项之一的，支票无效。但是，根据《票据法》第85条第1款的规定，支票上的金额可以由出票人授权补记，未补记前不得使用。

2. 相对必要记载事项

根据《票据法》第86条的规定，付款地、出票地是相对必要记载事项。支票上未记载付款地的，付款人的营业场所为付款地。支票上未记载出票地的，出票人的营业场所、住所或者经常居住地为出票地。

3. 任意记载事项

《票据法》第86条第1款规定："支票上未记载收款人名称的，经出票人授权，可以补记。"并且，第84条未将收款人的名称列为绝对必要记载事项。可以理解为，出票人既可以授权收取支票的相对人补记，也可以由相对人再授权他人补记。例如，甲公司签发支票给乙公司，但是未记载收款人。乙公司为支付货款，直接将支票交付给丙公司，未作任何记载。丙公司将自己的名称记载为收款人后，持票向付款人主张票据权利。甲公司、乙公司的行为，均符合票据法。也就是说，就支票而言，我国票据法承认了转让背书之外的这种票据权利的转让方式。

此外，基于《票据法》第93条第1款、第27条第2款的规定，出票人也可以记载"不得转让"字样。如有该记载，则支票不得转让。

4. 记载不生票据法上效力的事项

《票据法》第93条第2款规定："支票的出票行为，除本章规定外，适用本法第24条、第26条关于汇票的规定。"应当理解为，基于《票据法》第26条的规定，出票人免除其担保付款责任的记载不发生票据法上的效力。其他记载，也不发生票据法上的效力。

5. 记载的无效事项

根据《票据法》第90条规定，支票限于见票即付；如果出票人记载了其他方式计算的到期日，该记载无效。

6. 记载使支票无效的事项

由于《票据法》第84条第1款第2项将"无条件支付的委托"规定为绝对必要记载事项，假如出票人记载了付款人支付票据金额的条件，即应认为欠缺该绝对必要记载事项，支票无效。

三、支票的付款

1. 付款提示期限

《票据法》第91条第1款规定："支票的持票人应当自出票日起十日内提示付款；异地使

用的支票，其提示付款的期限由中国人民银行另行规定。"根据第二款的规定，超过该期限提示付款的，持票人丧失对出票人之外的前手的追索权。

2. 支付密码

《票据管理实施办法》第22条规定："申请人申请开立支票存款账户的，银行、城市信用合作社和农村信用合作社可以与申请人约定在支票上使用支付密码，作为支付支票金额的条件。"

3. 付款人的责任

支票的付款人并未在票据上签章，票据法甚至未设置相当于承兑的制度，因此，付款人并未进行任何票据行为，并非票据债务人。如果持票人提示付款，出票人的存款金额不足以支付支票金额（此时称为"空头支票"，参见《票据法》第87条），则付款人不予付款。

案例 4-8

票据责任的承担

王某为某私营纺织厂的业主，2016年4月，在搬迁厂房和办公场所的过程中，不慎遗失空白支票格式凭证3张。王某未及时按中国人民银行有关票据格式凭证管理的规定报失和刊登告示。后所遗失的其中一张支票格式凭证被孙某拾到并伪刻名称为"某某建材公司"的财务章加以签署。支票的收款人处空白，金额填写为20万元。其后，孙某又持该伪造支票及身份证，到某商场购物，当场将该商场填写为支票的收款人。商场将该支票送银行入账时，遭到退票。经公安机关循支票格式凭证编号查实该支票格式凭证系王某所遗失，但无任何证据显示上述骗购货物事件与王某有关；而"某某建材公司"则根本不存在。某商场起诉王某，要求他支付该支票票款或赔偿货物损失。

在本案中，王某应否承担票据责任？在该案中，王某丢失的是支票格式凭证，并非经签章的空白支票。王某因为没有在票据上签章，未进行任何票据行为，故不承担票据责任。

本章小结

本章主要介绍了票据法律制度的基本内容，包括票据法的基础理论以及汇票、本票、支票法律制度的基本内容。

第五章

非银行金融机构法

学习目标

通过本章的学习，了解非银行金融机构的概念、现状及在经济中的地位和作用；辨析非银行金融机构、非存款类放贷组织、非货币银行服务类金融业企业等概念；了解主要非银行金融机构的种类；掌握货币经纪公司、财务公司、金融资产管理公司、汽车金融公司、消费金融公司、贷款公司、小额贷款公司、典当行等非银行金融机构的概念、特征、业务及监管规范。

关键概念

非银行金融机构　非存款类放贷组织　非银行金融机构管理法　货币经纪公司　财务公司　金融资产管理公司　汽车金融公司　消费金融公司　贷款公司　小额贷款公司　典当行

引导案例

北银消费金融公司

北银消费金融公司2013年成功实现引资改制，与全球最大的消费金融公司——西班牙桑坦德消费金融公司，以及利时集团、联想控股、大连万达等一批国内知名民营企业签署股份认购协议。公司注册资本增至8.5亿元人民币，建立了股东会、董事会、监事会、经营层为核心的三会一层现代公司治理架构。目前，公司打造了"轻松付""轻松贷""Mini循环消费贷""惠农贷""轻松e贷"等一系列个人消费贷款产品，满足了中低收入人群差异化的消费金融需求，在拉动消费增长、改善百姓生活、提升信用意识等方面产生了积极影响。

思考：什么是消费金融公司？我国关于消费金融公司有哪些法律规范？

第一节　非银行金融机构概述

一、非银行金融机构的概念和特征

非银行金融机构（non-bank financial intermediaries）的概念有广义和狭义之分。从广义上来说，非银行金融机构指除商业银行和专业银行以外的所有金融机构。其范围十分广泛。主要包括公募基金、私募基金、信托、证券、保险、融资租赁等机构以及财务公司等。从狭义上来说，根据中国银监会 2015 年 6 月 5 日公布实施的《非银行金融机构行政许可事项实施办法》，非银行金融机构是指经银监会批准设立的金融资产管理公司、企业集团财务公司、金融租赁公司、汽车金融公司、货币经纪公司、消费金融公司、境外非银行金融机构驻华代表处等机构。本书采用狭义的概念，专指主要由银监会批准设立的非银行金融机构。其他的非银行金融机构如公募基金、养老基金、保险公司、证券公司等由专门的法律规范进行调整。

与非银行金融机构相类似的概念还有非存款性金融机构、非吸储类放贷组织、非存款类放贷组织等概念。这类机构不能够吸收公众存款，但是放贷灵活、手续便捷，符合中小企业资金快速融资的要求。

想一想

非银行金融机构与商业银行有什么区别和联系？

2015 年 9 月 28 日，中国人民银行、中国银行业监督管理委员会、中国证券监督管理委员会、中国保险监督管理委员会、中华人民共和国国家统计局发布了《金融业企业划型标准规定》，根据该规定，采用复合分类方法对金融业企业进行分类。首先，按《国民经济行业分类》将金融业企业分为货币金融服务、资本市场服务、保险业、其他金融业四大类。其次，将货币金融服务分为货币银行服务和非货币银行服务两类，将其他金融业分为金融信托与管理服务、控股公司服务和其他未包括的金融业三类。最后，按经济性质将货币银行服务类金融企业划为银行业存款类金融机构；将非货币银行服务类金融业企业分为银行业非存款类金融机构，贷款公司、小额贷款公司及典当行；将资本市场服务类金融业企业划为证券业金融机构；将保险业金融企业划为保险业金融机构；将其他金融业企业分为信托公司、金融控股公司和除贷款公司、小额贷款公司、典当行以外的其他金融机构。

延伸阅读

一文读懂非存款类放贷组织
http://finance.sina.com.cn/zl/bank/20
150927/000523359950.shtml

2015 年 8 月 12 日，国务院发布了《非存款类放贷组织条例（征求意见稿）》。国务院表示，制定非存款类放贷组织条例有利于完善多层次信贷市场，为发展普惠金融提供制度基础；有利于规范民间融资、打击非法集资；有利于加强金融消费者权益保护。

二、境外非银行金融机构驻华代表处

根据《中国银监会非银行金融机构行政许可事项实施办法》，境外非银行金融机构申请设立驻华代表处，应具备以下条件：①所在国家或地区有完善的金融监督管理制度；②是由所在国家或地区金融监管当局批准设立的金融机构，或者是金融性行业协会会员；③具有从事国际金融活动的经验；④经营状况良好，最近两年内无重大违法违规记录；⑤具有有效的反洗钱措施；⑥有符合任职资格条件的首席代表；⑦银监会规章规定的其他审慎性条件。

境外非银行金融机构设立驻华代表处，应由其母公司向拟设地银监局提交申请，由银监局受理并初步审查，银监会审查并决定。银监会自收到完整申请材料之日起 6 个月内作出批准或不批准的书面决定。

三、金融控股公司

据 1999 年 2 月国际上三大金融监管部门——巴塞尔银行监管委员会、国际证监会组织、国际保险监管协会联合发布的《对金融控股公司的监管原则》，金融控股公司指"在同一控制权下，所属的受监管实体至少明显地在从事两种以上的银行、证券和保险业务，同时每类业务的资本要求不同"。

财政部 2009 年 9 月 1 日印发《金融控股公司财务管理若干规定》的通知，中国中信集团公司、中国光大（集团）总公司、中国光大集团有限公司（以下简称金融控股公司）及其子公司财务管理活动适用该规定。

目前我国缺少对金融控股集团的立法规范，金融控股公司法尚未立法。在现有制度下，以设立或控股子公司获取金融牌照完善市场布局是混业金融行业内部扩张与互渗的主要方式。但囿于监管条款缺位，对于金融控股集团的监管制度仍是空白，对控股母公司和整个金融集团综合层面的监管主体仍处于缺位状态。

第二节　财务公司

一、财务公司概述

财务公司是指经营部分金融业务的准银行。主要承办有存款期限规定的大额存款，发放贷款、经销证券、买卖外汇、代理保险、财务咨询等金融业务。其服务对象主要是大企业、大公司和公司集团，不开立私人账户，不办理小宗存款、贷款和储蓄，以此与银行相区别。其最大的特点是注册资本额较少、人员精干、机构小、业务活、服务优良。故其可以弥补一般商业银行业务的不足。

我国的财务公司主要可以分为两大类：一类是企业集团财务公司（主要是中资企业集团财务公司），是为企业集团成员单位提供金融服务的非银行金融机构；另一类是一般性的财务公司，主要包括外资财务公司、中外合资财务公司，是由中外金融机构或外国金融机构按中国法律规定，经批准在中国境内投资设立、面向社会提供较为广泛金融业务的非银行金融机构。

根据中国银监会 2006 年修订的《企业集团财务公司管理办法》，企业财务公司是指以加强企业集团资金集中管理和提高企业集团资金使用效率为目的，为企业集团成员单位提供财务管理服务的非银行金融机构。企业集团财务公司的价值体现在以下几方面：第一，集合成员单位资金，节约财务费用；第二，专业管理信贷资产，降低了市场风险；第三，增强了企业集团的融资功能。

外资投资性公司为其在中国境内的投资企业提供财务管理服务而设立的财务公司适用《企业集团财务公司管理办法》的相关规定。外资投资性公司是指外国投资者在中国境内独资设立的从事直接投资的公司。所称投资企业包括该外资投资性公司以及在中国境内注册的，该外资投资性公司单独或者与其投资者共同持股超过 25%，且该外资投资性公司持股比例超过 10%的企业。

企业集团

我国的《企业集团财务公司管理办法》中的企业集团是指在中华人民共和国境内依法登记，以资本为联结纽带、以母子公司为主体、以集团章程为共同行为规范，由母公司、子公司、参股公司及其他成员企业或机构共同组成的企业法人联合体。成员单位包括母公司及其控股51%以上的子公司（以下简称子公司）；母公司、子公司单独或者共同持股20%以上的公司，或者持股不足20%但处于最大股东地位的公司；母公司、子公司下属的事业单位法人或者社会团体法人。

二、财务公司的设立

企业集团财务公司实施机关是中国银行业监管管理委员会非银部，银监会2006年颁发的《申请设立企业集团财务公司操作规程》以及《非银行金融机构行政许可事项实施办法》（银监会令2007年13号）是重要的指导性文件。

申请设立财务公司的企业集团应当具备下列条件：①符合国家的产业政策；②申请前一年，母公司的注册资本金不低于8亿元人民币；③申请前一年，按规定并表核算的成员单位资产总额不低于50亿元人民币，净资产率不低于30%；④申请前连续两年，按规定并表核算的成员单位营业收入总额每年不低于40亿元人民币，税前利润总额每年不低于2亿元人民币；⑤现金流量稳定并具有较大规模；⑥母公司成立2年以上并且具有企业集团内部财务管理和资金管理经验；⑦母公司具有健全的公司法人治理结构，未发生违法违规行为，近3年无不良诚信记录；⑧母公司拥有核心主业；⑨母公司无不当关联交易。外资投资性公司申请前一年其净资产应不低于20亿元人民币，申请前连续两年每年税前利润总额不低于2亿元人民币。

案例 5-1

双汇集团财务公司成立

2016年6月15日晚，双汇发展（000895）发布《关于河南双汇集团财务有限公司成立的公告》，财务公司已取得中国银监会《关于筹建河南双汇集团财务有限公司的批复》（银监复〔2016〕47号）、中国银监会河南监管局《河南银监局关于同意河南双汇集团财务有限公司开业的批复》（豫银监复〔2016〕128号）、《金融许可证》和《营业执照》，并于2016年6月15日完成工商登记注册手续。根据双汇发展公告，河南双汇集团财务有限公司注册资金5亿元，其中河南双汇投资发展股份有限公司以现金方式出资3亿元，占注册资本的60%；河南省漯河市双汇实业集团有限责任公司以现金方式出资2亿元，占注册资本的40%。双汇集团财报显示，2014年集团经营活动现金流入达505亿元，这个数字超过了"2015年中国金融500强"榜单当中至少300家银行的总资产规模！作为企业集团的"内部银行"，双汇集团财务公司将不仅可以吸收成员单位企业的存款及向它们贷款，还可以向经销商放贷。凭借其充沛的现金流，财务公司很可能成为双汇集团一个新的重要利润来源。

三、财务公司的业务范围

企业集团财务公司的业务范围，经银监会批准后，应在财务公司章程中载明。其分公司的业务范围，由财务公司在其业务范围内进行授权，并报银监会备案。具体规定如下：对成员单位办理财务和融资顾问、信用鉴证及相关的咨询、代理业务；协助成员单位实现交易款项的收付；经批准的保险代理业务；对成员单位提供担保；办理成员单位之间的委托贷款及委托投资；对成员单位办理票据承兑与贴现；办理成员单位之间的内部转账结算及相应的结算、清算方案设计；吸收成员单位的存款；对成员单位办理贷款及融资租赁；从事同业拆借（须经过人民银行批准获得网上拆借资格）；中国银行业监督管理委员会批准的其他业务（经批准发行财务公司债券；承销成员单位的企业债券；对金融机构的股权投资；有价证券投资；成员单位产品的消费信贷、买方信贷及融资租赁）；财务公司不得从事离岸业务，一般不得从事任何形式的资金跨境业务；不得办理实业投资、贸易等非金融业务。

符合条件的财务公司，可以向中国银行业监督管理委员会申请从事下列业务：经批准发行财务公司债券；承销成员单位的企业债券；对金融机构的股权投资；有价证券投资；成员单位产品的消费信贷、买方信贷及融资租赁。

案例 5-2

重庆能源集团财务公司获批两项新业务

2016年11月30日，重庆能源集团财务公司正式获得重庆银监局《关于重庆市能源投资集团财务有限公司新增业务范围的批复》（渝银监复〔2016〕158号），获准开办承销成员单位的企业债券和除股票投资以外的有价证券投资两项业务资格。在利率市场化的背景下，存贷利差逐步收窄，投资业务资格的取得，将成为财务公司新的利润增长点，是财务公司提升盈利能力的重要手段，同时也对财务公司进一步拓展金融服务领域、丰富金融服务品种，更好地服务集团发展战略具有十分重要的意义。未来，重庆能源集团财务公司将从标准固定收益产品等低风险业务入手，在风险可控的前提下，积极拓展各类投资业务，尽快形成合力的投资结构，力争获得较高的投资收益。

四、财务公司的监管

根据《企业集团财务公司风险评价和分类监管指引》（银监发〔2007〕81号），对财务公司进行的风险评价包括公司治理评价、功能定位评价、内部控制评价、合规性管理评价、合规性管理评价、内部审计评价、信息系统评价。经营状况评价主要从资本充足性、资产质量、市场风险、盈利能力、流动性和服务水平六个方面评价财务公司经营风险和经营成果。所属集团影响度评价主要分析财务公司所属集团对其影响状况，包括集团基本状况、集团对成员单位控制力及对财务公司的支持度。

> **延伸阅读**
>
> 银监会主席助理杨家才谈财务公司监管
> http://finance.caixin.com/2015-0
> 6-09/100817268.html

风险评价满分为 100 分，分为五个级次：一级（优秀）、二级（良好）、三级（一般）、四级（关注）、五级（差）。若财务公司存在重大违法违规事项，可酌情下调风险评价等级，且最终评价结果应不高于一般。

监管机构对风险评价为优秀和良好的财务公司一般以非现场监管为主，定期监测各项监管指标，通过走访、会谈和调研等方式，掌握最新的风险状况，适当放宽监管周期，并视情况进行现场检查；在市场准入、监管政策等方面给予适当的支持。

监管机构对风险评价为一般的财务公司应加强非现场监测，每年至少举行一次与董事会和高级管理层的监管会谈；保证一定的现场检查频率，及时发现财务公司经营管理中存在的重大风险；在市场准入、监管政策等方面应结合财务公司的实际风险状况，加强对新业务和高风险业务的监管指导。

监管机构对风险评价为关注的财务公司应给予高度关注，每季至少举行一次与董事会和高级管理层的监管会谈，了解财务公司最新的经营管理情况及采取的风险控制和化解措施；提高现场检查频率，加大现场检查力度；必要时可限制其业务，要求集团母公司履行增资等相关承诺，建议更换高级管理层等。

监管机构对风险评价为差的财务公司应及时制定和启动应急处置预案，安排重组等救助措施，确保财务公司平稳过渡。对已经无法采取措施进行救助的，应根据《中华人民共和国银行业监督管理法》和《企业集团财务公司管理办法》启动市场退出程序。

根据《企业集团财务公司风险监管指标考核暂行办法》（银监发〔2006〕96号），风险监管指标分为监控指标和监测指标。监控指标设有标准值，是对财务公司的最低要求，银监会可根据财务公司的风险程度提出更高要求。

延伸阅读

财务公司委托贷款业务风险与防范探析
http://cjb.newssc.org/html/2014-06/12/content_2063569.htm

第三节 金融资产管理公司

一、金融资产管理公司的概念和价值

在我国，金融资产管理公司（asset management corporation，AMC）是指国务院决定设立的收购国有银行不良贷款，管理和处置因收购国有银行不良贷款形成的资产的国有独资非银行金融机构。《金融资产管理公司条例》第3条规定了其经营目标："金融资产管理公司以最大限度保全资产、减少损失为主要经营目标，依法独立承担民事责任。"根据财政部、银监会关于印发《金融企业不良资产批量转让管理办法》的通知，包括银行、信托、财务公司、信用社等在批量处置不良资产时需转给持牌AMC。

金融资产管理公司具体处置不良资产的方式包括：收购并经营银行剥离的不良资产；债务追偿，资产置换、转让与销售；债务重组及企业重组；债权转股权及阶段性持股，资产证券化；资产管理范围内的上市推荐及债券、股票承销；资产管理范围内的担保；直接投资；发行债券，商业借款；向金融机构借款和向中国人民银行申请再贷款；投资、财务及法律咨询与顾问；资产及项目评估；企业审计与破产清算；经金融监管部门批准的其他业务。

我国四大金融资产管理公司（又称四大AMC）为：

常用网站

中国东方资产管理股份有限公司
http://www.coamc.com.cn/

中国信达资产管理股份有限公司
http://www.cinda.com.cn/

中国东方资产管理股份有限公司
http://www.coamc.com.cn/

中国长城资产管理股份有限公司
http://www.gwamcc.com/

第五章 非银行金融机构法

101

延伸阅读

地方 AMC 将与四大 AMC 同台厮杀？（附30家详细名单）
http://news.hexun.com/2016-10-23/186544879.html

东方、信达、华融、长城。金融资产管理公司由中国银行业监督管理委员会负责监管，涉及中国银行业监督管理委员会监管范围以外的金融业务，由中国证券监督管理委员会等相关业务主管部门监管，财政部负责财务监管。我国金融资产管理公司的运营模式可以概括为政策性保障和市场化运营。

2014 年 12 月 31 日，银监会、财政部、人民银行、证监会和保监会五部委联合发布《金融资产管理公司监管办法》（简称《办法》），从监管制度上对金融资产管理公司集团综合经营及集团管控进行了规范。《办法》自 2015 年 1 月 1 日起正式实施。

案例 5-3

东方资产控股大连银行

2016年6月29日，中国银监会大连监管局披露已于20日批复同意大连银行法人股权变更，中国东方资产管理公司成为大连银行控股股东。东方资产受让大连一方集团有限公司持有的大连银行4.2亿股股份、华信信托股份有限公司持有的大连银行2亿股股份以及大连银行1亿股内部职工股。受让后，东方资产合计持有大连银行34.2亿股股份，持股比例为50.29%。

2013 年，银监会发布《关于地方资产管理公司开展金融企业不良资产批量收购处置业务资质认可条件等有关问题的通知》，允许各省设立或授权一家地方 AMC，参与本省范围内金融企业不良资产批量收购和处置业务。2016 年，银监会办公厅发布《关于适当调整地方资产管理公司有关政策的函》（银监办便函〔2016〕1738 号），给地方 AMC 松绑。

二、法律依据

我国金融资产管理公司遵循的日常法律法规如下：①国务院 2000 年公布实施的《金融资产管理公司条例》，该条例是金融资产管理公司经营活动依照的核心依据。②最高人民法院出台了一系列司法解释，包括《关于审理涉及金融资产管理公司收购、管理、处置国有银行不良贷款形成的资产的案件适用法律若干问题的规定》《最高人民法院关于国有金融资产管理公司处置国有商业银行不良资产案件交纳诉讼费用的通知》《关于贯彻执行最高人民法院"十二条"司法解释有关问题的函》的答复以及《最高人民法院关于金融资产管理公司收购、处置银行不良资产有关问题的补充通知》。③其他方面有《财政部关于印发金融资产管理公司有关业务风险管理办法的通知》（财金〔2004〕40 号）《金融企业国有资产转让管理办法》《金融资产管理公司资产处置监督管理暂行办法》《金融企业财务规则》等。

三、金融资产管理公司的设立和业务范围

1. 金融资产管理公司的设立

金融资产管理公司的初始注册资本为人民币 100 亿元，由财政部核拨。金融资产管理公司由中国人民银行颁发"金融机构法人许可证"，并向工商行政管理部门依法办理登记。

金融资产管理公司设立分支机构，须经财政部同意，并报中国人民银行批准，由中国人民银行颁发"金融机构营业许可证"，并向工商行政管理部门依法办理登记。

金融资产管理公司设总裁 1 人、副总裁若干人。总裁、副总裁由国务院任命。总裁对外

代表金融资产管理公司行使职权，负责金融资产管理公司的经营管理。高级管理人员须经中国人民银行审查任职资格。监事会的组成、职责和工作程序，依照《国有重点金融机构监事会暂行条例》执行。

2. 金融资产管理公司的业务范围

金融资产管理公司在其收购的国有银行不良贷款范围内，管理和处置因收购国有银行不良贷款形成的资产时，可以从事下列业务活动：追偿债务；对所收购的不良贷款形成的资产进行租赁或者以其他形式转让、重组；债权转股权，并对企业阶段性持股；资产管理范围内公司的上市推荐及债券、股票承销；发行金融债券，向金融机构借款；财务及法律咨询，资产及项目评估；中国人民银行、中国证券监督管理委员会批准的其他业务活动。金融资产管理公司可以向中国人民银行申请再贷款。

> 📖 小知识
>
> ### 不良资产证券化
>
> 不良资产证券化（NPAS）就是资产拥有者将一部分流动性较差的资产经过一定的组合，使这组资产具有比较稳定的现金流，再经过提高信用，从而转换为在金融市场上流动的证券的一项技术和过程。不良资产证券化包括不良贷款（NPL）、准履约贷款（SPL）、重组贷款、不良债券和抵债资产的证券化。例如，2015年，长城资产发行"金桥通诚2015年第一期信贷资产支持证券"。发行金额为13.4亿元，主承销商为中信证券；入池资产为分属于6户不同借款人的6笔信贷资产，主要为从商业银行和信托公司等金融机构收购的不良贷款；同时，分布5个行业，包括建筑及建造业、商务服务业等。

四、金融资产管理公司收购不良资产

金融资产管理公司按照国务院确定的范围和额度收购国有银行不良贷款；超出确定的范围或者额度收购的，须经国务院专项审批。在国务院确定的额度内，金融资产管理公司按照账面价值收购有关贷款本金和相对应的计入损益的应收未收利息；对未计入损益的应收未收利息，实行无偿划转。金融资产管理公司收购不良贷款后，即取得原债权人对债务人的各项权利。原借款合同的债务人、担保人及有关当事人应当继续履行合同规定的义务。

金融资产管理公司收购不良贷款的资金来源包括：划转中国人民银行发放给国有独资商业银行的部分再贷款；发行金融债券。中国人民银行发放给国有独资商业银行的再贷款划转给金融资产管理公司，实行固定利率，年利率为2.25%。金融资产管理公司发行金融债券，由中国人民银行会同财政部审批。

〰️ **案例 5-4**

催收通知书加盖印章视为对原债务的重新确认

中国东方资产管理公司大连办事处诉辽宁华曦集团公司等借款担保纠纷上诉案（《最高人民法院公报》2003年第6期）中，最高院认为：省中行于1999年8月31日和9月13日两次向畜产公司发出催收通知书，畜产公司均在通知书上加盖印章，依照本院法释〔1999〕7号《关于超过诉讼时效期间借款人在催款通知单上签字或者盖章的法律效力问题的批复》的规定，畜产公司在催收通知书上加盖印章应视为对原债务的重新确认，故该债权仍受法律保护。依据该司法解释，借款人畜产公司在催收通知书上盖章行为属于对原债权已过诉讼时效期间带来的抗辩权的放弃，原审法院裁判畜产公司对原债权承担偿还责任，符合司法解释的规定，应予维持。

五、债权转股权

金融资产管理公司可以将收购国有银行不良贷款取得的债权转为对借款企业的股权。金融资产管理公司持有的股权，不受本公司净资产额或者注册资本的比例限制。

实施债权转股权，应当贯彻国家产业政策，有利于优化经济结构，促进有关企业的技术进步和产品升级。实施债权转股权的企业，由国家经济贸易委员会向金融资产管理公司推荐。金融资产管理公司对被推荐的企业进行独立评审，制订企业债权转股权的方案并与企业签订债权转股权协议。债权转股权的方案和协议由国家经济贸易委员会会同财政部、中国人民银行审核，报国务院批准后实施。实施债权转股权的企业，应当按照现代企业制度的要求，转换经营机制，建立规范的公司法人治理结构，加强企业管理。有关地方人民政府应当帮助企业减员增效、下岗分流，分离企业办社会的职能。金融资产管理公司的债权转股权后，作为企业的股东，可以派员参加企业董事会、监事会，依法行使股东权利。

金融资产管理公司持有的企业股权，可以按照国家有关规定向境内外投资者转让，也可以由债权转股权企业依法回购。企业实施债权转股权后，应当按照国家有关规定办理企业产权变更等有关登记。

第四节　汽车金融公司

一、汽车金融公司的概念及作用

汽车金融公司是指经中国银监会批准设立的，为中国境内的汽车购买者及销售者提供金融服务的非银行金融机构。汽车金融公司名称中应标明"汽车金融"字样。未经中国银监会批准，任何单位和个人不得从事汽车金融业务，不得在机构名称中使用"汽车金融""汽车信贷"等字样。

按照我国加入世贸组织的承诺，对汽车金融公司的市场准入将实行没有限制的管理。凡是希望设立汽车金融公司的投资人，只要符合《汽车金融公司管理办法》（2008 年 1 月 4 日公布实施）及其细则规定的条件，都有市场准入资格。公司经营期间，监管部门将对汽车金融公司依法实施监管。对风险严重的公司将依法予以市场退出。截至 2016 年上半年，全国共有 25 家汽车金融公司，总资产规模突破了 4 000 亿元。

在 2016 年央行与银监会联合印发的《关于加大对新消费领域金融支持的指导意见》中提出，鼓励汽车金融公司业务产品创新。允许汽车金融公司在向消费者提供购车贷款（或融资租赁）的同时，根据消费者意愿提供附属于所购车辆的附加产品（如导航设备、外观贴膜、充电桩等物理附属设备以及车辆延长质保、车辆保险等无形附加产品和服务）的融资。汽车金融公司开展购车附加产品融资业务时，执行与汽车贷款一致的管理制度。

二、汽车金融公司的设立、变更与终止

汽车金融公司的设立须经过筹建和开业两个阶段。设立汽车金融公司应具备下列条件。

首先，应当具有符合规定的出资人。出资人可以为中国境内外依法设立的企业法人，但其中主要出资人（指出资额最多并且出资额不低于拟设汽车金融公司全部股本 30%的出资人）须为生产或销售汽车整车的企业或非银行金融机构。同时，出

文本阅读
中国汽车金融公司行业发展报告
http://www.sinotf.com/internetfinance/carfinance/2016-06-27/0MMDAwMDIwNTA0Mg.html

资人至少应有 1 名出资人具备 5 年以上丰富的汽车金融业务管理和风险控制经验，否则，至少应为汽车金融公司引进合格的专业管理团队。

出资人如为金融机构，应当具备以下条件：最近 1 年的总资产不低于 80 亿元人民币或等值的可自由兑换货币，年营业收入不低于 50 亿元人民币或等值的可自由兑换货币（合并会计报表口径）；最近 1 年年末净资产不低于资产总额的 30%（合并会计报表口径）；经营业绩良好，且最近两个会计年度连续盈利；入股资金来源真实合法，不得以借贷资金入股，不得以他人委托资金入股；遵守注册所在地法律，近两年无重大违法违规行为；承诺 3 年内不转让所持有的汽车金融公司股权（中国银监会依法责令转让的除外），并在拟设公司章程中载明；银监会规定的其他审慎性条件。出资人如为非银行金融机构，还应当具备注册资本不低于 3 亿元人民币或等值的可自由兑换货币的条件。

其次，除上述条件外，还应当具有符合规定的最低限额注册资本。该注册资本的最低限额为 5 亿元人民币或等值的可自由兑换货币。注册资本为一次性实缴货币资本。银监会根据汽车金融业务发展情况及审慎监管的需要，可以调高注册资本的最低限额。具有符合《公司法》和银监会规定的公司章程。具有符合任职资格条件的董事、高级管理人员和熟悉汽车金融业务的合格从业人员。具有健全的公司治理、内部控制、业务操作、风险管理等制度。具有与业务经营相适应的营业场所、安全防范措施和其他设施。银监会规定的其他审慎性条件。

汽车金融公司变更、解散和向法院申请破产应当报经银监会批准。

案例 5-5

一汽汽车金融有限公司正式开业

2012年1月18日，由吉林银行股份有限公司与一汽财务有限公司共同出资设立的一汽汽车金融有限公司正式挂牌开业。至此，吉林银行已成为全国第二家出资成立汽车金融公司的商业银行。一汽汽车金融有限公司是经中国银监会批准成立的非银行金融机构。该公司注册资本10亿元人民币，其中吉林银行出资3.4亿元，占股34%；一汽财务有限公司出资6.6亿元，占股66%。公司注册地为吉林省长春市。公司主营汽车信贷、融资租赁业务。作为一汽金融板块业务框架内的主营业务体系之一，公司致力于为客户提供最优质的汽车金融服务。

三、汽车金融公司的业务范围和监督管理

1. 业务范围

汽车金融公司经批准可从事下列部分或全部人民币业务：接受境外股东及其所在集团在

华全资子公司和境外股东3个月(含)以上定期存款；接受汽车经销商采购车辆贷款保证金；经批准，发行金融债券；从事同业拆借；向金融机构借款；提供购车贷款业务；提供汽车经销商采购车辆贷款和运营设备贷款，包括展示厅建设贷款和零配件贷款以及维修设备贷款等；提供汽车融资租赁业务(售后回租业务除外)；向金融机构出售或回购汽车贷款应收款和汽车融资租赁应收款业务；办理租赁汽车残值变卖及处理业务；从事与购车融资活动相关的资讯、代理业务；经批准，从事与汽车金融业务相关的金融机构股权投资业务；经银监会批准的其他业务。

案例 5-6

汽车金融公司商业贿赂案

2015年6月11日，大名县工商局认定邯郸市某汽车贸易有限公司在开展汽车按揭贷款业务销售期间，规定客户必须在指定的汽车金融公司贷款，汽车金融公司按比例返利给当事人的行为构成商业贿赂，并处以行政处罚；2015年8月6日，该汽车贸易有限公司向大名县工商局的上级机关——邯郸市工商局申请复议。同年10月26日，邯郸市工商局作出行政复议决定，维持大名县工商局作出的行政处罚决定。2016年1月24日，该汽车贸易有限公司一纸诉状，将大名县工商局和邯郸市工商局告上法庭，但是法庭最终驳回原告邯郸市某祺汽车贸易有限公司的诉讼请求。

2. **业务监管规定**

汽车金融公司依法接受银监会的监督管理。同时，汽车金融公司可成立行业性自律组织，实行自律管理；自律组织开展活动，应当接受银监会的指导和监督。

在汽车金融公司业务开展、风险控制与监督管理方面，主要监管规定包括：①发放汽车贷款应遵守《汽车贷款管理办法》等有关规定。②经营业务中涉及外汇管理事项的，应遵守国家外汇管理有关规定。③应按照银监会有关银行业金融机构内控指引和风险管理指引的要求，建立健全公司治理和内部控制制度，建立全面有效的风险管理体系。④应遵守以下监管要求：资本充足率不低于8%，核心资本充足率不低于4%；对单一借款人的授信余额不得超过资本净额的15%；对单一集团客户的授信余额不得超过资本净额的50%；对单一股东及其关联方的授信余额不得超过该股东在汽车金融公司的出资额；自用固定资产比例不得超过资本净额的40%。银监会可根据监管需要对前述指标作出适当调整。⑤应按照有关规定实行信用风险资产五级分类制度，并应建立审慎的资产减值损失准备制度，及时足额计提资产减值损失准备。未提足准备的，不得进行利润分配。⑥应按规定编制并向银监会报送资产负债表、损益表及银监会要求的其他报表。⑦应建立定期外部审计制度，并在每个会计年度结束后的4个月内，将经法定代表人签名确认的年度审计报告报送公司注册地的银监会派出机构。⑧银监会及其派出机构必要时可指定会计师事务所对汽车金融公司的经营状况、财务状况、风险状况、内部控制制度及执行情况等进行审计；可要求汽车金融公司更换专业技能和独立性达不到监管要求的会计师事务所。⑨汽车金融公司如有业务外包需求，应制定与业务外包相关的政策和管理制度，包括业务外包的决策程序、对外包方的评价和管理、控制业务信息保密性和安全性的措施和应急计划等。汽车金融公司签署业务外包协议前应向注册地银监会派出机构报告业务外包协议的主要风险及相应的风险规避措施等。

资产证券化成汽车金融公司常态化融资渠道

资产证券化是汽车金融公司有效的直接融资渠道，这得益于资产证券化发行门槛的降低。2015年全年共有10家汽车金融公司发行了ABS产品，发行总规模达到了224.03亿元。2016年上半年，多家公司陆续发行了新一期的汽车抵押贷款证券化产品。例如，大众汽车金融连续发行了两期ABS产品，1月以A档和B档3.30%和5.10%的票面利率发行了"华驭三期"，总规模为30亿元人民币；随后"华驭四期"在7月初也正式发行，规模约为30亿元。

3. 高级管理人员任职资格的监管

银监会对汽车金融公司董事和高级管理人员实行任职资格核准制度，有关董事和高级管理人员的任职资格管理按照《银行业金融机构董事（理事）和高级管理人员任职资格管理办法》的规定执行。

4. 接管或撤销

汽车金融公司已经或可能发生信用危机，严重影响客户合法权益的，中国银监会将依法对其实行接管或促成机构重组。汽车金融公司有违法经营、经营管理不善等情形，不撤销将严重危害金融秩序、损害公众利益的，中国银监会将予以撤销。

文本链接

汽车金融公司贷款合同范本
http://blog.sina.com.cn/s/blog_9c8134f10102wlf4.html

第五节 货币经纪公司

一、货币经纪公司概述

货币经纪公司是指经银监会批准在中国境内设立的，通过电子技术或其他手段，专门从事促进金融机构间资金融通和外汇交易等经纪服务，并从中收取佣金的非银行金融机构。其服务对象限于境内外金融机构。一般认为，作为市场"润滑剂"，货币经纪公司横跨货币、债券、外汇和衍生品四大市场，在提高银行间市场交易效率、提升市场流动性方面发挥了重要作用，并有效弥补了中小金融机构信息获取渠道有限、议价能力弱、难以在市场上寻找到交易对手的问题，有利于维护市场的公平、透明。2005年8月，银监会颁布了《中国货币经纪公司试点管理办法》，为我国货币经纪行业的发展奠定了基础；2015年11月，《货币经纪公司试点管理办法实施细则》颁布，对试点管理办法进行了细化和补充，增强了可操作性。

小知识

我国的货币经纪公司

2015年12月，首家货币经纪公司——上海国利货币经纪有限公司正式获准开业经营。此后，多家货币经纪公司相继开业。截至目前，我国已有五家货币经纪公司。全球货币经纪行业排名前四位的大型国际货币经纪公司（毅联汇业、德利万邦、利顺、宝捷思）均引入我国货币经纪行业，与国内金融机构共同合资设立货币经纪公司，将国际货币经纪成熟经验和技术引进我国，为我国的货币经纪公司发展奠定了坚实的基础。

二、货币经纪公司的设立、变更和终止

按照《货币经纪公司试点管理办法》及其实施细则和银监会《非银行金融机构行政许可事项实施办法》《银行业金融机构董事（理事）和高级管理人员任职资格管理办法》等的规定，货币经纪公司的设立、变更应遵循以下规定。

1. 货币经纪公司的设立条件

在我国，设立货币经纪公司需经中国银监会批准，未经审核批准，任何单位和自然人不得擅自设立货币经纪公司或变相从事货币经纪业务，不得在机构名称中使用或变相使用"货币经纪"等字样。

申请设立货币经纪公司法人机构应具备以下条件：符合《公司法》和银监会规定的公司章程；有符合规定条件的出资人；注册资本为一次性实缴货币资本，最低限额为 2 000 万元人民币或等值的可自由兑换货币；有符合任职资格条件的董事和高级管理人员，中国银监会对董事长、副董事长、总经理、董事、财务总监、分公司总经理等高级管理人员实行任职资格管理；从业人员中应有 60% 以上从事过金融工作或相关经济工作；有健全的组织机构、管理制度和风险控制制度；有与业务经营相适应的营业场所、安全防范措施和其他设施；银监会规定的其他审慎性条件。

申请在境内独资或者与境内出资人合资设立货币经纪公司的境外出资人应当具备以下条件：为所在国家（地区）依法设立的货币经纪公司；所在国家（地区）有完善的金融监督管理制度，并且申请人受到所在国家（地区）有关主管当局的有效监管，其监管当局与银监会签署了监管备忘录；从事货币经纪业务 20 年以上，经营稳健，并有完善的内部控制制度；有良好的社会声誉、诚信记录和纳税记录，最近两年内无重大违法违规经营记录；经营记录良好，且最近两个会计年度连续盈利，每年税后净收益不低于 500 万美元；有从事货币经纪服务所必需的全球机构网络和资讯通信网络；在中国境内设立代表机构两年以上；承诺 3 年内不转让所持有的货币经纪公司股权（银监会依法责令转让的除外），并在公司章程中载明；银监会规定的其他审慎性条件。

申请设立货币经纪公司或者与境外出资人合资设立货币经纪公司的境内出资人也应当具备一定的条件。

> **想一想**
>
> 发达国家货币经纪业发展有哪些经验？

2. 货币经纪公司的设立程序

货币经纪公司设立须经筹建和开业两个阶段。筹建货币经纪公司，应由投资比例最大的出资人作为申请人向拟设地银监局提交申请，由银监局受理并初步审查，银监会审查并决定。申请人应在收到开业核准文件并领取金融许可证后，办理工商登记，领取营业执照。货币经纪公司应当自领取营业执照之日起 6 个月内开业。货币经纪公司根据业务需要，经中国银监会审查批准，可以在业务量较大的地区设立分公司。分公司不具有法人资格，其民事责任由货币经纪公司承担。货币经纪公司设立也须经筹建和开业两个阶段。货币经纪公司根据业务管理需要，可以在业务比较集中地区设立代表处。

3. 货币经纪公司的变更

货币经纪公司有下列情况发生时须经中国银监会批准，并依法向工商行政管理机关办理

变更登记：公司分立、合并、解散；变更名称；修改公司章程；调整注册资本；调整股权结构；调整业务范围；变更营业场所；更换高级管理人员。

货币经纪公司的分公司变更名称、营运资金、营业场所、业务范围或更换高级管理人员，应报中国银监会批准，并依法向工商行政管理机关办理变更登记。

三、货币经纪公司的业务范围

我国关于货币经纪公司及其分公司的业务范围规定，主要包括三方面的内容：①仅限于向境内外金融机构提供经纪服务，不得从事任何金融产品的自营业务。②按照中国银监会批准经营的业务范围，可经营下列全部或部分经纪业务：境内外外汇市场交易；境内外货币市场交易；境内外债券市场交易；境内外衍生产品交易；经中国银监会批准的其他业务。③从事证券交易所相关业务的经纪服务，需报中国证监会会审批。

小知识

货币经纪公司服务费率

根据《中国证券报》报道，《货币经纪服务协议》显示，我国 5 家货币经纪公司要求的服务费率分别为：对于国债、央票、金融债、地方政府债，期限在 1 个月以下的是交割总金额的 0.1 个基点，期限在 1 个月至 2 年的是交割总金额的 0.2 个基点，期限在 2 年以上的是交割总金额的 0.3 个基点；对于其他类型债券，期限在 1 个月以下的是交割总金额的 0.1 个基点，期限在 1 个月至 1 年的是交割总金额的 0.3 个基点，期限在 1 至 5 年的是交割总金额的 0.5 个基点，期限在 5 年以上的是交割总金额的 1 个基点。

四、对货币经纪公司的监督与管理

由于货币经纪公司的业务范围实际上横跨货币、外汇、资本等市场，系统性风险很大，所以《货币经纪公司试点管理办法》等规范性文件规定了一系列监管措施。中国银监会对货币经纪公司可以采取现场检查、整顿等管理措施。

第六节　消费金融公司

一、消费金融公司的概念及其管理规范

消费金融公司是指经银监会批准，在中国境内设立的，不吸收公众存款，以小额、分散为原则，为中国境内居民个人提供以消费（不包括购买房屋和汽车）为目的的贷款的非银行金融机构。消费金融公司的主要业务是针对消费形态，主要包括个人耐用消费品贷款及一般用途个人消费贷款、信贷资产转让及同业拆借、发行金融债等。

2013 年 11 月 14 日，中国银监会发布修订后《消费金融公司试点管理办法》，自 2014 年 1 月 1 日起施行。就消费金融公司的设立、变更和终止，业务范围及经营规则、监督管理等内容做出了明确规定。2015 年 6 月，国务院会议指出，发展消费金融，重点服务中低收入人群，有利于释放消费潜力、促进消费升级。会议决定，放开市场准入，将原在 16 个城市开展的消费金融公司试点扩大至全国。审批权下放到省级部门，鼓励符合条件的民间资本、国内外银行业机构和互联网企业发起设立消费金融公司，成熟一家，批准一家。

我国消费金融公司的现状

截至 2016 年 11 月，市场上共有 17 家持牌的消费金融公司，其主要发起人是商业银行和具有浓厚产业背景平台的公司，包括电商平台、电器、家具等具有实体产业资源的公司。在进军消费金融领域的名单上，上市公司主要通过共同出资方式参与申请，如生意宝拟出资 5 000 万元与杭州银行等出资人共同设立杭银消费金融股份有限公司；小商品城作为一般出资人出资 3 000 万元参与发起设立马上消费金融股份有限公司，占 10%股份。在互联网消费金融领域，由于互联网金融监管的具体政策还没有出台，现运营的互联网消费金融公司都是无牌申请。由于没有监管层发放的牌照，这些公司只能围绕自身的业务做经营。

二、消费金融公司的设立、变更与终止

申请设立消费金融公司应当具备下列条件：有符合《中华人民共和国公司法》和银监会规定的公司章程；有符合规定条件的出资人；有符合本办法规定的最低限额的注册资本；有符合任职资格条件的董事、高级管理人员和熟悉消费金融业务的合格从业人员；建立了有效的公司治理、内部控制和风险管理制度，具备与业务经营相适应的管理信息系统；有与业务经营相适应的营业场所、安全防范措施和其他设施；银监会规定的其他审慎性条件。

消费金融公司的出资人应当为中国境内外依法设立的企业法人，并分为主要出资人和一般出资人。主要出资人是指出资数额最多并且出资额不低于拟设消费金融公司全部股本 30%的出资人，一般出资人是指除主要出资人以外的其他出资人。主要出资人须为境内外金融机构或主营业务为提供适合消费贷款业务产品的境内非金融企业。

案例 5-8

苏宁云商向苏宁消费金融有限公司增资 1.5 亿

苏宁云商（002024）2016年10月8日公告，为加快苏宁消费金融业务发展，夯实苏宁消费金融资本实力，公司出资人民币1.47亿元，增资苏宁消费金融有限公司（简称"苏宁消费金融公司"）。此次增资完成后，公司将持有苏宁消费金融公司49%股权。苏宁消费金融是经中国银监会批准成立的，由苏宁云商集团股份有限公司、南京银行股份有限公司、法国巴黎银行个人金融集团（BNP Paribas Personal Finance）、江苏洋河酒厂股份有限公司和先声再康江苏药业有限公司五家企业共同出资申请设立的非银行金融机构。公司注册资本3亿元，总部设在南京，是江苏省首家专业专注于消费金融领域的金融机构，也是全国第一家以民营为主的混合所有制消费金融公司。它将努力打造互联互通的O2O消费金融新模式。

金融机构作为消费金融公司主要出资人，应当具备下列条件：具有 5 年以上消费金融领域的从业经验；最近 1 年年末总资产不低于 600 亿元人民币或等值的可自由兑换货币（合并会计报表口径）；财务状况良好，最近两个会计年度连续盈利（合并会计报表口径）；信誉良好，最近两年内无重大违法违规经营记录；入股资金来源真实合法，不得以借贷资金入股，不得以他人委托资金入股；承诺 5 年内不转让所持有的消费金融公司股权（银行业监督管理机构依法责令转让的除外），并在拟设公司章程中载明；具有良好的公司治理结构、内部控制机制和健全的风险管理制度；满足住所地国家（地区）监管当局的审慎监管指标要求；境外金融机构应当在中国境内设立代表处两年以上，或已设有分支机构，对中国市场有充分的分

析和研究，所在国家或地区金融监管当局已经与银监会建立良好的监督管理合作机制；银监会规定的其他审慎性条件。金融机构作为消费金融公司一般出资人，还应当具备注册资本不低于 3 亿元人民币或等值的可自由兑换货币的条件。

非金融企业作为消费金融公司主要出资人，应当具备下列条件：最近 1 年营业收入不低于300 亿元人民币或等值的可自由兑换货币（合并会计报表口径）；最近 1 年年末净资产不低于资产总额的 30%（合并会计报表口径）；财务状况良好，最近两个会计年度连续盈利（合并会计报表口径）；信誉良好，最近两年内无重大违法违规经营记录；入股资金来源真实合法，不得以借贷资金入股，不得以他人委托资金入股；承诺 5 年内不转让所持有的消费金融公司股权（银行业监督管理机构依法责令转让的除外），并在拟设公司章程中载明；银监会规定的其他审慎性条件。非金融企业作为消费金融公司一般出资人，也应当具备一定条件。

除此之外，《消费金融公司试点管理办法》还规定，消费金融公司主要出资人可以在消费金融公司章程中约定，在消费金融公司出现支付困难时，给予流动性支持；当经营失败导致损失侵蚀资本时，及时补足资本金。消费金融公司至少应当有 1 名具备 5 年以上消费金融业务管理和风险控制经验，并且出资比例不低于拟设消费金融公司全部股本 15% 的出资人。消费金融公司的注册资本应当为一次性实缴货币资本，最低限额为 3 亿元人民币或等值的可自由兑换货币。银监会根据消费金融业务的发展情况及审慎监管需要，可以调整注册资本的最低限额。

消费金融公司根据业务发展的需要，经银监会批准，可以设立分支机构。设立分支机构的具体条件由银监会另行制定。消费金融公司董事和高级管理人员实行任职资格核准制度。消费金融公司设立、变更及业务经营过程中涉及外汇管理事项的，应当遵守国家外汇管理有关规定。

📌 资料链接

各类消费金融消费公司盈利能力比较
http://business.sohu.com/2016090
8/n467935993.shtml

三、消费金融公司的业务范围及经营规则

经银监会批准，消费金融公司可以经营下列部分或者全部人民币业务：发放个人消费贷款；接受股东境内子公司及境内股东的存款；向境内金融机构借款；经批准发行金融债券；境内同业拆借；与消费金融相关的咨询、代理业务；代理销售与消费贷款相关的保险产品；固定收益类证券投资业务；经银监会批准的其他业务。

消费金融公司向个人发放消费贷款不应超过客户风险承受能力且借款人贷款余额最高不得超过人民币 20 万元。

📖 延伸阅读

创新商业银行消费金融业务
http://www.sinotf.com/GB/News/1
002/2016-06-03/zMMDAwMDIw
MzczMA.html

第七节　小额贷款公司与典当行

一、小额贷款公司

1. 小额贷款公司概述

小额贷款公司是由自然人、企业法人与其他社会组织投资设立，不吸收公众存款，经营小额贷款业务的有限责任公司或股份有限公司。中国银监会下发《关于小贷公司试点的指导

意见》（银监发〔2008〕23 号）。

2. 小额贷款公司的设立

小额贷款公司的注册资本来源应真实合法，全部为实收货币资本，由出资人或发起人一次足额缴纳。有限责任公司的注册资本不得低于 500 万元，股份有限公司的注册资本不得低于 1 000 万元。单一自然人、企业法人、其他社会组织及其关联方持有的股份，不得超过小额贷款公司注册资本总额的 10%。

申请设立小额贷款公司，应向省级政府主管部门提出正式申请，经批准后，到当地工商行政管理部门申请办理注册登记手续并领取营业执照。此外，还应在 5 个工作日内向当地公安机关、中国银行业监督管理委员会派出机构和中国人民银行分支机构报送相关资料。

小额贷款公司应有符合规定的章程和管理制度，应有必要的营业场所、组织机构、具备相应专业知识和从业经验的工作人员。

出资设立小额贷款公司的自然人、企业法人和其他社会组织，拟任小额贷款公司董事、监事和高级管理人员的自然人，应无犯罪记录和不良信用记录。

小额贷款公司在当地税务部门办理税务登记，并依法缴纳各类税费。

案例 5-9

大连旅顺国汇小额贷款公司挂牌新三板

2015年6月18日上午，大连旅顺国汇小额贷款公司在全国中小企业股份转让系统正式挂牌，简称国汇小贷，代码832381。国汇小贷公司是大连唯一一家国有控股的小贷公司，注册资本1.5亿元。从2011年至2014年，该公司累计实现营业收入1.447 4亿元，上缴税收3 681万元，4年间贷款不良率均为零。截至2015年4月末，已累计为中小企业、个体工商户和农户发放贷款40余亿元，其中，2014年度累计发放贷款18.6亿元。

3. 小额贷款公司的资金来源

小额贷款公司的主要资金来源为股东缴纳的资本金、捐赠资金，以及来自不超过两个银行业金融机构的融入资金。

在法律、法规规定的范围内，小额贷款公司从银行业金融机构获得融入资金的余额，不得超过资本净额的 50%。融入资金的利率、期限由小额贷款公司与相应银行业金融机构自主协商确定，利率以同期"上海银行间同业拆放利率"为基准加点确定。

小额贷款公司应向注册地中国人民银行分支机构申领贷款卡。向小额贷款公司提供融资的银行业金融机构，应将融资信息及时报送所在地中国人民银行分支机构和中国银行业监督管理委员会派出机构，并应跟踪监督小额贷款公司融资的使用情况。

案例 5-10

吉林省小额再贷款股份有限公司成立

吉林省小额再贷款股份有限公司是东北地区首家为小额贷款公司提供融资服务的再贷款专营企业。由吉林金融控股集团联合东北证券和吉林昊融集团于2015年正式发起设立，注册资本10亿元。主要从事对省内小额贷款公司、其他企业和自然人贷款；开展小额贷款公司同业拆借，组织小额贷款公司头寸调剂，省内小额贷款公司可自愿参与；与具有相应资质的证券、信托、交易所等机构合作开展资产证券化业务；购买及转让省内小额贷款公司的信贷资产；处置省内小额贷款公司的不良资产； 进行投资；开展与省内小额贷款公司和其他企业的相关咨询业务；其他经许可的业务。向金融及其他机构等借款规模不得超过实收资本的10倍。

4. 小额贷款公司的资金运用

小额贷款公司在坚持为农民、农业和农村经济发展服务的原则下自主选择贷款对象。小额贷款公司发放贷款，应坚持"小额、分散"的原则，鼓励小额贷款公司面向农户和微型企业提供信贷服务，着力扩大客户数量和服务覆盖面。同一借款人的贷款余额不得超过小额贷款公司资本净额的 5%。在此标准内，可以参考小额贷款公司所在地经济状况和人均 GDP 水平，制定最高贷款额度限制。

小额贷款公司按照市场化原则进行经营，贷款利率上限放开，但不得超过司法部门规定的上限，下限为人民银行公布的贷款基准利率的 0.9 倍，具体浮动幅度按照市场原则自主确定。有关贷款期限和贷款偿还条款等合同内容，均由借贷双方在公平自愿的原则下依法协商确定。

📖 文本链接

小额贷款有限公司合同协议书
http://blog.sina.com.cn/s/blog_9c8134f10102wlev.html

📖 案例链接

最高法院公报判例中 9 条民间借贷裁判规则
http://mt.sohu.com/20160420/n445194284.shtml

5. 小额贷款公司的监督管理

凡是省级政府能明确一个主管部门（金融办或相关机构）负责对小额贷款公司的监督管理，并愿意承担小额贷款公司风险处置责任的，方可在本省（区、市）的县域范围内开展组建小额贷款公司试点。

小额贷款公司应建立发起人承诺制度，公司股东应与小额贷款公司签订承诺书，承诺自觉遵守公司章程，参与管理并承担风险。小额贷款公司应按照《公司法》要求建立健全公司治理结构，明确股东、董事、监事和经理之间的权责关系，制定稳健有效的议事规则、决策程序和内审制度，提高公司治理的有效性。小额贷款公司应建立健全贷款管理制度，明确贷前调查、贷时审查和贷后检查业务流程和操作规范，切实加强贷款管理。小额贷款公司应加强内部控制，按照国家有关规定建立健全企业财务会计制度，真实记录和全面反映其业务活动和财务活动。

小额贷款公司应按照有关规定，建立审慎规范的资产分类制度和拨备制度，准确进行资产分类，充分计提呆账准备金，确保资产损失准备充足率始终保持在 100%以上，全面覆盖风险。

小额贷款公司应建立信息披露制度，按要求向公司股东、主管部门、向其提供融资的银行业金融机构、有关捐赠机构披露经中介机构审计的财务报表和年度业务经营情况、融资情况、重大事项等信息，必要时应向社会披露。

小额贷款公司应接受社会监督，不得进行任何形式的非法集资。中国人民银行对小额贷款公司的利率、资金流向进行跟踪监测，并将小额贷款公司纳入信贷征信系统。小额贷款公司应定期向信贷征信系统提供借款人、贷款金额、贷款担保和贷款偿还等业务信息。

📖 延伸阅读

新形势下小贷公司经营模式选择及风险管理
http://www.aiweibang.com/yuedu/128552969.html

第五章 非银行金融机构法

6. 小额贷款公司的终止

小额贷款公司法人资格的终止包括解散和破产两种情况。小额贷款公司可因下列原因解散：①公司章程规定的解散事由出现；②股东大会决议解散；③因公司合并或者分立需要解散；④依法被吊销营业执照、责令关闭或者被撤销；⑤人民法院依法宣布公司解散。小额贷款公司解散，依照《公司法》进行清算和注销。

小额贷款公司被依法宣告破产的，依照有关企业破产的法律实施破产清算。小额贷款公司依法合规经营，没有不良信用记录的，可在股东自愿的基础上，按照《村镇银行组建审批指引》和《村镇银行管理暂行规定》规范改造为村镇银行。中国银行业监督管理委员会派出机构和中国人民银行分支机构，要密切配合当地政府，创造性地开展工作，加强对小额贷款公司工作的政策宣传。

二、典当行

典当是指当户将其动产、财产权利作为当物质押或者将其房地产作为当物抵押给典当行，交付一定比例费用，取得当金，并在约定期限内支付当金利息、偿还当金、赎回当物的行为。典当行是指依法设立的专门从事典当活动的企业法人，其组织形式与组织机构适用《中华人民共和国公司法》的有关规定。2011 年，国务院颁布并实施《典当行管理条例》。2015 年 10 月底发布的《金融业企业划型标准规定》，将贷款公司、小额贷款公司及典当行归为非货币银行服务类金融企业，这也意味着金融监管部门确立了典当行等类金融企业正式金融机构的身份和地位，典当行业终于有了正规金融机构的"名分"。

> **常用网站**
> 中国典当联盟网
> http://www.cnpawn.cn/

申请设立典当行，应当具备下列条件：有符合法律法规规定的章程；有符合规定的最低限额的注册资本；有符合要求的营业场所、安全设施和办理业务必需的其他设施；有熟悉典当业务的经营管理人员及鉴定评估人员；符合国家对典当行统筹规划、合理布局的要求。典当行注册资本最低限额为人民币 300 万元，但从事房地产抵押典当业务的，其注册资本最低限额为人民币 500 万元。典当行的注册资本最低限额为股东实缴的货币资本。设立典当行，应当经所在地县级以上人民政府经济贸易委员会同意，由省级人民政府经济贸易委员会批准，报国家经济贸易委员会备案。

经批准，典当行可以经营下列部分或者全部业务：质押典当业务；房地产抵押典当业务；限额内绝当物品的变卖；鉴定评估及咨询服务；国家经济贸易委员会依法批准的其他业务。典当行不得经营下列业务：非绝当物品的销售以及旧物收购、寄售；吸收存款或者变相吸收存款及资金拆借；发放信用贷款；未经国家经济贸易委员会批准的其他业务。典当行不得收当下列财产：依法被查封、扣押或者已被采取其他保全措施的财产；易燃、易爆、剧毒、放射性物品及其容器；赃物和来源不明的物品或者财产权利；法律、法规及国家有关规定禁止买卖的自然资源或者其他财物。典当行收当国家统收、专营、专卖物品，须经有关部门批准。

📖 **本章小结**

本章介绍了货币经纪公司、财务公司、金融资产管理公司、汽车金融公司、消费金融公司、贷款公司、小额贷款公司、典当行等非银行金融机构的概念、特征以及主要法律规则。

第六章

融资租赁、保理与金融担保法律制度

学习目标

通过本章的学习，了解融资租赁、保理以及金融担保的主要法律制度内容，融资担保公司的概念、类型、业务范围、监管规定，保理业务的含义、保理机构类型以及保理监管业务规范，以及金融担保机构类型、业务范围及监管规范。

关键概念

融资租赁　融资租赁公司　金融租赁　售后回租　联合租赁　杠杆租赁　商业保理　银行保理　融资担保公司　政策性担保公司　互助性担保公司

引导案例

活体租赁

2016年11月7日，新三板挂牌公司多尔克司（833627.OC）发布公告，拟用生物性资产（5 600头牛）以"奶牛售后回租"的方式与丰汇租赁有限公司开展融资租赁业务，融资金额为8 000万元，融资期限为4年。公告显示，此次融资的担保方式为公司股东戴士伟、韩温香、朱艳红分别质押560万股、90万股、150万股自有股份作担保；戴士伟、青岛报业文化传媒有限公司、大喜特成国际贸易有限公司、焦作多尔克司农牧业有限责任公司、徐州多尔克司农业有限公司连带责任保证。2016年10月14日，公司也用同样的方式向华鲁国际融资租赁有限公司融资3 000万元。多尔克司是一家以奶牛养殖、家畜冻精、胚胎生产、乳品生产销售为主营业务的企业。2016年上半年，公司实现营业收入1.41亿元，同比增长52.85%；净利润3615.23万元，同比增长35.50%。

思考：融资租赁有哪些方式？

第一节　融资租赁法律制度

一、融资租赁法概述

融资租赁是指出租人根据承租人对出卖人、租赁物的选择，向出卖人购买租赁物，提供给承租人使用，承租人支付租金的交易活动。本质上融资租赁是出租人融通资金为承租人提供所需设备，具有融资、融物双重职能的租赁交易。它是一种同时解决设备需求和资金需求的信用方式。融资租赁主要涉及出租人、承租人和供货人三方当事人，并由两个或两个以上的合同所构成。

燃气设备融资租赁

上海某燃气有限公司，在建设"气化站"过程中遇到资金问题。后来该企业采用了融资租赁方式，向融资租赁公司租赁了小区气化站设备，租期2年，按季度支付租金。这样一来，该公司只支付了24万元的租赁保证金，就融来了120万元的设备，投入不多却保证了企业的发展。租赁到期后，企业只要再出100元"转让费"，就能获得该套设备的产权。

融资租赁具有以下特征：租赁物由承租人决定，出租人出资购买并租赁给承租人使用，并且在租赁期间内只能租给一个企业使用；承租人负责检查验收制造商所提供的租赁物，对该租赁物的质量与技术条件出租人不向承租人做出担保；出租人保留租赁物的所有权，承租人在租赁期间支付租金而享有使用权，并负责租赁期间租赁物的管理、维修和保养；租赁合同一经签订，在租赁期间任何一方均无权单方面撤销合同。只有租赁物毁坏或被证明为已丧失使用价值的情况下方能中止执行合同，无故毁约则要支付相当重的罚金；租期结束后，承租人一般对租赁物有留购和退租两种选择，若要留购，购买价格可由租赁双方协商确定。

融资租赁种类繁多，包括直接融资租赁、售后回租、转租、委托融资租赁、杠杆租赁、项目融资租赁、销售式租赁、经营性租赁、厂商租赁等。融资租赁的不同类型本质上是根据承租人不同的需求，出租人提供不同的服务，逐渐形成了不同的交易模式或解决方案。

在我国，融资租赁业务的主要程序大致分为以下几个阶段：选择租赁设备阶段；委托租赁阶段；询价阶段；谈判阶段；签订合同阶段；购入设备阶段；售后服务及租金支付阶段；租赁期满后设备的处理阶段等。

我国在融资租赁方面适用的法律、法规、规范性文件、司法解释和行业准则主要有《中华人民共和国合同法》《企业会计准则——基本准则》《企业会计准则第 21 号——租赁》《融资租赁企业监督管理办法》《金融租赁公司管理办法》《国家外汇管理局跨境担保外汇管理规定》以及《最高人民法院关于审理融资租赁合同纠纷案件适用法律问题的解释》（2014 年 3 月 1 日起实施）等。

延伸阅读

融资租赁公司十二种主要业务模式及案例
http://auto.sohu.com/20160302/n439194082.shtml

案例链接

融资租赁十大典型案例及法律依据
http://www.cnnsr.com.cn/cssw/swhtml/201609290833081 90061.html

二、融资租赁合同

融资租赁合同是出租人根据承租人对出卖人、租赁物的选择，向出卖人购买租赁物，提供给承租人使用，承租人支付租金的合同。融资租赁合同应以书面形式订立。

《合同法》第238条规定：融资租赁合同的内容包括租赁物名称、数量、规格、技术性能、检验方法、租赁期限、租金构成及其支付期限和方式、币种、租赁期间届满租赁物的归属等条款。

融资租赁合同集买卖合同与租赁合同于一体，因此，融资租赁合同的内容包括租赁和买卖两部分。租赁部分包括以下条款：租赁关系的当事人，即出租人和承租人；租赁标的物；

租赁标的物的出卖人及其制造厂家；租赁标的物的交付与验收；出租人购买标的物的成本；租赁期限；租金及其支付方式；租赁物的保险；其他约定。买卖部分包括以下条款：买卖关系的当事人，其中，出卖人为租赁合同中指定的出卖人，买受人为租赁物的出租人；标的，租赁合同中约定的物；标的物的交付；标的物的瑕疵担保责任和索赔；标的物的价款及其支付方式；其他约定；承租人对买卖合同的确认。

文本链接

融资租赁合同范本
http://blog.sina.com.cn/s/blog_9
c8134f10102wlf2.html

上述两部分构成融资租赁合同，其中，租赁和买卖并非完全独立的两个合同，而是相互影响的两个合同。例如，买卖合同不成立、无效或解除，租赁合同也因标的物履行不能而解除；租赁合同不成立、无效或解除，则买卖合同可以解除，但解除买卖合同须经三方当事人同意。

《中华人民共和国合同法》和《最高人民法院关于审理融资租赁合同纠纷案件适用法律问题的解释》对融资租赁合同的订立、效力、解除和违约责任等问题作出了明确规定。

三、融资租赁企业监督管理

根据《融资租赁企业监督管理办法》，融资租赁企业是指根据商务部有关规定从事融资租赁业务的企业。

1. 基本要求

融资租赁企业应具备与其业务规模相适应的资产规模、资金实力、风险管控能力。融资租赁企业应配备具有金融等方面专业知识、技能和从业经验并具有良好从业记录的人员，拥有不少于3年融资租赁、租赁业务或金融机构运营管理经验的总经理等高管人员。申请设立融资租赁企业的境外投资者，还须符合外商投资的相关规定。商务部对全国融资租赁企业实施监督管理。省级商务主管部门负责监管本行政区域内的融资租赁企业。

金融数据

我国的金融租赁公司

近年来，我国融资租赁公司数量大幅度增长。2014年我国境内的融资租赁公司已发展到2 202家，境内31个省级行政区域都注册有融资租赁公司，大部分融资租赁公司分布在东南沿海地区，上海、广东、天津、北京等8地注册的融资租赁公司占总数的86%。

2. 经营规则

融资租赁企业可以在符合有关法律、法规及规章规定的条件下采取直接租赁、转租赁、售后回租、杠杆租赁、委托租赁、联合租赁等形式开展融资租赁业务。

融资租赁企业应当以融资租赁等租赁业务为主营业务，开展与融资租赁和租赁业务相关的租赁财产购买、租赁财产残值处理与维修、租赁交易咨询和担保、向第三方机构转让应收账款、接受租赁保证金及经审批部门批准的其他业务。

融资租赁企业开展融资租赁业务应当以权属清晰、真实存在

法律实务

融资租赁业务操作流程
http://blog.sina.com.cn/s/blog_9
c8134f10102wljv.html

且能够产生收益权的租赁物为载体。融资租赁企业不得从事吸收存款、发放贷款、受托发放贷款等金融业务。未经相关部门批准，融资租赁企业不得从事同业拆借等业务。严禁融资租赁企业借融资租赁的名义开展非法集资活动。

融资租赁企业进口租赁物涉及配额、许可等管理的，应由购买租赁物方或产权所有方按有关规定办理相关手续。融资租赁企业经营业务过程中涉及外汇管理事项的，应当遵守国家外汇管理有关规定。

融资租赁企业应当按照相关规定，建立健全财务会计制度，真实记录和反映企业的财务状况、经营成果和现金流量。

延伸阅读

如何用技术提升融资租赁风控水平？
http://auto.sohu.com/2016101
2/n470074423.shtml

融资租赁企业应当建立完善的内部风险控制体系，形成良好的风险资产分类管理制度、承租人信用评估制度、事后追偿和处置制度以及风险预警机制等。

为控制和降低风险，融资租赁企业应当对融资租赁项目进行认真调查，充分考虑和评估承租人持续支付租金的能力，采取多种方式降低违约风险，并加强对融资租赁项目的检查及后期管理。

融资租赁企业应当建立关联交易管理制度。融资租赁企业在对承租人为关联企业的交易进行表决或决策时，与该关联交易有关联关系的人员应当回避。融资租赁企业在向关联生产企业采购设备时，有关设备的结算价格不得明显低于该生产企业向任何第三方销售的价格或同等批量设备的价格。

融资租赁企业对委托租赁、转租赁的资产应当分别管理，单独建账。融资租赁企业和承租人应对与融资租赁业务有关的担保、保险等事项进行充分约定，维护交易安全。

融资租赁企业应加强对重点承租人的管理，控制单一承租人及承租人为关联方的业务比例，注意防范和分散经营风险。按照国家法律规定租赁物的权属应当登记的，融资租赁企业须依法办理相关登记手续。若租赁物不属于需要登记的财产类别，鼓励融资租赁企业在商务主管部门指定的系统进行登记，明示租赁物所有权。

常用网站

中国人民银行动产融资统一登记系统
http://www.zhongdengwang.o
rg.cn/zhongdeng/index.shtml

售后回租的标的物应为能发挥经济功能，并能产生持续经济效益的财产。融资租赁企业开展售后回租业务时，应注意加强风险防控。

案例 6-2

售后回租一物二融引发纠纷

2007年1月，河南省某市医院将其所拥有的核磁等设备与某金融租赁公司签署转让合同与融资租赁合同。2009年6月23日，该协议期满，该医院支付完毕最后一期租金。2009年6月25日，该医院与上述某金融租赁公司就标的物再次签订了转让合同和融资租赁合同（下称"新协议"），约定金融租赁公司以700万元的对价取得标的物的所有权，该医院保证标的物上无其他权益负担。后来发现，2008年7月3日，该医院又就标的物与某国际租赁有限公司签了转让合同和融资租赁合同，约定了该国际租赁公司以600万元的对价取得标的物的所有权。2011年6月，杭州市中院认为该医院与该国际租赁公司签订的协议已经构成了该医院违约，侵犯了该国际租赁公司的合法权益。而该标的物在新协议履行完毕之前，所有权归属上述金融租赁公司。（杭州市中院《民事判决书》（2011）浙杭商终字第619号）

融资租赁企业不应接受承租人无处分权的、已经设立抵押的、已经被司法机关查封扣押的或所有权存在其他瑕疵的财产作为售后回租业务的标的物。融资租赁企业在签订售后回租协议前，应当审查租赁物发票、采购合同、登记权证、付款凭证、产权转移凭证等证明材料，以确认标的物权属关系。

融资租赁企业应充分考虑并客观评估售后回租资产的价值，对标的物的买入价格应有合理的、不违反会计准则的定价依据作为参考，不得低值高买。融资租赁企业的风险资产不得超过净资产总额的 10 倍。融资租赁企业应严格按照国家有关规定按时缴纳各种税款，严禁偷逃税款或将非融资租赁业务作为融资租赁业务进行纳税。

~~~ **案例 6-3** ~~~

天津空客总装线厂房融资租赁创新

2009 年 11 月 23 日，天津港保税区管委会、海航集团下属天津渤海租赁公司、光大银行天津分行共同签署了天津空客厂房融资租赁创新项目合作协议。根据协议，渤海租赁公司以 36.3 亿元人民币从天津空客 A320 飞机总装线厂房建设单位天津港保税区投资公司，买下其 11 万平方米厂房的产权，租赁给天津港保税区投资公司，租赁期 15 年，不影响天津空客总装公司的使用和生产。光大银行天津分行为渤海租赁公司提供资金支撑。这是天津首例工业厂房在建工程的融资租赁业务，创新了我国基础设施租赁的商业模式，开拓了国内租赁业的经营领域。

3. 监督管理

商务部及省级商务主管部门依照法律、法规、规章和商务部有关规定，依法履行监管职责。

商务部建立、完善"全国融资租赁企业管理信息系统"，运用信息化手段对融资租赁企业的业务活动、内部控制和风险状况等情况进行了解和监督管理，提高融资租赁企业经营管理水平和风险控制能力。融资租赁企业应当按照商务部的要求使用全国融资租赁企业管理信息系统，及时如实填报有关数据。

实用网站

全国融资租赁企业管理信息服务
http://leasing.mofcom.gov.cn/

融资租赁企业变更名称、异地迁址、增减注册资本金、改变组织形式、调整股权结构等，应事先通报省级商务主管部门。外商投资企业涉及前述变更事项，应按有关规定履行审批、备案等相关手续。融资租赁企业应在办理变更工商登记手续后 5 个工作日内登录全国融资租赁企业管理信息系统修改上述信息。

四、外商投资租赁业管理

根据《外商投资租赁业管理办法》（2015 年 10 月 28 日修正），外国公司、企业和其他经济组织（以下简称外国投资者）可以在中华人民共和国境内以中外合资、中外合作以及外商独资的形式设立从事租赁业务、融资租赁业务的外商投资企业，开展经营活动。外商投资租赁业可以采取有限责任公司或股份有限公司的形式。从事租赁业务的外商投资企业为外商投资租赁公司；从事融资租赁业务

常用网站

全国融资租赁企业管理信息服务
http://leasing.mofcom.gov.cn/

常用网站

商务部流通业发展司网站
http://ltfzs.mofcom.gov.cn/artic
le/smzx/201307/201307002164
43.shtml

的外商投资企业为外商投资融资租赁公司。商务部是外商投资租赁业的行业主管部门和审批管理部门。

1. 投资的条件

外商投资租赁公司和外商投资融资租赁公司的外国投资者的总资产不得低于 500 万美元。

外商投资租赁公司应当符合下列条件：注册资本符合《公司法》的有关规定；符合外商投资企业注册资本和投资总额的有关规定；有限责任公司形式的外商投资租赁公司的经营期限一般不超过 30 年。

外商投资融资租赁公司应当符合下列条件：有限责任公司形式的外商投资融资租赁公司的经营期限一般不超过 30 年；拥有相应的专业人员，高级管理人员应具有相应专业资质和不少于 3 年的从业经验。

常用网站

中国外商投资企业协会租赁业工作委员会官方网站
http://www.clba.org.cn/

2. 合资企业的设立

设立外商投资租赁公司和外商投资融资租赁公司应向审批部门报送下列材料：申请书；投资各方签署的可行性研究报告；合同、章程（外资企业只报送章程）；投资各方的银行资信证明、注册登记证明（复印件）、法定代表人身份证明（复印件）；投资各方经会计师事务所审计的最近 1 年的审计报告；董事会成员名单及投资各方董事委派书；高级管理人员的资历证明；工商行政管理部门出具的企业名称预先核准通知书；申请成立股份有限公司的，还应提交有关规定要求提交的其他材料。

设立外商投资租赁公司和外商投资融资租赁公司，应按照以下程序办理：①设立有限责任公司形式的外商投资租赁公司，应由投资者向拟设立企业所在地的省级商务主管部门报送本办法第 10 条规定的全部材料，省级商务主管部门应自收到全部申请材料之日起 45 个工作日内做出是否批准的决定，批准设立的，颁发"外商投资企业批准证书"；不予批准的，应书面说明原因。省级商务主管部门应当在批准外商投资租赁公司设立后 7 个工作日内将批准文件报送商务部备案。股份有限公司形式的外商投资租赁公司的设立按照有关规定办理。②设立外商投资融资租赁公司，应由投资者向拟设立企业所在地的省级商务主管部门报送本办法第 10 条规定的全部材料，省级商务主管部门对报送的申请文件进行初审后，自收到全部申请文件之日起 15 个工作日内将申请文件和初审意见上报商务部。商务部应自收到全部申请文件之日起 45 个工作日内做出是否批准的决定，批准设立的，颁发"外商投资企业批准证书"；不予批准的，应书面说明原因。③已设立的外商投资企业申请从事租赁业务的，应当符合规定的条件，并按照规定的程序，依法变更相应的经营范围。

案例链接

融资租赁十大典型案例及法律依据
http://business.sohu.com/20160
928/n469332959.shtml

外商投资租赁公司和外商投资融资租赁公司应当在收到"外商投资企业批准证书"之日起 30 个工作日内到工商行政管理部门办理登记注册手续。

3. 可经营的业务

外商投资租赁公司可以经营下列业务：租赁业务；向国内外购买租赁财产；租赁财产的残值处理及维修；经审批部门批准的其他业务。

外商投资融资租赁公司可以经营下列业务：融资租赁业务；租赁业务；向国内外购买租赁财产；租赁财产的残值处理及维修；租赁交易咨询和担保；经审批部门批准的其他业务。

🐷**案例链接**

你所不知的国际融资租赁案例

http://mt.sohu.com/20160811/n463824109.shtml

五、金融租赁公司

（一）金融租赁公司的设立

根据《金融租赁公司管理办法》，申请设立金融租赁公司，应当具备以下条件：有符合《公司法》和银监会规定的公司章程；有符合规定条件的发起人；注册资本为一次性实缴货币资本，最低限额为 1 亿元人民币或等值的可自由兑换货币；有符合任职资格条件的董事、高级管理人员，并且从业人员中具有金融或融资租赁工作经历 3 年以上的人员应当不低于总人数的 50%；建立了有效的公司治理、内部控制和风险管理体系；建立了与业务经营和监管要求相适应的信息科技架构，具有支撑业务经营的必要、安全且合规的信息系统，具备保障业务持续运营的技术与措施；有与业务经营相适应的营业场所、安全防范措施和其他设施；银监会规定的其他审慎性条件。

金融租赁公司的设立采取发起人制度。金融租赁公司的发起人包括在中国境内外注册的具有独立法人资格的商业银行，在中国境内注册的、主营业务为制造适合融资租赁交易产品的大型企业，在中国境外注册的融资租赁公司以及银监会认可的其他发起人。《金融租赁公司管理办法》明确规定了发起人应当具备的必要条件。

有以下情形之一的企业不得作为金融租赁公司的发起人：公司治理结构与机制存在明显缺陷；关联企业众多、股权关系复杂且不透明、关联交易频繁且异常；核心主业不突出且其经营范围涉及行业过多；现金流量波动受经济景气影响较大；资产负债率、财务杠杆率高于行业平均水平；其他对金融租赁公司产生重大不利影响的情况。

~~~ **案例 6-4** ~~~

中铁建金融租赁有限公司获银监会批准筹建

2016年5月3日，中铁建金融租赁有限公司获银监会批准筹建。中铁建金融租赁有限公司由中国铁建重工集团有限公司发起设立，其母公司中国铁建股份有限公司由中国铁道建筑总公司独家发起设立，是国资委管理的特大型建筑企业，2008年分别在上海和香港上市，是全国乃至全球最具实力、最具规模的特大型综合建设集团之一。

（二）金融租赁公司的业务范围和经营规则

1. 业务范围

经银监会批准，金融租赁公司可以经营下列部分或全部本外币业务：融资租赁业务；转让和受让融资租赁资产；固定收益类证券投资业务；接受承租人的租赁保证金；吸收非银行股东 3 个月（含）以上定期存款；同业拆借；向金融机构借款；境外借款；租赁物变卖及处理业务；经济咨询。

经银监会批准，经营状况良好、符合条件的金融租赁公司可以开办下列部分或全部本外币业务：发行债券；在境内保税地区设立项目公司开展融资租赁业务；资产证券化；为控股子公司、项目公司对外融资提供担保；银监会批准的其他业务。金融租赁公司业务经营中涉及外汇管理事项的，需遵守国家外汇管理有关规定。

2. 经营规则

金融租赁公司从事经营必须遵守《金融租赁公司管理办法》规定的基本经营规则。包括：金融租赁公司应当建立以股东或股东（大）会、董事会、监事（会）、高级管理层等为主体的组织架构，明确职责划分，保证相互之间独立运行、有效制衡，形成科学高效的决策、激励和约束机制；金融租赁公司应当按照全面、审慎、有效、独立原则，建立健全内部控制制度，防范、控制和化解风险，保障公司安全稳健运行；等等。

案例 6-5

河北省金融租赁有限公司发行绿色金融债

绿色金融债券是指金融机构法人依法发行的、募集资金用于支持绿色产业并按约定还本付息的有价证券。绿色金融债券为金融机构通过债券市场筹集资金，支持环保节能、清洁能源、清洁交通等绿色产业项目，是建设绿色金融体系的一项重要举措。2016年9月获得河北银监局的批复后，河北省金融租赁有限公司于11月21日正式收到中国人民银行同意绿色金融债券发行的行政许可决定书，同意其在全国银行间债券市场公开发行期限不超过5年、总规模不超过20亿元的绿色金融债券，募集资金专项用于支持绿色产业项目，成为业内首家获准发行绿色金融债的金融租赁公司。

（三）金融租赁公司的监督管理

金融租赁公司应当遵守以下监管指标的规定：①资本充足率。金融租赁公司资本净额与风险加权资产的比例不得低于银监会的最低监管要求。②单一客户融资集中度。金融租赁公司对单一承租人的全部融资租赁业务余额不得超过资本净额的30%。③单一集团客户融资集中度。金融租赁公司对单一集团的全部融资租赁业务余额不得超过资本净额的50%。④单一客户关联度。金融租赁公司对一个关联方的全部融资租赁业务余额不得超过资本净额的30%。⑤全部关联度。金融租赁公司对全部关联方的全部融资租赁业务余额不得超过资本净额的50%。⑥单一股东关联度。对单一股东及其全部关联方的融资余额不得超过该股东在金融租赁公司的出资额，且应同时满足《金融租赁公司管理办法》对单一客户关联度的规定。⑦同业拆借比例。金融租赁公司同业拆入资金余额不得超过资本净额的100%。经银监会认可，特定行业的单一客户融资集中度和单一集团客户融资集中度要求可以适当调整。银监会根据监管需要可以对上述指标做出适当调整。

案例 6-6

天津自贸区首笔联合租赁业务成功办理

2015年5月18日，农业银行天津自由贸易试验区分行、汇众（天津）融资租赁有限公司和农银金融租赁有限公司三方对接，国家外汇管理局滨海新区中心支局政策指导，首笔联合租赁业务成功办理。此业务为注册在东疆保税港区内的汇众（天津）融资租赁有限公司和农银金融租赁有限公司共同出资购买海洋工程装备资产，并以融资租赁方式交于境外承租人使用，资金用于国内技术领先的"301起重铺管船"项目，资产总额近1.8亿美元。联合租赁模式便于企业控制交易风险、减少资金占用规模。

六、国际融资租赁公约

《国际融资租赁公约》，全称为《国际统一私法协会国际融资租赁公约》（以下简称《公约》），于1988年5月28日在加拿大渥太华国际外交会议上通过。我国最终没有批准加入该公约。《国际融资租赁公约》最后文本包括序言及三章，共25条。主要内容如下。

（一）制定《公约》的目的和宗旨

序言部分，说明了制定《国际融资租赁公约》的目的和宗旨。包括：①制定公约坚持公正均衡原则；②制定公约的目的主要是为了消除各国在经营国际融资租赁业务方面的法律障碍，及发生纠纷后适用统一的国际规则；③鼓励更多人利用国际融资租赁方式，促进国际贸易的发展，维护各方正当权益，而不能因有了国际公约而使其受到限制；④该公约主要调整特定的三方关系，即出租人、承租人和供货商三方之间的关系；⑤要照顾到国际融资租赁中的民事和商事法律方面的统一规则。

（二）适用范围和总则

1. 关于国际融资租赁的定义和特征

规定：本公约规定的融资租赁交易系指：出租人根据承租人的规格要求及其所同意的条件同供货人缔结一项供货协议，据此，出租人取得工厂、资本货物或其他设备；并同承租人缔结一项租赁协议，授予承租人使用该设备的权利，以补偿其所付的租金。其特征是：①承租人不是根据出租人的技能和意见来指定设备和选择供货人。②出租人根据租赁协议取得设备；供货人知道租赁协议已经或即将在出租人和承租人之间缔结。③根据租赁协议计算的应付租金考虑了全部或大部分设备成本的摊提。

2. 关于《公约》的适用范围

规定：①出租人和承租人的营业地要位于不同国家。②供货协议和租赁协议要同受一缔约国的法律调整。③对营业地的确认，如供货协议或租赁协议的一方当事人有一个以上的营业地时，应将与该协议履行关系最密切的那个营业地作为营业地，并应照顾当事人各方在订立协议前所了解或设想的情况。④公约适用一次或多次转租交易。⑤公约不适用于个人或以家庭为目的的交易。⑥供货协议或租赁协议中的任何一方当事人，同意排除该公约的适用则公约不适用。

3. 关于解释原则

《公约》规定：在解释该公约时，不能偏离序言中规定的目的和宗旨，并应考虑公约的国际性、统一性和诚实信用的原则。如属于该公约范围的问题，而在公约中又没有明确规定如何解决时，应按照公约所依据的一般原则和依照国际私法规则适用的法律予以解决。

文本链接
国际融资租赁公约
http://blog.sina.com.cn/s/blog_9c8134f10102wljw.html

第二节 保理法律制度

一、保理概述

（一）保理的概念

保理（factoring）全称保付代理，又称托收保付，它是卖方将其现在或将来的基于其与买方订立的货物销售/服务合同所产生的应收账款转让给保理商（提供保理服务的金融机构），由保理商向其提供资金融通、买方资信评估、销售账户管理、信用风险担保、账款催收等一系列服务的综合金融服务方式。它是商业贸易中以托收、赊账方式结算货款时，卖方为了强化应收账款管理、增强流动性而采用的一种委托第三者（保理商）管理应收账款的做法。

（二）保理商

我国目前有三类保理商，分别为银行保理商、商业保理商和专业保理商。

1. 银行保理商

根据《商业银行法》的规定，保理属于银行的中间业务，银行从事保理业务不需要主管部门再次审批。我国目前有 23 家从事保理业务的银行（含 1 家专业保理公司）加入了国际保理商联合会。

根据《商业银行保理业务管理暂行办法》（2014 年 4 月 10 日公布实施），保理业务是以债权人转让其应收账款为前提，集应收账款催收、管理、坏账担保及融资于一体的综合性金融服务。债权人将其应收账款转让给商业银行，由商业银行向其提供下列服务中至少一项的，即为保理业务：①应收账款催收：商业银行根据应收账款账期，主动或应债权人要求，采取电话、函件、上门等方式或运用法律手段等对债务人进行催收。②应收账款管理：商业银行根据债权人的要求，定期或不定期向其提供关于应收账款的回收情况、逾期账款情况、对账单等财务和统计报表，协助其进行应收账款管理。③坏账担保：商业银行与债权人签订保理协议后，为债务人核定信用额度，并在核准额度内对债权人无商业纠纷的应收账款提供约定的付款担保。④保理融资：以应收账款合法、有效转让为前提的银行融资服务。以应收账款为质押的贷款，不属于保理业务范围。应收账款是指企业因提供商品、服务或者出租资产而形成的金钱债权及其产生的收益，但不包括因票据或其他有价证券而产生的付款请求权。应收账款的转让是指与应收账款相关的全部权利及权益的让渡。

2. 商业保理商

商业保理由商业保理企业提供服务。商务部 2012 年 6 月 27 日发布了《关于商业保理试点有关工作的通知》，在天津滨海新区、上海浦东新区开展商业保理的试点。同年 12 月，商务部同意港、澳投资者在广州市、深圳市试点设立商业保理企业。2013 年 8 月，批准重庆两江新区、上海青浦、嘉定、徐汇区进行商业保理试点区。截至 2016 年年底，全国注册成立的商业保理公司及分公司超过 5 000 家。商业保理试点启动，标志着我国开始大力发展商业保理业，保理服务不再是银行专有。

3. 专业保理商

某些应收账款丰富的大型企业如海航、远东国际租赁、苏宁、国美等，在原企业的基础上，增加营业范围。

（三）保理业务类型

实践中，保理业务已发展出多种类型，主要分类如下。①国内保理和国际保理：以基础交易的性质和债权人、债务人所在地为标准划分，其中的境外包括保税区、自贸区、境内关外等。②有追索权保理和无追索权保理：以无商业纠纷时是否可以向债权人反转让应收账款、要求债权人回购应收账款或归还融资为划分标准。其中应该注意无追索权保理业务应包括保理融资与坏账担保两项职能。③单保理和双保理：以参与保理服务的保理机构个数为划分标准。买卖双方保理机构为同一银行不同分支机构的、有保险公司承保债务人信用风险的银保合作，视同双保理。④公开型保理与隐蔽型保理（明保理与暗保理）：以银行与债权人之间的债权转让是否通知债务人为划分标准。⑤折扣保理与到期保理。折扣保理又称融资保理，是指当卖方将代表应收账款的票据交给保理商时，保理商立即以预付款方式向卖方提供不超过应收账款80%的融资，剩余20%的应收账款待保理商向买方收取全部货款后，再行清算。这是比较典型的保理方式。到期保理指保理商在收到卖方提交的、代表应收账款的销售发票等单据时，并不立即向卖方提供融资，而是在单据到期后，向卖方支付货款。无论到时候货款是否能够收到，保理商都必须支付货款。

？ 想一想

保理和融资租赁有哪些区别和联系？保理和融资租赁如何结合？

（四）保理法律规范

我国的保理法律制度并不健全。从法律层面看，《合同法》并无专章规定，《民法通则》《物权法》也无涉及，最高法院也未制定专门的司法解释指导审判实践；2014年4月10日，中国银监会公布了《商业银行保理业务管理暂行办法》，自公布之日起施行。从行业规范层面看，目前有《中国银行业保理业务规范》和《中国银行业保理业务自律公约》。从地方规范层面看，目前仅少数省市制定了相关规定，但行业规范和地方规范多是行政性规定，缺乏对保理业务法律权利义务的界定和规制。

📁 **案例链接**

保理司法判例分析研究报告
http://mt.sohu.com/20160819/n465073462.shtml

二、商业银行保理业务管理

1. 业务管理

（1）商业银行应当按照《商业银行保理业务管理暂行办法》对具体保理融资产品进行定义，根据自身情况确定适当的业务范围，制定保理融资客户准入标准。

（2）双保理业务中，商业银行应当对合格买方保理机构制定准入标准，对于买方保理机构为非银行机构的，应当采取名单制管理，并制定严格的准入准出标准与程序。

（3）商业银行应当根据自身内部控制水平和风险管理能力，制定适合叙做保理融资业务的应收账款标准，规范应收账款范围。商业银行不得基于不合法基础交易合同、寄售合同、未来应收账款、权属不清的应收账款、因票据或其他有价证券而产生的付款请求权等开展保理融资业务。未来应收账款是指合同项下卖方义务未履行完毕的预期应收账款。权属不清的应收账款是指权属具有不确定性的应收账款，包括但不限于已在其他银行或商业保理公司等第三方办理出质或转让的应收账款。获得质权人书面同意解押并放弃抵质押权利和获得受让人书面同意转让应收账款权属的除外。因票据或其他有价证券而产生的付款请求权是指票据或其他有价证券的持票人无须持有票据或有价证券产生的基础交易应收账款单据，仅依据票据或有价证券本身即可向票据或有价证券主债务人请求按票据或有价证券上记载的金额付款的权利。

（4）商业银行受理保理融资业务时，应当严格审核卖方和/或买方的资信、经营及财务状况，分析拟做保理融资的应收账款情况，包括是否出质、转让以及账龄结构等，合理判断买方的付款意愿、付款能力以及卖方的回购能力，审查买卖合同等资料的真实性与合法性。对因提供服务、承接工程或其他非销售商品原因所产生的应收账款，或买卖双方为关联企业的应收账款，应当从严审查交易背景真实性和定价的合理性。

（5）商业银行应当对客户和交易等相关情况进行有效的尽职调查，重点对交易对手、交易商品及贸易习惯等内容进行审核，并通过审核单据原件或银行认可的电子贸易信息等方式，确认相关交易行为真实合理存在，避免客户通过虚开发票或伪造贸易合同、物流、回款等手段恶意骗取融资。

案例 6-7

商业银行国内保理解决方案

B公司为汽车零配件生产厂商，主要为我国几大汽车生产厂家供货，由于行业特性以及买家的强势地位，买家向B公司提出的付款周期为3~6个月，付款周期较长，公司必须补充流动资金。随着销售收入的增加，营运资金在生产各环节中占比随之增加，造成B公司流动资金紧张。为保证B公司的正常生产经营周转，满足市场需求，该公司希望可以融资来专门用于满足买家的采购需求。但由于B公司成立时间较短，受自身的积累和融资担保影响，融资较为困难。基于客户这种情况和需求，民生银行向客户提出了国内保理解决方案。具体操作为，B公司发货后，向民生银行提交产生的所有应收账款文件，并转让给民生银行，民生银行确认账款后，向B公司提供融资。之后，民生银行负责应收账款的管理和催收。同时，由于买家资质良好，民生银行还对这部分买家的应收账款提供信用风险担保服务，如果到期买方无力付款，民生银行将做担保付款。民生银行的国内保理业务给B公司带来了如下好处：有效缓解了B公司的营运资金压力，加快资金周转，缩短资金回收期，增强竞争力；买方的信用风险转由银行承担，收款有保障；B公司将未到期的应收账款立即转换为销售收入，优化了财务表结构；资信调查、账务管理和账款追收等由民生银行负责，节约了B公司的管理成本；成本较低，手续简便，B公司可随时根据买方需要和运输情况发货，把握商机。

（6）单保理融资中，商业银行除应当严格审核基础交易的真实性外，还需确定卖方或买方一方比照流动资金贷款进行授信管理，严格实施受理与调查、风险评估与评价、支付和监测等全流程控制。

（7）商业银行办理单保理业务时，应当在保理合同中原则上要求卖方开立用于应收账款回笼的保理专户等相关账户。商业银行应当指定专人对保理专户资金进出情况进行监控，确保资金首先用于归还银行融资。

（8）商业银行应当充分考虑融资利息、保理手续费、现金折扣、历史收款记录、行业特点等应收账款稀释因素，合理确定保理业务融资比例。

（9）商业银行开展保理融资业务，应当根据应收账款的付款期限等因素合理确定融资期限。商业银行可将应收账款到期日与融资到期日间的时间期限设置为宽限期。宽限期应当根据买卖双方历史交易记录、行业惯例等因素合理确定。

（10）商业银行提供保理融资时，有追索权保理按融资金额计入债权人征信信息，无追索权保理不计入债权人及债务人征信信息。商业银行进行担保付款或垫款时，应当按保理业务的风险实质，决定计入债权人或债务人的征信信息。

2. 保理业务风险管理

（1）商业银行应当科学审慎制定贸易融资业务发展战略，并纳入全行统一战略规划，建立科学有效的贸易融资业务决策程序和激励约束机制，有效防范与控制保理业务风险。

（2）商业银行应当制定详细规范的保理业务管理办法和操作规程，明确业务范围、相关部门职能分工、授信和融资制度、业务操作流程以及风险管控、监测和处置等政策。

（3）商业银行应当定期评估保理业务政策和程序的有效性，加强内部审计监督，确保业务稳健运行。

（4）保理业务规模较大、复杂度较高的商业银行，必须设立专门的保理业务部门或团队，配备专业的从业人员，负责产品研发、业务操作、日常管理和风险控制等工作。

（5）商业银行应当直接开展保理业务，不得将应收账款的催收、管理等业务外包给第三方机构。

（6）商业银行应当将保理业务纳入统一授信管理，明确各类保理业务涉及的风险类别，对卖方融资风险、买方付款风险、保理机构风险分别进行专项管理。

（7）商业银行应当建立全行统一的保理业务授权管理体系，由总行自上而下实施授权管理，不得办理未经授权或超授权的保理业务。

（8）商业银行应当针对保理业务建立完整的前、中、后台管理流程，前、中、后台应当职责明晰并相对独立。

（9）商业银行应当将保理业务的风险管理纳入全面风险管理体系，动态关注卖方或买方经营、管理、财务及资金流向等风险信息，定期与卖方或买方对账，有效管控保理业务风险。

（10）商业银行应当加强保理业务 IT 系统建设。保理业务规模较大、复杂程度较高的银行应当建立电子化业务操作和管理系统，对授信额度、交易数据和业务流程等方面进行实时监控，并做好数据存储及备份工作。

（11）当发生买方信用风险，保理银行履行垫付款义务后，应当将垫款计入表内，列为不良贷款进行管理。

（12）商业银行应当按照《商业银行资本管理办法（试行）》要求，按保理业务的风险实质，计量风险加权资产，并计提资本。

案例 6-8

卖方风险与操作风险导致国内保理逾期

2004年4月21日某股份制银行授予A公司人民币1 000万元综合授信，期限12个月，业务品种为公开型有追索权保理，由B公司担保，并提供丽水某地60.39亩土地使用权抵押。5月18日，A公司交单，提出保理融资申请。该银行核对各项单据无误后，发放了保理融资款9 926 725元人民币，到期日为2004年10月26日。后追加该公司法人代表的个人担保，另外两家与A公司关系密切的C、D公司担保。7月5日，获悉该公司法人代表因挪用公款被浙江省云和县公安局刑事拘留。在向公司要求提前还款的同时，核实应收账款，发现该笔应收账款根本不存在。付款人福建烟草公司否认了该笔应收账款的存在。2004年11月26日该笔保理融资转逾期贷款，最终造成380万元的坏账。造成该笔授信业务出现风险的原因主要是企业提供虚假资料，以不真实的贸易背景办理保理业务。在放款过程中，对具体业务贸易背景、实际情况的真实性未仔细核对。

三、商业银行保理业务规范与自律公约

1. 中国银行业保理业务规范

2016年10月19日，《中国银行业保理业务规范》由中国银行业协会保理专业委员会正式发布。该规范旨在引导商业银行建立保理业务理念，规范操作流程，防范业务风险，促进保理业务健康发展。

银行应根据业务发展战略、业务规模等，设立专门的保理业务部门或团队，负责制度修订、产品研发、推广、业务操作和管理等工作，并配备相应的资源保障。银行应当针对保理业务建立完整的前、中、后台管理流程，前、中、后台应职责明晰且相对独立，岗位职能设置包括但不限于：市场营销、产品研发、业务管理、风险控制和业务操作等。

银行应做好业务数据统计工作，并按照监管机构的要求及时报送。银行在提供保理融资时，有追索权保理按融资金额计入债权人征信信息，无追索权保理不计入债权人及债务人征信信息。银行在为债务人核定信用额度时，不计入债务人征信信息。银行在进行担保付款或垫款时，应按风险发生的实质，决定计入债权人或债务人的征信信息。

小知识

供应链金融

简单地说，供应链金融就是银行将核心企业和上下游企业联系在一起提供灵活运用的金融产品和服务的一种融资模式。即把资金作为供应链的一个溶剂，增加其流动性。一般来说，一个特定商品的供应链从原材料采购，到制成中间及最终产品，最后由销售网络把产品送到消费者手中，将供应商、制造商、分销商、零售商直到最终用户连成一个整体。在这个供应链中，竞争力较强、规模较大的核心企业因其强势地位，往往在交货、价格、账期等贸易条件方面对上下游配套企业要求苛刻，从而给这些企业造成了巨大的压力。而上下游配套企业恰恰大多是中小企业，难以从银行融资，结果最后造成资金链十分紧张，整个供应链出现失衡。

2. 中国银行业保理业务自律公约

中国银行业协会保理专业委员会（以下简称"保理委员会"）是银行业保理业务自律管理

的专业组织，保理委员会成员单位（以下简称"成员单位"）通过成员大会参与自律管理。保理业务自律的宗旨是：依法合规经营，抵制不正当竞争行为，防范业务风险，保障客户利益，共同促进保理业务持续健康运营和发展。保理业务自律的基本要求是：严格遵守有关法律、法规和监管部门规章，诚信经营，不损害客户利益、社会公共利益和行业利益。

成员单位应建立完善的保理业务管理办法、内部风险控制制度、岗位职责、操作规程、从业人员行为规范、会计核算办法，建立完善的信息管理制度，配备高效、安全、可靠的保理业务电子支持系统。

文本链接

国内保理业务合同范本
http://blog.sina.com.cn/s/blog_9c8134f10102wlf3.html

四、国际保理规范性文件

从国际公约和惯例来看，主要有以下三方面的规范性文件：第一是由国际统一私法协会制定的《国际保理公约》，这是迄今国际保理领域唯一的一部专门性国家公约；第二是属国际惯例性质的国际保理商联合会（FCI）制定的《国际保理通则》；第三是由联合国国际贸易法委员会制定的《国际贸易中的应收账款转让公约》，但我国并未加入上述两个公约，根据《民法通则》的规定，只能适用其中的惯例，即《国际保理通则》。

第三节　金融担保法律制度

一、金融担保概述

通常担保是指经济和金融活动中，债权人为防范债务人违约而产生的风险，确保债务得到清偿，降低资金损失，由债务人或第三方以财产、权益或信用提供履约保证或承担相应责任，保障债权实现的一种经济行为。

常用网站

中国融资担保业协会
http://www.chinafga.org/

按照担保业务品种分类，可分为直保、反担保和再担保。中国担保市场业务主要由直保业务和再担保业务构成，通常商业性担保机构仅从事直保业务，再担保业务由政府审批的为数不多的政策性再担保机构承接。

二、我国的信用担保机构类型

从 1993 年信用担保机构试点开始，我国信用担保业务发展已有二十余年，逐步形成了非营利性政策性担保机构、营利性商业性担保机构和互助性担保机构等三种信用担保业态，其中以盈利性商业性担保机构为市场主体。

1. 政策性担保公司

政策性担保公司是指由政府出资、不以营利为目的、具有特定的服务对象、为实现政府政策性目标而设立的担保公司，包括中小企业融资担保公司、出口信用担保公司、中低收入家庭住房置业担保公司、下岗失业人员小额贷款担保公司、农业担保公司等。

东北中小企业信用再担保股份有限公司

2008年2月，在国家发展改革委和财政部等部门的大力支持下，由原国务院振兴东北办，国家开发银行，辽宁、吉林、黑龙江省，内蒙古自治区及大连市政府联合推进，筹建成立了东北中小企业信用再担保股份有限公司，这是政府支持的全国第一家区域性中小企业再担保机构。首期注册资本金30亿元。东北中小企业信用再担保股份有限公司总部设在吉林省长春市，并分别在辽宁、吉林、黑龙江省，以及内蒙古自治区和大连市设立分公司。

2. 营利性商业担保机构

营利性商业担保公司具有以下三个功能：一是风险分担功能，能够通过分担补偿机制，分担一部分或绝大部分中小企业信贷风险；二是信息处理功能，能够通过对贷款申请人的信息收集和处理服务，帮助商业银行增加银企信息对称性；三是商业银行贷款营销服务外包功能，将收集到的贷款申请人打包分类后推介给不同风险偏好和信贷政策的商业银行，帮助贷款申请人从商业银行成功获得贷款。

3. 互助性担保机构

《国务院关于鼓励支持和引导个体私营等非公有制经济发展的若干意见》第13条规定："支持非公有制经济设立商业性或互助性信用担保机构。"互助性信用担保机构简称"互保机构"，是解决非公有制企业特别是中小企业融资难的一种好办法，值得大力推广。互保机构的优势体现在以下几方面：①使中小企业融资相对容易。②可减少中小企业的融资成本；③能减少银行风险。

互助性担保的优势来自民间担保的产权结构、社区性和互助、互督、互保机制。当面临风险时，政策性担保机构通常的做法是将风险转移给政府，而互助性担保机构承担的风险最终由会员分担，容易被潜在的被担保者接受，担保审批人与担保申请人相互较为了解，缓解了信息不对称问题；互助性担保将银行或政府担保组织的外部监督转化为互助性担保组织内部的相互监督，提高了监督的有效性；处于劣势的民营中小企业通过互助性担保联系起来，在和银行谈判时可以争取到较优惠的贷款条件；互助性担保减轻了政府财政负担，可以为政府与民营中小企业沟通创造新的渠道，容易获得政府的支持。

萧山区互助性信用担保机构

浙江省杭州市萧山区新街镇的担保公司，是一家互保性信用担保机构。它们的特点是"会员制、封闭型、社区化、小额度、非营利"。担保公司的会员又是股东，加入时须出资5万到20万元不等。互保公司为每一会员的担保最高限额不超过出资额的5倍。贷款时，会员还须向互保公司提供资产反担保。贷款只收取1‰的手续费，公司没有正式工作人员，是非营利机构。2001年新建时仅9家会员，2005年发展到33家。注册资本金从88万元增加到1 080万元。为会员累计担保441笔2.08亿元的贷款，笔笔到期还本还息。

三、融资性担保公司管理

融资性担保公司是指依法设立，经营融资性担保业务的有限责任公司和股份有限公司。

融资性担保是指担保人与银行业金融机构等债权人约定，当被担保人不履行对债权人负有的融资性债务时，由担保人依法承担合同约定的担保责任的行为。

为加强对融资性担保公司的监督管理，规范融资性担保行为，促进融资性担保行业健康发展，2010年3月8日，经国务院批准，中国银监会、国家发展改革委、工业和信息化部、财政部、商务部、中国人民银行和国家工商总局联合发布《融资性担保公司管理暂行办法》（简称《办法》）。《办法》的规范对象主要是公司制融资性担保机构，即依法设立，经营融资性担保业务的有限责任公司和股份有限公司。

1. 融资性担保公司的设立

设立融资性担保公司及其分支机构，应当经监管部门审查批准。经批准设立的融资性担保公司及其分支机构，由监管部门颁发经营许可证，并凭该许可证向工商行政管理部门申请注册登记。任何单位和个人未经监管部门批准不得经营融资性担保业务，不得在名称中使用融资性担保字样，法律、行政法规另有规定的除外。

设立融资性担保公司，应当具备下列条件：有符合《中华人民共和国公司法》规定的章程；有具备持续出资能力的股东；有符合《办法》规定的注册资本；有符合任职资格的董事、监事、高级管理人员和合格的从业人员；有健全的组织机构、内部控制和风险管理制度；有符合要求的营业场所；监管部门规定的其他审慎性条件。董事、监事、高级管理人员和从业人员的资格管理办法由融资性担保业务监管部际联席会议另行制定。

文本链接

融资性担保公司设立申请材料

http://blog.sina.com.cn/s/blog_9c8134f10102wlf9.html

监管部门根据当地实际情况规定融资性担保公司注册资本的最低限额，但不得低于人民币500万元。注册资本为实缴货币资本。设立融资性担保公司，应向监管部门提交规定的文件、资料。

2. 业务范围

融资性担保公司经监管部门批准，可以经营下列部分或全部融资性担保业务：贷款担保、票据承兑担保、贸易融资担保、项目融资担保、信用证担保以及其他融资性担保业务。融资性担保公司经监管部门批准，可以兼营下列部分或全部业务：诉讼保全担保，履约担保业务，与担保业务有关的融资咨询、财务顾问等中介服务，以自有资金进行投资以及监管部门规定的其他业务。融资性担保公司可以为其他融资性担保公司的担保责任提供再担保和办理债券发行担保业务，但应当同时符合以下条件：近两年无违法、违规不良记录以及监管部门规定的其他审慎性条件。从事再担保业务的融资性担保公司除需满足上述条件外，注册资本还应当不低于人民币1亿元，并连续营业两年以上。

融资性担保公司不得从事下列活动：吸收存款、发放贷款、受托发放贷款、受托投资、监管部门规定不得从事的其他活动。融资性担保公司从事非法集资活动的，由有关部门依法予以查处。

3. 经营规则和风险控制

（1）融资性担保公司应当依法建立健全公司治理结构，完善议事规则、决策程序和内审制度，保持公司治理的有效性。跨省、自治区、直辖市设立分支机构的融资性担保公司，应当设两名以上的独立董事。融资性担保公司应当建立符合审慎经营原则的担保评估制度、决策程序、事后追偿和处置制度、风险预警机制和突发事件应急机制，并制定严格规范的业务操作规程，加强对担保项目的风险评估和管理。融资性担保公司应当配备或聘请经济、金融、法律、技术等方面具有相关资格的专业人才。跨省、自治区、直辖市设立分支机构的融资性担保公司应当设立首席合规官和首席风险官。首席合规官、首席风险官应当由取得律师或注册会计师等相关资格，并具有融资性担保或金融从业经验的人员担任。

（2）融资性担保公司应当按照金融企业财务规则和企业会计准则等要求，建立健全财务会计制度，真实地记录和反映企业的财务状况、经营成果和现金流量。

（3）融资性担保公司收取的担保费，可根据担保项目的风险程度，由融资性担保公司与被担保人自主协商确定，但不得违反国家有关规定。

（4）融资性担保公司对单个被担保人提供的融资性担保责任余额不得超过净资产的10%，对单个被担保人及其关联方提供的融资性担保责任余额不得超过净资产的15%，对单个被担保人债券发行提供的担保责任余额不得超过净资产的30%。融资性担保公司的融资性担保责任余额不得超过其净资产的10倍。融资性担保公司以自有资金进行投资，限于国债、金融债券及大型企业债务融资工具等信用等级较高的固定收益类金融产品，以及不存在利益冲突且总额不高于净资产20%的其他投资。融资性担保公司不得为其母公司或子公司提供融资性担保。融资性担保公司应当按照当年担保费收入的50%提取未到期责任准备金，并按不低于当年年末担保责任余额1%的比例提取担保赔偿准备金。担保赔偿准备金累计达到当年担保责任余额10%的，实行差额提取。差额提取办法和担保赔偿准备金的使用管理办法由监管部门另行制定。

监管部门可以根据融资性担保公司责任风险状况和审慎监管的需要，提出调高担保赔偿准备金比例的要求。融资性担保公司应当对担保责任实行风险分类管理，准确计量担保责任风险。

（5）融资性担保公司与债权人应当按照协商一致的原则建立业务关系，并在合同中明确约定承担担保责任的方式。融资性担保公司办理融资性担保业务，应当与被担保人约定在担保期间可持续获得相关信息并有权对相关情况进行核实。融资性担保公司与债权人应当建立担保期间被担保人相关信息的交换机制，加强对被担保人的信用辅导和监督，共同维护双方的合法权益。融资性担保公司应当按照监管部门的规定，将公司治理情况、财务会计报告、风险管理状况、资本金构成及运用情况、担保业务总体情况等信息告知相关债权人。

案例 6-11

华鼎担保事件

2012年初，华鼎系担保事件给银行与担保公司（特别是民营担保公司）的合作敲响了警钟。一些融资担保机构出资不实或抽逃资本，热衷于担保主业外的高风险、高收益活动，有的仍在从事高利贷、非法吸存、非法集资等活动，存在一些单体机构风险。华鼎担保有限公司（以下简称华鼎公司）于2008年8月成立，注册资本为人民币7.6亿元，总部设在广州。华鼎公司从事违法经营，将被担保企业的贷款资金非法流向了香港（中国）两家上市公司和一家美国公司，导致17亿元贷款无法收回。2012年2月，华鼎公司因涉嫌骗取贷款罪，被公安机关立案侦查，多名高管被刑拘，公司无法正常运作。400多家中小企业受此影响，其中绝大部分无法偿还贷款，银行要求提前偿还贷款，数百家企业面临破产，波及社会金融秩序。

本章小结

本章主要介绍了我国融资租赁、保理以及融资担保法律制度的基本内容，包括融资租赁公司的类型、业务，保理机构的类型及业务以及我国的融资担保机构、业务及法律制度。

第七章

证 券 法

学习目标

通过本章的学习，了解和掌握证券与证券法的概念与特征，证券法的法定分类与学理分类，证券法的调整对象，证券市场主体的基本内容，证券发行和上市的基本法律制度、上市公司并购的基本法律制度以及新三板市场法律制度。

关键概念

证券　证券法　证券监管机构　证券公司　证券业协会　债券　可转换公司债　注册制　证券服务机构　股票发行　证券交易　上市公司收购　借壳上市　新三板

引导案例

证监会处罚信息披露违法违规行为

2016年11月15日晚，某金融信息服务（上海）股份有限公司公告收到中国证券监督管理委员会上海监管局《关于对某金融信息服务（上海）股份有限公司采取出具警示函措施的决定》，事发因2016年7月11日，该公司发生累计约1.98亿标的诉讼，但未及时披露，直到9月13日才披露。该公司2016年10月17日晚间公告称，公司于10月17日收到中国证监会的《调查通知书》，因公司涉嫌信息披露违法违规，中国证监会决定对公司立案调查。与此同时，上海市某律师事务所代理的该公司投资者索赔案刚刚开庭结束，目前正在等待法院的判决，投资者方面对此次索赔胜诉充满了信心。已有十多位投资者向该公司发起索赔，律师还在继续征集投资者发起索赔。

思考： 我国的证券监管机构的职责范围有哪些？

第一节　证券与证券法

一、证券概述

（一）证券的概念

证券是多种经济权益凭证的统称，是用来证明券票持有人享有的某种特定权益的法律凭证。证券的种类繁多，包括资本证券、货币证券和商品证券等。狭义上的证券主要指的是证券市场中的证券产品，其中包括产权市场产品如股票，债权市场产品如债券，衍生市场产品如股票期货、期权、利率期货等。

我国《证券法》所涉及的证券包括股票、公司债券、政府债券、证券投资基金份额、证券衍生品种和国务院依法认定的其他证券。

（二）证券的法律特征

一般认为，证券具有以下几个方面的法律特征。

1. 证券是一种投资凭证

证券是一种投资工具，投资人要取得一定的收益，必须先以支付一定的财产为前提，证券往往即是表明其投资多少的证明文书。但证券这种投资凭证无法动态、及时并客观地反映投资者实际投资的多少，只能以证券面值总额静态、抽象地表彰其投资份额的大小。

2. 证券是一种收益凭证

投资者投资证券取得投资的收益，这种收益一方面表现为证券发行人分派的股息、红利和债券利息等，另一方面则表现为投资者买进卖出证券的交换收益。

3. 证券是一种风险投资工具

证券投资是一种具有市场风险的行为。证券发行人极有可能出现亏损乃至于破产。同时，在证券市场中，因投资者的投机决策失误或不可抗力等因素的发生，投资者的交易收益愿望很有可能无法实现，甚至还会发生交易亏损。

4. 证券具有可流通转让性

证券是一种可流通、可转让的权利证书，可以根据当事人的意志在不同主体间无偿或有偿转让。这一方面使得投资者获取证券交易收益成为可能，另一方面在市场的发展有违于投资者的收益预期时，投资者能够非常便利地转让证券从而达到控制或规避风险的目的。

5. 证券具有定型性

证券的内容和格式实行统一的标准。同一发行人发行的同一品种的证券，无论是证券的面值或标的物的数量，还是其他方面的内容或交易的条件，在符合法律规定的前提下，都要保持高度的一致，例如面值的均等。这样能确保持有人权益的计算，也简化了交易过程，避免歧义，确保交易安全。

（三）证券的种类

我国证券法规定的证券为股票、公司债券和国务院依法认定的其他证券。其他证券主要指投资基金份额、非公司企业债券、国家政府债券等。其中，主要是股票和债券。

1. 股票

股票是股份公司发行的证明股东在公司中投资入股并据此享有股东权利和承担义务的书面凭证。依据《公司法》第128条第2、3款，其必要记载事项为：①公司名称；②公司成立日期；③股票种类、票面金额及其代表的股份数；④股票的编号。发起人的股票还应标明发起人股票字样。股票应有公司法定代表人的签名和公司印章。股票具有收益性、风险性、流通性和参与性的特点。

2. 债券

债券是政府、金融机构、工商企业等依法向社会发行的、约定在一定期限还本付息的债权债务凭证。债券的特征主要有偿还性和收益性、流通性、相对安全性等特点。根据发行主体不同，债券包括政府债券、金融债券、企业债券、公司债券等类型。公司债券的发行主体是有限责任公司和股份有限公司。我国《证券法》中规定的债券主要是指公司债。

想一想

公司债和企业债有什么区别？

3. 衍生证券

衍生证券是由基础证券衍生出来的交易品种，如认股权证。认购权证是股份公司给予持股人的无期限地或一定期限内以确定的价格购买一定数量的公司股票的权利证明，是持证人认购公司股票的一种选择权。认购权证一般附加在公司股票或公司债券上配售发行，属于一种有价证券。

想一想

股票和债券有什么区别？

二、证券法

证券法是调整证券发行、交易和国家对证券市场监管过程中所发生的社会关系的法律规范的系统。

证券法有广义和狭义之分，广义的证券法是指与证券有关的一切法律规范的总称。我国现行的证券立法包括证券市场的基本法律、关于发行外资股的法规、有关信息披露的规章、有关证券交易所的法规、关于证券投资基金的法规和处罚证券市场违法行为的法规。狭义的证券法是指调整在证券发行、交易和管理过程中发生的各种社会关系的法律规范的总称，专指 1998 年 12 月 29 日由九届全国人大常委会第六次会议审议通过并于 1999 年 7 月 1 日起实施的《中华人民共和国证券法》(以下简称《证券法》)。证券法与公司法是姐妹法，公司法规范公司的组织和行为，证券法调整证券的发行与交易，故可将公司法称为组织法，证券法称为行为法。

证券法的基本原则包括：保护投资者合法权益原则，公开、公平、公正原则，自愿、有偿、诚实信用原则，政府统一监管与自律性管理相结合原则。

想一想

公司法与证券法有什么区别和联系？

三、证券市场主体

1. 证券交易所

证券交易所是依据国家有关法律，经政府证券主管机关批准设立的集中进行证券交易的

有形场所。在我国大陆地区已有多个证券交易所：上海证券交易所、深圳证券交易所、全国中小企业股份转让系统。证券交易所制度分为公司制和会员制两种。这两种证券交易所均可以是政府或公共团体出资经营的（称为公营制证券交易所），也可以是私人出资经营的（称为民营制证券交易所），还可以是政府与私人共同出资经营的（称为公私合营的证券交易所）。

证券交易所的设立和解散，由国务院决定。申请设立证券交易所，首先由中国证监会进行审核，再报国务院进行批准。设立证券交易所必须制定章程。证券交易所章程的制定和修改，必须经国务院证券监督管理机构批准。证券交易所必须在其名称中标明证券交易所字样。其他任何单位或者个人不得使用证券交易所或者近似的名称。

小知识

场外市场

场外交易市场又称柜台交易或店头交易市场，指在交易所外由证券买卖双方当面议价成交的市场。它没有固定的场所，其交易主要利用电话进行，交易的证券以不在交易所上市的证券为主。根据中国证券业协会发布的《场外证券业务备案管理办法》（自 2015 年 9 月 1 日起实施），场外证券业务是指在上海、深圳证券交易所、期货交易所和全国中小企业股份转让系统以外开展的证券业务，包括但不限于场外证券销售与推荐；场外证券资产融资业务等，以及证券监管机构或自律组织根据场外证券业务发展认为需要备案的其他场外证券业务。

2. 证券公司

证券公司（securities company）是指依照《公司法》和《证券法》的规定设立的并经国务院证券监督管理机构审查批准而成立的专门经营证券业务、具有独立法人地位的有限责任公司或者股份有限公司。证券公司是专门从事有价证券买卖的法人企业。

证券公司分为证券经营公司和证券登记公司。狭义的证券公司是指证券经营公司，是经主管机关批准并到有关工商行政管理局领取营业执照后专门经营证券业务的机构。它具有证券交易所的会员资格，可以承销发行、自营买卖或自营兼代理买卖证券。普通投资人的证券投资都要通过证券商来进行。

证券公司的设立条件包括：①有符合法律、行政法规规定的公司章程；②主要股东具有持续盈利能力，信誉良好，无重大违法违规记录 3 年，净资产不低于人民币 2 亿元；③有符合本法规定的注册资本；④董事、监事、高级管理人员具备任职资格，从业人员具有证券从业资格；⑤有完善的风险管理与内部控制制度；⑥有合格的经营场所和业务设施；⑦法律、行政法规规定的和经国务院批准的国务院证券监督管理机构规定的其他条件。

证券公司的业务范围包括：①证券经纪；②证券投资咨询；③与证券交易、证券投资活

动有关的财务顾问；④证券承销与保荐；⑤证券自营；⑥证券资产管理；⑦其他证券业务。证券公司经营上述第①至③项业务的，注册资本最低限额为人民币 5 000 万元；经营第④至⑦项业务之一的，注册资本最低限额为人民币 1 亿元；经营第④至⑦项业务中两项以上的，注册资本最低限额为人民币 5 亿元。其注册资金必须是实缴资金。

案例 7-1

全牌照合资券商华菁证券开业

2016年11月29日，华菁证券于上海正式开业。华菁证券是继申港证券之后CEPA（《内地与香港关于建立更紧密经贸关系的安排》）协议下第二家成立的合资券商。华菁证券由港资股东华兴资本旗下的万诚证券有限公司、内资股东上海光线投资控股有限公司及无锡群兴股权投资管理有限公司三家机构共同发起设立。2016年4月，华菁证券获证监会批复设立；10月28日，获得证监会颁发的"经营证券期货业务许可证"，经营范围包括证券经纪、证券投资咨询、证券承销与保荐、证券资产管理。不同于目前大部分中外合资券商在成立之初只有单一的投行业务牌照，华菁证券是全国性的全牌照证券公司。目前拥有了承销保荐、投资咨询、经纪、资产管理四大牌照。在满足一定的经营期限后，华菁证券可以继续申请自营业务等其他牌照，牌照优势明显。华菁证券注册资本并不高，为人民币10亿元。

证券公司的业务规则主要有：①业务风险隔离制度。证券公司应当建立健全内部控制制度，采取有效隔离措施，防范公司与客户之间不同客户之间的利益冲突。证券公司必须将其证券经纪业务、证券承销业务、证券自营业务和证券资产业务分开办理，不得混合操作。②证券自营规则。证券公司自营业务必须以自己的名义进行，不得假借他人名义或者以个人名义进行。证券公司的自营业务必须使用自有资金和依法筹集的资金。证券公司不得将其自营账户借给他人使用。③自主经营的权利。证券公司依法享有自主经营的权利，其合法经营不受干涉。④客户资金的管理。证券公司客户的交易结算资金应当存放在商业银行，以每个客户的名义单独立户管理。具体办法和实施步骤由国务院规定。证券公司不得将客户的交易结算资金和证券归入其自有财产。禁止任何单位或个人以任何形式挪用客户的交易结算资金和证券。证券公司破产或者清算时，客户的交易结算资金和证券不属于其破产财产或者清算财产。非因客户本身的债务或者法律规定的其他情形，不得查封、冻结、扣划或者强制执行客户的交易结算资金和证券。⑤委托书的设置与保管。《证券法》第140条规定，证券公司办理经纪业务，应当置备统一制定的证券买卖委托书，供委托人使用。采取其他委托方式的必须作出委托记录。客户的证券买卖，不论是否成交，其委托记录应当按照规定的期限，保存于证券公司。⑥办理委托事宜要求。证券公司接受证券买卖的委托，应当根据委托书载明的证券名称、买卖数量、出价方式、价格幅度等，按照交易规则代理买卖证券，如实进行交易记录；买卖成交后，证券公司应当按照规定制作买卖成交报告单交付客户。证券交易中确认交易行为及其交易结果的对账单必须真实，并由交易经办人员以外的审核人员逐笔审核，保证账面证券余额与实际持有的证券相一致。⑦禁止接受客户的全权委托。证券公司办理经纪业务，不得接受客户的全权委托而决定证券买卖、选择证券种类、决定买卖数量或者买卖价格。⑧禁止对客户作出收益或赔偿的承诺。证券公司不得以任何方式对客户证券买卖的收益或者赔偿证券买卖的损失作出承诺。⑨禁止私下接受客户委托。证券公司及其从业人员不得未经过其依法设立的经营场所私下接受客户委托买卖证券。

证券公司的从业人员在证券交易活动中，执行所属的证券公司的指令或者利用职务违反交易规则的，由所属的证券公司承担全部责任。证券公司应当妥善保存客户开户资料、委托记录、交易记录和与内部管理、业务经营有关的各项资料，任何人不得隐匿、伪造、篡改或者毁损。上述资料的保存期限不得少于 20 年。证券公司应当按照规定向国务院证券监督管理机构报送业务、财务等经营管理信息和资料。国务院证券监督管理机构有权要求证券公司及其股东、实际控股人在指定的期限内提供有关信息、资料。证券公司及其股东、实际控股人向国务院证券监督管理机构报送或者提供的信息、资料，必须真实、准确、完整。国务院证券监督管理机构认为有必要时，可以委托会计事务所、资产评估机构对证券公司的财务状况、内部控制状况、资产价值进行审计或者评估。具体办法由国务院证券监督管理机构会同有关主管部门制定。

3. 证券登记结算机构

证券登记结算机构是指为证券的发行和交易活动办理证券登记、存管、结算业务的中介服务机构。证券登记结算机构为证券交易提供集中的登记、托管与结算服务，是不以营利为目的的法人。设立证券登记结算机构必须经国务院证券监督管理机构批准。

4. 证券服务机构

证券服务机构是指依法设立的从事证券服务业务的法人机构。证券服务业务包括：证券投资咨询；证券发行及交易的咨询、策划、财务顾问、法律顾问及其他配套服务；证券资信评估服务；证券集中保管；证券清算交割服务；证券登记过户服务；证券融资；经证券管理部门认定的其他业务。证券服务机构是提供有偿服务的机构。《证券法》第 172 条规定，从事证券服务业务的投资咨询机构和资信评级机构，应当按照国务院有关主管部门规定的标准或者收费办法收取服务费用。证券服务机构必须对其提供的服务承担法律责任。

5. 证券业协会

中国证券业协会于 1991 年 8 月 28 日成立，总部设在北京。中国证券业协会的会员分为团体会员和个人会员，团体会员为证券公司。《证券法》规定，证券公司应当加入证券业协会。个人会员只限于证券市场管理部门有关领导以及从事证券研究及业务工作的专家，由协会根据需要吸收。

证券业协会履行下列职责：①协助证券监督管理机构教育和组织会员执行法律、行政法规；②依法维护会员的合法权益，向证券监督管理机构反映会员的建议和要求；③收集整理信息，为会员提供服务；④制定会员应遵守的规则，组织会员单位从业人员的业务培训，开展会员间的业务交流；⑤调解会员之间、会员与客户之间发生的纠纷；⑥组织会员就证券业的发展、运作及有关内容进行研究；⑦监督、检查会员行为，对违反法律、行政法规或者协会章程的，按规定给予纪律处分；⑧国务院证券监督管理机构赋予的其他职责。

第二节 证券发行

一、证券发行概述

1. 概念和特征

证券发行（securities issuance）是指政府、金融机构、工商企业等发行人以募集资金为目的向投资者出售代表一定权利的有价证券的一系列行为的的总称。证券发行是伴随生产社会化和企业股份化而产生的，同时也是信用制度高度发展的结果。随着生产社会化程度的不断提高，尤其是 18 世纪下半叶开始的英国工业革命，大机器生产逐步取代了工场手工业，独资和合伙企业越来越暴露出严重的弊端。信用制度的建立和发展使得证券发行行为的产生成为可能。

证券的发行是证券第一次在公开市场上与公众见面，因此证券发行市场又称为证券的一级市场。相应的，已发行的证券在证券市场继续交易和流通，证券交易和流通市场则称为二级市场。证券发行市场是证券流通市场的基础，是证券交易的前提。对于企业来说，证券发行具有重要的价值：第一，帮助发行人筹集资金；第二，通过证券发行前后的行为完善公司治理结构，转换企业经营机制；第三，改善发行人资本结构；第四提升企业价值，增强企业发展后劲；第五，实现资本资源的优化配置。

证券发行的基本原则包括公开原则（也称信息公开制度）、公平原则、公正原则。三公原则不仅指导证券发行，而且贯穿于整个证券市场的始终，三者密切联系，相互配合，构成不可分割的有机整体。公开原则是公平、公正原则的前提和基础，只有信息公开，才能保证参与者公平地参与竞争，实现公正的结果。

🦔 新闻链接

证券市场最强监管风暴来袭
http://news.163.com/15/0902/11/
B2GMBOBC00014AED.html

2. 证券发行的类型

根据股票发行对象的不同，可以将股票发行方式分为非公开发行与公开发行。依据证券发行时发行人设立与否，可以分为设立发行与增资发行。增资发行分有偿增资和无偿增资。有偿增资可分为配股与按一定价格向社会增发新股票。无偿增资就是指送股。无偿增资可分为积累转增资和红利转增资。积累转增资是指将法定盈余公积金或资本公积金转为资本送股，按比例赠给老股东。红利转增资是指公司将当年分派给股东的红利转为增资，采用新发行股票的方式代替准备派发的股息和红利送给股东，这就是所谓送红股。依据证券的发行是否借助承销机构（中介），则可以分为直接发行和间接发行。此外，对于股票发行而言，我国准许平价发行和溢价发行，但不允许折价发行。

3. 证券发行审核制度

目前我国的证券发行制度处在核准制向注册制的过渡时期。为推进注册制改革，我国已经引入保荐制。凡是发行依法应采取承销方式的股票和可转换为股票的公司债券，或法律、行政法规规定实行保荐制度的其他证券，均需聘请具有保荐资格的机构担任保荐人，为证券发行出具保荐书。

目前，公开发行证券仍然实行核准制，上市公司非公开发行新股亦然。企业直接或者间接到境外发行证券或者将其证券在境外上市交易，则实行审批制。核准机关则因证券类型而异。股票发行由中国证监会核准，权证发行由证券交易所核准，而公司债券发行则由国务院授权的部门或证监会核准。国务院授权的部门包括中国人民银行和国家发展与改革委员会。核准之后，发现核准决定错误，纠正措施则视证券是否发行而定。如尚未发行，撤销核准决定，停止发行。如已经发行而未上市，同样撤销该决定，由发行人依照发行价加上同期银行存款利息返还给持有人。对于保荐人，除能够证明自己无过错外，应与发行人承担连带责任。发行人的控股股东、实际控制人有过错的，亦与发行人承担连带责任。

新闻链接

一图看懂股票发行注册制改革

http://money.163.com/15/1227/16/BBRUFI0D00254IU4.html

2015 年 12 月 27 日，第十二届全国人大常委会第十八次会议通过了关于授权国务院在实施股票发行注册制改革中调整适用《证券法》有关规定的决定。决定授权国务院对拟在上海证券交易所、深圳证券交易所上市交易的股票的公开发行，调整适用《证券法》关于股票公开发行核准制度的有关规定，实行注册制度，具体实施方案由国务院作出规定，报全国人大常委会备案。

二、证券发行的条件

（一）证券发行条件概述

发行证券，分为公开发行和非公开发行两种方式。公开发行主要是指向社会公众发行，由于涉及公众利益，必须符合法律、行政法规规定的条件，并依法报经国务院证券监督管理机构或者国务院授权的部门核准；未经依法核准，任何单位和个人不得公开发行证券。非公开发行主要是指向一定数量的特定对象发行证券，这种发行涉及人数较少，且投资者对发行人的情况比较了解，发行行为对社会影响较小，国家对这种行为的监管较公开发行宽松。

公开发行的界定是：①向不特定对象发行证券。这是指向社会公众发行证券，发行对象的不特定性，是公开发行的特征之一。无论发行对象人数多少，只要是不特定的社会公众，都属于公开发行。②向累计超过 200 人的特定对象发行证券。③法律、行政法规规定的其他发行行为。

公开发行证券，必须符合法律、行政法规规定的条件。这主要是指证券法和公司法的相关规定及国务院制定的有关行政法规的规定。设立股份有限公司公开发行股票，应当符合公司法规定的条件和经国务院批准的国务院证券监督管理机构规定的其他条件。

1. 健全且运行良好的组织机构

这包括五个方面：①公司章程合法有效，股东大会、董事会、监事会和独立董事制度健全，能够依法有效履行职责。②公司内部控制制度健全，能够有效保证公司运行的效率、合法合规性和财务报告的可靠性；内部控制制度的完整性、合理性、有效性不存在重大缺陷。③现任董事、监事和高级管理人员具备任职资格，能够忠实和勤勉地履行职务，不存在违反《公司法》第 148 条、149 条规定的行为，且近 36 个月内未受到过中国证监会的行政处罚、近 12 个月内未受到过证券交易所的公开谴责。④上市公司与控股股东或实际控制人的人员、资产、财务分开，机构、业务独立，能够自主经营管理。⑤近 12 个月内不存在违规对外提供担保的行为。

2. 可持续的盈利能力

这包括以下几个条件：①3 个会计年度连续盈利。扣除非经常性损益后的净利润与扣除前的净利润相比，以低者作为计算依据。②业务和盈利来源相对稳定，不存在严重依赖于控股股东、实际控制人的情形。③现有主营业务或投资方向能够可持续发展，经营模式和投资计划稳健，主要产品或服务的市场前景良好，行业经营环境和市场需求不存在现实或可预见的重大不利变化。④高级管理人员和核心技术人员稳定，12 个月内未发生重大不利变化。⑤公司重要资产、核心技术或其他重大权益的取得合法，能够持续使用，不存在现实或可预见的重大不利变化。⑥不存在可能严重影响公司持续经营的担保、诉讼、仲裁或其他重大事项。⑦24 个月内曾公开发行证券的，不存在发行当年营业利润比上年下降 50%以上的情形。

3. 良好的财务状况

这包括以下几个条件：①会计基础工作规范，严格遵循国家统一会计制度的规定。②三年及一期财务报表未被注册会计师出具保留意见、否定意见或无法表示意见的审计报告；被注册会计师出具带强调事项段的无保留意见审计报告的，所涉及的事项对发行人无重大不利影响或者在发行重大不利影响前已经消除。③资产质量良好。不良资产不足以对公司财务状况造成重大不利影响。④经营成果真实，现金流量正常。营业收入和成本费用的确认严格遵循国家有关企业会计准则的规定，三年资产减值准备计提充分合理，不存在操纵经营业绩的情形。⑤最近三年以现金方式累计分配的利润不少于最近三年实现的年均可分配利润的 20%。

4. 无重大违法行为

上市公司 36 个月内财务会计文件无虚假记载，且不存在下列重大违法行为：①违反证券法律、行政法规或规章，受到中国证监会的行政处罚，或者受到刑事处罚；②违反工商、税收、土地、环保、海关法律、行政法规或规章，受到行政处罚且情节严重，或者受到刑事处罚；③违反国家其他法律、行政法规且情节严重的行为。

5. 募集资金的数额和用途合规

上市公司募集资金的数额和使用应当符合下列规定：①募集资金数额不超过项目需要量；②募集资金用途符合国家产业政策和有关环境保护、土地管理等法律和行政法规的规定；③除金融类企业外，本次募集资金使用项目不得为持有交易性金融资产和可供出售的金融资产、借予他人、委托理财等财务性投资，不得直接或间接投资于以买卖有价证券为主要业务的公司；④投资项目实施后，不会与控股股东或实际控制人产生同业竞争或影响公司生产经营的独立性；⑤建立募集资金专项存储制度，募集资金必须存放于公司董事会决定的专项账户。

6. 不得具有的情形

上市公司存在下列情形之一的，不得公开发行证券：①本次发行申请文件有虚假记载、误导性陈述或重大遗漏；②擅自改变前次公开发行证券募集资金的用途而未作纠正；③上市公司12个月内受到过证券交易所的公开谴责；④上市公司及其控股股东或实际控制人12个月内存在未履行向投资者作出的公开承诺的行为；⑤上市公司或其现任董事、高级管理人员因涉嫌犯罪被司法机关立案侦查或涉嫌违法违规被中国证监会立案调查；⑥严重损害投资者的合法权益和社会公共利益的其他情形。

（二）股票发行的条件

1. 设立发行

只有股份有限公司才能发行股票。对于设立发行，只要符合公司法规定的条件和国务院批准的证监会规定的其他条件即可。

2. 首次公开发行

根据《中华人民共和国证券法》和《首次公开发行股票并上市管理办法》的有关规定，首次公开发行股票并上市的有关条件与具体要求如下：满足主体资格、公司治理、独立性、同业竞争关联交易等方面的要求。在财务要求方面，要求发行前三年的累计净利润超过3 000万元；发行前三年累计净经营性现金流超过5 000万元或累计营业收入超过3亿元；无形资产与净资产比例不超过20%；过去三年的财务报告中无虚假记载。

股本及公众持股方面，发行前不少于3 000万股；上市股份公司股本总额不低于人民币5 000万元；公众持股至少为25%；如果发行时股份总数超过4亿股，发行比例可以降低，但不得低于10%；发行人的股权清晰，控股股东和受控股股东、实际控制人支配的股东持有的发行人股份不存在重大权属纠纷。

其他要求包括：发行人最近三年内主营业务和董事、高级管理人员没有发生重大变化，实际控制人没有发生变更；发行人的注册资本已足额缴纳，发起人或者股东用作出资的资产的财产权转移手续已办理完毕，发行人的主要资产不存在重大权属纠纷；发行人的生产经营符合法律、行政法规和公司章程的规定，符合国家产业政策；最近三年内不得有重大违法行为。

3. 新股发行

公开发行与非公开发行区别对待。上市公司非公开发行新股的条件，由证监会制定，并报国务院批准。公开发行新股的法定条件为：①具备健全且运行良好的组织机构；②具有持续盈利能力，财务状况良好；③最近3年财务会计文件无虚假记载，无其他重大违法行为；④经国务院批准的证监会规定的其他条件。若公司擅自改变公开发行股票募集资金的用途，而未作纠正，或未经股东大会认可，亦不得公开发行新股。

根据《上市公司证券发行管理办法》第13条,向不特定对象公开募集股份(简称"增发")还应当符合下列规定:①最近三个会计年度加权平均净资产收益率平均不低于 6%。扣除非经常性损益后的净利润与扣除前的净利润相比,以低者作为加权平均净资产收益率的计算依据。②除金融类企业外,最近一期末不存在持有金额较大的交易性金融资产和可供出售的金融资产、借予他人款项、委托理财等财务性投资的情形。③发行价格应不低于公告招股意向书前 20 个交易日公司股票均价或前一个交易日的均价。

延伸阅读

配股是怎么回事,配股怎么操作?
http://www.southmoney.com/zhishi/peigu/278295.html

4. 配股发行

配股发行是指上市公司在获得有关部门批准后,向现有股东提出配股建议,使现有股东可按照其所持股份的比例认购配售股份的行为。上市公司向原股东配股,需要符合三个条件:①拟配售股份数量不超过本次配售股份前股本总额的 30%;②控股股东应在股东大会召开前公开承诺认配股份的数量;③需采用代销方式发行。

(三)公司债发行的条件

1. 首次发行

公司首次公开发行债券需要符合 6 个条件。①股份有限公司的净资产不低于人民币 3 000 万元,有限责任公司的净资产不低于人民币 6 000 万元;②累计债券余额不超过公司净资产的 40%;③最近三年平均可分配利润足以支付公司债券一年的利息;④筹集的资金投向符合国家产业政策;⑤债券的利率不超过国务院限定的利率水平;⑥国务院规定的其他条件。公开发行公司债券筹集的资金,必须用于核准的用途,不得用于弥补亏损和非生产性支出。

2. 再次发行

有下列情形之一的,不得再次公开发行公司债券:①前一次公开发行的公司债券尚未募足;②对已公开发行的公司债券或者其他债务有违约或者延迟支付本息的事实,仍处于继续状态;③违反本法规定,改变公开发行公司债券所募资金的用途。

(四)可转换公司债券发行的条件

可转换债券是债券的一种,可以转换为债券发行公司的股票,通常具有较低的票面利率。

延伸阅读

可转换债券投资的特点与优缺点
http://finance.n8n8.cn/news/licai/512598.html

本质上讲,可转换债券是在发行公司债券的基础上,附加了一份期权,允许购买人在规定的时间范围内将其购买的债券转换成指定公司的股票。

公开发行可转换公司债券的公司,应当符合下列规定:①3 个会计年度加权平均净资产收益率平均不低于 6%。②本次发行后累计公司债券余额不超过一期末净资产额的 40%;③3 个会计年度实现的年均可分配利润不少于公司债券一年的利息。前款所称可转换公司债券,是指发行公司依法发行、在一定期间内依据约定的条件可以转换成股份的公司债券。

(五)非公开发行股票的条件

对于上市公司而言,非公开发行股票需达到 3 个条件:一是特定对象需合规,即符合上市公司股东大会决议所规定的要求，且不超过 10 人。二是上市公司非公开发行股票符合 4 个条件，即：①发行价格不低于定价基准日前 20 个交易日公司股票均价的 90%。②本次发行的股份自发行结束之日起，12 个月内不得转让；控股股东、实际控制人及其控制的企业认购的股份，36 个月内不得转让。③募集资金使用符合规定。④本次发行将导致上市公司控制权发生变化的，还应当符合中国证监会的其他规定。三是上市公司本身不存在规定的消极情形，否则，该公司不得非公开发行股份。这些消极情形为。①本次发行申请文件有虚假记载、误导性陈述或重大遗漏。②其权益被控股股东或实际控制人严重损害且尚未消除。③其本身及其附属公司违规对外提供担保且尚未解除。④现任董事、高管最近 36 个月内受到过中国证监会的行政处罚，或者最近 12 个月内受到过证券交易所公开谴责。⑤公司或现任董事、高管因涉嫌犯罪正被司法机关立案侦查或涉嫌违法违规正被中国证监会立案调查。⑥最近一年及一期财务报表被注册会计师出具保留意见、否定意见或无法表示意见的审计报告；保留意见、否定意见或无法表示意见所涉及事项的重大影响已经消除或本次发行涉及重大重组的除外。⑦严重损害投资者合法权益和社会公共利益的其他情形。

> **案例 7-2**
>
> **定增过程中发生的避损型内幕交易**
>
> 2015 年 9 月 29 日，证监会披露已对 11 宗案件调查审理完毕，案件已经进入告知程序。其中有 3 起内幕交易案，包含吴某、刘某在渝三峡 A 定增过程中发生的避损型内幕交易。具体案情如下：吴某在重庆三峡油漆股份有限公司筹划定向增发股票事项中，与上市公司顾问联络后，随后与刘某联络，两人的证券交易活动在上述联络发生后明显异常，与内幕信息的形成过程高度吻合，不能作出合理解释。吴某规避损失 510 043.44 元，刘某规避损失 92 960.97 元。证监会决定没收吴某违法所得 51 万元，并处以等额罚款，没收刘某违法所得 9.3 万元，并处以等额罚款。

三、证券承销

证券承销是证券经营机构代理证券发行人发行证券的行为。它是证券经营机构最基础的业务活动之一。当一家发行人通过证券市场筹集资金时，就要聘请证券经营机构来帮助它销售证券。证券经营机构借助自己在证券市场上的信誉和营业网点，在规定的发行有效期限内将证券销售出去，这一过程称为承销。承销包括包销和代销两种方式。

代销是指证券承销人代发行人发售证券，在承销期间届满后将未售出的证券全部退还给发行人的承销方式。发行人与承销人为委托代理关系，作为代理人的承销人仅负责办理委托事项，即发售证券，其行为的后果当然地归于发行人。代销一般是由投资银行认为该证券的信用等级较低，承销风险大而形成的。这时投资银行只接受发行者的委托，代理其销售证券，如在规定的期限计划内发行的证券没有全部销售出去，则将剩余部分返回证券发行者，发行风险由发行者自己承担。

包销是指发行人与承销机构签订合同，由承销机构买下全部或销售剩余部分的证券，承担全部销售风险。适用于那些资金需求量大、社会知名度低而且缺乏证券发行经验的企业。证券包销又分两种方式：全额包销和定额包销。

史上最重欺诈发行罚单

2016年7月8日，中国证监会对创业板上市公司某某电气涉嫌欺诈发行及信息披露违法违规案正式开出罚单，并启动强制退市程序。这是证监会有史以来针对欺诈发行开出的"最重罚单"，该公司将成为首个因欺诈发行而退市的公司。根据通报，证监会对该公司及其17名现任或时任董事、监事、高管及相关人员进行行政处罚，并对该公司实际控制人、董事长、时任总会计师采取终身证券市场禁入措施。证监会向某证券公司和某会计师事务所送达了行政处罚事先告知书，并对某律师事务所展开调查。根据证监会2014年10月实施的《关于改革完善并严格实施上市公司退市制度的若干意见》的规定，深交所将在证监会对该公司作出行政处罚决定后，启动该公司退市程序。根据相关规定，因欺诈发行暂停上市后不能恢复上市，且创业板没有重新上市的制度安排。某证券公司已出资5.5亿元设立先行赔付专项基金。

第三节　证券上市与交易

一、证券上市概述

证券上市是指发行人的股票、债券等按照法定条件和程序，在证券交易所或其他依法设立的证券交易所公开挂牌交易的行为。证券上市是连接证券发行与证券场内交易的桥梁。证券上市还确立了证券交易所与上市公司之间的自律监管关系。

1. 条件

与证券发行一样，证券上市亦需符合一定条件。不符合条件的，不得上市交易。非依法发行的证券，不得上市交易。

（1）股票上市的条件

股份有限公司申请股票上市，应当符合下列条件：①股票经国务院证券监督管理机构核准已公开发行。②公司股本总额不少于人民币 3 000 万元。③公开发行的股份达到公司股份总数的 25%以上；公司股本总额超过人民币 4 亿元的，公开发行股份的比例为 10%以上。④公司最近 3 年无重大违法行为，财务会计报告无虚假记载。证券交易所可以规定高于上述规定的上市条件，并报国务院证券监督管理机构批准。国家鼓励符合产业政策并符合上市条件的公司股票上市交易。

根据 2014 年修订的《首次公开发行股票并在创业板上市管理办法》，发行人申请在创业板首次公开发行股票应当符合下列条件：①发行人是依法设立且持续经营三年以上的股份有限公司。有限责任公司按原账面净资产值折股整体变更为股份有限公司的，持续经营时间可以从有限责任公司成立之日起计算。②最近两年连续盈利，最近两年净利润累计不少于 1 000 万元；或者最近一年盈利，最近一年营业收入不少于 5 000 万元。净利润以扣除非经常性损益前后孰低者为计算依据。③最近一期末净资产不少于 2 000 万元，且不存在未弥补亏损。④发行后股本总额不少于 3 000 万元。

申请股票上市交易，应当向证券交易所报送下列文件：①上市报告书；②申请股票上市的股东大会决议；③公司章程；④公司营业执照；⑤依法经会计师事务所审计的公司最近 3

年的财务会计报告；⑥法律意见书和上市保荐书；⑦最近一次的招股说明书；⑧证券交易所上市规则规定的其他文件。

（2）公司债券上市的条件

申请公司债券上市交易，应当符合下列条件：①公司债券的期限为 1 年以上；②公司债券实际发行额不少于人民币5 000 万元；③公司申请债券上市时应符合法定的公司债券发行条件。

申请公司债券上市交易，应当向证券交易所报送下列文件：①上市报告书；②申请公司债券上市的董事长决议；③公司章程；④公司营业执照；⑤公司债券募集办法；⑥公司债券的实际发行数额；⑦证券交易所上市规则规定的其他文件。申请可转换为股票的公司债券上市交易，还应当报送保荐人出具的上市保荐书。

2. 核准

证券上市有授权上市和申报上市两种审核体制。授权上市是由证券监管机关核准上市申请，申报上市是由证券交易所决定是否上市。日本、韩国和我国台湾地区等采用授权上市制，实质性审查一般由证券交易所完成，证券监管机关最后批准。美国实行申报上市制，上市申请由证券交易所的上市委员会或管理委员会直接审核决定，然后报证券主管机关备案。

3. 挂牌交易

证券上市经核准后，在上市前，发行人应在规定期限内公告股票上市文件、债券上市文件以及有关文件，并将其申请文件备置于指定场所供公众查阅。上市信息公开之后，发行人即可按照证券交易所安排的时间将其证券在证券交易所挂牌交易。公开挂牌交易的首日，证券交易所一般为发行人的证券上市举行仪式。

4. 证券上市的暂停与终止

一经上市，证券即可在证券交易所进行持续交易。但是证券上市并非一上市就定终生，一劳永逸。若发行人出现特定情形，证券上市可能被暂停或终止。

暂停上市是指已上市公司若出现法定原因，应依法暂时停止其发行的上市股票或公司债券的交易。暂停上市是基于法律规定的特殊原因而暂时影响其上市证券的情况，而非决定性地最终否定上市公司的上市资格。终止上市是彻底取消上市公司之上市资格，或者取消上市证券挂牌交易资格的制度。

上市暂停与终止均由证券交易所决定，并应及时公告，报中国证监会备案。对证券交易所作出的不予上市、暂停上市、终止上市决定不服的，可以向证券交易所设立的复核机构申请复核。

案例 7-4

上市公司退市

从2001到2011年，沪深交易所有45家公司陆续退市。自上交所2007年12月终止大庆联谊股票上后，2013年*ST炎黄、*ST创智两家公司退市，是A股自2007年来的首批退市案例。2016年3月21日，上交所发布公告称，终止珠海市博元投资股份有限公司（*ST博元）股票上市。根据规定，*ST博元将于29日进入退市整理期，交易30个交易日，涨跌幅限制为10%。退市整理期交易届满30个交易日后，上交所将在5个交易日内对*ST博元股票予以摘牌，公司股票终止上市。*ST博元被摘牌后，其股份转入全国中小企业股份转让系统，股东可以在股转系统进行股份转让。

二、证券交易概述

（一）证券交易的概念

证券交易（securities transaction）是指证券持有人依照交易规则，将证券转让给其他投资者的行为。证券交易除应遵循《证券法》规定的证券交易规则，还应同时遵守《公司法》及《合同法》规则。与一般的商品买卖相比，其买卖对象限于已发行的证券，非依法发行的证券，不得买卖。

依据证券交易的场所，可以将其分为场内交易与场外交易；依据交易价格的形成方式，可以将其分为竞价交易与议价交易；依据交割期限与投资方式，又可以将其分为现货交易、信用交易、期货交易和回购。

（二）证券交易的一般规则

根据《证券法》的规定，在证券交易中，应遵守如下一般规则。

1. 证券交易的标的合法

证券交易当事人依法买卖的证券，必须是依法发行并交付的证券。非依法发行的证券，不得买卖。

2. 证券交易主体合法

为了防止出现内幕交易、操纵市场等证券欺诈行为，维护证券市场的秩序，立法对有关内幕人员持有、买卖股票作出限制。证券交易所、证券公司和证券登记结算机构的从业人员、证券监督管理机构的工作人员以及法律、行政法规禁止参与股票交易的其他人员，在任期或者法定限期内，不得直接或者以化名、借他人名义持有、买卖股票，也不得收受他人赠送的股票。任何人在成为前款所列人员时，其原已持有的股票，必须依法转让。

3. 在合法的证券交易场所交易

依法公开发行的股票、公司债券及其他证券，应当在依法设立的证券交易所上市交易或者在国务院批准的其他证券交易场所转让。

4. 以合法方式交易

证券交易有现货交易和期货交易两种情况。《证券法》规定，证券交易以现货和国务院规定的其他方式进行交易。《证券法》第40条规定："证券在证券交易所上市交易，应当采用公开的集中交易方式或者国务院证券监督管理机构批准的其他方式。"我国现行《证券法》取消了证券公司不得从事向客户融资或融券的证券交易活动的规定。上交所、深交所于2010年3月31日起正式开通融资融券交易系统，开始接受试点会员融资融券交易申报，融资融券业务正式启动。

（三）证券交易的程序

1. 开立证券账户和资金账户

投资者欲进行证券交易，首先要开设证券账户和资金账户。证券账户用来记载投资者所持有的证券种类、数量和相应的变动情况，资金账户则用来记载和反映投资者买卖证券的货币收付和结存数额。上交所实行全面指定交易制度，深交所实行托管券商制度。开立证券账户和资金账户后，投资者买卖证券所涉及的证券、资金变化就会从相应的账户中得到反映。

> **小知识**
>
> **一投资者最多只能开 3 账户**
>
> 2016 年 10 月 14 日晚，中国证券登记结算有限公司宣布，修订《证券账户业务指南》。从 10 月 15 日起，将个人投资者开立证券账户数量上限由此前的 20 户下调至 3 户。即一个投资者只能申请开立一个一码通账户。一个投资者在同一市场最多可以申请开立 3 个 A 股账户、封闭式基金账户，只能申请开立 1 个信用账户、B 股账户。

2. 交易委托

投资者买卖证券必须通过证券交易所的会员来进行。投资者向经纪商下达买进或卖出证券的指令，称为"委托"。开户后，投资者就可以在证券营业部办理证券委托买卖。

3. 竞价成交

竞价成交按照一定的竞争规则进行，其核心内容是价格优先、时间优先原则。价格优先原则是在买进证券时，较高的买进价格申报优先于较低的买进价格申报；卖出证券时，较低的卖出价格申报优先于较高的卖出价格申报。时间优先原则要求当存在若干相同价格申报时，应当由最早提出该价格申报的一方成交。即同价位申报，按照申报时序决定优先顺序。我国证券交易所在每日开盘前采用集合竞价方式，在开盘后的交易时间里采用连续竞价方式。

4. 股权登记，证券存管、清算、交割、交收

清算是为了减少证券和价款的交割数量，证券登记结算机构对每一营业日成交的证券与价款分别予以轧抵，计算证券和资金的应收或应付净额。通过对同一证券经纪上的同一种证券的买与卖进行冲抵清算，确定应当交割的证券数量和价款数额，以便于按照"净额交收"的原则办理证券和价款的交割。A 股、基金、债券采用 T＋1 交割，B 股采用 T＋3 交割。

案例链接

证券交易纠纷典型十案例
http://www.csai.cn/gupiao/296954.html

三、信息披露

1. 信息披露的含义

信息披露是指公众公司以招股说明书、上市公告书以及定期报告和临时报告等形式，把公司及与公司相关的信息，向投资者和社会公众公开披露的行为。信息披露的完整性和充足度是形成股票市场有效性的必要和充分条件，信息披露是对上市公司的客观要求，也是对市场监管的客观要求。

信息披露是公众公司向投资者和社会公众全面沟通信息的桥梁。投资者和社会公众对上

市公司信息的获取，主要是通过大众媒体阅读各类临时公告和定期报告。投资者和社会公众在获取这些信息后，可以作为投资抉择的主要依据。只有真实、全面、及时、充分地进行信息披露才能对那些持价值投资理念的投资者有所帮助。

2. 信息披露的类型

公司应当披露的信息包括以下几种。

（1）首次披露——招股说明书。首次信息披露的途径主要有招股说明书（适用于公开发行股票）、债券募集说明书（适用于公司发行债券）和上市公告书（适用于证券上市交易）；在股票发行申请文件受理后、发行审核委员会审核前，发行人应当将招股说明书（申报稿）在中国证监会的网站预先披露。预先披露的招股说明书（申报稿）不是发行人发行股票的正式文件，不能含有价格信息，发行人不得据此发行股票；招股说明书中引用的财务报表在其近一期截止日后 6 个月内有效。

（2）上市公告书。上市公告书是发行人于股票上市前，向公众公告发行与上市有关事项的信息披露文件。

（3）定期报告。上市公司根据有关法规于规定时间编制并公布的反映公司业绩的报告称为定期报告。定期报告包括年度报告和中期报告。年度报告是公司会计年度经营状况的全面总结。中期总结是公司半年度经营状况的总结。中期报告分为前半个会计年度的半年度报告和季度报告。季度报告分为一季度（春季度）报告和三季度（秋季度）报告。上市公司的年报一般在次年 4 月底以前发布，中期报告一般 8 月底以前发布，季度报告一般在季度结束次月前发布。具体发布时间交易所网站都有公告。

（4）临时报告。临时报告是指上市公司按有关法律法规及规则规定，在发生某些可能给上市公司股票的市场价格产生较大影响重大事项时，需向投资者和社会公众披露的信息，是上市公司持续信息披露义务的重要组成部分。临时报告包括的内容和形式较为广泛。较为常见的有股东大会决议公告、董事会决议公告、监事会决议公告。其他重大事项也会由一些中介机构同时发布信息，如回访报告、评估报告和审计报告、律师见证报告等。

《证券法》第 67 条规定，发生可能对上市公司股票交易价格产生较大影响的重大事件，投资者未得知时，上市公司应当立即将有关该重大事件的情况向国务院证券监督管理机构和证券交易所报送临时报告，并予公告，说明事件的起因、目前的状态和可能产生的法律后果。

3. 信息披露的主要途径和方式

上市公司披露信息的平面媒体主要是中国证监会指定的一些专业报刊，如《中国证券报》《上海证券报》《中国改革报》《证券时报》《证券日报》和《证券市场周刊——（红蓝）》等证券类报刊。1999年起，上市公司的定期报告全文则在上海证券交易所网站和巨潮资讯网发布。当前，上市公司的临时报告也可以在这两个网站找到。投资者和社会公众可以通过指定报刊和网站，找到自己需要的信息。交易所对上市公司定期报告实行事后审核，对临时报告实行事前审核。

> 👤 **常用网站**
>
> 巨潮资讯
> http://www.cninfo.com.cn/
> cninfo-new/index

四、禁止的交易行为

1. 内幕交易

内幕交易是指内幕人员和以不正当手段获取内幕信息的其他人员违反法律、法规的规定，泄露内幕信息，根据内幕信息买卖证券或者向他人提出买卖证券建议从而谋取利益或减少损失的行为，是一种典型的证券欺诈行为。知悉证券交易内幕信息的知情人员或者非法获取内幕信息的其他人员，不得买入或者卖出所持有的该公司的证券，或者泄露该信息或者建议他人买卖该证券。

内幕人员是指由于持有发行人的证券，或者在发行人、与发行人有密切联系的公司中担任董事、监事、高级管理人员，或者由于其会员地位、管理地位、监管地位和职业地位，或者作为发行人雇员、专业顾问履行职务，能够接触或者获得内幕信息的人员。证券交易内幕信息的知情人包括：①发行人的董事、监事、高级管理人员；②持有公司 5%以上股份的股东及其董事、监事、高级管理人员，公司的实际控制人及其董事、监事、高级管理人员；③发行人控股的公司及其董事、监事、高级管理人员；④由于所任公司职务可以获取公司有关内幕信息的人员；⑤证券监督管理机构工作人员以及由于法定职责对证券的发行、交易进行管理的其他人员；⑥保荐人、承销的证券公司、证券交易所、证券登记结算机构、证券服务机构的有关人员；⑦国务院证券监督管理机构规定的其他人。

内幕信息是指为内幕人员所知悉的，尚未公开并可能影响证券市场价格的重大信息。内幕交易主要包括下列行为：①内幕人员利用内幕信息买卖证券，或者根据内幕信息建议他人买卖证券的行为；②内幕人员向他人泄露内幕信息，使他人利用该信息获利的行为；③非内幕人员通过不正当的手段或者其他途径获得内幕信息，并根据该内幕信息买卖证券，或者建议他人买卖证券的行为。

内幕交易在操作程序上往往与正常的操作程序相同，也是在市场上公开买卖证券，但由于一部分人利用内幕信息，先行一步对市场做出反应，因而具有以下几个方面的危害性：首先，违反了证券市场的"三公"原则，侵犯了广大投资者的合法权益。其次，内幕交易损害了上市公司的利益。一部分人利用内幕信息进行证券买卖，使上市公司的信息披露有失公正，损害了广大投资者对上市公司的信心，从而影响上市公司的正常发展。再次，内幕交易扰乱了证券市场乃至整个金融市场的运行秩序。内幕人员往往利用内幕信息，人为地造成股价波动，扰乱证券市场的正常秩序。世界各国都禁止内幕交易。

案例 7-5

黄某内幕交易案

黄某，原国美电器有限公司法定代表人、北京鹏润房地产开发有限公司法定代表人，北京中关村科技发展（控股）股份有限公司董事。2007年4月，中关村上市公司拟与鹏润公司进行资产置换，黄某参与了该项重大资产置换的运作和决策。在该信息公告前，黄某指令他人借用他人的身份证，开立个人股票账户并由其直接控制。2007年4月27日至6月27日，黄某累计购入中关村股票976万余股，成交额共计人民币（以下币种均为人民币）9 310万余元，账面收益348万余元。2007年7、8月，中关村上市公司拟收购鹏润控股公司全部股权进行重组。在该信息公告前，黄某指使他人以曹某等79人的身份证开立相关个人股票账户，并安排被告杜某协助管理以上股票账户。2007年8月13日至9月28日间，黄某指使杜某等人使用上述账户累计购入中关村股票1.04亿余股，成交额共计13.22亿余元，账面收益3.06亿余元。北京市二中院认为，被告人黄某等人作为证券交易内幕信息的知情人员，在涉及对证券交易价格有重大影响的信息尚未公开前，买入该证券，内幕交易成交额及账面收益均特别巨大，情节特别严重。

2. 操纵市场

操纵市场是指以获取利益或减少损失为目的，利用资金、信息等优势或滥用职权，影响证券市场价格，制造证券市场假象，诱导投资者在不了解事实真相的情况下作出证券投资决定，扰乱证券市场秩序的行为。操纵市场行为人为地扭曲了证券市场的正常价格，使价格与价值严重背离，扰乱了证券市场正常秩序；严重的操纵市场行为会引发社会动荡。

《证券法》第77条规定，禁止任何人以下列手段操纵证券市场：①单独或者通过合谋，集中资金优势、持股优势或者利用信息优势联合或者连续买卖，操纵证券交易价格或者证券交易量；②与他人串通，以事先约定的时间、价格和方式相互进行证券交易，影响证券交易价格或者证券交易量；③在自己实际控制的账户之间进行证券交易，影响证券交易价格或者证券交易量；④以其他手段操纵证券市场。操纵证券市场行为给投资者造成损失的，行为人应当依法承担赔偿责任。

证券经营机构、证券交易场所以及其他从事证券业的机构有操纵市场行为的，根据不同情况，单处或者并处警告、没收非法所得、罚款、限制或者暂停其证券经营业务、其从事证券业务或者撤销其证券经营业务许可、其从事证券业务许可。已上市的发行人有操纵市场行为，情节严重的，可以暂停或者取消其上市资格。个人有操纵市场行为的，根据不同情况，没收其非法获取的款项和其他非法所得，并处以5万元以上50万元以下的罚款。

案例 7-6

徐某操纵市场案

2016年12月5日，资本市场备受关注的上海泽熙投资管理有限公司法定代表人、总经理徐某案在青岛市中级人民法院开庭审理。据财新网报道，此案另两名主犯均与徐某相识多年。徐某案看起来并不复杂。2011年起，徐某等三人涉嫌分别与13家上市公司高管合谋，徐某等人在二级市场拉升股价，协助上市公司高管大股东在大宗交易市场高位减持套现，或通过定向增发后高位抛售，双方还约定减持底价以及高出底价部分的分成。报道称，徐某等三人累计动用400余亿元资金操纵上述股票股价，获利约几十亿元。上述涉案上市公司的多名高管均被另案处理。

3. 欺诈客户

欺诈客户是指证券公司及其从业人员在证券交易及相关活动中，为了谋取不法利益，而违背客户的真实意思进行代理的行为，以及诱导客户进行不必要的证券交易的行为。

《证券法》第79条规定，在证券交易中，禁止证券公司及其从业人员从事下列损害客户利益的欺诈行为：违背客户的委托为其买卖证券；不在规定时间内向客户提供交易的书面确认文件；挪用客户所委托买卖的证券或者客户账户上的资金；未经客户的委托，擅自为客户买卖证券，或者假借客户的名义买卖证券；为牟取佣金收入，诱使客户进行不必要的证券买卖；利用传播媒介或者通过其他方式提供、传播虚假或者误导投资者的信息；其他违背客户真实意思表示，损害客户利益的行为。欺诈客户行为给客户造成损失的，行为人应当依法承担赔偿责任。

《禁止证券欺诈行为暂行办法》将欺诈客户行为分为10类：证券经营机构将自营业务和代理业务混合操作；证券经营机构违背被代理人的指令为其买卖证券；证券经营机构不按国家有关法规和证券交易所业务规则处理证券买卖委托；证券经营机构不在规定时间内向被代理人提供证券买卖书面确认书；证券登记、清算机构不按国家有关法规和本机构业务规则办理清算、交割、过户、登记手续等；证券登记清算机构擅自将顾客委托保管的证券用作抵押；证券经营机构以多获佣金为目的，诱导顾客进行不必要的证券买卖，或在客户的账户上翻炒证券；发行人或者发行人代理人将证券出售给投资者时未向其提供招募说明书；证券经营机构保证客户的交易收益或允诺赔偿客户投资损失；其他违背客户真实意思损害客户利益的行为。可见该《办法》对欺诈客户的行为主体规定得较为广泛，包括发行人及其代理人、证券经营机构，证券登记、结算机构等。我国《证券法》对不同行为主体欺诈客户行为的法律责任作了规定。

案例 7-7

西北证券被责令关闭

西北证券自2004年9月到2005年4月，先后挪用2.79亿元客户保证金，扣除公司账外自营和账外受托客户下的资金余额0.22亿元，实际挪用客户保证金2.57亿元。与此同时，西北证券先后挪用托管在公司法人席位下的客户债券2.33亿元，折合标准债券共计2.2亿元。一系列的违法违规行为也导致西北证券业务纠纷不断。加上西北证券替客户委托管理的公司账户被冻结，无法交易，给客户和公司造成了巨大的经济损失，而相关金融机构将公司贷款抵押的债券强行平仓，更加速了资金链断裂以及公司毁灭进程。中国证监会2005年12月9日对西北证券作出处罚决定，取消西北证券的证券业务许可，并责令其关闭。对西北证券上述违法行为相关责任人员的处理另行作出。

常用网站

中国证券网
http://www.cnstock.com/

4. 虚假陈述

证券市场虚假陈述，是指信息披露义务人违反证券法律规定，在证券发行或者交易过程中，对重大事件作出违背事实真相的虚假记载、误导性陈述，或者在披露信息时发生重大遗漏、不正当披露信息的行为。

虚假陈述共包括虚假记载、误导性陈述、重大遗漏、不正当披露信息四种类型。对于重大事件，应当结合《证券法》第59条、第60条、第61条、第62条、第72条及相关规定的内容认定。虚假记载是指信息披露义务人在披露信息时，将不存在的事实在信息披露文件中予以记载的行为。误导性陈述是指虚假陈述行为人在信息披露文件中或者通过媒体，作出使投资人对其投资行为发生错误判断并产生重大影响的陈述。重大遗漏是指信息披露义务人在信息披露文件中，未将应当记载的事项完全或者部分予以记载。不正当披露是指信息披露义务人未在适当期限内或者未以法定方式公开披露应当披露的信息。

案例 7-8

杭萧钢构虚假陈述、违规信息披露案

2007年2月12日，杭萧钢构股份有限公司董事长在公司2006年度总结表彰大会上披露了公司将介入一个"国外大项目"的重大内幕消息。2月12—14日，杭萧钢构股票连续3个涨停板。2月15日，公司公告正与有关业主洽谈一个境外建设项目，该意向项目整体涉及总金额折合人民币约300亿元，尚未正式签署任何相关合同协议。其后公司股票出现3个涨停板。2007年2月27日—3月12日，公司因重要事项未公告，停牌。2007年3月13日，公司公告与中国国际基金有限公司签订了《安哥拉共和国－安哥拉安居家园建设工程产品销售合同》《安哥拉共和国－安哥拉安居家园建设工程施工合同》，产品销售合同总

价计人民币248.26亿元，施工合同总价计计人民币95.75亿元。其后，公司股票出现连续多个涨停。2007年3月24日，公司又发布公告称："目前合同前期设计准备工作已经开始，合同尚未有实质性的履行，如对方未支付相应款项，公司存在不持续执行的可能。上述建设工程项目合同签订后，公司近期内没有形成收益。项目的进度和收益均存在不确定性，对公司影响还需要一定时间和过程才能逐步体现。"2007年3月30日，公司发布澄清公告，就新华社以通稿形式发布的"杭萧钢构订单利好被公司提前泄漏"一文，澄清公司并无信息披露违规；同时，发布境外建设工程项目合同进展公告。期间，公司股票一直处于异常波动中。2007年4月5日，公司发布公告称，因涉嫌违法违规行为，中国证监会决定对公司立案调查。2007年4月30日，中国证监会经调查、审理终结，认定杭萧钢构存在未按照规定披露信息、披露的信息有误导性陈述的违规行为，下发了对有关当事人的行政处罚决定书。

第四节　上市公司收购

一、上市公司收购概述

上市公司收购在各国证券法中的含义各不相同，一般有广义和狭义之分。狭义的上市公司收购即要约收购，是指收购方通过向目标公司股东发出收购要约的方式购买该公司的有表决权证券的行为；广义的上市公司收购，除要约收购以外，还包括协议收购，即收购方通过与目标公司的股票持有人达成收购协议的方式进行收购。我国上市公司收购可以采取要约收购、协议收购和其他合法的方式收购上市公司。《证券法》《上市公司重大资产重组管理办法》（2016年9月9日发布实施）、《上市公司收购管理办法》（2014年11月23日起施行）、《关于规范上市公司重大资产重组若干问题的规定》是上市公司收购的主要法律依据。

二、要约收购

要约收购是指收购人向被收购的公司发出收购的公告，待被收购上市公司确认后，方可实行收购行为。它是各国证券市场最主要的收购形式，通过公开向全体股东发出要约，达到控制目标公司的目的。要约收购是一种特殊的证券交易行为，其标的为上市公司的全部依法发行的股份。其最大的特点是在所有股东平等获取信息的基础上由股东自主作出选择，因此被视为完全市场化的规范的收购模式，有利于防止各种内幕交易，保障全体股东尤其是中小股东的利益。

要约收购包含部分自愿要约与全面强制要约两种要约类型。部分自愿要约是指收购者依据目标公司总股本确定预计收购的股份比例，在该比例范围内向目标公司所有股东发出收购要约，预受要约的数量超过收购人要约收购的数量时，收购人应当按照同等比例收购预受要约的股份。

通过证券交易所的证券交易，投资者持有或者通过协议、其他安排与他人共同持有一个上市公司已发行的股份达到30%时，继续进行收购的，应当依法向该上市公司所有股东发出收购上市公司全部或者部分股份的要约。

收购上市公司部分股份的收购要约应当约定，被收购公司股东承诺出售的股份数额超过预定收购的股份数额的，收购人按比例进行收购。

三、协议收购

协议收购是指投资者在证券交易场所之外与目标公司的股东（主要是持股比例较高的大股东）就股票价格、数量等方面进行私下协商（相对公开市场而言，而非黑市交易），购买目标公司的股票，以期达到对目标公司的控股或兼并目的。

协议收购采取协议方式收购上市公司的，收购人可以依照法律、行政法规的规定同被收购公司的股东协议转让股份。

四、集中竞价交易收购

集中竞价收购是指在证券交易所通过"集中竞价"的方式完成的收购。集中竞价收购以现金为支付方式，所以为了获得足够比例的股票，收购方必须准备足够的现金。

金融数据

上市公司并购重组数据

2015 年证监会全年共召开了 113 次并购重组委会议，共审核 339 单重组，其中：194 单无条件通过，占比 57.23%；123 单有条件通过，占比 36.28%；22 单未通过，占比 6.49%。和 2014 年相比，2014 年证监会 78 次会议审核了 194 单重组，2015 年数量猛增 70%。据统计，2015 年上市公司公告了 1 444 次并购重组事项，有数据披露的并购事件共涉及交易金额达 15 766.49 亿元，平均每单交易金额 20.14 亿元；而 2014 年全年公告了 475 项重组事件，披露交易金额 2 306.29 亿元，平均每单 10.63 亿元。

五、间接收购

上市公司间接收购，是指收购人在形式上没有直接成为目标公司的股东，但通过投资关系、协议、其他安排导致其拥有权益的股份达到或超过一个上市公司已发行股份的 5%、未超过 30% 的收购。在我国的上市公司收购中，间接收购被广泛地使用。此外，间接收购往往被外国投资者所采用。外国投资者经常根据我国《外商投资产业指导目录》中鼓励和支持的投资方向，整体或部分买断上市公司的母公司或控股股东企业，将该企业变成外商独资企业或外商投资企业，从而间接控股上市公司。

六、上市公司重大资产重组

上市公司重大资产重组的定义是，上市公司及其控股或者控制的公司在日常经营活动之外购买、出售资产或者通过其他方式进行资产交易达到规定的比例，导致上市公司的主营业务、资产、收入发生重大变化的资产交易行为。为了贯彻落实国务院《关于促进企业兼并重组的意见》（国发〔2010〕27 号）、国务院《关于进一步优化企业兼并重组市场环境的意见》（国发〔2014〕17 号）的要求，结合对实践需求和市场各方意见的分析研究，证监会 2014 年10 月公布修订了《上市公司重大资产重组管理办法》（第 109 号令）。本次修订进一步发挥证券市场发现价格、优化资源配置的功能，减少和简化行政许可，支持上市公司进行有利于持续发展的并购重组。

七、上市公司发行股份购买资产

上市公司发行股份购买资产是定向增发的一种特殊形式，其是指上市公司作为交易的一方，向特定对象发行股份购买资产或向发行对象募集资金进行周转，再用现金购买该发行对象的资产。发行股份购买资产本质是一种私募或非公开发行性质的证券发行方式。《上市公司重大资产重组管理办法》专门设立了第五章对发行股份购买资产进行了特别规定。

八、借壳上市

借壳上市并不是一种具体的并购交易结构，而是并购行为的综合。借壳上市可以定义为：非上市公司通过股权收购获得上市公司控制权后，再通过重大资产重组，将非上市公司控制的优质资产置入上市公司，将原来上市公司控制的劣质资产置出上市公司的过程。在这个过程中，上市公司控股股东也发生了变更，非上市资产变为上市资产。

> **案例 7-9**
>
> ### 282 亿借壳中房股份忠旺集团 A 股上市
>
> 2016年3月22日晚间，中房股份发布重大重组公告，公司拟通过重大资产置换+发行股份购买资产的方式，置出原有房地产业务并收购忠旺集团100%股权，转型成为工业铝挤压产品研发制造商。根据方案，忠旺集团初步资产评估值为417亿元，增值率为33.01%，减除忠旺集团在评估基准日后分红135亿元，交易作价282亿元，中房股份拟以每股7.12元向忠旺集团控股公司忠旺精制发行合计39.3亿股购买。同时，中房股份拟以7.12元/股向睿智1号等8名股东非公开发行股份募集配套资金不超过50亿元，拟用于年产60万吨高强度、大截面工业铝挤压产品项目，以及全铝特种车辆项目。交易完成后，忠旺精制将持有中房股份扩大后股本约75%。公司控股股东将变更为忠旺精制，实际控制人将变更为刘忠田，此次重组构成借壳上市。忠旺精制母公司中国忠旺目前已在香港联交所上市，此次，中国忠旺通过将铝挤压业务注入中房股份实现分拆至A股上市。

第五节　新三板市场法律制度

一、新三板市场概述

新三板市场即全国中小企业股份转让系统，是经国务院批准设立的第一家公司制证券交易场所，也是继上海证券交易所、深圳证券交易所之后第三家全国性证券交易所，简称全国股份转让系统，通常称为新三板。

实用网站

全国中小企业股份转让系统官方网站
http://www.neeq.com.cn/

二、新三板挂牌条件

股份有限公司申请股票在新三板挂牌，不受股东所有制的限制，不限于高新技术企业，但应当符合下列条件：①依法设立并存续满两年。有限责任公司按原账面净资产值折股整体变更为股份有限公司的，存续时间可以从有限责任公司成立之日起计算。②业务明确，具有持续经营能力。③公司治理机制健全，合法规范经营。④股权明晰，股票发行和转让行为合法合规。⑤主办券商推荐并持续督导。

2016 年 9 月 9 日，全国股转公司发布关于挂牌条件的《问题解答（二）》，针对挂牌准入涉及的负面清单管理提出具体要求，规定存在四项负面清单情形之一的公司将不符合挂牌准入要求。其中，科技类创新公司最近两年及一期营业收入累计少于 1 000 万元；非科技创新类公司最近两年累计营业收入低于行业同期平均水平；非科技创新类公司最近两年及一期连续亏损；公司最近一年及一期的主营业务中存在国家淘汰落后及过剩产能类产业均被列入负面行为清单。

2016 年 5 月 27 日股转系统公司发布新三板《分层管理办法（试行）》。《分层管理办法》总共 4 章 19 条，包括总则、分层标准和维持标准、层级划分和调整、附则等。将挂牌公司分为基础层和创新层，明确了创新层的准入标准。《分层管理办法》设置了三套并行标准。①最近两年连续盈利，且年平均净利润不少于 2 000 万元（以扣除非经常性损益前后孰低者为计算依据）；最近两年加权平均净资产收益率平均不低于 10%（以扣除非经常性损益前后孰低者为计算依据）。②最近两年营业收入连续增长，且年均复合增长率不低于 50%；最近两年营业收入平均不低于 4 000 万元；股本不少于 2 000 万股。③最近有成交的 60 个做市转让日的平均市值不少于 6 亿元；最近一年年末股东权益不少于 5 000 万元；做市商家数不少于 6 家；合格投资者不少于 50 人。

案例 7-10

上策股份新三板挂牌

大庆上策房地产经纪股份有限公司（证券简称：上策股份；证券代码：837757）的挂牌申请获得批准，并于 2016 年 6 月公开转让。上策股份成立于 2002 年 7 月 22 日。公告显示，上策股份 2013 年度、2014 年度、2015 年 1—10 月营业收入分别为 1 972.82 万元、1 487.08 万元、383.97 万元；净利润分别为 202.37 万元、420.21 万元、292.36 万元。上策股份是一家主要从事房地产营销代理、策划顾问业务的房地产综合服务机构。目前，上策股份营销代理服务分为传统代理服务模式和反向定制服务模式两种。上策股份本次挂牌上市的主办券商为联讯证券，法律顾问为北京大成律师事务所，财务审计为亚太（集团）会计师事务所（特殊普通合伙）。

三、新三板交易机制和规则

新三板挂牌股票的转让方式主要包括做市转让和协议转让。与沪深股票市场类似，已开设全国股转系统账户并在托管券商开立资金结算账户的合格投资者，可通过托管券商柜台、互联网、自助终端等方式委托买卖股票。

新三板现行交易规则主要包括：①以机构投资者为主，合格的自然人也可投资。②实行股份转让限售期。新三板对发起人、控股股东和实际控制人、高级管理人员所持股份转让设定一定的限售期。③设定股份交易最低限额。每次交易要求不得低于 1 000 股，投资者证券账户某一股份余额不足 1 000 股的，只能一次性委托卖出。股票转让单笔申报最大数量不得超过 100 万股。④投资者委托交易。投资者委托分为意向委托、定价委托和成交确认委托，委托当日有效。意向委托、定价委托和成交确认委托均可撤销，但已经报价系统确认成交的委托不得撤销或变更。⑤交易须券商代理。投资者通过券商交易系统进行报价申报、转让或购买委托、成交确认、清算交收等手续，挂牌公司及投资者在代办系统所进行的股份交易的相关手续均须通过券商办理。⑥分级结算原则。新三板交易制度对股份和资金的结算实行分级结算原则。分级结算是指证券登记结算机构与证券公司等结算参与人进行资金和证券的法人结算（又称一级结算）；证券公司再与投资者进行二级结算。⑦依托新三板代办交易系统。

小知识

新三板合格投资者认定标准

1. 符合以下任一条件的机构投资者可认定为合格投资者：

（1）注册资本 500 万元人民币以上的法人机构；

（2）实缴出资总额 500 万元人民币以上的合伙企业；

（3）集合信托计划、证券投资基金、银行理财产品、证券公司资产管理计划，以及由金融机构或者相关监管部门认可的其他机构管理的金融产品或资产；

（4）不满足参与挂牌公司股票公开转让条件，但《全国中小企业股份转让系统投资者适当性管理细则》发布前（2013 年 2 月 8 日以前）已参与挂牌公司买卖交易的机构投资者。

2. 符合以下任一条件的自然人投资者可认定为合格投资者：

（1）证券类资产市值 300 万元人民币以上且交易经验达到 2 年以上的个人客户；

（2）具有会计、金融、投资、财经等相关专业背景或培训经历且证券类资产市值 300 万元人民币以上的个人客户。

3. 特殊情形可参与挂牌公司报价转让买卖交易的投资者：

（1）《全国中小企业股份转让系统投资者适当性管理细则》发布前（2013 年 2 月 8 日以前）已参与挂牌公司买卖交易的自然人投资者，不满足参与挂牌公司股票公开转让条件的；

（2）《全国中小企业股份转让系统投资者适当性管理细则》发布前（2013 年 2 月 8 日以前）的挂牌公司股东；

（3）通过定向发行持有公司股份的股东，不满足参与挂牌公司股票公开转让条件的；

（4）因继承或司法裁决等原因持有挂牌公司股份的股东，不满足参与挂牌公司股票公开转让条件的情况下。

本章小结

本章主要介绍了我国证券法的基本内容，包括证券和证券法的基本概念、证券市场主体的种类和含义、证券发行的定义和条件、证券承销的含义和种类、证券上市和交易、证券市场的禁止行为、上市公司收购以及新三板市场的法律制度。

第八章

期 货 法

学习目标

通过本章的学习，掌握期货法的概念和调整对象，期货交易的概念和功能，期货交易的种类、合约与交易流程，期货市场组织结构与投资者，期货市场监管等内容。

关键概念

期货 期货交易 商品期货 金融期货 期货公司 期货市场监管 保证金制度

引导案例

非法经营期货案件

刘某，在上海登记注册了某投资咨询有限公司。他在明知自己公司未向有关主管部门申请、未经批准获得从事证券、期货经营资质的情况下，称公司系香港某投资有限公司在上海的代理商，并称香港的公司具有香港恒生股指期货交易资质，自己的公司是负责推广股指期货业务。然后，刘某通过互联网购得"股民名单""车主名单"等个人电话信息，指使公司员工通过电话公开招揽投资人参与恒升股指期货交易，并以上海公司的名义以每次交易收取固定手续费的形式，与投资人签订合同。招揽了投资人几十名，造成投资人亏损近百万元人民币。根据我国法律，投资者参与期货交易必须通过合法期货经营机构进行；委托不得超出法律规定的范围。即使是合法的期货经营机构，公司及其员工也不得接受客户的全权委托，不得以任何方式对客户期货买卖的收益或损失作出承诺，不得与客户约定利润分成。

思考：什么是期货和期货交易？

第一节 期货交易的概念和功能

一、期货与相关衍生品

1. 期货

期货与现货对应，并由现货衍生而来。通常期货是指以某种大宗商品或金融资产为标的可交易的标准化合约。期货合约是期货交易所统一制定的、规定在将来某一特定的时间和地点交割一定数量标的物的标准化合约。期货合约包括商品期货合约、金融期货合约及其他期货合约。期货合约中的标的物即为期货品种，期货品种既可以是实物商品，也可以是金融产品。标的物为实物商品的期货合约称做商品期货，标的物为金融产品的期货合约称做金融期货。

2. 相关衍生品

远期，也称为远期合同或远期合约。远期合约是指交易双方约定在未来的某一确定时间，以确定的价格买卖一定数量的某种标的资产的合约。远期交易最早是作为一种锁定未来价格的工具，交易双方需要确定交易的标的物、有效期和交割时的执行价格等内容，双方都必须履行协议。一般说来，双方协议确定合约的各项条款，其合约条件是为买卖双方量身定制的，满足了买卖双方的特殊要求，一般通过场外市场交易（OTC）达成。常见的远期交易包括商品远期交易、远期利率协议（FRA）、外汇远期交易、无本金交割外汇远期交易（NDF）以及远期股票合约等。

互换是指两个两个或以上当事人按照商定条件，在约定时间内交换一系列现金流的合约。远期合约可以看作仅交换一次现金流的互换。在大多数情况下，由于互换双方会约定在未来多次交换现金流，因此互换可以看作一系列远期的组合。由于其标的物以及计算现金流的方式很多，互换的种类也很多，其中最常见也最重要的是利率互换和货币互换，此外还有商品互换、股权类互换、远期互换等。

期权是一种选择的权利，即买方能够在未来的特定时间或者一段时间内按照事先约定的价格买入或者卖出某种约定标的物的权利。期权是给予买方（或持有者）购买或出售标的资产的权利，可以在规定的时间内根据市场情况选择买或者不买、卖或者不卖，既可以行使该权利，也可以放弃该权利。而期权的卖出者则负有相应的义务，即当期权买方行使权利时，期权买方必须按照制定的价格买入或者卖出。期权在交易所交易的是标准化的合约；也有在场外交易市场（OTC）交易的，它是由交易双方协商确定合同的要素，满足交易双方的特殊需求而签订的非标准化合约。按照标的资产划分，常见的期权包括利率期权、外汇期权、股权类期权和商品期权等。

二、期货交易的主要特征

期货交易的基本特征可以归纳为以下几个方面。

1. 合约标准化

期货交易是通过买卖期货合约进行的，而期货合约是标准化的。期货合约标准化指的是除价格外，期货合约的所有条款都是预先由期货交易所规定好的，具有标准化的特点。期货合约标准化给期货交易带来极大便利，交易双方不需对交易的具体条款进行协商，节约交易时间，减少交易纠纷。

2. 交易集中化

期货交易必须在期货交易所内进行。期货交易所实行会员制，只有会员方能进场交易。那些处在场外的广大客户若想参与期货交易，只能委托期货经纪公司代理交易。所以，期货市场是一个高度组织化的市场，并且实行严格的管理制度，期货交易最终在期货交易所内集中完成。

3. 双向交易和对冲机制

双向交易也就是期货交易者既可以买入期货合约作为期货交易的开端（称为买入建仓），

也可以卖出期货合约作为交易的开端（称为卖出建仓），即通常所说的"买空卖空"。与双向交易的特点相联系的还有对冲机制，在期货交易中大多数交易者并不是通过合约到期时进行实物交割来履行合约，而是通过与建仓时的交易方向相反的交易来解除履约责任。具体说就是买入建仓之后可以通过卖出相同合约的方式解除履约责任，卖出建仓后可以通过买入相同合约的方式解除履约责任。双向交易使得投机者有双重的获利机会，对冲机制免除了进行实物交割的麻烦，投机者的参与增加了期货市场的流动性。

4. 杠杆机制

期货交易实行保证金制度，也就是说交易者在进行期货交易时只需缴纳少量的保证金，就能完成数倍乃至数十倍的合约交易，这种特点吸引了大量投机者参与期货交易。期货交易具有的以少量资金就可以进行较大价值额的投资的特点，被形象地称为"杠杆机制"。

三、期货市场的功能

期货市场的功能主要有以下几个方面。

1. 价格发现

利用市场公开竞价交易等交易制度，形成一个反映市场供求关系的市场价格。

2. 套期保值

这是指把期货市场当作转移价格风险的场所，利用期货合约作为将来在现货市场上买卖商品的临时替代物，对其现在买进准备以后售出商品或对将来需要买进商品的价格进行保险的交易活动。

3. 资产配置

越来越多的投资者开始重视期货市场，期望借助期货市场的独特优势为其持有的资产进行优化配置。金融期货的迅猛发展以及大宗商品交易金融化程度的提高，也为越来越多的机构和个人提供了资产配置的平台，期货市场也相应地具备了资产配置的功能，从而在一定程度上满足了投资者对于规避风险以及个性化、分散化、多元化的资产配置的需求。

第二节　期货交易的种类、合约与交易流程

一、期货交易的种类

1. 商品期货

商品期货是指标的物为实物商品的期货合约，期货合约交易的标的物就是一般说的期货上市品种，如合约所代表的玉米、铜、石油等。商品期货历史悠久，种类繁多，主要包括农副产品、金融产品、能源产品等几大类，但并不是所有的商品都适合作期货交易。

在众多的实物商品中，一般而言只有具备下列属性的商品才能作为期货合约的上市品种。一是价格波动大。意图回避价格风险的交易者需要利用远期价格先把价格确定下来。二是供

需量大。现货供需量大的商品才能在大范围内进行充分竞争，形成权威价格。三是易于分级和标准化。期货合约事先规定了交割商品的质量标准，期货品种必须是质量稳定的商品。四是易于储存、运输，保证期货实物交割的顺利进行。

小知识

商品期货交易品种

上海期货交易所的上市品种包括铜、铝、锌、黄金、螺纹钢、线材、燃料油、天然橡胶；大连商品交易所的交易品种则为玉米、大豆、豆粕、豆油、棕榈油、聚乙烯、聚氯乙烯；郑州商品交易所的期货品种则包括小麦、棉花、绿豆、早籼稻、白砂糖、菜籽油、精对苯二甲酸（PTA）。

2. 金融期货

金融期货（financial futures）是指交易双方在金融市场上，以约定的时间和价格，买卖某种金融工具的具有约束力的标准化合约。金融期货一般分为三类，货币期货、利率期货和指数期货。金融期货具有期货的一般特点，但与商品期货相比较，其合约标的物不是实物商品，而是传统的金融商品，如证券、货币、利率等。利率期货是指以利率为标的物的期货合约。货币期货是指以汇率为标的物的期货合约。股票指数期货是指以股票指数为标的物的期货合约。股票指数期货是目前金融期货市场最热门和发展最快的期货交易。

案例 8-1

中国金融期货交易所

2010年4月16日，首批4个沪深300股票指数期货合约在中国金融期货交易所上市，标志着我国金融期货交易正式开闸。中国金融期货交易所（China Financial Futures Exchange，CFFEX），是经国务院同意，中国证监会批准，由上海期货交易所、郑州商品交易所、大连商品交易所、上海证券交易所和深圳证券交易所共同发起设立的交易所，于2006年9月8日在上海成立。5家股东分别出资1亿元人民币。上市品种由沪深300指数期货首发登场。中国金融期货交易所的成立，对于深化资本市场改革、完善资本市场体系、发挥资本市场功能，具有重要的战略意义。

二、期货合约与期货价格

期货合约指由期货交易所统一制订的、规定在将来某一特定的时间和地点交割一定数量和质量实物商品或金融商品的标准化合约。通常所说的期货就是指期货合约。

以商品期货合约为例，合约的标准化条款一般包括数量和单位条款、质量和等级条款、交易时间条款、报价单位条款、合约名称条款、交割地点条款、交割期条款、最小变动价位条款、每日价格最大波动幅度限制条款、最后交易日条款，以及交割方式、违约及违约处罚等条款。

期货价格是指期货市场上通过公开竞价方式形成的期货合约标的物的价格。交易成立后，买卖双方约定在一定日期实行交割的价格。期货交易是按契约中时间、地点和数量对特定商品进行远期（三个月、半年、一年等）交割的交易方式。其最大特点为成交与交割不同步，是在成交的一定时期后再进行交割。

大连商品交易所黄大豆一号期货合约

大连商品交易所大豆期货合约的标的物是黄大豆。2002年3月，由于《农业转基因生物安全管理条例》的颁布实施，进口大豆暂时无法参与期货交割，为此，大连商品交易所对大豆合约进行拆分，把合约拆分为以食用品质非转基因大豆为标的物的黄大豆1号期货合约和以榨油品质转基因、非转基因大豆为标的物的黄大豆2号期货合约。黄大豆一号期货合约基本要素详见表8-1。

表 8-1　　　　　　　　　　大连商品交易所黄大豆一号期货合约要素表

交易品种	黄大豆一号
交易单位	10吨/手
报价单位	元（人民币）/吨
最小变动价位	1元/吨
涨跌停板幅度	上一交易日结算价的4%
合约交割月份	1、3、5、7、9、11
交易时间	每周一至周五上午9:00—11:30，下午13:30—15:00，以及交易所公布的其他时间
最后交易日	合约月份第10个交易日
最后交割日	最后交易日后第3个交易日
交割等级	大连商品交易所黄大豆1号交割质量标准（FA/DCE D001—2012）
交割地点	大连商品交易所指定交割仓库
交易保证金	合约价值的5%
交割方式	实物交割
交易代码	A
上市交易所	大连商品交易所
质量和等级	大连商品交易所黄大豆1号交割质量标准（FA/DCE D001—2012）

三、期货交易的流程

期货交易的流程如下。

（1）期货交易者在经纪公司办理开户手续，包括签署一份授权经纪公司代为买卖合同及缴付手续费的授权书，经纪公司获此授权后，就可根据该合同的条款，按照客户的指标办理期货的买卖。

（2）经纪人接到客户的订单后，立即用电话、电传或其他方法迅速通知经纪公司驻在交易所的代表。

（3）经纪公司交易代表将收到的订单打上时间图章，即送至交易大厅内的出市代表。

（4）场内出市代表将客户的指令输入计算机进行交易。

（5）每一笔交易完成后，场内出市代表须将交易记录通知场外经纪人，并通知客户。

（6）当客户要求将期货合约平仓时，要立即通知经纪人，由经纪人用电话通知驻在交易所的交易代表，通过场内出市代表将该笔期货合约进行对冲，同时通过交易电脑进行清算，并由经纪人将对冲后的纯利或亏损报表寄给客户。

（7）如客户在短期内不平仓，一般在每天或每周按当天交易所结算价格结算一次。如账面出现亏损，客户需要暂时补交亏损差额；如有账面盈余，即由经纪公司补交盈利差额给客户。直到客户平仓时，再结算实际盈亏额。

第三节　期货市场组织结构与投资者

一、期货交易所

1. 期货交易所的概念

期货交易所是专门进行期货合约买卖的场所。期货交易所为期货交易提供场所、设施、相关服务和交易规则，它自身并不参与期货交易。期货交易所是具有高度系统性和严密性、高度组织化和规范化的交易服务组织，致力于创造安全、有序、高效的市场机制，以营造公开、公平、公正和诚信透明的市场环境与维护投资者的合法权益为基本宗旨。

期货交易所通常具有提供交易的场所、设施和服务；设计合约、安排合约上市；制定并实施期货市场制度与交易规则；组织并监督期货交易、监控市场风险和发布市场信息等职能。

第八章　期货法

163

2. 我国期货交易所的组织结构和职能

期货交易所的组织形式一般分为会员制和公司制两种。会员制期货交易所是由全体会员共同出资组建，缴纳一定的会员资格费作为注册资本，以其全部财产承担有限责任的非营利性法人。公司制期货交易所通常由若干股东共同出资组建，以营利为目的，股份可以按照有关规定转让，其盈利来自从交易所进行的期货交易中收取的各种费用。会员制交易所通常不以营利为目的，公司制交易所通常以营利为目的。会员制期货交易所的权力机构是会员大会，常设机构是理事会；公司制期货交易所的权力机构是股东大会，常设机构是董事会。

我国境内的上海期货交易所、大连商品交易所和郑州商品交易所是会员制期货交易所；中国金融期货交易所是公司制期货交易所。《期货交易管理条例》规定，我国期货交易所不以营利为目的，按照其章程的规定实行自律管理。期货交易所以其全部财产承担民事责任，但均不以营利为目的。

文本阅读

郑商所棉花期货的交易规则
http://finance.sina.com.cn/money/future/fmnews/20120521/200012113062.shtml

我国期货交易所应当履行下列职能：提供期货交易的场所、设施及相关服务；制订并实施期货交易所的业务规则，包括交易规则和实施细则；设计合约、安排合约上市；组织、监督交易、结算和交割；制定并实施风险管理制度，控制市场风险；保证期货合约的履行；发布市场信息；按照章程和交易规则监管会员期货业务；监管会员的客户、指定交割仓库、期货保证金存管银行以及期货市场其他参与者的期货业务；查处违规行为。

期货交易所不但提供交易场所，还要承担对期货交易的监管职能。期货交易所不得从事信托投资、股票交易、非自用不动产投资等与其职能无关的业务，禁止直接或者间接参与期货交易。当期货交易中发生操纵市场并严重扭曲价格形成的行为或者不可抗力导致的突发事件等异常情况时，交易所可以按照其章程规定的权限和程序，决定采取紧急措施，并应立即报告中国证监会。

期货交易所工作人员应当恪尽职守，不得以任何方式为自己从事期货交易，不得泄露内幕信息或者利用内幕信息获得非法利益，遇有与本人或者其亲属有利害关系的情形时，应当回避。

案例 8-3

三大期货交易所出手调控

2016年11月，火爆的商品行情引发监管重拳，国内三大期货交易所全线出手调控。上调动力煤、焦煤、焦炭、玻璃等品种交易手续费，同时上调焦煤、焦炭保证金。11月8日，大商所发布消息，自2016年11月8日结算时起，焦炭、焦煤品种最低交易保证金标准提高至11%，涨跌停板幅度调整至9%。除了交易手续费、涨跌停板和保证金的调整之外，三大商品交易所要求，即日起对各类资管产品信息进行报备。报备范围为，在三大交易所开立资管账户或特法账户的期货公司或基金管理公司、信托公司、证券公司、保险公司及其他机构的资管产品。要求报备内容主要集中在，各类资管产品应当向交易所报备资管产品账户、资产管理机构、主要持有人及持有份额、投资顾问和基金经理等相关信息。

3. 期货交易所的会员管理

期货交易所是一个集中交易的场所，只有具有会员身份的人才能入场交易，非会员只能委托会员进行交易。

会员制期货交易所会员享有的权利有：参加会员大会，行使选举权、被选举权和表决权；在期货交易所从事规定的交易、结算和交割等业务；使用期货交易所提供的交易设施，获得有关期货交易的信息和服务；按规定转让会员资格；联名提议召开临时会员大会；按照期货交易所章程和交易规则行使申诉权；期货交易所章程规定的其他权利。会员制期货交易所会员应当履行的义务包括：遵守国家有关法律、行政法规、规章和政策；遵守期货交易所的章程、交易规则及其实施细则及有关决定；按照规定缴纳各种费用；执行会员大会、理事会的决议；接受期货交易所监督管理。公司制期货交易所会员与此类似。

出于控制结算风险的目的，一些交易所实行会员分级结算制度，对部分会员参与结算的权利进行限制。中国金融期货交易所将会员分为结算会员和非结算会员，非结算会员仅有权在交易所进行交易，不具备与期货交易所进行结算的资格，需要委托结算会员办理与交易所的结算事宜。根据结算权限的大小，结算会员又分为交易结算会员、全面结算会员和特别结算会员。与会员分级结算相对应的是全员结算制度。我国上海期货交易所、大连商品交易所、郑州商品交易所采取的是全员结算制度。

延伸阅读

最高人民法院、中国证监督管理委员会关于在全国部分地区开展证券期货纠纷多元化解机制试点工作的通知
http://www.csrc.gov.cn/pub/newsite/zjhxwfb/xwdd/201607/t20160713_300658.html

二、期货公司

1. 期货公司的设立

根据《期货交易管理条例》，期货公司是依法设立的经营期货业务的金融机构。设立期货公司，应当经国务院期货监督管理机构批准，并在公司登记机关登记注册。未经国务院期货监督管理机构批准，任何单位或者个人不得设立或者变相设立期货公司，经营期货业务。中国证监会2014年颁布了《期货公司监督管理办法》，对期货公司进行监督管理。

申请设立期货公司，应当符合《中华人民共和国公司法》的规定，并具备下列条件：注册资本最低限额为人民币3 000万元；董事、监事、高级管理人员具备任职资格，从业人员具有期货从业资格；有符合法律、行政法规规定的公司章程；主要股东以及实际控制人具有持续盈利能力，信誉良好，最近3年无重大违法违规记录；有合格的经营场所和业务设施；有健全的风险管理和内部控制制度；国务院期货监督管理机构规定的其他条件。

资料链接

2015年度期货公司50强排名
http://futures.hexun.com/2016-07-13/184907975_4.html

国务院期货监督管理机构根据审慎监管原则和各项业务的风险程度，可以提高注册资本最低限额。注册资本应当是实缴资本。股东应当以货币或者期货公司经营必需的非货币财产出资，货币出资比例不得低于85%。国务院期货监督管理机构应当在受理期货公司设立申请之日起6个月内，根据审慎监管原则进行审查，作出批准或者不批准的决定。未经国务院期货监督管理机构批准，任何单位和个人不得委托或者接受他人委托持有或者管理期货公司的股权。

2. 期货公司的业务范围

期货公司业务实行许可制度，由国务院期货监督管理机构按照其商品期货、金融期货业务种类颁发许可证。期货公司除申请经营境内期货经纪业务外，还可以申请经营境外期货经纪、期货投资咨询以及国务院期货监督管理机构规定的其他期货业务。

期货公司不得从事与期货业务无关的活动，法律、行政法规或者国务院期货监督管理机构另有规定的除外。期货公司不得从事或者变相从事期货自营业务。期货公司不得为其股东、实际控制人或者其他关联人提供融资，不得对外担保。

案例链接

证券期货市场违法失信典型案例

http://www.xmzq.cn/service/ShowArticle.asp?ArticleID=996063

期货公司从事经纪业务，接受客户委托，以自己的名义为客户进行期货交易，交易结果由客户承担。

期货公司应当建立、健全并严格执行业务管理规则、风险管理制度，遵守信息披露制度，保障客户保证金的存管安全，按照期货交易所的规定，向期货交易所报告大户名单、交易情况。

从事期货投资咨询业务的其他期货经营机构应当取得国务院期货监督管理机构批准的业务资格，具体管理办法由国务院期货监督管理机构制定。

3. 期货公司的变更和终止

期货公司办理下列事项，应当经国务院期货监督管理机构批准：合并、分立、停业、解散或者破产；变更业务范围；变更注册资本且调整股权结构；新增持有 5%以上股权的股东或者控股股东发生变化；设立、收购、参股或者终止境外期货类经营机构；国务院期货监督管理机构规定的其他事项。

期货公司办理下列事项，应当经国务院期货监督管理机构派出机构批准：变更法定代表人；变更住所或者营业场所；设立或者终止境内分支机构；变更境内分支机构的经营范围；国务院期货监督管理机构规定的其他事项。

期货公司或者其分支机构有《中华人民共和国行政许可法》第 70 条规定的情形或者下列情形之一的，国务院期货监督管理机构应当依法办理期货业务许可证注销手续：营业执照被公司登记机关依法注销；成立后无正当理由超过 3 个月未开始营业，或者开业后无正当理由停业连续 3 个月以上；主动提出注销申请；国务院期货监督管理机构规定的其他情形。

期货公司在注销期货业务许可证前，应当结清相关期货业务，并依法返还客户的保证金和其他资产。期货公司分支机构在注销经营许可证前，应当终止经营活动，妥善处理客户资产。

案例 8-4

嘉陵期货违规案

2004年8月，证券监管部门接到客户反映，称嘉陵期货公司不能按时兑付客户支付申请，立即开展现场调查，发现公司涉嫌存在重大违法违规行为。证券监管部门随即立案调查。经查，嘉陵期货公司及其法定代表人刘某挪用客户保证金、虚报注册资本和抽逃出资的行为已构成犯罪；嘉陵期货公司的自营交易、篡改交易记录、向监管部门报送虚假文件资料和接受客户全权委托等行为已违反期货法规。因公司违法违规经营，造成8 000余万元客户保证金缺口，涉及近600户客户。嘉陵期货公司违法违规行为种类繁多，手段隐蔽复杂，几乎涉及当时期货行业所有的违法违规类型，是一起期货市场上较为罕见的违法犯罪案件。2004年8月，嘉陵期货公司董事长、法定代表人刘某因涉嫌犯罪被刑事拘留，同年9月被逮捕。2006年10月，刘某因挪用资金罪和虚假出资、抽逃出资罪，被成都市锦江区人民法院判处有期徒刑12年，并处罚金人民币46万元。2008年9月，中国证监会对嘉陵期货公司违反《期货交易管理暂行条例》的行为做出行政处罚，吊销其期货经纪业务许可证。2009年3月，中国期货业协会注销嘉陵期货公司中从事相应期货业务的期货从业人员的从业资格。（来源：四川证监局期货处）

三、期货中介与服务机构

1. 期货保证金存管银行

期货保证金存管银行（简称存管银行）属于期货服务机构，是由交易所指定、协助交易所办理期货交易结算业务的银行。经交易所同意成为存管银行后，存管银行须与交易所签订相应协议，明确双方的权利和义务，以规范相关业务行为。交易所有权对存管银行的期货结算业务进行监督。期货保证金存管银行的设立是国内期货市场保证金封闭运行的必要环节，也是保障投资者资金安全的重要组织机构。我国四家期货交易所存在全员结算制度和会员分级结算制度两种制度，期货保证金存管银行享有的权利和应履行的义务在两种结算制度下略有差异。

2. 交割仓库

交割仓库是期货品种进入实物交割环节提供交割服务和生成标准仓单必经的期货服务机构。在我国，交割仓库也称为指定交割仓库，是指由期货交易所指定的，为期货合约履行实物交割的交割地点。期货交易的交割，由期货交易所统一组织进行。期货交易所不得限制实物交割总量，并应当与交割仓库签订协议，明确双方的权利和义务。指定交割仓库的日常业务分为三个阶段：商品入库、商品保管和商品出库。指定交割出库应保证期货交割商品优先办理入库、出库。

交割仓库不得有下列行为：出具虚假仓单；违反期货交易所业务规则，限制交割商品的入库、出库；泄露与期货交易有关的商业秘密；违反国家有关规定参与期货交易；国务院期货监督管理机构规定的其他行为。

> 🐱 **案例链接**
>
> 河北粮食集团交割库如何飞出金凤凰
> http://www.qhrb.com.cn/2016/1122/205486.shtml

3. 期货信息资讯机构

期货信息资讯机构主要提供期货行情软件、交易系统及相关信息资讯服务，是投资者进行期货交易时不可或缺的环节，也是网上交易的重要工具，其系统的稳定性、价格传输的速度对于投资者获取投资收益发挥着重要作用。现在，期货信息资讯机构正通过差异化信息服务和稳定、快捷的交易系统达到吸引客户的目的。

除了上述期货中介与服务机构外，会计师事务所、律师事务所、资产评估机构等服务机构向期货交易所和期货公司等市场相关参与者提供相关服务时，应当遵守期货法律、行政法规以及国家的有关规定，并按照国务院期货监督管理机构的要求提供相关资料。

四、期货投资者

期货投资者是市场的主要参与者，机构投资者因为具有较强的资金实力、风险承受能力和专业投资能力，成为该市场的重要力量。

根据进入期货市场的目的不同，期货投资者可分为套期保值者与投机者。套期保值者通过期货合约买卖活动来减小自身面临的、由于市场变化而带来的现货市场价格波动风险。商品期货的套期保值者通常是该商品的生产商、加工商、经营商或贸易商等，金融期货的套期保值者通常是金融市场的投资者、证券公司、银行、保险公司等金融机构或者进出口商等。投资者是指运用一定资金通过期货交易以期获取投资收益的投资者。他们通过预期某期货合约价格的未来走向，进行买卖操作以获取价格波动差额，当预期价格上涨时买入，预期价格下跌时卖出。

按照投资者是自然人还是法人划分，可分为个人投资者和机构投资者。

（一）个人投资者

参与期货交易的自然人被称为个人投资者。根据《金融期货投资者适当性制度实施办法》（2013年8月30日起实施），个人投资者在申请开立金融期货交易编码前，需要期货公司会员对投资者的基础知识、财务状况、期货投资经历和诚信状况等方面进行综合评估。

根据上海证券交易所《期货公司参与股票期权业务指南》，期货公司应严格执行股票期权投资者适当性管理制度，向客户全面介绍期权产品特征，充分揭示期权交易风险，对客户的适当性进行评估，并对客户实施交易权限分级管理。期货公司不得接受不符合投资者适当性标准的客户从事股票期权交易。

案例 8-5

委托期货交易纠纷

韩女士起诉称，2010年10月，周女士向其介绍AuT+D和AgT+D贵金属期货产品。双方约定：利润共享，周女士承担全部损失。韩女士将存有300万元的银行卡以及网银密码和动态密码编码器交给周女士，由其开始实施操作。之后，该账户共亏损280多万元，故韩女士要求周女士赔偿。周女士则答辩称，双方不存在合伙关系，也没有合伙的约定，双方之间不符合合伙关系特征，不是风险共担利益共享。其仅向韩女士推荐了该类产品，不应承担损失。诉讼中，韩女士称，周女士在网上进行操作，每月有8%的固定收益和风险收益，盈利双方三七开，周女士还承诺每月有固定收益2.4万元。庭审中，法院释明，韩女士主张的法律关系与法院认定的法律关系可能不一致，其仍坚持主张法律关系为合伙协议纠纷。法官认为，个人合伙是指两个以上公民按照协议，各自提供资金、实物、技术等，合伙经营、共同劳动。依韩女士所称，其主张并非个人合伙法律关系，且双方之间并不存在书面合伙协议，周女士亦否认存在合伙法律关系，故本案并不属于合伙协议纠纷案件的受理范围。经释明后，韩女士仍坚持以合伙协议纠纷案由起诉，故法院裁定驳回韩女士的起诉。韩女士可在明确法律关系后重新起诉。

（二）机构投资者

机构投资者的范围涵盖生产者、加工贸易者（对于商品期货而言）以及金融机构、养老基金、对冲基金、投资基金（对于金融期货而言）等多种类型。机构投资者一般在资金实力、风险承受能力和交易的专业能力等方面更具有优势，它是稳定期货市场的重要力量。

1. 特殊单位客户和一般单位客户

特殊单位客户是证券公司、基金管理公司、信托公司、银行和其他金融机构，以及社会保障类公司、合格境外机构投资者等法律、行政法规和规章规定的需要资产分户管理的单位客户，以及交易所认定的其他单位客户；一般单位客户系指特殊单位客户以外的机构投资者。一般单位客户在金融市场开立交易编码前，也需根据投资者适当性制度的规定，由期货公司会员对其进行综合评估。特殊单位客户符合投资者适当性管理制度的有关规定，不用进行综合评估就可为其申请开立交易编码。

2. 专业机构投资者和普通机构投资者

在股票期权市场上，将机构投资者区分为专业机构投资者和普通机构投资者。除法律、法规、规章以及监管机构另有规定外，专业机构投资者参与期权交易，不对其进行适当性管理综合评估。专业机构投资者包括商业银行等专业机构及其分支机构、证券投资者基金等资管产品以及监管机构及交易所规定的其他专业机构投资者。普通机构投资者系指专业机构投资者以外的机构客户。普通机构投资者参与股票期权交易，需要依据《期货公司参与股票期权业务指南》对其适当性进行综合评估，符合要求的普通机构投资者可以开立交易编码。

3. 产业客户机构投资者和专业机构投资者

根据机构投资者是否与期货品种的现货产业有关联，机构投资者可分为产业客户机构投资者和专业机构投资者。

4. 对冲基金和商品投资基金

在国际期货市场上，对冲基金和商品投资基金已成为非常重要的机构投资者。其中，对冲基金将期货投资作为投资者组合的组成部分，而商品投资基金是以期货投资为主的基金类型。

第四节　主要期货交易制度

一、保证金制度

期货交易实行保证金制度。在期货交易中，期货买方和卖方必须按照其所买卖期货合约价值的一定比率缴纳资金，用于结算和保证履约。在我国，期货交易者交纳的保证金可以是资金，也可以是价值稳定、流动性强的标准仓单或者国债等有价证券。

保证金交易是期货市场最显著的特点之一，体现了期货市场运行的高效率，但同时也注定了期货交易的高风险。期货保证金交易制度具有一定的杠杆性，投资者不需要支付合约价值的全额资金，只需要支付一定比例的保证金就可以交易。保证金制度的杠杆效应在放大收益的同时也成倍地放大风险，在发生极端行情时，投资者的亏损额甚至有可能超过所投入的本金。保证金制度也就成为期货公司进行市场风险管理的核心内容。

在国际期货市场上，一般将保证金分为初始保证金和维持保证金。初始保证金是建立一个头寸所必需的最低资金需求。维持保证金是一个资金水平：一个账户的资金必须维持在这个水平之上，如果账户资金降到了维持保证金水平之下，经纪公司就会通知交易者追加保证金，该账户的资金必须追加到初始保证金的水平。维持保证金要比初始保证金低，或者相等。接到追加保证金通知后，交易者可以存入额外的资金，或者将这个头寸平仓。

我国境内的交易所对商品期货交易保证金比率的规定呈现以下特点。第一，对期货合约上市运行的不同阶段规定不同的交易保证金比率，一般来说，交易保证金的比率随着交割临近而提高。第二，随着合约持仓量的增大，交易所将逐步提高该合约交易保证金比例。第三，当某期货合约出现连续涨跌停板的情况时，交易保证金比率相应提高。第四，当某期货合约交易出现异常情况时，交易所可按规定的程序调整交易保证金的比例。

保证金的收取是分级进行的。我国内地期货市场在保证金的制定上由交易所（或结算所）决定最低保证金水平，而期货公司有权决定向客户收取较高保证金水平。《郑州商品交易所期货结算细则》第 30 条明确规定："期货会员向客户收取的交易保证金不得低于交易所向会员收取的交易保证金。"上海期货交易所和大连商品交易所的交易和结算规则中没有此明确规定，但在具体操作中也是遵照此原则执行的。关于期货公司向客户收取的保证金水平的决定权，也是由期货公司决定的。

二、涨跌停板制度

涨跌停板制度主要用来限制期货合约每日价格波动的最大幅度。根据涨跌停板的规定，某个期货合约在一个交易日中的交易价格波动不得高于或者低于交易所事先规定的涨跌幅度，超过这一幅度的报价将被视为无效，不能成交。

涨跌停板是以某一合约上一交易日的结算价为基准确定的，也就是说，合约上一交易日的结算价加上允许的最大涨幅构成当日价格上涨的上限，称为涨停板；而该合约上一交易日的结算价格减去允许的最大跌幅则构成当日价格下跌的下限，称为跌停板。

法规链接

期货法律法规
http://blog.sina.com.cn/s/blog_9c8134f10102wlmo.html

三、当日无负债结算制度

当日无负债结算制度，其原则是当日交易结束后，交易所按当日结算价对结算会员结算所有合约的盈亏、交易保证金及手续费、税金等费用，对应收应付的款项实行净额一次划转，相应增加或减少结算准备金。

结算会员在交易所结算完成后，按照前款原则对客户、交易会员进行结算；交易会员按照前款原则对客户进行结算。

结算完毕后，结算会员的结算准备金余额低于最低余额标准时，该结算结果即视为交易所向结算会员发出的追加保证金通知，两者的差额即为追加保证金金额。

四、限仓制度与大户报告制度

限仓制度是期货交易所为了防止市场风险过度集中于少数交易者和防范操纵市场行为，对会员和客户的持仓数量进行限制的制度。规定会员或客户可以持有的，按单边计算的某一合约持仓的最大数额，不允许超量持仓。

大户报告制度是与限仓制度紧密相关的另外一个控制交易风险、防止大户操纵市场行为的制度。期货交易所建立限仓制度后。当会员或客户某品种持仓合约的投机头寸达到交易所对其规定的投机头寸持仓限量 80% 以上（含本数）时，必须向交易所申报。申报的内容包括客户的开户情况、交易情况、资金来源、交易动机等，便于交易所审查大户是否有过度投机和操纵市场行为以及大户的交易风险情况。

五、强行平仓与强制减仓制度

强行平仓制度是指当会员或客户的交易保证金不足并未在规定时间内补足，或者当会员或客户的持仓数量超出规定的限额时，交易所或期货经纪公司为了防止风险进一步扩大，强制平掉会员或客户相应的持仓。当会员、客户出现下列情况之一时，交易所对其持仓实行强行平仓：会员交易保证金不足并未能在规定时间内补足的；持仓量超出其限仓规定标准；因违规受到交易所强行平仓处罚的；根据交易所的紧急措施应予强行平仓的；其他需要强行平仓的。

强行平仓的处理方法是，当会员结算准备金余额小于零，并未在规定时间内补足的强行平仓分三种情况：当只有自营账户违约时，对自营账户的持仓按合约总持仓量大小顺序进行强平。如果强行平仓后，结算准备金仍小于零，对其代理账户中的投资者进行移仓；当只有经纪账户违约时，首先动用自营账户的结算准备金余额和平仓金额进行补足，再对经纪账户中的持仓按一定原则进行强平；当自营账户和经纪账户都违约时，强行平仓顺序是先自营账户，后经纪账户。如果经纪账户头寸强行平仓后，结算准备金大于零，对投资者进行移仓。

持仓超过限仓规定的强行平仓：当只有一个会员出现此种情况时，先平自营账户持仓，再平经纪账户持仓，经纪账户持仓按会员超仓数量与会员持仓数量的比例确定有关投资者的平仓数量；当有多个会员出现此种情况时，优先选择超仓数量大的会员作为强行平仓的对象。投资者超仓的，对该投资者的超仓头寸进行强行平仓；投资者在多个会员处持仓的，按持仓数量由大到小的顺序选择会员强行平仓。会员和投资者同时超仓的，先对超仓的投资者进行平仓，再按会员超仓的方法平仓。

案例 8-6

强行平仓不通知造成损失要担责

广东证券期货业协会接到某期货营业部客户张某投诉，反映2014年12月1日9时7分，该营业部在没有通知他的情况下，对其持有的24手豆油Y1501进行强行平仓，造成其损失。张某认为营业部违规操作，请求协会予以解决。经了解，当年11月28日外盘行情出现暴跌，导致12月1日开市后国内期货市场豆油合约行情直逼跌停板，张某的风险率骤增，其保证金比例已经低于交易所的标准。公司风控人员为有效控制风险就直接采取了强行平仓措施。经过自查后，公司认为自身存在一定过错，因此向张某赔礼道歉，并就其损失给予一定的补偿和佣金优惠。期货经营机构在强行平仓前，一定要先采取合理有效的方式通知客户在合同约定的时间内追加保证金或要求客户自行平仓。《期货交易管理条例》第35条第2款规定："客户保证金不足时，应当及时追加保证金或者自行平仓。客户未在期货公司规定的时间内及时追加保证金或者自行平仓的，期货公司应当将该客户的合约强行平仓，强行平仓的有关费用和发生的损失由该客户承担。"此外，在双方签订的期货经纪合同中，也明确约定期货公司强行平仓前要通知客户。因此，期货公司如不履行通知义务就要承担相应的民事责任。期货交易是典型的保证金交易，强行平仓是期货交易特有的风险防范和处理措施，对此，期货经营机构要对客户进行足够的投资者教育和风险提示，确保有关适当性措施能落实到位。

第五节　期货投资者保障与期货市场监管

期货投资者保障制度是一项旨在保护期货投资者合法权益，促进期货市场健康发展的不可或缺的基础制度。国务院《期货交易管理条例》第51条明确要求设立期货投资者保障基金，并授权中国证监会和财政部制定具体办法。2016年修订的《期货投资者保障基金管理办法》和《关于期货交易所、期货公司缴纳期货投资者保障基金有关事项的规定》就保障基金的界定、筹集、管理和监管、使用等问题作了明确规定。

期货投资者保障基金是在期货公司严重违法、违规或风险控制不力等导致保证金出现缺口，可能严重危及社会稳定和期货市场安全时，补偿投资者保证金损失的专项基金。投资者在期货投资活动中因期货市场波动或投资品种价值本身变化所导致的损失，由投资者自行负担；对投资者因参与非法期货交易而遭受的保证金损失，保障基金不予补偿。

期货市场的监管包括国家机构的监管和自律性管理。中国证监会对期货市场（包括对期货交易所、期货公司、期货投资者、期货业协会等）实行集中统一的监督管理；期货部及各地证监局对期货公司及其分支机构进行监督管理；四大期货交易所对各自会员实行自律性管理；中国期货业协会对以期货公司为主的团体会员、期货交易所特别会员和在期货行业从业的个人会员进行自律性管理；中国期货保证金监控中心有限责任公司对客户保证金存管实行检测监控。从而，我国期货市场建立起"五位一体"的期货监管协调工作机制。

📖 本章小结

本章主要介绍了我国期货法律制度概况，包括期货交易的功能和概念，期货交易的种类、合约与交易流程，期货市场组织结构与投资者，主要期货交易制度，期货投资者保障与期货市场监管等。

第九章

投资基金法

学习目标

通过本章的学习，了解投资基金的概念、分类以及投资基金法的概念和范围，证券投资基金和股权投资基金的概念、运作和基本法律制度，以及我国的投资基金监管制度。

关键概念

投资基金　证券投资基金　股权投资基金　基金设立　基金募集　私募基金备案　基金监管

引导案例

民生信托聚利1期证券投资基金是首单信托公司作为管理人发行的契约式私募证券投资基金。该产品以民生信托作为受托管理人，华泰证券作为托管人，为信托公司主动管理型的私募证券投资基金。基金设计采用结构化设计，优先普通比例19∶1，规模5亿元，其中民生信托以自有资金认购普通级不低于2 000万元，基金存续期限10年，基金成立后有6个月封闭期，之后每月20日开放申购赎回，基金募集资金投向股票及各种债券、票据、证券投资基金、股指期货等金融产品。

思考：什么是契约式私募证券投资基金？

第一节　投资基金法概述

一、投资基金

投资基金是资产管理的主要方式之一，它是一种组合投资、专业管理、利益共享、风险共担的集合投资方式。它主要通过向投资者发行受益凭证（基金份额），将社会上的资金集中起来，交由专业的基金管理机构投资于各种资产，实现保值增值。投资基金所投资的资产既可以是金融资产如股票、债券、外汇、股权、期货、期权等，也可以是房地产、大宗能源、林权、艺术品等其他资产。投资基金主要是一种间接投资工具，基金投资者、基金管理人和托管人是基金运作中的主要当事人。

投资基金按照不同的标准可以区分为多种类别，例如，按照资金募集方式，可以分为公募基金和私募基金两类。公募基金是向不特定投资者公开发行受益凭证进行资金募集的基金；公募基

金一般在法律和监管部门的严格监管下，有着信息披露、利润分配、投资限制等行业规范。私募基金是私下或者直接向特定投资者募集的资金；私募基金只能向少数特定投资者采用非公开方式募集，对投资者的投资能力有一定的要求，同时在信息披露、投资限制等方面监管要求较低，方式较为灵活。此外，按照法律形式，还可以分为契约型、公司型、有限合伙型等形式；按照运作方式，还可以分为开放式、封闭式基金。人们日常接触的投资基金分类，主要是按照所投资的对象的不同进行区分的。

1. 证券投资基金

证券投资基金依照利益共享、风险共担的原则，将分散在投资者手中的资金集中起来委托专业投资机构进行证券投资管理的投资工具。基金所投资的有价证券主要是在证券交易所或银行间市场上公开交易的证券，包括股票、债券、货币、金融衍生工具等。

证券投资基金是投资基金中最主要的一种类别，又可分为公募证券投资基金和私募证券投资基金等种类。

2. 私募股权基金

私募股权基金（private equity，PE）指通过私募形式对私有企业，即非上市企业进行的权益性投资，在交易实施过程中附带考虑了将来的退出机制，即通过上市、并购或者管理层回购等方式，出售持股获利。

想一想

证券投资基金和私募股权基金有什么区别？

3. 风险投资基金

风险投资基金（venture capital，VC）又称创业基金，它以一定的方式吸收机构和个人的资金，投向于那些不具备上市资格的初创期或者是小型的新型企业，尤其是高新技术企业，帮助所投资的企业尽快成熟，取得上市资格，从而使资本增值。一旦公司股票上市后，风险投资基金就可以通过证券市场转让股权而收回资金，继续投向其他风险企业。风险投资基金一般也采用私募方式。

4. 对冲基金

对冲基金（hedge fund），意为"风险对冲过的基金"，它是基于投资理论和极其复杂的金融市场操作技巧，充分利用各种金融衍生产品的杠杆效用，承担高风险、追求高收益的投资模式。对冲基金一般也采用私募方式，广泛投资于金融衍生产品。

延伸阅读

全球最大对冲基金桥水获准进入中国银行间债市
http://money.163.com/16/1117/12/C62U KQQS0025817L.html

对冲基金起源于 20 世纪 50 年代的美国。当时的宗旨在于利用期货、期权等金融衍生产品以及对相关联的股票进行买空卖空、风险对冲的操作技巧，在一定程度上规避和化解投资风险。经过几十年的演变，对冲金的操作策略已经比最初诞生时利用空头对冲多头风险的方法复杂多倍。虽然"对冲"（hedge）一词已经远远无法涵盖这些投资策略和方法，但人们还都习惯于称这类基金为"对冲基金"。

5. 另类投资基金

另类投资基金是指投资于传统的股票、债券之外的金融和实物资产的基金，如房地产、证券化资产、对冲基金、大宗商品、黄金、艺术品等。另类投资近一半也采用私募方式，种类非常广泛，外延也很不确定，有人将私募股权基金、风险投资基金、对冲基金业列入另类投资基金范围。

二、投资基金法

投资基金法是调整基金管理人、基金托管人与基金份额持有人在基金发行、管理和运作过程中产生的经济关系的法律规范的总称。投资基金法在不同的国家或地区称谓不同，有证券投资信托法、投资公司法、证券投资基金法等各种称谓。

我国自 20 世纪 90 年代初期开始引入基金制度以来，在摸索中不断进行着投资基金的立法尝试。1997 年国务院证券管理委员会通过《证券投资基金管理暂行办法》，中国证监会颁布了《开放式证券投资基金试点办法》，2002 年中国证监会颁布了《证券投资基金销售活动管理暂行规定》。2003 年 10 月 28 日，《中华人民共和国证券投资基金法》诞生。其后，与之配套的《证券投资基金销售管理办法》《证券投资基金运作管理办法》《证券投资基金信息披露管理办法》《证券投资基金管理公司管理办法》《证券投资基金托管业务管理办法》等规范性文件相继颁布。证券投资基金立法日益完善。

第二节　证券投资基金

一、证券投资基金的概念与特征

证券投资基金是指通过发售基金份额募集资金形成独立的基金财产，由基金管理人管理、基金托管人托管，以资产组合方式进行证券投资，基金份额持有人按其所持份额享受利益和承担风险的资本集合体。

法规链接

证券投资基金规范性文件
http://www.csrc.gov.cn/pub/newsite/flb/flfg/bmgf/jj/

证券投资基金，特别是公开募集基金，具有以下特点：①专业性与集合理财优势；②组合投资、分散风险；③利益共享、风险分担；④安全可靠性；⑤买卖程序简便、流动性强。

二、证券投资基金主体

证券投资基金的主体是证券投资基金法律关系的参加者。包括基金管理人、基金托管人和基金份额持有人等。

1. 基金管理人

基金管理人是指凭借专门的知识与经验，运用所管理基金的资产，根据法律、法规及基金章程或基金合同的规定，按照科学的投资组合原理进行投资决策，谋求所管理的基金资产不断增值，并使基金持有人获取尽可能多收益的机构。基金管理人由依法设立的公司或者合伙企业担任。公开募集基金的基金管理人，由基金管理公司或者经国务院证券监督管理机构按照规定核准的其他机构担任。

设立管理公开募集基金的基金管理公司，应当具备下列条件，并经国务院证券监督管理机构批准：有符合本法和《公司法》规定的章程；注册资本不低于1亿元人民币，且必须为实缴货币资本；主要股东应当具有经营金融业务或者管理金融机构的良好业绩、良好的财务状况和社会信誉，资产规模达到国务院规定的标准，最近三年没有违法记录；取得基金从业资格的人员达到法定人数；董事、监事、高级管理人员具备相应的任职条件；有符合要求的营业场所、安全防范设施和与基金管理业务有关的其他设施；有良好的内部治理结构、完善的内部稽核监控制度、风险控制制度；法律、行政法规规定的和经国务院批准的国务院证券监督管理机构规定的其他条件。

🦔 **资料链接**

2016 年上半年公募基金公司规模排名
http://www.askci.com/news/finance/20160701/14012136647.shtml

公开募集基金的基金管理人应当履行下列职责：依法募集资金，办理基金份额的发售和登记事宜；办理基金备案手续；对所管理的不同基金财产分别管理、分别记账，进行证券投资；按照基金合同的约定确定基金收益分配方案，及时向基金份额持有人分配收益；进行基金会计核算并编制基金财务会计报告；编制中期和年度基金报告；计算并公告基金资产净值，确定基金份额申购、赎回价格；办理与基金财产管理业务活动有关的信息披露事项；按照规定召集基金份额持有人大会；保存基金财产管理业务活动的记录、账册、报表和其他相关资料；以基金管理人名义，代表基金份额持有人利益行使诉讼权利或者实施其他法律行为；国务院证券监督管理机构规定的其他职责。

🦔 **案例链接**

公募老鼠仓雷霆行动：15家基金公司涉案
http://finance.ifeng.com/a/20150201/13473761_0.shtml

公开募集基金的基金管理人及其董事、监事、高级管理人员和其他从业人员不得有下列行为：将其固有财产或者他人财产混同于基金财产从事证券投资；不公平地对待其管理的不同基金财产；利用基金财产或者职务之便为基金份额持有人以外的人牟取利益；向基金份额持有人违规承诺收益或者承担损失；侵占、挪用基金财产；泄露因职务便利获取的未公开信息，利用该信息从事或者明示、暗示他人从事相关的交易活动；玩忽职守，不按照规定履行职责；法律、行政法规和国务院证券监督管理机构规定禁止的其他行为。

公开募集基金的基金管理人应当建立良好的内部治理结构，明确股东会、董事会、监事会和高级管理人员的职责权限，确保基金管理人独立运作。公开募集基金的基金管理人可以实行专业人士持股计划，建立长效激励约束机制。公开募集基金的基金管理人的股东、董事、监事和高级管理人员在行使权利或者履行职责时，应当遵循基金份额持有人利益优先的原则。

公开募集基金的基金管理人应当从管理基金的报酬中计提风险准备金。公开募集基金的基金管理人因违法违规、违反基金合同等原因给基金财产或者基金份额持有人合法权益造成损失，应当承担赔偿责任的，可以优先使用风险准备金予以赔偿。

公开募集基金的基金管理人的股东、实际控制人应当按照国务院证券监督管理机构的规定及时履行重大事项报告义务，并不得有下列行为：虚假出资或者抽逃出资；未依法经股东会或者董事会决议擅自干预基金管理人的基金经营活动；要求基金管理人利用基金财产为自己或者他人牟取利益，损害基金份额持有人利益；国务院证券监督管理机构规定禁止的其他行为。

公开募集基金的基金管理人违法违规，或者其内部治理结构、稽核监控和风险控制管理不符合规定的，国务院证券监督管理机构应当责令其限期改正；逾期未改正，或者其行为严重危及该基金管理人的稳健运行、损害基金份额持有人合法权益的，国务院证券监督管理机构可以区别情形，对其采取下列措施：限制业务活动，责令暂停部分或者全部业务；限制分配红利，限制向董事、监事、高级管理人员支付报酬、提供福利；限制转让固有财产或者在固有财产上设定其他权利；责令更换董事、监事、高级管理人员或者限制其权利。

想一想

公开募集基金的基金管理人应当履行哪些法定职责？

2. 基金托管人

基金托管人是依据基金运行中"管理与保管分开"的原则对基金管理人进行监督和对基金资产进行保管的机构。基金托管人与基金管理人签订托管协议，在托管协议规定的范围内履行自己的职责并收取一定的报酬。基金托管人由依法设立的商业银行或者其他金融机构担任。

商业银行担任基金托管人的，由国务院证券监督管理机构会同国务院银行业监督管理机构核准；其他金融机构担任基金托管人的，由国务院证券监督管理机构核准。担任基金托管人，应当具备下列条件：净资产和风险控制指标符合有关规定；设有专门的基金托管部门；取得基金从业资格的专职人员达到法定人数；有安全保管基金财产的条件；有安全高效的清算、交割系统；有符合要求的营业场所、安全防范设施和与基金托管业务有关的其他设施；有完善的内部稽核监控制度和风险控制制度；法律、行政法规规定的和经国务院批准的国务院证券监督管理机构、国务院银行业监督管理机构规定的其他条件。基金托管人与基金管理人不得为同一机构，不得相互出资或者持有股份。

基金托管人应当履行下列职责：安全保管基金财产；按照规定开设基金财产的资金账户和证券账户；对所托管的不同基金财产分别设置账户，确保基金财产的完整与独立；保存基金托管业务活动的记录、账册、报表和其他相关资料；按照基金合同的约定，根据基金管理人的投资指令，及时办理清算、交割事宜；办理与基金托管业务活动有关的信息披露事项；对基金财务会计报告、中期和年度基金报告出具意见；复核、审查基金管理人计算的基金资产净值和基金份额申购、赎回价格；按照规定召集基金份额持有人大会；按照规定监督基金管理人的投资运作；国务院证券监督管理机构规定的其他职责。

基金托管人发现基金管理人的投资指令违反法律、行政法规和其他有关规定，或者违反基金合同约定的，应当拒绝执行，立即通知基金管理人，并及时向国务院证券监督管理机构报告。基金托管人发现基金管理人依据交易程序已经生效的投资指令违反法律、行政法规和其他有关规定，或者违反基金合同约定的，应当立即通知基金管理人，并及时向国务院证券监督管理机构报告。

有下列情形之一的，基金托管人职责终止：被依法取消基金托管资格；被基金份额持有人大会解任；依法解散、被依法撤销或者被依法宣告破产；基金合同约定的其他情形。

~~**案例 9-1**~~

杭州银行发力公募基金托管 助推整体托管规模突破 1 800 亿元

2015年3月24日，杭州银行公募基金托管的首只产品——易方达裕如灵活配置混合型证券投资基金（代码：001136）正式上线。该只基金首募规模高达36.94亿元。杭州银行资产托管规模在开展业务的第一年即跃升至1 800亿元人民币。2014年3月17日，经中国证监会和中国银监会核准，杭州银行正式获得证券投资基金托管资格。杭州银行从国内托管行引进具有5年以上托管从业经验的专家组成了核心团队，采用赢时胜最新3.5版本业务系统，打造先进的托管业务流程，为客户提供专业化业务解决方案。在不到一年时间，已有14家商业银行、20家基金公司及子公司、14家信托公司、9家证券公司及70家以上私募基金的托管产品成功上线，业务涵盖了银行理财产品、公募基金、基金公司特定客户资产、信托计划、证券公司定向资产、私募投资基金、期货公司资产管理、客户资金托管等主流托管品种。

3. 基金份额持有人

基金份额持有人是证券投资基金合同关系的当事人，是在基金合同中约定享有权利与承担义务的投资者。基金份额持有人按其所持基金份额或基金合同约定分配收益、承担风险。

根据《证券投资基金法》第47条的规定，基金份额持有人享有下列权利：①分享基金财产收益；②参与分配清算后的剩余基金财产；③依法转让或者申请赎回其持有的基金份额；④按照规定要求召开基金份额持有人大会或者召集基金份额持有人大会；⑤对基金份额持有人大会审议事项行使表决权；⑥对基金管理人、基金托管人、基金服务机构损害其合法权益的行为依法提起诉讼；⑦基金合同约定的其他权利。

公开募集基金的基金份额持有人有权查阅或者复制公开披露的基金信息资料；非公开募集基金的基金份额持有人对涉及自身利益的情况，有权查阅基金的财务会计账簿等财务资料。

基金份额持有人大会由全体基金份额持有人组成，行使下列职权：①决定基金扩募或者延长基金合同期限；②决定修改基金合同的重要内容或者提前终止基金合同；③决定更换基金管理人、基金托管人；④决定调整基金管理人、基金托管人的报酬标准；⑤基金合同约定的其他职权。

按照基金合同约定，基金份额持有人大会可以设立日常机构，行使下列职权：①召集基金份额持有人大会；②提请更换基金管理人、基金托管人；③监督基金管理人的投资运作、基金托管人的托管活动；④提请调整基金管理人、基金托管人的报酬标准；⑤基金合同约定的其他职权。日常机构由基金份额持有人大会选举产生的人员组成；其议事规则，由基金合同约定。

基金份额持有人大会及其日常机构不得直接参与或者干涉基金的投资管理活动。

小知识

12386 投诉热线

12386 中国证监会热线受理证券期货市场投资者投诉、咨询、建议等，具体包括：①投资者在购买产品、接受服务或投资活动中，与证券期货市场经营主体及其从业人员发生争议的，可以提起投诉；②对证券期货监管工作或者政策提出建议和意见；③对证券期货相关法律制度或者监管工作政策等提出咨询。投资者可以在每周一至周五（法定节假日除外）的上午 9:00—11:30，下午 13: 00—16:30 期间拨打热线电话 12386。12386 中国证监会热线同时承接中国证监会网站"我要留言""给主席写信"栏目以及投资者保护基金公司网站（www.sipf.com.cn）"投资者呼叫"栏目的投资者咨询、建议及投诉事项。

三、基金财产

1. 基金财产的概念与构成

基金财产是证券投资基金法律制度中的一个特定概念。基金财产独立于基金管理人、基金托管人的固有财产，基金管理人、基金托管人不得将基金财产归入其固有财产。基金管理人、基金托管人因基金财产的管理、运用或者其他情形而取得的财产和收益，归入基金财产。

基金财产的构成包括两大部分：一是通过公开发售基金份额或以非公开方式募集的基金财产。二是基金管理人、基金托管人因基金财产的管理、运用或者其他情形而取得财产和收益，包括运用基金财产买入证券获得的股票、债券；因卖出股票、债券获得的价金；基金财产通过储蓄获得的利息；基金财产因灭失而获得的赔偿金等。

2. 基金财产的独立性

基金募集设立后，虽然基金财产处于基金管理人管理、基金托管人托管之下，但是基金财产并不属于基金管理人和基金托管人的固有财产，基金财产始终独立于基金管理人和基金托管人的固有财产，基金管理人、基金托管人也不得将基金财产归入其固有财产。基金管理人、基金托管人因依法解散、被依法撤销或者被依法宣告破产等原因进行清算的，基金财产不属于其清算财产。基金管理人和基金托管人的债权人不得对基金财产主张权利。

四、基金的公开募集

1. 公开募集基金的注册申请

公开募集基金包括向不特定对象募集资金、向特定对象募集资金累计超过 200 人，以及法律、行政法规规定的其他情形。公开募集基金应当由基金管理人管理，基金托管人托管。

公开募集应当经国务院证券监督管理机构注册。未经注册，不得公开或者变相公开募集基金。

根据《证券投资基金法》第 52 条的规定，注册公开募集基金，由拟任基金管理人向国务院证券监督管理机构提交下列文件：①申请报告；②基金合同草案；③基金托管协议草案；④招募说明书草案；⑤律师事务所出具的法律意见书；⑥国务院证券监督管理机构规定提交的其他文件。

👓 小知识

公募基金注册制落地

证监会公布了重新制订后的《公开募集证券投资基金运作管理办法》及其实施规定，自 2014 年 8 月 8 日开始实行，其中公募基金产品的审查由核准制改为注册制。证监会在后续监管中将主要从四方面落实基金注册制：一是调整监管理念，将产品审查转向以保护投资者为导向，以信息披露为中心。二是调整监管方式，支持市场主体围绕客户需求自主设计发行公募基金，不限制产品发行数量，不人为调控审查节奏，不干预产品发行时间。三是优化许可程序，建立标准明确、运作规范、制约有效的公募基金注册审查制度，建立产品电子审查系统，提高审查效率。四是加强事中事后监管。重新制订后的《办法》还有一大亮点是基金分类标准新变化。《办法》规定，80%以上的基金资产投资于股票的为股票基金；80%以上的基金资产投资于债券的为债券基金；80%以上的基金资产投资于其他基金份额的为基金中基金。与之前60%以上的基金资产投资于股票的为股票基金相比，更强调了基金的专业性。

2. 基金合同

基金管理人、基金托管人和基金份额持有人的权利、义务，依法在基金合同中约定。基金管理人、基金托管人依照《证券投资基金法》和基金合同的约定，履行受托职责。基金份额持有人按其所持基金份额享受收益和承担风险。

根据《证券投资基金法》第 53 条的规定，公开募集基金的基金合同应当包括下列内容：①募集基金的目的和基金名称；②基金管理人、基金托管人的名称和住所；③基金的运作方式；④封闭式基金的基金份额总额和基金合同期限，或者开放式基金的最低募集份额总额；⑤确定基金份额发售日期、价格和费用的原则；⑥基金份额持有人、基金管理人和基金托管人的权利、义务；⑦基金份额持有人大会召集、议事及表决的程序和规则；⑧基金份额发售、交易、申购、赎回的程序、时间、地点、费用计算方式，以及给付赎回款项的时间和方式；⑨基金收益分配原则、执行方式；⑩基金管理人、基金托管人报酬的提取、支付方式与比例；⑪与基金财产管理、运用有关的其他费用的提取、支付方式；⑫基金财产的投资方向和投资限制；⑬基金资产净值的计算方法和公告方式；⑭基金募集未达到法定要求的处理方式；⑮基金合同解除和终止的事由、程序以及基金财产清算方式；⑯争议解决方式；⑰当事人约定的其他事项。

3. 基金招募说明书

公开募集基金的基金招募说明书应当包括下列内容：①基金募集申请的准予注册文件名称和注册日期；②基金管理人、基金托管人的基本情况；③基金合同和基金托管协议的内容摘要；④基金份额的发售日期、价格、费用和期限；⑤基金份额的发售方式、发售机构及登记机构名称；⑥出具法律意见书的律师事务所和审计基金财产的会计师事务所的名称和住所；⑦基金管理人、基金托管人报酬及其他有关费用的提取、支付方式与比例；⑧风险警示内容；⑨国务院证券监督管理机构规定的其他内容。

4. 公开募集基金注册申请的审查

国务院证券监督管理机构应当自受理公开募集基金的募集注册申请之日起 6 个月内依照法律、行政法规及国务院证券监督管理机构的规定进行审查，作出注册或者不予注册的决定，并通知申请人；不予注册的，应当说明理由。基金募集申请经注册后，方可发售基金份额。基金份额的发售，由基金管理人或者其委托的基金销售机构办理。

基金管理人应当在基金份额发售的 3 日前公布招募说明书、基金合同及其他有关文件。文件应当真实、准确、完整。

对基金募集所进行的宣传推介活动，应当符合有关法律、行政法规的规定，不得有下列行为：①虚假记载、误导性陈述或者重大遗漏；②对证券投资业绩进行预测；③违规承诺收益或者承担损失；④诋毁其他基金管理人、基金托管人或者基金销售机构；⑤法律、行政法规和国务院证券监督管理机构规定禁止的其他行为。

5. 公开募集基金规则

基金管理人应当自收到准予注册文件之日起 6 个月内进行基金募集。超过 6 个月开始募集，原注册的事项未发生实质性变化的，应当报国务院证券监督管理机构备案；发生实质性变化的，应当向国务院证券监督管理机构重新提交注册申请。基金募集不得超过国务院证券监督管理机构准予注册的基金募集期限。基金募集期限自基金份额发售之日起计算。

基金募集期限届满，封闭式基金募集的基金份额总额达到准予注册规模的 80%以上，开放式基金募集的基金份额总额超过准予注册的最低募集份额总额，并且基金份额持有人人数符合国务院证券监督管理机构规定的，基金管理人应当自募集期限届满之日起 10 日内聘请法定验资机构验资，自收到验资报告之日起 10 日内，向国务院证券监督管理机构提交验资报告，办理基金备案手续，并予以公告。

基金募集期间募集的资金应当存入专门账户，在基金募集行为结束前，任何人不得动用。

投资人交纳认购的基金份额的款项时，基金合同成立；基金管理人依照规定向国务院证券监督管理机构办理基金备案手续，基金合同生效。

基金募集期限届满，不能满足规定的条件的，基金管理人应当承担下列责任：①以其固有财产承担因募集行为而产生的债务和费用；②在基金募集期限届满后 30 日内返还投资人已交纳的款项，并加计银行同期存款利息。

想一想

公募基金和私募基金在募集规则上有何区别？

五、公开募集基金的基金份额的交易、申购与赎回

1. 基金份额的上市交易

申请基金份额的上市交易，基金管理人应当向证券交易所提出申请，证券交易所依法审核同意的，双方应当签订上市协议。基金份额上市交易，应当符合下列条件：①基金的募集符合本法规定；②基金合同期限为 5 年以上；③基金募集金额不低于 2 亿元人民币；④基金份额持有人不少于 1 000 人；⑤基金份额上市交易规则规定的其他条件。基金份额上市交易规则由证券交易所制定，报国务院证券监督管理机构批准。

基金份额上市交易后，有下列情形之一的，由证券交易所终

止其上市交易，并报国务院证券监督管理机构备案：①不再具备规定的上市交易条件；②基金合同期限届满；③基金份额持有人大会决定提前终止上市交易；④基金合同约定的或者基金份额上市交易规则规定的终止上市交易的其他情形。

2. **基金份额的申购与赎回**

开放式基金的基金份额的申购、赎回、登记，由基金管理人或者其委托的基金服务机构办理。基金管理人应当在每个工作日办理基金份额的申购、赎回业务；基金合同另有约定的，从其约定。投资人交付申购款项，申购成立；基金份额登记机构确认基金份额时，申购生效。基金份额持有人递交赎回申请，赎回成立；基金份额登记机构确认赎回时，赎回生效。

基金管理人应当按时支付赎回款项，但是下列情形除外：①因不可抗力导致基金管理人不能支付赎回款项；②证券交易场所依法决定临时停市，导致基金管理人无法计算当日基金资产净值；③基金合同约定的其他特殊情形。发生上述情形之一的，基金管理人应当在当日报国务院证券监督管理机构备案。规定的情形消失后，基金管理人应当及时支付赎回款项。

开放式基金应当保持足够的现金或者政府债券，以备支付基金份额持有人的赎回款项。基金财产中应当保持的现金或者政府债券的具体比例，由国务院证券监督管理机构规定。

基金份额的申购、赎回价格，依据申购、赎回日基金份额净值加、减有关费用计算。基金份额净值计价出现错误时，基金管理人应当立即纠正，并采取合理的措施防止损失进一步扩大。计价错误达到基金份额净值0.5%时，基金管理人应当公告，并报国务院证券监督管理机构备案。因基金份额净值计价错误造成基金份额持有人损失的，基金份额持有人有权要求基金管理人、基金托管人予以赔偿。

案例 9-2

博时主题行业股票证券投资基金招募说明书（节选）

1. 申购和赎回费率表（见表9-1）。

表 9-1　　　　　　　　　　　　申购和赎回费率表

申购金额区间	申购费率
小于50万元	1.5%
大于等于50万元小于500万元	1.2%
大于等于500万元小于1 000万元	0.6%
大于等于1 000万元	收取固定费用1 000元
持有基金份额期间	**赎回费率**
小于2年	0.5%
大于等于2年小于3年	0.25%
大于等于3年	0

2. 本基金的申购费用由申购人承担，不列入基金资产，申购费用于本基金的市场推广和销售。

3. 赎回费用由基金赎回人承担，赎回费用的25%归基金资产，余额用于支付注册登记费和其他必要的手续费。

4. 基金管理人可以根据情况调整申购费率，但最高不超过1.5%。基金管理人可以根据情况调低赎回费率。基金管理人必须最迟于新的费率实施日前3个工作日在指定媒体上公告。

六、公开募集基金的投资与信息披露

1. 公开募集基金的投资

基金管理人运用基金财产进行证券投资，除国务院证券监督管理机构另有规定外，应当采用资产组合的方式。资产组合的具体方式和投资比例，依照本法和国务院证券监督管理机构的规定在基金合同中约定。

基金财产应当用于下列投资：①上市交易的股票、债券；②国务院证券监督管理机构规定的其他证券及其衍生品种。基金财产不得用于下列投资或者活动：①承销证券；②违反规定向他人贷款或者提供担保；③从事承担无限责任的投资；④买卖其他基金份额，但是国务院证券监督管理机构另有规定的除外；⑤向基金管理人、基金托管人出资；⑥从事内幕交易、操纵证券交易价格及其他不正当的证券交易活动；⑦法律、行政法规和国务院证券监督管理机构规定禁止的其他活动。

延伸阅读

几种常用的基金投资策略
http://fund.eastmoney.com/news/
1594,20161019674497634.html

2. 公开募集基金的信息披露

运用基金财产买卖基金管理人、基金托管人及其控股股东、实际控制人或者与其有其他重大利害关系的公司发行的证券或承销期内承销的证券，或者从事其他重大关联交易的，应当遵循基金份额持有人利益优先的原则，防范利益冲突，符合国务院证券监督管理机构的规定，并履行信息披露义务。

证券投资基金信息披露要遵守中国证监会发布的，2004年7月1日起施行的《证券投资基金信息披露管理办法》。基金管理人、基金托管人和其他基金信息披露义务人应当依法披露基金信息，并保证所披露信息的真实性、准确性和完整性。基金信息披露义务人应当确保应予披露的基金信息在证监会规定时间内披露，并保证投资人能够按照基金合同约定的时间和方式查阅或者复制公开披露的信息资料。

公开披露的基金信息包括：基金招募说明书、基金合同、基金托管协议；基金募集情况；基金份额上市交易公告书；基金资产净值、基金份额净值；基金份额申购、赎回价格；基金财产的资产组合季度报告、财务会计报告及中期和年度基金报告；临时报告；基金份额持有人大会决议；基金管理人、基金托管人的专门基金托管部门的重大人事变动；涉及基金财产、基金管理业务、基金托管业务的诉讼或者仲裁；国务院证券监督管理机构规定应予披露的其他信息。

延伸阅读

公募基金：请重视法定公开信息披露
http://www.stcn.com/2015/0629/12324337.shtml

公开披露基金信息，不得有下列行为：虚假记载、误导性陈述或者重大遗漏；对证券投资业绩进行预测；违规承诺收益或者承担损失；诋毁其他基金管理人、基金托管人或者基金销售机构；法律、行政法规和国务院证券监督管理机构规定禁止的其他行为。

七、公开募集基金的基金合同的变更、终止与基金财产清算

1. 基金合同的变更与终止

按照基金合同的约定或者基金份额持有人大会的决议，基金可以转换运作方式或者与其

他基金合并。

封闭式基金扩募或者延长基金合同期限，应当符合下列条件，并报国务院证券监督管理机构备案：①基金运营业绩良好；②基金管理人最近两年内没有因违法违规行为受到行政处罚或者刑事处罚；③基金份额持有人大会决议通过；④本法规定的其他条件。

有下列情形之一的，基金合同终止：①基金合同期限届满而未延期；②基金份额持有人大会决定终止；③基金管理人、基金托管人职责终止，在6个月内没有新基金管理人、新基金托管人承接；④基金合同约定的其他情形。

2. 基金财产的清算

基金合同终止时，基金管理人应当组织清算组对基金财产进行清算。清算组由基金管理人、基金托管人以及相关的中介服务机构组成。清算组作出的清算报告经会计师事务所审计，律师事务所出具法律意见书后，报国务院证券监督管理机构备案并公告。清算后的剩余基金财产，应当按照基金份额持有人所持份额比例进行分配。

案例 9-3

内地香港互认基金注册完成

2015年12月18日，中国证监会正式注册了首批3只香港互认基金，分别为：恒生中国H股指数基金、行健宏扬中国基金、摩根亚洲总收益债券基金。香港证监会按照香港市场规定，于同日正式注册了首批4只内地互认基金，分别是华夏回报混合证券投资基金、工银瑞信核心价值混合型证券投资基金、汇丰晋信大盘股票型证券投资基金、广发行业领先混合型证券投资基金。根据《香港互认基金管理暂行规定》，内地与香港互认基金的额度为资金进出各3 000亿元人民币，同时，首批北上的3只香港互认基金截至9月底的资产规模为166亿元人民币，4只南下的内地互认基金产品截至同期的资产规模为173亿元，按照两地互认基金在客地销售规模不得超过注册地的基金资产规模的规定，两地最大可销售规模基本持平，可保证资金进出基本平衡。互认基金的正式注册，有利于通过引入境外证券投资基金，为境内投资者提供更丰富的投资产品，也可通过境内基金的境外发售，吸引境外资金投资境内资本市场。下一步，内地香港互认基金申请注册审核将进入常态化。

八、非公开募集基金

非公开募集基金应当向合格投资者募集，合格投资者累计不得超过200人。前款所称合格投资者，是指达到规定资产规模或者收入水平，并且具备相应的风险识别能力和风险承担能力、其基金份额认购金额不低于规定限额的单位和个人。合格投资者的具体标准由国务院证券监督管理机构规定。

延伸阅读

私募基金诉讼案件裁判规则辨析
http://fund.jrj.com.cn/simu/2016/09/05093621412563.shtml

除基金合同另有约定外，非公开募集基金应当由基金托管人托管。担任非公开募集基金的基金管理人，应当按照规定向基金行业协会履行登记手续，报送基本情况。未经登记，任何单位或者个人不得使用"基金"或者"基金管理"字样或者近似名称进行证券投资活动；但是，法律、行政法规另有规定的除外。非公开募集基金，不得向合格投资者之外的单位和个人募集资金，不得通过报刊、电台、电视台、互联网等公众传播媒体或者讲座、报告会、分析会等方式向不特定对象宣传推介。

第三节 股权投资基金

一、股权投资基金概述

1. 概念

股权投资基金，全称应为"私人股权投资基金"（private equity fund），是指主要投资于"私人股权"（private equity），即企业非公开发行和交易股权的投资基金。私人股权包括未上市企业和上市企业非公开发行和交易的普通股、依法可转换为普通股的优先股和可转换债券。在我国，目前股权投资基金只能以非公开方式募集。

🐟 法规链接

投资基金法律法规
http://www.amac.org.cn/flfg/flfgwb/

2. 参与主体

股权投资基金的参与主体主要包括基金投资者、基金管理人、基金服务机构、监管机构和行业自律组织。股权投资基金投资者是基金的出资人、基金资产的所有者和基金投资回报的受益人。股权投资基金的管理人是基金产品的募集者和管理者，并负责基金资产的投资运作。股权投资基金服务机构是面向股权投资基金提供各类服务的机构，主要包括基金托管机构、基金销售机构、律师事务所、会计师事务所。

案例 9-4

区分股权投资与非法集资行为

2010年6月，西安市对陕西某创业投资有限公司涉嫌以代理股权投资为名非法集资行为立案侦查。某创投法定代表人唐某、执行总裁尹某操控某创投公司以"创业投资代理合同"形式，以股权或特别股权的投资方式，以投资即将在创业板或主板挂牌上市的高成长拟上市公司为诱饵，涉嫌非法集资。两人被依法逮捕，并移送检察院审查。警方已落实受害群众100多人，涉案资金上千万余元。该公司在较短时间内，以代理股权或特别股权投资为名骗去大批投资者钱财的手法和欺骗性值得广大群众高度警惕。针对私募股权投资领域内的非法集资，应该从私募的成立、私募对象、发行方式、投资者人数、保底承诺等诸多方面进行认定和区分。一看是否依法备案，私募基金管理应在中国证券投资基金业协会进行登记备案。二看发行对象是否特定。私募基金投资者不得超过200人，以有限责任公司形式设立创投企业的，投资者人数不得超过50人。单个投资者投资不得低于100万元人民币。同时，私募机构应制订出一套可行的选择流程，并通过该流程认定合格投资者。三看保底承诺。承诺固定收益的一种表现形式是保本付息，是否签订了保本付息条款是认定是否构成非法集资的主要认定标准。保本付息业务只有人民银行批准的金融机构才能开展，一般机构无权向客户承诺。

3. 股权投资基金的分类

根据投资领域不同，股权投资基金可以分为狭义创业投资基金、并购基金、不动产基金、基础设施基金、定增基金等。狭义创业投资基金是指投资于处于各个创业阶段的未上市成长型企业的股权投资基金。并购基金是指主要对企业进行财务性并购投资的股权投资基金。狭义的股权投资基金是指并购基金。不动产基金是指主要投资于土地以及建筑物等土地定着物的股权投资基金，也称房地产投资基金。基础设施基金是指主要投资于基金设施项目的股权投资基金。定向增发投资基金（定增基金）是指主要投资于上市公司非公开发行股票的股权

延伸阅读

并购基金的现状、模式与风险
http://www.jiemian.com/article/578756.html

投资基金。

按资金性质分类，可将股权投资基金分为人民币股权投资基金和外币股权投资基金。外币股权投资基金通常采取"两头在外"的方式。第一，外币股权投资基金无法在国内以基金名义注册法人实体，其经营实体注册在境外。第二，外币股权投资基金在投资过程中，通常在境外设立特殊目的公司作为受资对象，并在境外完成项目的投资退出。

4. 股权投资母基金与政府引导基金

股权投资母基金（基金中的基金）是以股权投资基金为主要投资对象的基金。

案例 9-5

中关村并购母基金设立

中关村并购母基金是海淀区产业并购引导基金、北京市海淀区国有资产投资经营有限公司、清华控股有限公司、中关村发展集团、京能集团及浦发银行、北京银行、邮储银行、南京银行等数十家上市公司和国有企业联合发起设立的，由专业管理机构与北京中关村大河资本投资管理中心（有限合伙）进行管理的市场化产业并购母基金。总规模300亿元人民币，一期逾100亿元人民币，通过与参与母基金的中关村领先科技企业联合设立子基金的方式，最终将支持1 500亿至2 000亿元人民币的并购。

政府投资基金是由政府财政出资设立并按市场化方式运作的、在投资方向上具有一定导向性的政策性基金，通常通过投资于创业投资基金，引导社会资金进入早期创业投资领域。政府引导基金本身不直接从事股权投资业务。政府投资基金的宗旨是发挥财政资金的杠杆放大效应，增加创业投资的资本供给，克服单纯通过市场配置创业投资资本的市场失灵问题。特别是通过鼓励创业投资基金处于种子期、起步期等创业早期的企业，弥补一般创业投资基金主要投资于成长期、成熟期的不足。政府引导基金对创业投资基金的支持方式包括参股、融资担保、跟进投资等。

延伸阅读

中国的引导基金如何运作
http://news.hexun.com/2014-04-08/163726168.html

二、股权投资基金的募集与设立

1. 募集

股权投资基金的募集，是指股权投资基金管理人或者受其委托的募集服务机构向投资者募集资金用于设立股权投资基金的行为。具体而言，募集行为包括推介基金、发售基金份额、办理投资者认/申购（认缴）、份额登记、赎回（退出）等活动。基金的募集分为自行募集和委托募集。基金募集机构可以分为直接募集机构和受托募集机构。

私募基金募集只能面向合格投资者，合格投资者应具备相应风险识别能力和风险承担能力，投资于单只股权投资基金的金额不低于100万元。此外，对于单位投资者，要求其净资产不低于1 000万元；对个人投资者，要求其金融资产不低于300万元或者最近三年个人年均收入不低于50万元。金融资产包括银行存款、股票、债券、基金份额、资产管理计划、银行理财产品、信托计划、保险产品、期货权益等。

以下投资者视为当然合格投资者：①社会保障基金、企业年金等养老基金和慈善基金等社会公益基金；②依法设立并在中国证券投资基金业协会备案的投资计划；③投资于所管理基金的基金管理人及其从业人员；④中国证监会和中国证券投资基金业协会规定的其他投资者。

单只基金的投资者人数累计不得超过法律规定的特定数量。目前，我国股权投资基金投资者人数限制如下：①公司型基金中，有限责任公司不得超过 50 人，股份公司不得超过 200 人；②合伙型基金不得超过 50 人；③契约型基金不得超过 200 人。任何机构或个人不得为规避合格投资者标准，募集以基金份额或其收益权为投资标的的金融产品，或者将基金份额或其收益权进行非法拆分转让，变相突破合格投资者及其人数标准。募集机构应当确保投资者已知悉基金转让的条件。

案例 9-6

合格投资者违规案例

某基金子公司A先后设立独角兽1号、独角兽2号等两个专项资产管理计划，分别有107名和121名投资者，先后投向某非上市公司B的股权。两个专项资产管理计划合计投资者228人。2016年5月版《证券期货经营机构落实资产管理业务"八条底线"禁止行为细则（修订版征求意见稿）》第4条第（五）项规定："向非合格投资者销售资产管理计划，或者投资者人数累积超过200人，若同一资产管理人的多个同类型资产管理计划的投资标的完全相同，应合并计算投资者人数。"该规定实际上是对资产管理计划、私募基金的穿透核查要求，即在特定情形下，不再将资产管理计划、私募基金视为一个单一主体，而将其穿透合并计算投资者人数。但是，社会保障基金、企业年金等养老基金，慈善基金等社会公益基金、依法设立并在基金业协会备案的投资计划、中国证监会规定的其他投资者等主体投资资产管理计划的，不再穿透核查最终投资者是否为合格投资者和合并计算投资者人数。实践中存在单个管理人发行多个结构相同或相似、投资标的完全相同的私募产品的情形，从而扩大募集资金规模。根据新版《细则》规定，独角兽1号、独角兽2号将被合并计算投资者人数，超出200人上限，构成违规。

2. 设立

股权投资基金需要具备一定的组织形式。我国现行的股权投资基金组织形式主要为公司型、合伙型及契约型，影响组织形式选择的因素众多，主要包括法律依据、监管要求、与股权投资业务的适应度及基金运营实务的要求，以及税负等。

想一想

公司型基金、合伙型基金和契约型基金有什么区别？

三、股权投资基金的运作

1. 投资

一个完整的股权投资基金投资流程通常包括项目收集、项目初审、项目立项、签署投资备忘录、尽职调查、投资决策、签署投资协议、投资后管理、项目退出等主要阶段。股权投资基金管理机构可以根据项目所处周期、机构自身管理特点以及基金协议约定适当调整相关程序。

其中尽职调查又称审慎性调查（due diligence），一般是指投资人在与目标企业达成初步合作意向后，经协商一致，对目标企业的一切与本次投资相关的事项进行现场调查、资料分析的一系列活动。尽职调查的目的有三方面：价值发现、风险发现和投资可行性分析。尽职调查主要可以分为业务、财务和法律三大部分。

2. 投资后管理

投资后管理是指股权投资基金与被投资企业签署正式投资协议之后，基金管理人积极参与被投资企业的重大经营决策，为被投资企业实施风险监控，并提供各项增值服务的等一系列活动。

在完成项目尽调并实施投资后直到项目退出之前都属于投资后管理的期间。投资后管理关系到投资项目的发展和退出方案的实现，良好的投资后管理将会从主动层面减少或消除潜在的投资风险，实现投资的保值增值，因此，投资后管理对于投资工作具有十分重要的意义。

通常，投资后管理的主要内容可以分为两类。一类是为股权投资基金被投资企业进行的项目监控活动；另一类是为股权投资基金对被投资企业提供的增值服务。

3. 项目退出

股权投资基金的核心是通过成功的项目退出来实现收益，因此，项目退出机制非常重要。项目退出是指股权投资基金选择合适的时机，将其在被投资企业的股权变现，由股权形态转化为资本形态，以实现资本增值，或及时避免和降低财产损失。股权投资项目退出主要有三种方式：股份上市转让或挂牌转让退出、股权转让退出、清算退出。

4. 内部管理

股权投资基金的内部管理主要包括基金投资者关系管理、基金权益登记、基金估值核算、基金清算与收益分配、基金信息披露、基金的托管、基金外包服务和基金业绩评价等。

四、股权投资基金的登记备案

（一）行业自律管理机构

中国证券投资基金业协会是我国股权投资基金行业的自律机构。2013年6月1日，新修订的《证券投资基金法》增设了第12章"基金业协会"，为中国证券投资基金业协会的地位和职责权限提供了基本的法律依据。2014年8月21日，中国证监会颁布的《私募投资基金监督管理暂行办法》，明确中国证券投资基金业协会对股权投资开展行业自律，协调行业关系，提供行业服务，促进行业发展。中国证券投资基金业协会根据《证券投资基金法》和《私募投资基金监督管理暂行办法》颁布了一系列自律性规范性文件。

中国证券投资基金业协会修订了《中国证券投资基金业协会会员管理办法》，自2017年1月1日起实施。根据该管理办法，基金管理人、基金托管人应当加入中国证券投资基金业协会成为会员。基金服务机构等其他机构可以加入协会成为会员；按照规定在协会登记的基金服务机构，应当按照法律法规的规定加入协会成为会员。协会会员包括普通会员、联席会员、观察会员和特别会员。

（二）登记备案管理

股权投资基金管理人应当在私募基金募集完毕后 20 个工作日内，通过私募基金登记备案系统进行备案。股权投资基金管理人提供的登记申请材料完备的，中国证券投资基金协会应当自收齐登记材料之日起 20 个工作日内，以通过网站公示私募基金管理人基本情况的方式，为私募基金管理人办结登记手续。公司型基金自聘管理团队管理基金资产的，该公司型基金在作为履行备案手续的同时，还需作为基金管理人履行登记手续。

🐾常用网站

私募基金管理人综合查询
http://gs.amac.org.cn/amac-infodisc/res/pof/manager/index.html

（三）基金管理人的信息报送义务

1. 及时履行信息报送业务

基金管理人通过私募基金登记备案系统持续报送信息是实现行业自律监管的主要基础性措施之一。股权投资基金管理人应当通过私募基金登记备案系统及时履行股权投资基金管理人及其管理的股权投资基金的季度、年度和重大事项信息报送更新等信息报送义务。

2. 违反信息报送义务的处罚

在基金管理人完成季度、年度及财务报告、重大事项报告等相应信息报送整改要求之前，中国证券投资基金协会将暂停受理该机构的私募基金产品备案申请。已登记的基金管理人存在如下情况之一的，中国证券投资基金协会将其列入异常机构名单，通过基金管理人公示平台对外公示，并暂停受理该机构的私募基金产品备案申请：基金管理人未按时履行季度、年度和重大事项报告信息报送更新业务累计 2 次的；已登记的基金管理人因违反《企业信息公示暂行条例》相关规定，被列入企业信用信息公示系统严重违法企业公示名单的；成立满一年但未提交经审计的年度财务报告的。

新申请基金管理人登记的机构存在如下情况之一的，中国证券投资基金协会将不予登记：新申请基金管理人登记的机构被列入企业信用信息公示系统严重违法企业公示名单的；成立满一年但未提交经年审的年度财务报告的。

管理人被列为异常机构的后果：一旦私募基金管理人作为异常机构公示，即使整改完毕，至少 6 个月后才能恢复正常机构公示状态。

案例 9-7

4 276 家私募管理人被列为异常机构名录

2016年2月5日，基金业协会发布的《关于进一步规范私募基金管理人登记若干事项的公告》，通知私募基金管理人应当于每年度4月底之前，通过私募基金登记备案系统提交上一年度经审计的年度财务报告。基金业协会最新消息显示，截至2016年6月30日，4 276家已登记的私募基金管理人仍未提交2015年度经审计的年度财务报告。按照《公告》要求，上述机构作为异常机构在该机构的基本公示信息以及私募基金管理人分类公示栏目中对外公示。

（四）基金管理人提交年度财务报告的要求

股权投资基金管理人应当于每年度 4 月底之前，通过私募基金登记备案系统填报经会计

第九章 投资基金法

189

师事务所审计的年度财务报告。

已登记的管理人未按要求提交的，完成整改之前，协会暂停受理该机构的产品备案，并列入异常机构名单；异常机构整改完毕后至少 6 个月后才能恢复正常机构公示状态；新申请登记的管理人成立满一年但未提交审计的年度财务报告的，协会将不予登记。

（五）法律意见书

中国证券投资基金业协会要求基金管理人提交法律意见书，引入法律中介机构的尽职调查，是对股权投资基金登记备案制度的进一步完善和发展，有利于保护投资者利益，规范股权投资基金行业守法合规经营，防治登记申请机构的道德风险外溢。新申请股权投资基金管理人登记，已登记的股权投资基金管理人发生重大事项变更，需通过私募基金备案系统提交中国律师事务所出具的法律意见书。

（六）未登记备案对股权投资基金开展投资业务的影响

基金管理人未经登记不得开展股权投资基金管理、募集业务。中介机构对股权投资基金是否按规定履行备案程序进行核查并发表专项意见，未经登记备案的股权投资基金所投资项目，在新三板、定增、并购重组、首次公开发行时将会受到限制。

（七）登记备案流程

基金管理人可以根据需要申请成为中国证券投资基金业协会会员单位，但加入会员并不是登记备案的必备前置程序，基金管理人登记和基金备案需通过私募基金登记备案系统提交相关材料。

基金管理人申请私募基金管理人登记的，应当通过私募基金登记备案系统，提供以下信息：①工商登记和营业执照正副本复印件；②公司章程或者合伙协议；③主要股东或者合伙人名单；④高级管理人的基本信息；⑤中国证券投资基金业协会规定的其他信息。

基金管理人应当通过私募基金登记备案系统向中国证券投资基金业协会报送以下信息：①主要投资方向及根据主要投资方向注明的基金类别。②基金合同、公司章程或者合伙协议。资金募集过程中向投资者提供基金招募说明书的，应当报送基金招募说明书。以公司、合伙等企业形式设立的私募基金，还应当报送工商登记和营业执照正副本复印件。③采取委托管理方式的，应当报送委托管理协议。委托托管机构托管基金财产的，还应当报送托管协议。④中国证券投资基金业协会规定的其他信息。

五、股权投资基金的行业自律管理

（一）募集管理办法

1. 募集主体、方式、对象、各方责任

在中国证券投资基金业协会办理私募基金管理人登记的机构，在中国证监会注册取得基金销售业务资格且成为中国证券投资基金业协会会员的机构可以从事股权投资的募集活动，其他任何机构和个人不得从事股权投资基金的募集活动。

募集行为包含推介基金，发售基金份额（权益），办理基金份额（权益）认缴、退出等活动。募集方式包括基金管理人自行募集、委托基金销售机构募集。股权投资基金应该向特定的合格投资者募集。

募集机构应当履行说明义务、反洗钱义务等相关义务，承担特定对象确定、投资者适当性审查、私募基金推介及合格投资者确认等相关责任。基金管理人委托基金销售机构募集的，不得因委托募集免除私募基金管理人依法承担的责任。

2. 募集行为的主要流程

私募基金募集行为的主要流程包括特定对象确定；投资者适当性匹配；基金风险提示；合格投资者确认；投资冷静期、回访确认。

3. 主要法律文件和已禁止行为

私募基金募集主要法律文件包括募集说明书、合格投资者调查问卷、合格投资者承诺、风险揭示书、基金合同、账户监督协议。

私募基金募集的禁止行为包括：公开推介或者变相公开推介；推介材料虚假记载、误导性陈述或者重大遗漏；以任何方式承诺投资者资金不受损失，或者以任何方式承诺投资者最低收益，包括宣传"预期收益""预计收益""预测投资业绩"等相关内容；夸大或者片面推介基金，违规使用"安全""保证""承诺""保险""避嫌""有保障""高收益""无风险"等可能误导投资人进行风险判断的措辞；使用"欲购从速""申购良机"等片面强调集中营销时间限制的措辞；推介或片面节选少于 6 个月的过往整体业绩或者过往基金产品业绩；登载个人、法人或者其他组织的祝贺性、恭维性或推荐性的文字；采用不具有可比性、公平性、准确性、权威性的数据来源和方法进行业绩比较，任意使用"业绩最佳""规模最大"等相关措辞；恶意贬低同行；允许非本机构雇佣的人员进行私募基金推介；推介非本机构设立或负责募集的私募基金；法律、行政法规、中国证监会和中国证券投资基金业协会禁止的其他行为。

案例 9-8

私募产品违规案例

据中国证监会江西监管局2016年10月25日发布信息显示，江西某理财顾问有限公司多只私募产品未备案，并存在公开宣传行为，且公司网站上存在"高收益""年化8%～30%"等误导投资人风险判断的措辞。此外，该私募还通过网站及微信公众号对5只私募基金产品的募集公告及产品净值进行宣传。其中，只有一只基金中基协进行了备案，其余基金均为虚拟产品。江西证监局表示，该公司上述行为违反了《私募投资基金监督管理暂行办法》第3条、第4条第一款和第14条的规定。按照第33条规定，决定对大管家理财采取责令改正的监督管理措施，并要求该私募立即停止违规行为，并于2016年11月25日前，向江西证监局提交书面整改报告并组织检查验收。

（二）信息披露管理办法

加强私募基金信息披露的制度建设，规范私募基金信息披露义务人向投资者进行披露的内容和方式，有利于保障私募基金投资者的知情权，从而保护私募基金投资者的合法权益，促进市场资源的合理配置。中国证券投资基金业协会出台了《私募投资基金信息披露管理办法》。

基金募集期间，应当在宣传推介材料中向投资者披露以下信息：基金投资信息；基金管理人基本信息；基金的募集期限；基金的估值政策和程序的定价模式；基金合同的主要条款；基金的申购与赎回安排；基金管理人最近三年的诚信情况说明；其他事项。

基金运行期间，信息披露义务人应当披露以下信息。季度披露，信息披露义务人应当在每季度结束之日起 10 个工作日以内向投资者披露基金净值、主要财务指标以及投资组合情况等信息；年度披露，信息披露义务人应当在每年结束之日起 4 个月以内向投资者披露报告期末基金净值和基金份额总额；基金的财务情况；基金投资运作情况和运用杠杆情况；投资者账户信息投资收益分配和损失承担情况；基金管理人取得的管理费和业绩报酬等。

涉及重大事项的，信息披露义务人应当按照基金合同的约定及时向投资者披露。

对于违反信息披露要求的行为，中国证券投资基金业协会可以视情节轻重对信息披露义务人及主要负责人采取谈话提醒、书面警示、要求参加强制培训、行业内谴责、加入黑名单、公开谴责等纪律处分

案例 9-9

2016年9月，证监会新闻发言人称，上海某私募基金管理人利用自身的信息优势地位，仅向投资者披露基金净值信息，损害了投资者的合理知情权。证监会依据《私募投资基金监督管理暂行办法》对其负责人采取了监管谈话的行政监管措施。据介绍，前期，上海某私募基金管理人在以"缩减份额法"计提业绩报酬时，未将业绩报酬提取导致的投资者所持基金份额及基金总净值变化情况向投资者及时、全面披露，导致投资者未能及时获悉其基金资产的变化。"缩减份额法"是目前私募基金行业计提业绩报酬的方法之一，即当业绩报酬计提基准日的基金份额净值大于前次计提日时，可根据净值增长差额的一定比例计提业绩报酬。计提业绩报酬后，基金份额净值保持不变，但对投资者持有的基金份额进行扣减。

（三）内控指引

中国基金业协会对私募基金的各项内控制度的要求及其有效运行的相关规定如下。①专业化原则：管理人应遵循专业化原则，主营业务清晰，不得兼营与私募基金管理无关或存在利益冲突的业务。②高管资质：管理人应具备至少 2 名高级管理人员，其中应当包括一名负责合规风控的高级管理人员。③投资者管理：管理人应建立合格投资者适当性制度。④募集遴选：管理人委托募集的，应当委托获得中国证监会销售业务资格且成为中国证券投资基金业协会会员的机构募集私募基金，并制定募集机构遴选制度。⑤财产独立性：管理人应当建立财产分离制度，私募基金财产与私募基金管理人固有财产之间、不同私募基金财产之间、私募基金财产和其他财产之间要实行独立运作、分别核算。⑥托管：除基金合同另有约定外，私募金应当由基金托管人托管。

（四）合同指引

私募基金合同指引，根据私募基金的组织形式不同，分为 1 号《契约型私募投资基金合同内容与格式指引》、2 号《公司章程必备条款指引》以及 3 号《合伙协议必备条款指引》。其中《契约型私募投资基金合同内容与格式指引》适用于契约型基金，《公司章程必备条款指引》适用于公司型基金，《合伙协议必备条款指引》适用于合伙型基金。

（五）外包和托管

1. 基金业务外包

外包服务是指基金业务外包服务机构（以下简称外包机构）为基金管理人提供销售、销售支付、份额登记、估值核算、信息技术系统等业务的服务。外包机构应到中国证券投资基金业协会备案，并加入中国证券投资基金业协会成为会员。基金管理人委托外包机构开展外包活动前，应对外包机构开展尽职调查。外包机构应具备开展外包业务的营运能力和风险承受能力。外包服务所涉及的基金资产和客户资产应独立于外包机构的自有财产。提供托管服务的，应设立专门的团队与业务系统，外包业务与基金托管业务团队之间建立必要的业务隔离。基金管理人可以自行办理其募集的基金产品的销售业务或委托外包机构从事基金销售业务，可委托外包机构办理基金份额（权益）登记，可委托外包机构办理基金估值核算。

2. 基金业务托管

除基金合同另有约定外，基金应当由基金托管人托管。基金合同约定基金不进行托管的，应当在基金合同中明确保障基金财产安全的制度措施和纠纷解决机制。基金托管人不得有以下行为：将其固有财产或者他人财产混同于基金财产从事投资活动；不公平地对待其管理的不同基金财产；利用基金财产或者职务之便，为本人或者投资者以外的人牟取利益，进行利益输送；侵占、挪用基金财产；泄露因职务便利获取的未公开信息，利用该信息从事或者明示、暗示他人从事相关的交易活动；从事损害基金财产和投资者利益的投资活动；玩忽职守，不按照规定履行职责；从事内幕交易、操纵交易价格及其他不正当交易活动；法律、行政法规和中国证监会规定禁止的其他行为。基金托管人应当按照合同约定，如实向投资者披露基金投资、资产负债、投资收益分配、基金承担的费用和业绩报酬、可能存在的利益冲突情况以及可能影响投资者合法权益的其他重大信息，不得隐瞒或者提供虚假信息。

📰 新闻链接

基金业协会连续出招规范私募基金外包业务
http://funds.hexun.com/2016-11-20/186978071.html

📖 **本章小结**

本章主要介绍了投资基金的含义、种类和运作规模，证券投资基金主要法律制度的内容、股权投资基金的含义、种类运作以及对股权投资基金监管的主要内容。

第十章

信 托 法

学习目标

通过本章的学习，帮助学生了解掌握信托的基本知识和基本理论，掌握信托的概念、特征、分类和功能，以及信托法的相关理论；信托设立、变更与终止；信托关系人的权利义务与信托财产，了解公益信托的范围、设立、变更与终止；同时，了解掌握信托业公司的设立、变更和终止，以及经营范围与经营规则；最后，了解信托公司集合资金信托计划相关内容。

关键概念

信托　信托法　委托人　受托人　受益人　信托财产　公益信托　信托公司　集合资金信托计划

引导案例

华电控股起诉某信托公司信托合同纠纷

2016年11月15日，中国华电集团资本控股有限公司（简称"华电控股"）起诉长安信托股份有限公司（简称"长安信托"）信托合同纠纷一案，在陕西省高级人民法院进行庭前证据交换。该案缘起于"长安信托·煤炭资源产业投资基金3号集合资金信托计划"。2012年，华电控股耗资2亿元购买该信托计划却至今仍未兑付。长安3号累计涉及资金12亿元，截至目前已有68个自然人和2个机构对长安信托提起诉讼。长安信托相关人士表示对信托计划的合规性持有信心。2012年11月6日—2013年3月7日，"长安3号"连发3期产品，分别募集资金2亿元、3.36亿元和6.64亿元，共计12亿元。该产品预期收益率11%，期限为2年，资金用于受让山西泰联投资有限公司持有的楼俊集团35%股权收益权，以及受让自然人郭启飞持有的楼俊集团30%股权收益权。2013年11月29日，总资产600亿元的联盛集团因资金链断裂，提出重整申请。与联盛集团有担保关系的民营企业有10多家，所欠信贷资金规模超过200亿元，债务涉及多家银行及信托等机构。相关投资者上告长安信托的原因在于，认为公司在信托计划的发起设立、运营管理、处置等过程中不尽责，严重违约，并指责长安信托擅自放弃投资标的企业楼俊集团及下属三矿的保证金归集和采矿权抵押，导致该项目的回购价款受到严重影响。

思考：信托法如何保护委托人权利？

第一节　信托的基本理论

一、信托概述

（一）信托的概念

《中华人民共和国信托法》规定，信托是指委托人基于对受托人的信任，将其财产权委托给受托人，由受托人按委托人的意愿以自己的名义，为受益人的利益或者特定目的，进行管理或处分的行为。

信托的设立是以委托人对受托人的信任为基础的。信托的核心是信托财产，没有特定信托财产的存在，就没信托。受托人接受委托人的委托后，便取得了对信托财产的直接控制权，并且在处理具体信托事务时，以自己的名义管理、处分信托财产，而无须借助委托人或受益人的名义。受托人在处理信托事务时必须为了受益人的利益或者特定目的。这赋予了受托人一定的自由裁量的空间，又要求受托人必须围绕受益人的最大利益管理和处分信托财产。

（二）信托的法律特征

1. 信托有三方当事人，即委托人、受托人与受益人

委托人通过信托将财产转移给受托人管理与处分，受托人接受委托后，在双方之间设立了信托关系，受托人根据信托目的以自己的名义处理信托事务。受益人则是指享有受托人因管理、处分信托财产所生利益的人。受益人与委托人可以是同一人。

2. 信托财产所有权的转移与分离

作为一种财产转移与管理的制度设计，信托有效成立的前提就是委托人将其财产权转移给受托人，使委托人的财产所有权转化为信托财产的所有权，由受托人围绕信托目的对信托财产行使占有、处分的权能，而其中产生的收益归属于受益人，这使得信托财产所有权中的占有、处分、收益权能相互分离。

3. 信托责任的有限性

这是信托财产独立性的延伸。受托人根据信托目的管理与处分信托财产、履行相应义务的过程中，其与第三人的权利义务归属于受托人，且仅以信托财产为限对外承担法律责任。

4. 信托设立的目的性

委托人以一定的信托目的而设立信托，将财产转移给受托人管理与处分，这要求受托人在管理与处分信托财产时必须围绕信托目的进行运作，而不能利用受托人的法律地位为自己谋利，即受托人在处理信托事务时受信托目的的约束，必须勤勉、忠实、谨慎地运作信托财产，这也是委托人基于对受托人的信任而在双方之间设立信托关系的必然要求。

5. 信托管理的连续性

信托关系一旦有效成立便不得随意解除，也不因委托人、受托人或受益人的死亡、丧失行为能力、解散、破产、辞职、接任等事由而终止。出现更换受托人的事由时受托人的任命必须经过法定程序，进而由新的受托人继续处理信托事务，信托关系仍然存续而不受影响。

想一想

信托与代理、行纪有什么异同？

（三）信托的分类

依据不同标准可以对信托作出多种分类。依照受托人是否专门经营信托业务，分为民事信托与商事信托；依照信托关系成立的原因，分为意定信托与法定信托；按照信托财产的性质，可以分为金钱信托与非金钱信托；按照信托的目的是否具有公益性，分为私益信托与公益信托；按照同一信托中委托人的人数，分为个别信托与集团信托。

常用网站

中国信托业协会
http://www.xtxh.net/xtxh/

（四）信托的功能

信托具有财产转移与财产管理、财产保全与增值、资金融通、破产隔离以及公益功能。

~~~ 案例 10-1 ~~~

湘信善达农村医疗援助公益信托计划精准扶贫

截至2016年10月，财信金控旗下湖南省信托有限责任公司（简称湖南信托）推出的"湘信·善达农村医疗援助公益信托计划"首期援建项目51个村卫生室和3个乡镇卫生院均已投入使用，为省内武陵山片区、罗霄山脉等贫困地区近7万村民提供了一个干净卫生的就医环境，有效解决了当地老百姓就医难、买药难、医疗环境恶劣等问题。

二、信托法

延伸阅读

信托重大诉讼那些事
http://finance.sina.com.cn/
roll/2016-09-26/doc-ifxwe
vmf2221749.shtml

信托法是指调整信托关系的法律规范的总称。信托关系指的是各个信托当事人之间的权利义务关系，包括委托人与受托人之间的委托关系、委托人与受益人之间的利益转移关系，以及国家金融监管机构对信托业务监督管理关系。

我国信托立法的内容具体包括信托基本法《信托法》、信托业法《信托公司管理办法》《信托公司集合资金信托计划管理办法》与信托特别法，包括《信托公司私人股权投资信托业务操作指引》《银行与信托公司业务合作指引》和《信托公司证券投资信托业务操作指引》等。

第二节　信托的设立、变更及终止

一、信托的设立与效力

（一）信托成立的条件

信托的成立是指在特定当事人之间成立信托关系的法律行为。根据我国《信托法》的规定，信托的成立应当具备以下条件。

1. 具有明确、合法的信托目的

信托目的必须是具体、确定的。我国《信托法》第11条规定了凡是信托目的违反法律、行政法规或者损害社会公共利益的信托无效。

2. 具有明确、合法的主体

《信托法》第19条规定，委托人应当是具有完全民事行为能力的自然人、法人或者依法成立的其他组织；第24条第1款规定，受托人应当是具有完全民事行为能力的自然人、法人。受益人的产生源于委托人的指定或者法律的规定。当受益人或者受益人范围无法确定时，信托也会导致无效。

3. 信托财产合法且具体、确定

根据《信托法》第14条第3、4款规定，合法的信托财产是指信托财产属流通物，或者虽为法律、法规规定为限制流通的财产，经有关主管部门批准则可以成为信托财产。《信托法》第7条规定了信托的设立必须有确定的信托财产，并且该信托财产必须是委托人合法所有的财产，而且财产性权利也能成为信托财产。信托财产的具体、确定是指信托财产是客观存在的，并且能够确定其种类与范围，否则，当事人之间的权利义务也难以确定。不确定或者不合法的信托财产将导致信托无效。

4. 符合法定的形式

信托的有效成立必须符合法定的形式。《信托法》第8条规定：设立信托，应当采取书面形式。书面形式包括信托合同、遗嘱或者法律、行政法规规定的其他书面文件等。采取信托合同形式设立信托的，信托合同签订时，信托成立。采取其他书面形式设立信托的，受托人承诺信托时，信托成立。

🦔**法律实务**

信托产品的设立流程
http://blog.sina.com.cn/s/blog
_9c8134f10102wlk5.html

《信托法》第13条规定，设立遗嘱信托，应当遵守继承法关于遗嘱的规定。遗嘱指定的人拒绝或者无能力担任受托人的，由受益人另行选任受托人；受益人为无民事行为能力人或者限制民事行为能力人的，依法由其监护人代行选任。遗嘱对选任受托人另有规定的，从其规定。

🦔**文本链接**

华润信托·三羊卓越3
期信托计划说明书
http://fund.sohu.com/2010010
5/n269379669.shtml

（二）信托书面文件的记载事项

一方面，意思自治原则属于信托制度的基本原则，另一方面，信托作为金融业的组成部分也受到监管层严格的监管，所以，信托文件的内容包括两部分，即必要记载事项与任意记载事项。

必要记载事项包括信托目的；委托人、受托人的姓名或者名称、住所；受益人或者受益人范围；信托财产的范围、种类及状况；受益人取得信托利益的形式、方法。

任意记载事项包括信托期限、信托财产的管理方法、受托人的报酬、新受托人的选任方式、信托终止事由等事项。

二、信托的效力

1. 信托的无效

信托的无效是指信托自始不发生效力。我国《信托法》第11条规定了信托无效的情形，包括：信托目的违反法律、行政法规或者损害社会公共利益；信托财产不能确定；委托人以非法财产或者本法规定不得设立信托的财产设立信托；专以诉讼或者讨债为目的设立信托；受益人或者受益人范围不能确定；法律、行政法规规定的其他情形。

2. 信托的撤销

为了防止委托人滥用信托制度中信托财产独立性的优越地位，而将其财产通过设立信托的方式逃避承担债务的义务，进而损害第三人的合法权益，因此，各国都赋予了债权人一项撤销权以约束委托人的行为。根据我国《信托法》第12条的规定，债权人撤销权的行使的几个要件如下：第一，债权的成立必须先于委托人对可供清偿的财产设立信托，并且债权必须合法、有效；第二，委托人设立信托的行为损害了债权人的利益；第三，撤销权的行使必须通过诉讼进行；第四，撤销权的除斥期间为一年，即撤销权应于自债权人知道或者应当知道撤销原因之日起一年内行使。

三、信托的变更、解除与终止

1. 信托的变更

信托一经设立，便对各方当事人产生约束力，一般不允许随意变更。信托的变更是指当法定或者约定情形出现时对信托内容进行变更的行为。

根据《信托法》第21条，委托人有权变更财产管理方法。"因设立信托时未能预见的特别事由，致使信托财产的管理方法不利于实现信托目的或者不符合受益人的利益时，委托人有权要求受托人调整该信托财产的管理方法。"

《信托法》第51条规定了几种委托人可以变更受益人或者处分受益人的信托受益权的情形：受益人对委托人有重大侵权行为；受益人对其他共同受益人有重大侵权行为；经受益人同意；信托文件规定的其他情形。

受托人职责终止需要变更的情形规定在《信托法》第39条，包括死亡或者被依法宣告死亡；被依法宣告为无民事行为能力人或者限制民事行为能力人；被依法撤销或者被宣告破产；依法解散或者法定资格丧失；辞任或者被解任；法律、行政法规规定的其他情形。

《信托法》第69条对公益信托条款的变更做出了规定："公益信托成立后，发生设立信托时不能预见的情形，公益事业管理机构可以根据信托目的，变更信托文件中的有关条款。"

2. 信托的解除

信托的解除是指信托当事人根据法律规定或者信托文件的约定行使解除权，以消灭信托效力的行为。我国《信托法》第50条规定，委托人是唯一受益人的，委托人或者其继承人可以解除信托。信托文件另有规定的，从其规定。另外，《信托法》第53条还规定了委托人行使解除权的情形，包括：①受益人对委托人有重大侵权行为；②经受益人同意；③信托文件规定的其他情形。

3. 信托的终止

信托的终止是指信托当事人根据法律规定或者约定使得具有法律效力的信托丧失效力。

一般来说，信托的终止不具有溯及力。

信托终止的条件包括：信托文件规定的终止事由发生；信托的存续违反信托目的；信托目的已经实现或者不能实现；信托当事人协商同意；信托被撤销；信托被解除。

信托终止的，信托财产归属于信托文件规定的人。信托文件未规定的，按下列顺序确定归属：受益人或者其继承人；委托人或者其继承人。

根据信托财产管理的连续性原则，信托财产的归属确定后，在该信托财产转移给权利归属人的过程中，信托视为存续，权利归属人视为受益人。

信托终止后，人民法院对原信托财产进行强制执行的，以权利归属人为被执行人。信托终止后，受托人依法规定行使请求给付报酬、从信托财产中获得补偿的权利时，可以留置信托财产或者对信托财产的权利归属人提出请求。信托终止的，受托人应当作出处理信托事务的清算报告。受益人或者信托财产的权利归属人对清算报告无异议的，受托人就清算报告所列事项解除责任。但受托人有不正当行为的除外。

延伸阅读

信托风险如何化解：变更项目期限等四种措施较常见

http://trust.hexun.com/2014-08-05/167259184.html

信托不因委托人或者受托人的死亡、丧失民事行为能力、依法解散、被依法撤销或者被宣告破产而终止，也不因受托人的辞任而终止。但本法或者信托文件另有规定的除外。

四、信托财产

（一）概念与范围

广义的信托财产包括信托财产与信托收益，是指受托人因承诺信托而取得的和受托人因信托财产的管理运用、处分或者其他情形而取得的财产，而狭义的信托财产仅指信托财产。

我国《信托法》并未列举信托财产的范围，而只是做出了限制性的规定，要求信托财产必须具有流通性："法律、行政法规禁止流通的财产，不得作为信托财产。法律、行政法规限制流通的财产，依法经有关主管部门批准后，可以作为信托财产。"也就是说，除了人身权，有形、无形财产以及财产性权利都能作为信托财产。

小知识

房产信托的市场和经济障碍

目前，我国信托公司普遍缺乏动力将房产作为家族信托的管理资产，原因是设立和管理成本较高。《不动产登记暂行条例》并未确认房产以信托的方式办理过户登记，实践中房产必须以交易过户的形式置入信托，高额的过户费用是推广房产信托的实际障碍。在许多城市，契税、营业税加上土地增值税等其他税收最高甚至可能达到20%。这些税收成本虽然可以通过税收筹划予以减轻，但税收筹划也意味着成本。其次，管理房产不同于管理资金，信托公司不能从资产管理中直接产生收益。再次，房产过户之后，房产的使用、收益、处置都涉及事务性的处理，会牵涉较高经济压力。因此，将房产作为家族信托管理的财产，还存在一定的市场和经济障碍，但从法律制度上考量，本身并不存在实质性障碍。

（二）信托财产的性质

信托财产具有以下两个特征。

1. 信托财产的物上代位性

信托财产的物上代位性又称信托财产的同一性，是指在信托的存续期间，信托财产外在形态与价值的变化并不对信托财产的性质产生影响。受托人在管理与处分信托财产的过程中，拥有自由裁量的空间，也就是说，信托财产价值形态的变化甚至发生增减，进而产生的代位物，这种物的代位不影响信托财产的性质，也不影响信托当事人的权利与义务。

想一想

信托财产的物上代位性与担保物权的物上代位性有何区别和联系？

2. 信托财产的独立性

信托财产的独立性又称信托财产的闭锁效应，是信托特有的制度安排，更是实现信托目的、实现受益人收益权的保障，否则，委托人对其自有财产做出中长期安排的目标将会落空，信托制度的优越性便无法体现。

第三节　信托当事人

延伸阅读

信托当事人的灵活性
http://www.yanglee.com/research/newsdetail.aspx?id=100058420677325&NodeCode=105023001

一、概述

信托当事人是指在信托关系中享有信托权益、承担信托义务的各个主体，一般包括委托人、受托人和受益人。实践中，受益人与委托人可以是同一人，也可以不是同一人；受托人可以是受益人，但法律规定同一信托中的受托人不得是唯一受益人。上述三方主体在信托关系中享有一定的权利并履行相应的义务，他们共同构成了信托市场的主体。

二、委托人

（一）委托人的资格和条件

委托人指的是设立信托关系的人。我国《信托法》对委托人的资格规定如下：具有完全民事行为能力；对一定数量的、合法的财产享有所有权；资产负债状况良好。

（二）委托人的权利与义务

1. 委托人的权利

（1）受托人选择权。受托人作为信托的创设者，有权选择受托人而成立信托关系。信托存续期间，受托人职责终止的，应当依照信托文件规定选任新受托人；信托文件未规定的，由委托人选任。

（2）知情权。我国《信托法》第20条规定，委托人有权了解其信托财产的管理运用、处分及收支情况，并有权要求受托人作出说明。委托人有权查阅、抄录或者复制与其信托财产有关的信托账目以及处理信托事务的其他文件。

（3）财产管理方法变更权。《信托法》第20条规定，因设立信托时未能预见的特别事由，致使信托财产的管理方法不利于实现信托目的或者不符合受益人的利益时，委托人有权要求受托人调整该信托财产的管理方法。

（4）撤销权与损害赔偿请求权。《信托法》第22条规定："受托人违反信托目的处分信托财产或者因违背管理职责、处理信托事务不当致使信托财产受到损失的，委托人有权申请人民法院撤销该处分行为，并有权要求受托人恢复信托财产的原状或者予以赔偿；该信托财产的受让人明知是违反信托目的而接受该财产的，应当予以返还或者予以赔偿。"此外，行使撤销权的除斥期间是一年。

（5）解任权与重新选任权。《信托法》第23条规定，受托人违反信托目的处分信托财产或者管理运用、处分信托财产有重大过失的，委托人有权依照信托文件的规定解任受托人，或者申请人民法院解任受托人。此外，当受托人因死亡、丧失民事行为能力、依法解散、被依法撤销或者被宣告破产而终止职务时，委托人及其继承人有权请求人民法院选任新的受托人。

（6）许可受托人辞任的权利。《信托法》第38条规定，设立信托后，经委托人和受益人同意，受托人可以辞任。

（7）有关权利的保留权。信托制度中的意思自治原则赋予了委托人设定信托内容、变更信托当事人的空间，在不违反法律与信托目的的前提下，委托人在设立信托时，有权保留相关权利，比如对信托进行变更或解除、对受托人或受益人进行变更和解除的权利等。

（8）对信托财产被强制执行的异议权。委托人有权对人民法院违法强制执行或拍卖信托财产的行为提出异议。

（9）其他权利。除了上述几项权利外，《信托法》还规定了委托人享有的其他权利。包括对受托人的同意交易权、处理信托事务的决定权、报酬数额决定权、对信托事务处理报告的认可权、信托财产归属权、起诉权。

2. 委托人的义务

（1）转移信托财产的义务。转移信托财产是设立信托的要件，这要求委托人必须将信托财产的所有权移转给受托人，这是委托人最重要的义务。

（2）支付报酬的义务。该义务与受托人给付报酬请求权相对应，委托人必须按照法律规定或者合同约定向受托人支付报酬或费用。

（3）费用补偿的义务。当受托人在处理信托事务中垫付了相关费用或者因从事信托事务而使自己遭受损失，委托人负有补偿受托人的义务。

（4）不得非法干预受托人管理与处分信托财产的义务。这是受托人行使权利的保障。

三、受托人

（一）受托人的资格和条件

1. 受托人的资格

受托人是接受信托财产并按照信托文件的约定管理、处分信托财产的人。受托人处于信托关系中的核心地位，通过对信托财产的管理与处分进而实现信托目的与信托利益，然而受托人并不享有信托利益。我国《信托法》第19条对受托人的资格规定为受托人应当具有完全民事行为能力，受托人可以是自然人、法人；此外，法律、行政法规对受托人的条件另有规定的，应从其规定。

2. 受托人的条件

在我国，信托属于金融业的组成部分，并且受到了严格的监管。2007年，中国银行业监督管理委员会颁布了《信托公司管理办法》，第2条规定，信托投资公司是依法设立的主要经营信托业务的金融机构。中国银行业监督管理委员会对信托业金融机构进行准入管理，要求必须取得金融许可证，未经银监会的批准，任何单位与个人不得经营信托业务。此外，该办法第8条还对信托公司应当具备的条件作出了规定。

（二）受托人的权利

1. 对信托财产的所有权

受托人接受委托后，便对信托财产取得了名义上的所有权，除了不享有信托收益以外，受托人有权以自己的名义对信托财产行使占有、使用、处分的权能，包括对信托财产实施出卖、出租、抵押、质押等。

2. 获得报酬权

《信托法》第35条规定，受托人有权依照信托文件的约定取得报酬。信托文件未作事先约定的，经信托当事人协商同意，可以作出补充约定；未作事先约定和补充约定的，不得收取报酬。营业信托的受托人收取报酬的形式主要是手续费佣金，其他受托人未经约定不得取得报酬。此外，为了防止受托人违反信托目的处分信托财产或者因违背管理职责、处理信托事务不当致使信托财产受到损失，《信托法》还规定在未恢复信托财产的原状或者未予赔偿前，受托人不得请求给付报酬，这是对受托人获酬权做出的限制。

3. 费用偿还请求权

《信托法》第37条规定了受托人享有费用偿还请求权，是指受托人因处理信托事务而产生的必要费用或必要债务，应当以信托财产承担，即"受托人因处理信托事务所支出的费用、对第三人所负债务，以信托财产承担。受托人以其固有财产先行支付的，对信托财产享有优先受偿的权利"。然而，费用偿还请求权也有一定的限制，以督促受托人忠诚、勤勉、谨慎地从事信托事务，当受托人违背管理职责或者处理信托事务不当对第三人所负债务或者自己所受到的损失时，应当以其固有财产承担。

4. 补偿请求权与财产留置权

《信托法》第57条规定，信托终止后，受托人依照本法规定行使请求给付报酬、从信托财产中获得补偿的权利时，可以留置信托财产或者对信托财产的权利归属人提出请求。

5. 辞任权

《信托法》第38条规定，设立信托后，经委托人和受益人同意，受托人可以辞任。同时，对公益信托的受托人辞任做出了特殊规定。

6. 强制执行的异议权

我国《信托法》第17条对信托财产可以强制执行的情形做出了规定，当违反法律规定而对信托财产强制执行时，受托人享有异议权。信托财产能被强制执行的情形包括：设立信托前债权人已对该信托财产享有优先受偿的权利，并依法行使该权利的；受托人处理信托事务所产生债务，债权人要求清偿该债务的；信托财产本身应担负的税款；法律规定的其他情形。

延伸阅读

《慈善法》下，谁有慈善信托受托人的变更权？
http://finance.newssc.org/system/20161103/002048260.html

7. 其他权利

根据《信托法》规定，受托人通过与委托人、受益人协商，可以终止信托；公益信托的受托人在公益事业管理机构违反信托法律规定时可以向人民法院起诉。

（三）受托人的义务

1. 忠实履行受托义务

信托利益的实现是信托的归宿，是委托人对受托人的信任的必然要求，也是尊重信托目的的表现。这便要求受托人必须按照信托文件的规定，为受益人的最大利益处理信托事务。

2. 善良管理人义务

《信托法》第25条规定了受托人在处理信托事务时应当恪尽职守，履行诚实、信用、谨慎、有效管理的义务。当然，实务中对于善良管理人的衡量没有统一的标准，但一般来说，要求受托人将信托财产视为自己的财产一样给予同等的重视，换言之，受托人管理信托财产时要像管理自有财产一样谨慎、尽责。如果受托人是信托公司，应当负有更高的谨慎管理义务。

3. 信托财产分别管理义务

《信托法》第29条规定：受托人必须将信托财产与其固有财产分别管理、分别记账，并将不同委托人的信托财产分别管理、分别记账。这也是信托财产独立性的要求之一。

4. 不得享有信托利益以及向受益人支付信托利益的义务

《信托法》第26条规定，受托人除依照信托法规定取得报酬外，不得利用信托财产为自己谋取利益。若受托人违反该规定，利用信托财产为自己谋取利益，所得利益归入信托财产。同时，受托人以信托财产为限向受益人承担支付信托利益的义务。

5. 自己处理信托事务的义务

委托人对受益人的信任是设立信托关系的基础，这具体体现为委托人信赖受托人的能力与品行而将信托事务委托给受托人，由受托人管理与处分信托财产。因此，受托人应当自己处理信托事务，但信托文件另有规定或者有不得已事由的，可以委托他人代为处理。受托人依法将信托事务委托他人代理的，应当对他人处理信托事务的行为承担责任。

6. 完整记录、报告及保密义务

《信托法》第33条规定，受托人必须保存处理信托事务的完整记录，受托人还应当每年定期将信托财产的管理运用、处分及收支情况，报告委托人和受益人。受托人对委托人、受益人以及处理信托事务的情况和资料负有依法保密的义务。

7. 不得将信托财产转为其固有财产的义务

《信托法》第16条与第27条都规定了受托人不得将信托财产归入其固有财产中。"信托财产与属于受托人所有的财产相区别，不得归入受托人的固有财产或者成为固有财产的一部分。受托人死亡或者依法解散、被依法撤销、被宣告破产而终止，信托财产不属于其遗产或者清算财产。"同时，受托人违反该义务的法律后果是必须恢复信托财产的原状，造成信托财产损失的，应当承担赔偿责任。

8. 不得自我交易的义务

《信托法》第28条规定了受托人不得将其固有财产与信托财产进行交易或者将不同委托人的信托财产进行相互交易，除非信托文件另有规定或者经委托人或者受益人同意，并以公平的市场价格进行交易。受托人违反该规定，造成信托财产损失的，应当承担赔偿责任。

9. 职责终止时的报告移交义务

受托人依法终止职责的，应当作出处理信托事务的报告，并向新受托人办理信托财产和信托事务的移交手续。

10. 共同受托人的义务

同一信托的受托人有两个以上的，称为共同受托人。共同受托人除需要履行上述义务外，还应当履行其特有的义务：共同处理信托事务的义务（《信托法》第31条）；共同承担受托人之间的连带责任（《信托法》第32条）。

（四）受托人职责的终止与受托人的变更

1. 受托人的辞任

《信托法》第38条规定，设立信托后，经委托人和受益人同意，受托人可以辞任。受托人辞任的，在新受托人选出前仍应履行管理信托事务的职责。

2. 受托人职责终止的情形

《信托法》第39条规定的情形包括：死亡或者被依法宣告死亡；被依法宣告为无民事行为能力人或者限制民事行为能力人；被依法撤销或者被宣告破产；依法解散或者法定资格丧失；辞任或者被解任；法律、行政法规规定的其他情形。受托人职责终止时，其继承人或者遗产管理人、监护人、清算人应当妥善保管信托财产，协助新受托人接管信托事务。

3. 新受托人的选任

《信托法》第40条规定："受托人职责终止的，依照信托文件规定选任新受托人；信托文件未规定的，由委托人选任；委托人不指定或者无能力指定的，由受益人选任；受益人为无民事行为能力人或者限制民事行为能力人的，依法由其监护人代行选任。原受托人处理信托事务的权利和义务，由新受托人承继。"

4. 共同受托人的变更

《信托法》第42条规定，共同受托人之一职责终止的，信托财产由其他受托人管理和处分。

四、受益人

受益人是指在信托关系中享有信托利益的人，受益人可以是自然人、法人和依法成立的其他组织。信托制度的归宿则是信托利益归属于受益人，然而，受益人除了享受信托利益之外也需要承担相应的义务。此外，法律对受益人的限制较少，一方面，只要求受益人具备民事权利能力，而且委托人可以作为唯一的受益人；另一方面，为了防范受托人的道德风险，我国《信托法》规定，当受托人也是受益人时，受托人不得是同一信托的唯一受益人。

（一）受益人的权利

1. 受益权

受益权是受益人享有的基本权利，是受益人享有其他权利的法律前提。在信托存续期间，受益人依法或者依照信托文件的规定，对信托财产所生利益享有受益权。此外，当信托终止后，信托文件未对信托财产的归属做出规定的，受益人或其继承人优先享有信托财产的归属权。

2. 信托利益请求权

受益人有权依法或依照信托文件向受托人主张并取得信托利益，特别是当委托人不主动向受益人支付信托利益时，受益人的请求权则起到了保障信托利益实现的作用。

3. 信托利益处分权

受益权作为一项民事权利当然能够由受益人自由处分。受益人自信托生效时取得受益权。受益权可以转让和继承，但是不得违反信托文件的限制性规定。

4. 撤销权与赔偿请求权

受益人同委托人一样，当受托人违反信托目的处分信托财产时，受益人有权向人民法院申请撤销该处分行为，并有权要求受托人赔偿损失，但善意第三人因此获得的利益不受影响。受益人为多数人时，人民法院撤销受托人处分信托财产的效力及于全体受益人。

5. 与委托人共有的权利

受益人还享有委托人享有的部分权利，包括知情权、调整信托财产管理权、解任权、强制执行的异议权等。

6. 申请裁判权

受益人行使上述权利，与委托人意见不一致时，可以申请人民法院作出裁定。

7. 共同受益人享受信托利益的法律规定

《信托法》第四十五条规定，共同受益人按照信托文件的规定享受信托利益。信托文件对信托利益的分配比例或者分配方法未作规定的，各受益人按照均等的比例享受信托利益。

（二）受益人的义务

信托关系中，受益人是纯获利的主体无可厚非，特别是委托人与受益人是同一人时，受益人并不需要承担义务。然而，这并不意味着受益人无须履行任何义务。《信托法》第57条规定，信托终止后，受托人依照法律规定行使请求给付报酬、从信托财产中获得补偿的权利时，可以留置信托财产或者对信托财产的权利归属人提出请求。其中，权利归属人指的就是受益人，此时，受益人成为义务主体，需要履行相应的义务。

第四节　公 益 信 托

一、公益信托的概念与范围

公益信托又称慈善信托，指的是委托人以公共利益为目的，为多数不特定受益人的利益而设立的信托。一般来说，公益信托的信托财产及其收益不得用于非公益目的。

公益信托起源于英美，基金会是最常见的受托人。在大陆法系国家，一般而言信托公司是受托人。公益信托的受益人是不特定的，是社会中的全体或者部分公众，凡是符合资助条件或者属于信托文件规定的资助范围的人均可成为受益人。一般而言，受益人有权确定受益人的范围。

我国鼓励发展公益信托，具体的范围规定在《信托法》第 60 条，包括：救济贫困；救助灾民；扶助残疾人；发展教育、科技、文化、艺术、体育事业；发展医疗卫生事业；发展环境保护事业，维护生态环境；发展其他社会公益事业。

二、公益信托的设立、变更与终止

（一）公益信托的设立

公益信托与私益信托相比，由于前者涉及不特定多数人的公共利益，所以其设立的程序更为严格。我国实行许可批准制，根据《信托法》第 62 条规定，公益信托的设立和确定其受托人，应当经有关公益事业的管理机构批准。未经公益事业管理机构的批准，不得以公益信托的名义进行活动。然而，我国目前未成立统一的公益事业管理机构，一般是根据公益事业目的的不同，由不同的主管机构行使职权、承担责任。

（二）公益信托的变更

1. 主体变更

《信托法》第 66 条规定公益信托的受托人未经公益事业管理机构批准，不得辞任。公益信托的特殊性决定了受托人不得随意变更，否则，不特定受益人的利益将会受到影响。然而，公益信托的受托人违反信托义务或者无能力履行其职责的，公益事业管理机构有权变更受托人。

2. 内容变更

《信托法》第 69 条规定，公益信托成立后，发生设立信托时不能预见的情形，公益事业管理机构可以根据信托目的，变更信托文件中的有关条款。

（三）公益信托的终止

公益信托与私益信托终止的事由基本相同，但是在程序要件上公益信托更为严格。

1. 终止报告

《信托法》第70条规定，公益信托终止的，受托人应当于终止事由发生之日起15日内，将终止事由和终止日期报告公益事业管理机构。

2. 清算报告及其认可核准与公告

《信托法》第71条规定："公益信托终止的，受托人作出的处理信托事务的清算报告，应当经信托监察人认可后，报公益事业管理机构核准，并由受托人予以公告。"

🐾 延伸阅读

国内公益信托运作模式
http://news.163.com/16/0331/15/BJGERG1N00014AED.html

3. 剩余信托财产的处理

《信托法》第72条规定了信托终止后剩余信托财产的处理办法，即没有信托财产权利归属人或者信托财产权利归属人是不特定的社会公众的，经公益事业管理机构批准，受托人应当将信托财产用于与原公益目的相近似的目的，或者将信托财产转移给具有近似目的的公益组织或者其他公益信托。

三、公益信托的监督管理

根据《信托法》第六章的规定，公益信托的管理机构的职权包括：公益信托设立的审批权；批准公益信托受托人辞任的权力；信托文件的变更权；一定条件下对信托监察人的指定权；清算报告的核准权；对受托人所作报告的核准权；对受托人处理公益事务情况与财务状况的检查权；信托财产转移的批准权等。

根据我国《信托法》的规定，公益信托应当设置信托监察人。信托监察人由信托文件规定。信托文件未规定的，由公益事业管理机构指定。信托监察人有权以自己的名义，为维护受益人的利益，提起诉讼或者实施其他法律行为。公益信托终止时，受托人作出的处理信托事务的清算报告，应当先经信托监察人认可，再报公益事业管理机构核准，并由受托人予以公告。

〰️ 案例 10-2 〰️

西安信托-5.12 抗震救灾公益信托

西安信托-5.12 抗震救灾公益信托的设立主要是2008年5月12日四川省发生的大地震后，西安信托（即现在的长安信托）利用信托制度优势和行业已经开展的类公益信托经验，推出国内首支标准化公益信托，汇集全国的各种力量参与到抗震救灾当中。该公益信托计划核心要素见表10-1。

表 10-1　　　　　　　　　　该公益信托计划的核心要素

项目名称	西安信托-5.12抗震救灾公益信托
委托人	西安国际信托有限公司、上海证大投资管理有限公司、深圳市淳大投资有限公司及深圳市思科泰技术有限公司四家公司
受托人	西安国际信托有限公司（长安信托）
信托规模	1 000万元
信托期限	3
信托监察人	西安希格玛有限责任会计师事务所

项目名称	西安信托-5.12抗震救灾公益信托
执行顾问	上海东方爱心基金会
批准部门	陕西省民政厅
信托报酬	受托人报酬18万元，按信托资金规模计算为年6%
信托监察费	3万元，按信托资金规模计算为年1%
项目确定	该信托的资金运作方式为由陕西省民政厅负责协调、安排，由西安信托作为受托人对资助项目进行确认；或由其他合法组织推荐由受托人进行确认；或由受托人亲自选择确定项目
资金运用	受托人与民政部门或其他公益机构签订定向捐赠协议，就捐赠资金的使用、资助项目的管理等进行约定，确保本信托资金用于本信托计划规定的抗震救灾公益项目

　　该公益信托计划运作情况是，2008年6月6日，西安信托-5.12抗震救灾公益信托募集成立。信托计划成立后，西安信托与陕西省民政厅签订了《定向捐赠协议》，并对如何把公益慈善信托资金运用到抗震救助事宜进行磋商。2009年底，西安信托根据陕西省民政厅的推荐最终确定了陕西省镇巴县上报的5所学校为援建项目。之后，西安信托与陕西省教育厅及镇巴县人民政府签订了《公益信托项目捐赠实施三方协议》，并据此落实项目捐赠条件。2010年初，西安信托在对项目捐赠条件的落实情况进行充分核实后，并征得捐赠人书面认可以及陕西省民政厅书面确认，将全部公益信托计划资金一次性转入《定向捐赠协议》约定的"陕西省救灾募捐办公室"专用银行账户，资金定向用于上述救助项目。2010年3月，陕西省民政厅已将捐赠资金一次性拨付至由镇巴县文教体育局监督使用的救助项目银行账户，项目资金实行专户储存、专人管理、专款专用、独立核算、封闭运行。2010年10月，上述援助项目建成完工，西安信托在该信托计划清算后，将因该信托计划财产运用所产生的剩余财产也进行了捐赠并向所有受益人披露了清算报告。我国首只标准的公益信托计划圆满结束。2010年11月，上述五所学校援建项目工程已全部完工，并于2011年5月3日取得上述项目的审计报告及竣工验收报告。西安信托根据信托合同规定对该公益信托计划进行清算并且出具了清算报告。

第五节　信托业法

　　2007年1月，中国银行业监督管理委员会公布实施《信托公司管理办法》，对信托公司的经营管理活动进行了规制，信托公司从事信托业务必须依照该规定进行。

一、信托机构的设立、变更、终止

1. 信托公司的概念、组织形式及设立条件

　　信托公司是指依法设立的主要经营信托业务的金融机构。该办法所称的信托业务是指信托公司以营业和收取报酬为目的，以受托人身份承诺信托和处理信托事务的经营行为。中国银行业监督管理委员会对信托业进行监督管理。该办法规定，设立信托公司应当经银监会批准，并领取金融许可证。未经中国银行业监督管理委员会批准，任何单位和个人不得经营信托业务，任何经营单位不得在其名称中使用"信托公司"字样。法律法规另有规定的除外。

　　设立信托公司，应当采取有限责任公司或者股份有限公司的形式。同时，还应当具备下列条件：有符合《公司法》和中国银行业监督管理委员会规定的公司章程；有具备中国银行

业监督管理委员会规定的入股资格的股东；具有本办法规定的最低限额的注册资本(信托公司注册资本最低限额为 3 亿元人民币或等值的可自由兑换货币，注册资本为实缴货币资本。中国银行业监督管理委员会根据信托公司行业发展的需要，可以调整信托公司注册资本最低限额)；有具备中国银行业监督管理委员会规定任职资格的董事、高级管理人员和与其业务相适应的信托从业人员；具有健全的组织机构、信托业务操作规程和风险控制制度；有符合要求的营业场所、安全防范措施和与业务有关的其他设施；中国银行业监督管理委员会规定的其他条件。

资料链接

2016 年信托公司排行榜
http://www.zhicheng.com/n/20
161121/107739.html

2. 信托公司的变更

信托公司的变更是指信托存续期间，其名称、组织形式、注册资金、业务范围等重大事项发生了变化。《信托公司管理办法》第 12 条规定了信托公司变更的情形：变更名称；变更注册资本；变更公司住所；改变组织形式；调整业务范围；更换董事或高级管理人员；变更股东或者调整股权结构，但持有上市公司流通股份未达到公司总股份 5% 的除外；修改公司章程；合并或者分立；中国银行业监督管理委员会规定的其他情形。上述事项的变更应当经过中国银行业监督管理委员会批准。

3. 信托公司的终止

信托公司的终止是指现存的信托公司因出现了法定或者约定的事由而丧失其民事主体的资格。根据《信托公司管理办法》规定，信托公司可能因解散、破产等原因终止。信托公司终止时，其管理信托事务的职责同时终止。清算组应当妥善保管信托财产，作出处理信托事务的报告并向新受托人办理信托财产的移交。信托文件另有约定的，从其约定。

二、信托业的经营范围

由于我国金融业采用分业经营的模式，《信托公司管理办法》第三章对信托公司的经营范围作出了规制。

小知识

分业经营与混业经营

分业经营就是指对金融机构业务范围进行某种程度的"分业"管制。分业经营有三个层次：第一个层次是指金融业与非金融业的分离，第二个层次是指金融业中银行、证券和保险三个子行业的分离，第三个层次是指银行、证券和保险各子行业内部有关业务的进一步分离。混业经营是指商业银行及其他金融企业以科学的组织方式在货币和资本市场进行多业务、多品种、多方式的交叉经营和服务的总称。混业经营有诸多公认的好处，比如：为资金更合理的使用、更快的流动创造了有利条件；有助于金融各个领域之间发挥协同作用；有助于优胜劣汰提高效益；有助于对风险的系统监管等。

《信托公司管理办法》对信托公司的经营范围作出了列举，包括：资金信托；动产信托；不动产信托；有价证券信托；其他财产或财产权信托；作为投资基金或者基金管理公司的发起人从事投资基金业务；经营企业资产的重组、购并及项目融资、公司理财、财务顾问等业务；受托经营国务院有关部门批准的证券承销业务；办理居间、咨询、资信调查等业务；代保管及保管箱业务；法律法规规定或中国银行业监督管理委员会批准的其他业务。

信托公司可以根据《中华人民共和国信托法》等法律法规的有关规定开展公益信托活动。信托公司可以根据市场需要，按照信托目的、信托财产的种类或者对信托财产管理方式的不同设置信托业务品种。

信托公司管理运用或处分信托财产时，可以依照信托文件的约定，采取投资、出售、存放同业、买入返售、租赁、贷款等方式进行。中国银行业监督管理委员会另有规定的，从其规定。信托公司不得以卖出回购方式管理运用信托财产。

信托公司固有业务项下可以开展存放同业、拆放同业、贷款、租赁、投资等业务。投资业务限定为金融类公司股权投资、金融产品投资和自用固定资产投资。除中国银行业监督管理委员会另有规定的外，信托公司不得以固有财产进行实业投资。信托公司不得开展除同业拆入业务以外的其他负债业务，且同业拆入余额不得超过其净资产的20%。中国银行业监督管理委员会另有规定的除外。信托公司可以开展对外担保业务，但对外担保余额不得超过其净资产的50%。

信托公司经营外汇信托业务，应当遵守国家外汇管理的有关规定，并接受外汇主管部门的检查、监督。

三、信托业的经营规则

《信托公司管理办法》规定了信托公司从事信托活动时，应当遵守法律法规的规定和信托文件的约定，不得损害国家利益、社会公共利益和受益人的合法权益。这意味着信托公司必须遵守信托规则，履行一定的义务。该办法规定了多项信托公司经营规则。其中主要包括以下各项。

信托公司应当采取书面形式设立信托，具体包括信托合同、遗嘱或者法律、行政法规规定的其他书面文件。《信托公司管理办法》第32条对信托合同必要记载事项作出了明确规定，包括信托目的等多项。如果以信托合同以外的其他书面文件设立信托，书面文件的载明事项按照有关法律法规规定执行。

信托公司管理运用或者处分信托财产，必须恪尽职守，履行诚实、信用、谨慎、有效管理的义务，维护受益人的最大利益。这要求受托人管理、处分信托财产时要尽到善良管理人的义务，并且兼顾信托财产的安全性与收益性。

🐷 **延伸阅读**

信托业务信息披露需关注哪些

http://trust.jrj.com.cn/2016/11/10073121687778.shtml

信托公司在处理信托事务时应当避免利益冲突，在无法避免时，应向委托人、受益人予以充分的信息披露，或拒绝从事该项业务。《信托公司管理办法》第33条规定了信托公司开展信托业务的禁止行为，包括：利用受托人地位谋取不当利益；将信托财产挪用于非信托目的的用途；承诺信托财产不受损失或者保证最低收益；以信托财产提供担保；法律法规和中国银行业监督管理委员会禁止的其他行为。

信托公司应当亲自处理信托事务。信托公司对委托人、受益人以及所处理信托事务的情况和资料负有依法保密的义务，但法律法规另有规定或者信托文件另有约定的除外。

信托公司应当妥善保存处理信托事务的完整记录，定期向委托人、受益人报告信托财产及其管理运用、处分及收支的情况。委托人、受益人有权向信托公司了解对其信托财产的管理运用、处分及收支情况，并要求信托公司作出说明。这是对受托人与受益人知情权的保障，防止受托人利用信托财产谋取私利。

信托公司应当将信托财产与其固有财产分别管理、分别记账，并将不同委托人的信托财产分别管理、分别记账。同时，信托公司还应当依法建账，对信托业务与非信托业务分别核算，并对每项信托业务单独核算。

信托公司的信托业务部门应当独立于公司的其他部门，其人员不得与公司其他部门的人员相互兼职，业务信息不得与公司的其他部门共享。

信托公司开展固有业务，不得有下列行为：向关联方融出资金或转移财产；为关联方提供担保；以股东持有的本公司股权作为质押进行融资。信托公司关联方的界定标准按照《中华人民共和国公司法》和企业会计准则。

信托公司开展关联交易，应以公平的市场价格进行，逐笔向中国银行业监督管理委员会事前报告，并按照有关规定进行信息披露，以手续费或者佣金的方式收取报酬，中国银行业监督管理委员会另有规定的除外。信托公司收取报酬，应当向受益人公开，并向受益人说明收费的具体标准。

四、信托业的监督管理

信托业的监管是指政府管理部门对整个信托业行使监督管理权的行为。《信托公司管理办法》第五章对信托公司的监督管理作出了明确规定。

案例 10-3

某信托公司被福建银监局处罚，罚款 50 万元

福建银监局对某国际信托有限公司发出〔2016〕2号行政处罚决定书。行政处罚决定书指出该国际信托有限公司的主要违法违规事实，银监局据此对其作出处罚，罚款50万元。闽银监罚决字〔2016〕2号显示，该信托有限公司证券投资信托业务分类填报错误；信托项目资金来源填报错误。2016年6月3日，福建银监局依据《信托公司管理办法》第47条第2款、《中华人民共和国银行业监督管理法》第46条第三项的规定，对其进行处罚，罚款人民币50万元。

第六节　信托公司集合资金信托计划

一、集合资金信托计划的概念

2009 年 2 月，《信托公司集合资金信托计划管理办法》正式施行。信托公司集合资金信托计划是指由信托公司担任受托人，按照委托人意愿，为受益人的利益，将两个以上（含两个）委托人交付的资金进行集中管理、运用或处分的资金信托业务活动。集合资金信托计划属于集团信托，它运营成本低，能高效筹集社会资金以集中投资，是信托公司未来信托业务的发展方向。

二、集合资金信托计划的设立

1. 信托公司设立资金信托计划的条件

委托人为合格投资者；参与信托计划的委托人为唯一受益人；单个信托计划的自然人人数不得超过 50 人，但单笔委托金额在 300 万元以上的自然人投资者和合格的机构投资者数量不受限制；信托期限不少于一年；信托资金有明确的投资方向和投资策略，且符合国家产业政策以及其他有关规定；信托受益权划分为等额份额的信托单位；信托合同应约定受托人报酬，除合理报酬外，信托公司不得以任何名义直接或间接以信托财产为自己或他人牟利；中国银行业监督管理委员会规定的其他要求。

2. 推介要求

信托公司推介信托计划，应有规范和详尽的信息披露材料，明示信托计划的风险收益特征，充分揭示参与信托计划的风险及风险承担原则，如实披露专业团队的履历、专业培训及从业经历，不得使用任何可能影响投资者进行独立风险判断的误导性陈述。信托公司异地推介信托计划的，应当在推介前向注册地、推介地的中国银行业监督管理委员会省级派出机构报告。

信托公司推介信托计划时，禁止以下行为：以任何方式承诺信托资金不受损失，或者以任何方式承诺信托资金的最低收益；进行公开营销宣传；委托非金融机构进行推介；推介材料含有与信托文件不符的内容，或者存在虚假记载、误导性陈述或重大遗漏等情况；对公司过去的经营业绩作夸大介绍，或者恶意贬低同行；中国银行业监督管理委员会禁止的其他行为。

案例 10-4

华澳国际信托有限公司违规被罚

中国银监会发布的行政处罚书显示，依据《信托公司集合资金信托计划管理办法》第48条、第49条，华澳国际信托有限公司（简称华澳国际信托）多次违法违规。现责令其整改，并罚款人民币45万元。华澳国际信托于2014年3月、7月间在与投资人签订信托合同时，未对投资人的适格性进行审查，投资人认购金额未达到投资信托计划的最低投资金额；2013年10月、2014年1月，该公司违规委托非金融机构推介信托计划；该公司2014年末集合信托资金用于发放贷款的余额占管理的集合信托计划实收余额的45.97%，突破了30%的监管指标上限。自2009年2月4日起施行的《办法》第48条中明确指出，信托公司推介信托计划违反本办法有关规定的，由银监会责令停止，返还所募资金并加计银行同期存款利息，并处20万元以上50万元以下罚款；构成犯罪的，依法追究刑事责任。

3. 信托文件要求

信托公司设立信托计划，事前应进行尽职调查，就可行性分析、合法性、风险评估、有无关联方交易等事项出具尽职调查报告。信托计划文件应当包含以下内容：认购风险申明书；信托计划说明书；信托合同；中国银行业监督管理委员会规定的其他内容。

委托人认购信托单位前，应当仔细阅读信托计划文件的全部内容，并在认购风险申明书中签字，申明愿意承担信托计划的投资风险。信托公司应当提供便利，保证委托人能够查阅或者复制所有的信托计划文件，并向委托人提供信托合同文本原件。信托计划推介期限届满，未能满足信托文件约定的成立条件的，信托公司应当在推介期限届满后30日内返还委托人已缴付的款项，并加计银行同期存款利息。由此产生的相关债务和费用，由信托公司以固有财产承担。信托计划成立后，信托公司应当将信托计划财产存入信托财产专户，并在5个工作日内向委托人披露信托计划的推介、设立情况。

三、信托计划财产的保管

信托计划的资金实行保管制。对非现金类的信托财产，信托当事人可约定实行第三方保管，但中国银行业监督管理委员会另有规定的，从其规定。信托计划存续期间，信托公司应当选择经营稳健的商业银行担任保管人，并与其签订保管协议，该协议的内容包括：受托人、保管人的名称、住所；受托人、保管人的权利义务；信托计划财产保管的场所、内容、方法、标准；保管报告内容与格式；保管费用；保管人对信托公司的业务监督与核查；当事人约定的其他内容。

信托财产的保管账户和信托财产专户应当为同一账户。信托公司依信托计划文件约定需要运用信托资金时，应当向保管人书面提供信托合同复印件及资金用途说明。保管人应当履行的职责为：安全保管信托财产；对所保管的不同信托计划分别设置账户，确保信托财产的独立性；确认与执行信托公司管理运用信托财产的指令，核对信托财产交易记录、资金和财产账目；记录信托资金划拨情况，保存信托公司的资金用途说明；定期向信托公司出具保管报告；当事人约定的其他职责。此外，遇有信托公司违反法律法规和信托合同、保管协议操作时，保管人应当立即以书面形式通知信托公司纠正；当出现重大违法违规或者发生严重影响信托财产安全的事件时，保管人应及时报告中国银行业监督管理委员会。

四、信托计划的运营与风险管理

信托公司管理信托计划，应设立为信托计划服务的信托资金运用、信息处理等部门，并指定信托经理及其相关的工作人员。每个信托计划至少配备一名信托经理。担任信托经理的人员，应当符合中国银行业监督管理委员会规定的条件。

信托公司对不同的信托计划，应当建立单独的会计账户分别核算、分别管理。

信托资金可以进行组合运用，组合运用应有明确的运用范围和投资比例。信托公司运用信托资金进行证券投资，应当采用资产组合的方式，事先制订投资比例和投资策略，采取有效措施防范风险。信托公司可以运用债权、股权、物权及其他可行方式运用信托资金。信托公司运用信托资金，应当与信托计划文件约定的投资方向和投资策略相一致。信托公司管理信托计划而取得的信托收益，如果信托计划文件没有约定其他运用方式的，应当将该信托收益交由保管人保管，任何人不得挪用。

信托公司管理信托计划，应当遵守以下规定：不得向他人提供担保；向他人提供贷款不得超过其管理的所有信托计划实收余额的30%，但中国银行业监督管理委员会另有规定的除外；不得将信托资金直接或间接运用于信托公司的股东及其关联人，但信托资金全部来源于股东或其关联人的除外；不得以固有财产与信托财产进行交易；不得将不同信托财产进行相

互交易；不得将同一公司管理的不同信托计划投资于同一项目。

五、信托计划的变更、终止与清算

信托计划存续期间，受益人可以向合格投资者转让其持有的信托单位。信托公司应为受益人办理受益权转让的有关手续。信托受益权进行拆分转让的，受让人不得为自然人。机构所持有的信托受益权，不得向自然人转让或拆分转让。

有下列情形之一的，信托计划终止：信托合同期限届满；受益人大会决定终止；受托人职责终止，未能按照有关规定产生新受托人；信托计划文件约定的其他情形。

信托计划终止，信托公司应当于终止后10个工作日内做出处理信托事务的清算报告，经审计后向受益人披露。信托文件约定清算报告不需要审计的，信托公司可以提交未经审计的清算报告。清算后的剩余信托财产，应当依照信托合同约定按受益人所持信托单位比例进行分配。分配方式可采取现金方式、维持信托终止时财产原状方式或者两者的混合方式。采取现金方式的，信托公司应当于信托计划文件约定的分配日前或者信托期满日前变现信托财产，并将现金存入受益人账户。采取维持信托终止时财产原状方式的，信托公司应于信托期满后的约定时间内，完成与受益人的财产转移手续。信托财产转移前，由信托公司负责保管。保管期间，信托公司不得运用该财产。保管期间的收益归属于信托财产，发生的保管费用由被保管的信托财产承担。因受益人原因导致信托财产无法转移的，信托公司可以按照有关法律法规进行处理。

信托公司应当用管理信托计划所产生的实际信托收益进行分配，严禁信托公司将信托收益归入其固有财产，或者挪用其他信托财产垫付信托计划的损失或收益。

六、受益人大会

受益人大会由信托计划的全体受益人组成。出现下列事项而信托计划文件未有事先约定的，应当召开受益人大会审议决定：提前终止信托合同或者延长信托期限；改变信托财产运用方式；更换受托人；提高受托人的报酬标准；信托计划文件约定需要召开受益人大会的其他事项。

受益人大会由受托人负责召集，受托人未按规定召集或不能召集时，代表信托单位10%以上的受益人有权自行召集。召集受益人大会，召集人应当至少提前10个工作日公告受益人大会的召开时间、会议形式、审议事项、议事程序和表决方式等事项。受益人大会不得就未经公告的事项进行表决。受益人大会可以采取现场方式召开，也可以采取通讯等方式召开。每一信托单位具有一票表决权，受益人可以委托代理人出席受益人大会并行使表决权。

受益人大会应当有代表50%以上信托单位的受益人参加，方可召开；大会就审议事项作出决定，应当经参加大会的受益人所持表决权的2/3以上通过；但更换受托人、改变信托财产运用方式、提前终止信托合同，应当经参加大会的受益人全体通过。受益人大会决定的事项，应当及时通知相关当事人，并向中国银行业监督管理委员会报告。

某信托黄氏项目受益人大会追责受托人创先例

某信托黄氏路桥装饰城二期项目，本应于2015年5月到期，因无法兑付，被迫延期至2015年11月5日。多数投资人仍然坚持要求信托公司履行信托合同，返还信托财产并出具清算报告。自2015年11月18日在《上海证券报》发布公告后，12月7日上午，黄氏集团路桥项目受益人大会如期在北京举行。据悉参会受益人共37名，代表17 160万份信托单位表决权，占信托单位总份额的52.22%，符合法定召开条件。大会对公告事项进行了审议，认定信托公司2015年5月有关项目延期的受益人大会，召集程序违法、表决结果虚假，一致要求予以撤销。在信托财产管理和信息披露方面，信托公司未尽职责，并涉嫌违法，一致要求信托公司返还信托财产并赔偿受益人损失，且不得收取信托报酬。此外，大会还推举受益人代表，全程参与监督信托公司与借款人黄氏集团的司法诉讼。受益人大会全票通过了大会决议。会后当天下午，受益人代表按照《集合资金信托计划管理办法》第46条规定，就大会决议，到中国银监会进行报告。

本章小结

信托是指委托人基于对受托人的信任，将其财产权委托给受托人，由受托人按委托人的意愿以自己的名义，为受益人的利益或者特定目的，进行管理或处分的行为。本章介绍了我国信托法律制度的基本内容。

第十一章

保 险 法

学习目标

本章通过介绍保险法的基本理论、保险合同的理论以及保险公司等内容，对保险法进行阐释，让读者能够更好地理解与掌握保险法相关知识。

关键概念

保险　保险法　保险合同　财产保险合同　人身保险合同　保险公司　保险中介　投保人　保险人　被保险人　受益人

引导案例

"东方之星"号游轮翻沉事故理赔

2015年6月1日晚，"东方之星"号游轮在湖北荆州监利县境内发生翻沉，事故造成442人遇难，获悉客轮翻沉事件后，保险行业启动重大突发事件应急预案响应程序，积极开展客户信息查询，安抚被保险人家属，开通理赔绿色通道，简化理赔手续，开展异地理赔、上门理赔等。在2015年度中国保险风险典型案例征集过程中共7家寿险公司报送了理赔案件。其中，太保寿险赔付合计3 687万元、中国人寿赔付546.31万元、平安养老赔付170余万元、人保健康赔付20万元、光大永明赔付 10.5万元、中邮保险赔付 5.42万元、人保寿险赔付 2.39万。上述7家寿险公司共赔付4 440余万元。

思考：保险制度有哪些功能？

第一节　保险法基础理论

一、保险的概念

保险（insurance）是投保人根据合同约定，向保险人支付保险费，保险人对于合同约定的可能发生的事故因其发生所造成的财产损失承担赔偿保险金责任，或者当被保险人死亡、伤残、疾病或者达到合同约定的年龄、期限等条件时承担给付保险金责任的商业保险行为。

保险是发生在保险人、投保人、被保险人以及受益人之间的权利义务关系。保险的范围包括财产和人身两大内容。《保险法》仅适用于商业保险，不包括社会保险。商业保险与社会保险的区别在于商业保险遵循自愿平等有偿的原则订立，突出保险人在履行保险义务的对价是投保人支付相应的保费，并在履行完保险赔付责任后获取一定的盈利。

保险以约定的危险作为对象，离开了危险，保险也就失去了存在的价值。保险体现着"我为人人，人人为我"的思想，具有社会成员之间互帮互助的性质。保险以科学的数理计算为依据进行危险集中和转移。保险以经济补偿作为手段，保险人通过给付货币的方式给予经济补偿来分散投保人的经济损失。同时，保险也是一种商品经营活动。

常用网站

中国保险行业协会
http://www.iachina.cn/

二、保险的分类

1. 财产保险与人身保险

以保险标的作为划分标准，可以将保险分为财产保险和人身保险。《保险法》第12条第4款规定："财产保险是以财产及其有关利益作为保险标的的保险类型。"财产保险分为交通运输工具险、货物运输保险、责任保险、信用保险、保证保险、财产损害险等。《保险法》第12条第3款规定："人身保险合同是以人的寿命和身体为保险标的的保险。"人身保险包括人寿保险、意外伤害保险和健康险三大类。

2. 补偿性保险和给付性保险

以保险保障功能的不同，可以将保险分为补偿性保险和给付性保险。补偿性保险是指保险的目的在于当保险标的因发生保险事故而遭受损害时，保险人按照事先的约定，在保险金额范围内支付保险补偿金，用以弥补被保险人因此遭受的经济损失。给付性保险是指保险的目的在于保险人向享有给付请求权的被保险人或受益人支付人身保险金，以维持其生活的稳定和连续。

3. 自愿保险和强制保险

以保险的建立根据为标准，可以将保险分为自愿保险和强制保险。自愿保险是投保人与保险人双方根据自愿的原则签订保险合同而建立的保险类型。现实生活中，多数保险合同属于自愿保险，自愿体现在保险双方当事人都有选择的权利。强制保险是指根据相关法律规定，双方当事人必须签订保险合同而建立的保险类型，例如我国规定的"交强险"便是强制保险。

4. 原保险和再保险

以危险转移的方式为标准，可以将保险分为原保险和再保险。原保险也称为第一次保险，是指保险业以外的社会成员作为投保人与保险人之间建立的保险类型。保险人直接承担被保险人由于危险所造成的损失，相对于再保险法律关系而言，均为原保险。

再保险是指原保险中保险人为避免或减轻其在原保险合同中承担的责任，将其承保危险

第十一章 保险法

217

的全部或一部分再转移给其他保险人所建立的保险类型。《保险法》第28条第1款规定："保险人将其承担的保险业务，以分保形式部分转移给其他保险人的，为再保险。"再保险实际是将危险在保险人之间再次转移的形式。原保险的保险人在再保险关系中处于投保人的地位，分出承担的危险的全部或部分，又称为分保业务，该保险人又称分保人。接受分保险的保险人称为再保险人，又称分入人，对于其接受的再次转移的危险承担相应的保险责任。再保险的成立是以原保险的存在为前提，又称第二次保险。

案例 11-1

中国再保险（集团）股份有限公司

中国再保险（集团）股份有限公司由国家财政部和中央汇金投资责任有限公司发起设立，注册资本为人民币424亿元，是目前中国唯一的再保险集团公司。中再集团源于1949年10月成立的中国人民保险公司，2007年10月整体改制为股份有限公司。截至2015年11月，中再集团直接控股5家境内子公司，直接控股2家境外子公司，设有2个境外机构：伦敦代表处和纽约代表处。2015年10月26日，中再集团在香港联交所主板挂牌交易。

三、保险法

保险法是调整保险关系的法律规范体系的总称。保险法的调整对象是以保险关系或与保险关系有关的社会关系为调整对象。保险关系是指基于保险合同而在各方当事人之间产生权利义务关系和国家对保险业实施管理监督过程中所产生的各种社会关系。保险关系在本质上是一种物质社会关系，是社会成员为了避免危险而寻求的物质需求。保险关系也是一种商品交换关系，投保人与保险人各取所需，将保险作为商品进行交换。保险法的具体调整对象可以分为保险合同关系、保险中介关系、保险监督关系。

1992年《中华人民共和国海商法》专章规定了"海上保险合同"，是规范海上保险合同的法律依据。《中华人民共和国保险法》（2015年修订）是我国保险立法的基本法，确立了保险法律制度的基本原则，全面规定了保险合同制度以及保险业监管制度，是保险业健康发展的重要保障。

四、保险法的基本原则

1．最大诚信原则

保险市场作为市场经济的组成部分，同样受到诚实信用原则的约束。

案例 11-2

非被保险人本人签字保险公司拒赔

1998年6月，保险公司业务员王某来到邻居徐某家推销保险，基于对保险公司和王的信赖，徐某欣然同意为目不识丁的母亲投保了两全保险。徐母经体检合格后，投保人交纳了保险费8 000元，保险公司出具了保险单，其后各期保险费投保人均按期交纳。根据保险条款规定，被保险人在保险期间死亡，保险公司应向受益人支付保险金30万元。2002年12月，被保险人因车祸死亡，当投保人向保险公司提出索赔时，保险公司审查后发现，被保险人签字一栏中的签名并非被保险人亲自所为，依《保险法》

第56条第1款之规定："以死亡为给付保险金条件的合同，未经被保险人书面同意并认可保险金额的，合同无效。"保险公司因此拒绝向受益人支付保险金。

2. 保险利益原则

《保险法》第12条规定："投保人或者被保险人应当对保险标的具有法律上承认的利益。"保险利益应当是投保人或者被保险人与保险标的之间存在利害关系。只有存在保险利益，保险标的灭失时，投保人或者被保险人才能取得保险补偿。

3. 损失补偿原则

损失补偿原则是指保险人对保险事故造成的损害在保险金额范围内承担相应的责任，补偿被保险人的损失。补偿原则要求保险人支付保险金是以被保险人遭受实际损失为前提，无损失则无保险赔偿。

4. 近因原则

近因原则是为了认定保险责任而专门设立的一项原则，是指保险人对于承保范围内的保险事故作为直接的、最接近的原因所引起的损失承担保险责任，对于承保范围外的原因造成的损失不负赔偿责任。简而言之，保险事故与损害后果之间具有因果关系。近因原则的确立是保险人承担保险责任的依据，防止了无限制地扩大保险人的责任，又可避免保险人推卸承担保险责任。

第二节 保 险 合 同

一、保险合同概述

（一）保险合同的概念

我国《保险法》第10条规定："保险合同是投保人与保险人约定保险权利义务关系的协议。"也就是投保人与保险人之间达成的，投保人负有向保险人支付保险费，保险人也有义务在保险期间内提供保障义务并在保险事故发生时在实际损失和保险范围内支付保险金的协议。保险合同具有有名性、诺成性、双务有偿性、不要式性、射幸性、保障性、属人性等特征。

（二）保险合同的适用

凡是在我国依法设立的保险组织，经营的保险业务而产生的保险纠纷，适用我国保险法的规定。我国《保险法》是2009年开始施行的，法律一般不具有溯及既往的效力，原则上对于法律生效之前的保险合同是不具有法律效力的。2009年和2013年分别出台了《保险法》司法解释一和《保险法》司法解释二。

二、保险合同的法律构成要件

（一）保险合同的主体

保险关系的主体包括保险合同的双方当事人，即投保人和保险人，也包括保险合同关系人，即被保险人和受益人。

1. 投保人

投保人是指与保险人订立保险合同，并按照合同约定负有支付保险费义务的人。投保人可以是自然人、法人或是其他组织。《保险法》规定："人身保险的投保人在保险合同订立时，对被保险人应当具有保险利益。""财产保险的投保人在保险事故发生时，对保险标的应当具有保险利益。"投保人应对保险标的具有保险利益，并且在人身保险合同和财产保险合同中取得保险利益的时间点不同。

2. 保险人

保险人是指与投保人订立保险合同，并按照合同约定承担赔偿或者给付保险金责任的保险公司。在我国，保险业务的设立必须依照法律、行政法规的规定，其他单位和个人不得经营保险业务。

3. 被保险人

被保险人是指其财产或人身受保险合同保障，享有保险金请求权的人。投保人可以为被保险人。在财产保险合同中被保险人可以是自然人、法人或是其他组织，在人身保险合同中被保险人只能是自然人。被保险人为自然人的时候，可以是完全民事行为能力人、限制民事行为能力人或无民事行为能力人。在财产保险合同中被保险人为限制民事行为能力人或无民事行为能力人没有限制，但是在人身保险合同中受到限制。《保险法》规定：投保人不得为无民事行为能力人投保以死亡为给付保险金条件的人身保险，保险人也不得承保。父母虽然可以为其未成年子女投保人身保险，但因被保险人死亡给付的保险金总和不得超过国务院保险监督管理机构规定的限额。以死亡为给付保险金条件的合同，未经被保险人同意并认可保险金额的，合同无效。按照以死亡为给付保险金条件的合同所签发的保险单，未经被保险人书面同意，不得转让或者质押。父母为其未成年子女投保的人身保险合同，即使含有以死亡为给付保险金条件，也不必经被保险人同意并认可保险金额。

延伸阅读

签订保险合同要注意几个细节

http://insurance.cngold.org/jczs/c3038100.html

4. 受益人

受益人也是保险金受领人，是指保险合同中享有保险金请求权的人。我国保险法在财产保险合同中没有规定受益人，仅在人身保险合同中规定：受益人是指人身保险合同中由被保险人或者投保人指定的享有保险金请求权的人。

（二）保险标的

保险标的又称为保险对象，是指保险合同保障的具体财产及其有关利益或者人的寿命和身体等。在财产保险合同中，保险标的又称为保险标的物，是保险合同保障的特定财产。例如房屋、车辆等。在人身保险合同中，保险标的是指保险合同保障的被保险人的生命、身体和健康利益。在责任保险合同中，保险标的是指作为消极利益的被保险人潜在的民事赔偿责任。保险标的虽然不是保险合同的客体，但保险标的条款仍是保险合同中必备的条款。

三、保险合同的主要内容

保险合同的内容，就是规定合同当事人之间的权利与义务，主要体现在合同的基本条款上。因此保险合同的主要内容，应从当事人及关系人的权利义务和保险合同的基本条款来阐述。

1. 保险人的权利义务

保险人享有收取保险费的权利。保险费是保险公司的基本收入之一，也是保险基金的主要来源。保险费是保险人承担保险保障责任的对价。但《保险法》第 38 条规定："保险人对人寿保险的保险费，不得用诉讼方式要求投保人支付。"这表明在人寿保险合同中，为保护投保人的利益，不得使用诉讼方式。保险人同样承担着义务，包括承担保险责任的义务和承担实施必要合理的施救费用的义务。

2. 投保人的权利义务

投保人享有合同变更、解除、终止、复效的权利。《保险法》第 15 条规定："除本法另有规定或者保险合同另有规定外，保险合同成立后，投保人可以解除合同，保险人不得解除合同。"投保人通常是保险单的所有人和持有人，投保人有权转让和质押保单。但《保险法》第 34 条第 2 款规定："按照以死亡为给付保险金条件的合同所签发的保险单，未经被保险人书面同意，不得转让和质押。"投保人享有权利的同时，也有缴纳保险费的义务。投保人可以按照合同约定向保险人一次支付全部保险费用或者分期支付保险费。

3. 被保险人的权利义务

被保险人有按照保险合同的约定，受保险人保险保障，发生约定的保险事故或保险期限届满时，请求或受领保险赔付或保险金的权利。除此之外，为了防范道德风险，被保险人还享有人身保险合同中的同意权。

被保险人负有的义务主要是在规定时间内提出索赔的义务，减少损失，防止灾害进一步扩大的义务以及危险增加的通知义务。《保险法》规定了被保险人应当遵守国家有关消防、安全、生产操作、劳动保护等方面的规定，维护保险标的的安全。同时，投保人和被保险人，未按照约定履行其对保险标的的安全应尽责任的，保险人有权增加保费或解除合同。保险事故发生时，被保险人也有义务采取必要措施防止或减少损失。

4. 受益人的权利

我国《保险法》规定人身保险合同的受益人享有身故保险金请求权和受领权。被保险人死亡后，有下列情形之一的，保险金作为被保险人的遗产，由保险人依照《中华人民共和国继承法》的规定履行给付保险金的义务：①没有指定受益人，或者受益人指定不明无法确定的；②受益人先于被保险人死亡，没有其他受益人的；③受益人依法丧失受益权或者放弃受益权，没有其他受益人的。受益人与被保险人在同一事件中死亡，且不能确定死亡先后顺序的，推定受益人死亡在先。此时，受领保险金的人可能为被保险人的继承人。

> **案例链接**
>
> 十大案例了解保险权益
> http://news.xinhuanet.com/loca
> l/2015-10/21/c_128339735.htm

四、保险合同的订立、生效与变动

（一）保险合同的订立

保险合同的订立程序一般经过投保、核保、承包三个阶段。投保是指投保人以订立保险合同为目的，向保险人提出要求订立保险合同的意思表示。核保是指保险人在对保险标的的信息全面了解和核实的基础上，对风险进行评判与分类，进而决定是否承保和适用何种费率的审核行为。承保是指保险人对投保人的投保请求表示接受的行为。承保可以是书面的，也可以以口头的形式作出。保险人作出了承保的表示便构成合同法上的承诺，则表明保险合同成立。

投保人的如实告知义务是投保人与保险人在订立保险合同之前依法承担的义务。《保险法》第 16 条规定："订立保险合同，保险人就保险标的或者被保险人的有关情况提出询问的，投保人应当如实告知。投保人故意或者因重大过失未履行前款规定的如实告知义务，足以影响保险人决定是否同意承保或者提高保险费率的，保险人有权解除合同。前款规定的合同解除权，自保险人知道有解除事由之日起，超过 30 日不行使而消灭。自合同成立之日起超过 2 年的，保险人不得解除合同；发生保险事故的，保险人应当承担赔偿或者给付保险金的责任。投保人故意不履行如实告知义务的，保险人对于合同解除前发生的保险事故，不承担赔偿或者给付保险金的责任，并不退还保险费。投保人因重大过失未履行如实告知义务，对保险事故的发生有严重影响的，保险人对于合同解除前发生的保险事故，不承担赔偿或者给付保险金的责任，但应当退还保险费。保险人在合同订立时已经知道投保人未如实告知的情况的，保险人不得解除合同；发生保险事故的，保险人应当承担赔偿或者给付保险金的责任。保险事故是指保险合同约定的保险责任范围内的事故。"

案例链接

与财产保险合同纠纷案件有关的 10 个典型案例
http://mt.sohu.com/20160501/n447119172.shtml

保险人的说明义务是指在保险合同订立的过程中，保险人负有的向被保险人就格式条款的订立进行提示和解释说明的义务。《保险法》第 17 条规定："订立保险合同，采用保险人提供的格式条款的，保险人向投保人提供的投保单应当附格式条款。保险人应当向投保人说明保险合同的内容。对保险合同中免除保险人责任的条款，保险人在订立合同时应当在投保单、保险单或者其他保险凭证上作出足以引起投保人注意的提示，并对该条款的内容以书面或者口头形式向投保人作出明确说明；未作提示或者明确说明的，该条款不产生效力。"

（二）保险合同的生效与保险责任的开始

保险合同的生效是指保险合同在当事人双方之间产生法律约束力。《保险法》第 13 条规定："投保人提出保险要求，经保险人同意承保，保险合同成立。保险人应当及时向投保人签发保险单或者其他保险凭证。保险单或者其他保险凭证应当载明当事人双方约定的合同内容。当事人也可以约定采用其他书面形式载明合同内容。依法成立的保险合同，自成立时生效。投保人和保险人可以对合同的效力约定附条件或者附期限。"

保险责任的开始是指保险合同约定的保险人开始承担保险责任的时间。一般而言，保险合同生效后保险责任便开始了，如果当事人之间有特殊的规定，保险责任的开始时间并不一定为保险生效时间。

想一想

保险人作出同意承保承诺之前发生保险事故，保险人是否负有保险责任？

（三）保险合同的失效与复效

保险合同的失效又称为保险合同的中止，是指在保险合同的有效期内，因发生法定情形而使合同效力暂时停止。保险合同中止的法律后果是在中止期间内发生的保险事故，保险人不承担保险责任。《保险法》第36条规定："合同约定分期支付保险费，投保人支付首期保险费后，除合同另有约定外，投保人自保险人催告之日起超过30日未支付当期保险费，或者超过约定的期限60日未支付当期保险费的，合同效力中止，或者由保险人按照合同约定的条件减少保险金额。被保险人在前款规定期限内发生保险事故的，保险人应当按照合同约定给付保险金，但可以扣减欠交的保险费。"

保险合同的复效又称为保险合同的恢复，是指已经被效力中止的人身保险合同，因符合法律规定的条件，经投保人的申请，由保险人同意后恢复保险合同的效力的行为。《保险法》第37条规定："合同效力依照本法第36条规定中止的，经保险人与投保人协商并达成协议，在投保人补交保险费后，合同效力恢复；但是，自合同效力中止之日起满2年双方未达成协议的，保险人有权解除合同。保险人依照前款规定解除合同的，应当按照合同约定退还保险单的现金价值。"

（四）保险合同的转让

保险合同的转让是指保险合同的当事人将其合同权利与义务的部分或全部转让给第三人的行为。保险合同的类型不同，转让的规则也有所不同。

财产保险合同的转让通常是保险标的物的转让，根据《保险法》的规定："保险标的的转让，被保险人或受让人应当及时通知保险人，但是货物运输保险合同和另有规定的除外。因保险标的的转让导致危险程度增加的，保险人自接到前款规定的通知之日起30日内，可以按照合同约定增加保险费或者解除合同。保险人解除合同的，应当将已收取的保险费，按照合同约定扣除自保险责任开始之日起至合同解除之日止应收的部分后，退还投保人。被保险人、受让人未履行本条第二款规定的通知义务的，因转让导致保险标的危险程度显著增加而发生的保险事故，保险人不承担赔偿保险金的责任。"

人身保险合同的转让是指对于保险合同利益的转让，因为人的生命和身体健康是不具有可转让性的。依照以死亡为给付保险金条件的人身保险合同，未经被保险人的同意，不得转让或质押保险合同。

（五）保险合同的解除

1. 投保人解除合同

除法律另有规定或是保险合同另有约定外，保险合同成立后，投保人可以解除保险合同。投保人在保险合同有效期内解除保险合同不属于违约。投保人对人身保险合同的解除，保险人应当自收到解除保险合同通知之日起30日内，按照合同的约定退还保险单的现金价值。如果人身保险合同约定有犹豫期的，投保人在犹豫期内解除保险合同的，保险人应当退还全部保险费。

小知识

犹豫期

犹豫期也称冷静期，某些设立犹豫期的险种，投保人收到保险合同并书面签收后的一段时间，在此期间投保人可以提出解除保险合同的申请，保险人扣除工本费后退还其所缴保险费。一般为签收合同次日起的 10 日（银行保险渠道为 15 日）内，由于地区规定不同，有些是为自然日，有些是以工作日计算。（有些保险公司在犹豫期内不收取工本费）

投保人对财产保险合同的解除，如在保险责任开始前，投保人应当向保险人支付手续费，保险人应当退还保险费；如果在保险责任开始后才解除保险合同的，按照合同约定扣除自保险责任开始之日起至合同解除之日止的应收部分后，将保险费退还投保人。保险标的发生部分损失后，自保险人赔偿之日起 30 天内，投保人可以解除合同。

投保人行使解除权也受到一定的限制：①货物运输保险合同和运输工具航程保险合同，保险责任开始后，投保人不得解除合同；②强制性保险合同成立后，投保人不得解除保险合同；③投保人为第三人利益订立的保险合同，投保人解除保险合同时，应当及时通知被保险人，被保险人可以取代原投保人而维持保险合同的效力。

2. 保险人解除保险合同的法定事由

根据法律的规定，保险人只有在具备法定和约定的解除合同事由时，方能行使解除权。主要包括有：①投保人未履行如实告知义务而导致合同的解除；②投保人和被保险人未履行安全维护义务而致合同的解除；③因保险标的的危险增加而致保险合同的解除；④因投保人、被保险人或受益人谎称发生保险事故或故意制造保险事故而致保险合同解除；⑤因保险标的发生保险事故致部分损失赔偿后而解除保险合同；⑥人身保险合同中止后未达成复效协议而解除保险合同。

保险人解除保险合同同样受到法律限制：①保险合同成立后，除法律另有规定或合同另有约定保险人有解除权的情形外，保险人不得解除保险合同；②保险人以明示或默示的方式放弃解除权的；③保险人解除权的行使超过了法律规定的期限；④货物运输保险合同和运输工具航程保险合同，保险责任开始后，保险人不得解除保险合同。

想一想

保险人是否有权以投保人未缴纳保险费为由，单方面解除合同？

五、保险合同条款管理规则

根据保险合同条款的性质不同，可以将保险合同的条款分为基本条款和附加条款。基本条款是保险人事先准备或印就在保险单上的合同条款，附加条款是在基本条款的基础上所特别约定的补充内容。根据保险条款产生的依据不同，可以将其分为法定条款和任意条款。法定条款包括：①保险人的名称和住所；②投保人、被保险人的姓名或者名称、住所，以及人身保险的受益人的姓名或者名称、住所；③保险标的；④保险责任和责任免除；⑤保险期间和保险责任开始时间；⑥保险金额；⑦保险费以及支付办法；⑧保险金赔偿或者给付办法；⑨违约责任和争议处理；⑩订立合同的年、月、日。不仅如此，《保险法》规定了以下两种条款无效：①免除保险人依法应承担的义务或者加重投保人、被保险人的责任；②排除投保人、被保险人或者受益人依法享有的权利。除法定的条款以外，保险人和被保险人可以约定与保险有关的其他事项。

《保险法》第 136 条规定，关系社会公众利益的保险险种、依法实行强制保险的险种和新开发的人寿保险险种等的保险条款和保险费率，应当报国务院保险监督管理机构批准。国务院保险监督管理机构审批时，应当遵循保护社会公众利益和防止不正当竞争的原则。其他保险险种的保险条款和保险费率，应当报保险监督管理机构备案。

第三节　财产保险合同

一、财产保险合同概述

（一）财产保险合同的概念和分类

财产保险合同是指以财产以及有关利益为保险标的的保险合同。财产保险合同所涉及的保险标的包括有形的物质财产以及与其相关的无形的利益，双方当事人基于合同上明确的保险财产或利益建立保险关系。

财产保险合同的特点主要包括以下几点：①财产保险合同的保险标的是财产和相关利益。以物质财产作为保险标的，是确立财产保险合同其他特点的基础，成为区别于人身保险合同的标志。②财产合同是补偿性合同。用保险赔偿金补偿被保险人的保险财产的损失，是财产保险合同的适用目的，所以财产保险合同采用损失补偿原则。③财产保险合同是根据承保财产的价值确定保险金额。④财产保险合同强调保险标的因保险事故致损之时保险利益的存在。保险利益的存在是保险合同订立和履行的基础。⑤财产保险合同一般是短期性保险合同。

根据保险标的，财产保险合同可分为财产损失保险合同、责任保险合同、信用保险合同、保证保险合同等。根据保险标的是否预先确定保险价值分类，财产保险合同可分为定值保险合同、不定值保险合同。根据保险金额与保险价值的关系分类，有足额保险合同、不足额保险合同和超额保险合同。我国《保险法》规定保险金额不得超过保险价值，也就是说不能存在超额保险合同。

（二）代位求偿制度

《保险法》第 60 条规定："因第三者对保险标的的损害而造成保险事故的，保险人自向被保险人赔偿保险金之日起，在赔偿金额范围内代位行使被保险人对第三者请求赔偿的权利。前款规定的保险事故发生后，被保险人已经从第三者取得损害赔偿的，保险人赔偿保险金时，可以相应扣减被保险人从第三者已取得的赔偿金额。保险人依照本条第一款规定行使代位请求赔偿的权利，不影响被保险人就未取得赔偿的部分向第三者请求赔偿的权利。"第 61 条："保险事故发生后，保险人未赔偿保险金之前，被保险人放弃对第三者请求赔偿的权利的，保险人不承担赔偿保险金的责任。保险人向被保险人赔偿保险金后，被保险人未经保险人同意放弃对第三者请求赔偿的权利的，该行为无效。被保险人故意或者因重大过失致使保险人不能行使代位请求赔偿的权利的，保险人可以扣减或者要求返还相应的保险金。""保险人向第三者行使代位请求赔偿权利时，被保险人应当向保险人提供必要的文件和所知道的有关情况。"但是，在人身保险合同当中，代位求偿制度存在例外。"被保险人因第三者的行为而发生死亡、伤残或者疾病等保险事故的，保险人向被保险人或者受益人给付保险金后，不享有向第三者追偿的权利，但被保险人或者受益人仍有权向第三者请求赔偿。"

（三）重复保险

重复保险是指投保人对同一保险标的、同一保险利益、同一保险事故分别与两个以上保险人订立保险合同，且保险金额总和超过保险价值的保险。《保险法》第 56 条是如此规定的："重复保险的投保人应当将重复保险的有关情况通知各保险人。重复保险的各保险人赔偿金的总和不得超过保险价值。除合同另有约定外，各保险人按照其保险金额与保险金额总和的比例承担赔偿保险金的责任。重复保险的投保人可以就保险金额总和超过保险价值的部分，请求各保险人按比例返还保险费。"

二、财产损失保险合同

财产损失保险，其保险的标的是有形的物质财产，其目的是补偿该物质财产的损失。这类保险根据其承保的财产类型范围不同，可以划分为财产损害保险、工程保险、农业保险、交通运输工具保险以及货物运输保险。

财产损害保险是狭义的财产损失保险，财产损失保险合同的标的涵盖了财产损害保险合同的标的，并且财产损害保险合同的名称是根据投保人的类型进行分类命名的。财产损害保险合同的特点主要体现在保险标的具有一般性，例如动产和不动产、固定资产和流动资产、生产资料或生活资料等。

案例 11-3

某电力装备企业投保海洋货物运输险出口货物受损理赔案

某电力技术装备企业出口至埃塞俄比亚的500kV输变电项目工程的钢芯铝绞线，在上海运往吉布提途中受损。华泰财产保险有限公司通过与海内、外检验人员的配合，将受损货物运回国内定损并最终承担保险赔偿责任。华泰财险结合了出口项目货物理赔处理的特点，围绕查勘、减损、定损、赔付等环节进行介绍，第一时间了解受损情况，在目的港未将受损货物卸船及时退运；组织各方参与拍卖受损货物，最大程度减少损失；积极主动引导客户并服务客户，截至2015年6月共支付赔款694 246.8美元。

三、责任保险合同

责任保险合同是指以被保险人依法应当对第三人承担的民事赔偿责任为保险标的，由被保险人向保险人支付保险费，保险人承诺在被保险人向第三人负赔偿责任时，按照合同的约定向被保险人或者直接向第三人给付保险赔偿金的保险。

根据责任保险的保险标的的不同，可以将责任保险分为商业机动车第三者责任险、机动车交通事故责任强制保险、产品责任险、公众责任险等。根据保险标的的归责原则不同，可以将责任保险分为过失责任保险和无过失责任保险。根据责任保险的投保方式不同，可以将责任保险分为自愿责任保险和强制责任保险。根据责任保险人的承保方式不同，可以将责任保险分为事故型责任保险和索赔型责任保险。事故型责任保险是指责任保险人承诺只对于发生在保险单有效期内的保险责任事故承担保险金给付责任。索赔型责任保险是指保险人以受害第三人向被保险人提出索赔请求的事实发生在保险单的有效期内作为向被保险人给付保险金的条件，而不论被保险人对第三人的责任事故是否发生在保险合同的有效期内。

责任保险合同旨在填补被保险人因为承担赔偿责任所受的损失，且被保险人不能获得高于其承担赔偿责任的保险赔偿。责任保险仍然是填补损害的保险，是财产保险的一种。但是责任保险有其特殊性。

四、信用保险合同与保证保险合同

根据承保方式不同，可以将财产保险合同分为保证保险合同和信用保险合同。这两种合同都是以市场经济活动中的信用风险作为保险标的的财产保险合同。

保证保险合同是指债务人向保险人投保自己信用的保险合同；信用保险合同是指债权人向保险人投保，要求保险人为被保险人的信用提供保险保障的保险合同。相对于一般财产保险合同以财产为保险标的，保证保险合同和信用保险合同是以商品交易中债务人的信用为标的。主体方面，保证保险合同包括保险人、投保人（债务人）和被保险人（债权人），信用保险合同则是由保险人和被保险人（债权人）两方构成。承保风险也是不规律的。保证保险和信用保险的风险则是债务人的主观原因，这是无规律性的。

五、海上保险合同

海上保险合同是财产保险的范畴，是指保险人对于承保财产因海上风险所造成的损失给予经济补偿的保险合同。《海商法》第216条规定："海上保险合同，是指保险人按照规定，对被保险人遭受保险事故造成保险标的的损失和产生的责任负责赔偿，而被保险人支付保险费的合同。"海上保险制度是现代保险制度的源头。海上保险合同通过其特有的经济补偿职能，成为海上运输领域中普遍使用的风险转移手段，可维持海上运输程序的正常进行，也是海商法不可缺少的一部分。

第四节　人身保险合同

一、人身保险合同概述

（一）人身保险合同的概念和特征

人身保险合同是指以投保人按与保险人约定缴纳保险费为生效条件，当被保险人在保险期间内因保险事故发生而导致的死亡、伤残、疾病或生存到约定的年龄、期限时，保险人向被保险人或者受益人承担给付保险金义务的合同。

人身保险合同具备以下特征：①人身保险合同的保险标的是被保险人的寿命或身体。②人身保险合同是定额给付性合同。③人身保险合同不存在代位求偿权。被保险人或者受益人在取得保险之后保留对第三人请求赔偿的权利。④人身保险合同的保险费不得诉讼请求。

（二）人身保险合同的分类

按照保障范围可以分为人寿保险、健康保险、意外伤害保险。人寿保险合同是指以被保险人的生命作为保险标的，以被保险人的生存或死亡作为保险事故，并在保险期间内发生保险事故时，依照保险合同给付一定保险金额的人身保险合同。人寿保险合同还可以分为死亡保险、生存保险、生死两全保险。健康保险合同是指以被保险人患病、分娩或因此所导致的死亡或残疾作为给付保险金条件的人身保险合同。意外伤害保险合同是指被保险人在保险期间内因遭受意外伤害而导致伤害、残疾或死亡时，保险人依约支付保险金的合同。

按照保险人的人数可以分为个人人身保险合同和团体人身保险合同。个人人身保险合同的被保险人只有单独一人，团体人身保险合同的被保险人是两个或两个以上的自然人。

按照保险产生的根据可以分为自愿保险合同和强制保险合同。

案例链接

2015 年度中国保险风险典型案例

http://www.guangtai-bd.com/newsx.asp? id=6055

二、人寿保险合同

人寿保险合同是指投保人与保险人订立并缴纳保险费给保险人，以被保险人的生命作为保险标的，当被保险人在保险期间发生死亡，或者生存至期限届满，由保险人承担给付死亡或生存保险金的保险合同。

人寿保险合同是以人的生命作为保险标的。人寿保险合同是给付性保险合同，而非赔偿性保险合同。人寿保险合同是定额的，是以合同实际订立的数额为准，而不是以实际的损失来确定。人寿保险合同不存在重复保险以及代位求偿制度。人寿保险具有长期性，因为是以人的寿命为标的。人寿保险合同具有一定的现金价值。保险人针对保险事故的风险长期提取保险责任准备金，并且投保人有权根据其需要请求解除保险合同而获得退保金，故人寿保险合同是具有现金价值的有价证券。

想一想

财产保险和人身保险中重复保险与代位求偿制度有何差异？

三、意外伤害保险合同

意外伤害保险合同是指以被保险人的身体为保险标的，投保人与保险人约定当发生意外事故导致被保险人身体受到伤害、残疾或死亡时，保险人给付约定的保险金给被保险人或受益人的保险合同。

意外伤害保险合同的特性包括：①意外伤害保险合同针对的是人的身体及由此产生的医疗费用。只有被保险人自然人体的损伤才属于意外伤害保险的范畴。②意外伤害保险合同的保险责任必须是由意外事故引起的。意外事故必须是外来的、不可预料的，并且是突然发生的。③意外伤害保险合同的保险费率的厘定通常不是基于被保险人的年龄、性别等身体状况，而是根据被保险人所从事的活动、职业的危险程度来确定。④意外伤害保险合同通常是短期合同。⑤意外伤害保险合同是定额给付合同，但是不具备储蓄性。

案例 11-4

《人身保险伤残评定标准》实施后最大伤残理赔案

2014年12月15日，客户李某被货车意外碾压右腿，进行了右大腿膝关节以上截肢术。由于李先生出行不便，理赔人员主动上门理赔，5个工作日将302.4万元赔款送到客户手中。该案是新版《人身保险伤残评定标准》实施后，保险行业最大额伤残赔付案。作为商业保险领域人身保险伤残评定标准的行业标准，《人身保险伤残评定标准》发布和推广是国内意外伤害保险产品发展进程中的一次重要改革和创新，新标准在伤残分类、残情条目以及保障覆盖范围上均处于世界同业标准的先进水平。新标准的实施有利于进一步增加保险行业意外险产品的保障功能，扩大意外伤残保障范围，切实提升保险消费者的保障权益和满意度。

四、健康保险合同

健康保险合同是指以人的身体为保险标的，当发生被保险人因疾病、分娩或意外伤害等原因而致伤残、死亡，以及由此产生医疗费用开支，或引发收入损失等情况，由保险人承担给付保险金责任的保险合同。

健康保险合同是以人身体的健康为保险标的。表现为被保险人发生身体不健康并由此带来相关损失时，保险人对其承担保险责任。健康保险是一类综合性的保险，可以分为好几类。健康保险兼具损失补偿与定额补偿的特征。为防范道德风险，健康保险合同采用各种方式进行成本分摊。

第五节　保　险　公　司

一、保险公司概述

《保险法》第 6 条规定："保险业务由依照本法设立的保险公司以及法律、行政法规规定的其他保险组织经营。其他单位和个人不得经营商业保险业务。"

资料链接

2016 年最新中国保险公司排名
http://www.vobao.com/zt/baoxiangongsipaiming/

（一）保险公司的设立条件

设立保险公司，应当具备下列条件：①主要股东具有持续盈利能力，信誉良好，最近 3 年内无重大违法违规记录，净资产不低于人民币 2 亿元；②有符合本法和《中华人民共和国公司法》规定的章程；③有符合本法规定的注册资本；④有具备任职专业知识和业务工作经验的董事、监事和高级管理人员；⑤有健全的组织机构和管理制度；⑥有符合要求的营业场所和与经营业务有关的其他设施；⑦法律、行政法规和国务院保险监督管理机构规定的其他条件。

（二）保险公司的设立程序

1. 设立申请

申请设立保险公司，应当向国务院保险监督管理机构提出书面申请，并提交下列材料：设立申请书，申请书应当载明拟设立的保险公司的名称、注册资本、业务范围等；可行性研究报告；筹建方案；投资人的营业执照或者其他背景资料，经会计师事务所审计的上一年度财务会计报告；投资人认可的筹备组负责人和拟任董事长、经理名单及本人认可证明；国务院保险监督管理机构规定的其他材料。国务院保险监督管理机构应当对设立保险公司的申请进行审查，自受理之日起 6 个月内作出批准或者不批准筹建的决定，并书面通知申请人。决定不批准的，应当书面说明理由。保监会批准保险公司设立的，筹办人即可开始筹建公司，并在一年内完成筹建工作。有正当理由未能按期完成筹建工作的，可以向保监会征求同意延长 3 个月的筹建期。如果在延长期内仍无法完成筹建工作，则原批准筹建文件自动失效。筹办期间，筹办人不得从事任何保险业务经营活动。

2. 开业申请

申请人提出开业申请，应当提交下列材料：开业申请书；创立大会决议，没有创立大会决议的，应当提交全体股东同意申请开业的文件或者决议；公司章程；股东名称及其所持股份或者出资的比例，资信良好的验资机构出具的验资证明，资本金入账原始凭证复印件；中国保监会规定股东应当提交的有关材料；拟任该公司董事、监事、高级管理人员的简历以及相关证明材料；公司部门设置以及人员基本构成；营业场所所有权或者使用权的证明文件；按照拟设地的规定提交有关消防证明；拟经营保险险种的计划书、3 年经营规划、再保险计划、中长期资产配置计划，以及业务、财务、合规、风险控制、资产管理、反洗钱等主要制度；信息化建设情况报告；公司名称预先核准通知；中国保监会规定提交的其他材料。

中国保监会应当审查开业申请，进行开业验收，并自受理开业申请之日起 60 日内作出批准或者不批准开业的决定。验收合格决定批准开业的，颁发经营保险业务许可证；验收不合格决定不批准开业的，应当书面通知申请人并说明理由。

3. 注册登记

《保险法》第 77 条规定：经批准设立的保险公司及其分支机构，凭经营保险业务许可证向工商行政管理机关办理登记，领取营业执照。获准开业的保险公司应当持批准文件及经营保险业务许可证，向工商管理机关办理注册登记手续，在领取营业执照后方可开业。

案例 11-5

海峡保险设立 实现福建本土保险公司零的突破

2016年8日，海峡金桥财产保险股份有限公司正式开业并领取营业执照。海峡保险是福建首家国有控股法人保险公司，它的成立，实现了福建本土保险公司零的突破。海峡保险2014年8月1日申报筹建；当年10月，福建省政府与中国保监会签署合作备忘录，明确支持在福建设立保险法人机构；2015年8月，主发起人福建省投资开发集团有限责任公司收到中国保监会正式批复同意筹建。海峡保险总部设在福建自贸试验区福州片区，注册资本15亿元，由福建投资集团联合福建高速、福州投资等7家单位发起设立。其中，国有股占80%，福建投资集团作为主发起人持股20%，福建高速持股18%为第二大股东。

二、保险公司的变更、解散和破产

保险公司的变更包括保险公司的设立时经保监会批准并经工商登记机关登记事项的变更以及保险公司成立后人格的变更。前者的变更包括：保险公司变更名称；变更组织形式；变更注册资本；扩大业务范围；变更注册地、营业场所；保险公司分立或者合并；修改保险公司章程；变更出资额占有限责任公司资本总额 5%以上的股东，或者变更持有股份有限公司股份 5%以上的股东。后者包括保险公司的合并分立和变更组织形式。

保险公司的解散是指已经成立的保险公司，在存续过程中因法律规定或是公司章程规定的事由出现，经保监会的批准，停止保险业务活动并经清算而消灭其人格的法律事实。

保险公司的破产是指保险公司不能清偿到期债务，经保监会的同意，保险公司或者债权人依法向人民法院申请破产，法院依法受理而宣告保险公司破产并将其财产公平分配给债权人的法律制度。《保险法》第90、91、92条分别规定了保险公司破产的各项内容。

想—想

保险公司的破产与一般公司的破产有什么区别，有什么特别的制度设计？

三、保险公司的经营规则

（一）保险公司经营范围规则

《保险法》第95条规定了保险业务的分类包括：人身保险业务；财产保险业务；国务院保险监督管理机构批准的与保险有关的其他业务。同时还规定了限制保险兼营的规则：保险人不得兼营人身保险业务和财产保险业务。但是，经营财产保险业务的保险公司经国务院保险监督管理机构批准，可以经营短期健康保险业务和意外伤害保险业务。保险公司应当在国务院保险监督管理机构依法批准的业务范围内从事保险经营活动。保险业还存在禁止保险兼业的规定：保险业和银行业、证券业、信托业实行分业经营、分业管理，保险公司与银行、证券、信托业务机构分别设立。国家另有规定的除外。

（二）保险公司的风险控制与合规管理规则

1. 保险公司的风险控制

保险公司经营的风险来自保险合同给付义务的承担。如果保险公司赔付额超过其偿付能力，为了将风险控制在合理范围内，保险监督管理机构一般要求保险公司通过再保险的形式将其承担的风险责任分出一部分给其他保险公司。

《保险法》对风险承担的具体规定为：经营财产保险业务的保险公司当年自留保险费，不得超过其实有资本金加公积金总和的4倍。保险公司对每一危险单位，即对一次保险事故可能造成的最大损失范围所承担的责任，不得超过其实有资本金加公积金总和的10%；超过的部分应当办理再保险。保险公司对危险单位的划分应当符合国务院保险监督管理机构的规定。

2. 保险公司的合规管理规则

保险公司的合规管理是指保险公司通过设置合规管理部门或者合规岗位、制定和执行合规政策、开展合规监测和合规培训等措施，来预防、识别、评估、报告和应对合规风险的行为。保监会在2007年颁布了《保险公司合规管理指引》，明确具体规定了保险公司应当建立健全的合规管理制度。中国保监会发布了《关于进一步加强保险公司合规管理工作有关问题的通知》，进一步规范了保险公司合规负责人的任职管理工作，于2016年6月1日起施行。

案例 11-6

保险公司被暂停买股资格

2016年12月9日，保监会下发通知，称恒大人寿保险有限公司因在开展委托股票投资业务时，存在短期频繁大量炒作上市公司股票现象，且资产配置计划不明确，资金运作不规范。根据《保险资金委托投资管理暂行办法》等相关规定，决定暂停恒大人寿保险有限公司委托股票投资业务，并责令公司进行整改。提交整改报告并经保监会评估通过后，方可恢复委托股票投资业务。

（三）保险公司偿付能力的管理规则

偿付能力是保险人依照保险合同履行补偿或给付保险金的能力，是保险人资金能力与其所承担的保险给付义务的匹配度。《保险法》第101条规定，保险公司应当具有与其业务规模和风险程度相适应的最低偿付能力。保险公司的认可资产减去认可负债的差额不得低于国务院保险监督管理机构规定的数额；低于规定数额的，应当按照国务院保险监督管理机构的要求采取相应措施达到规定的数额。第139条规定，对偿付能力不足的保险公司，国务院保险监督管理机构应当将其列为重点监管对象，并可以根据具体情况采取下列措施：责令增加资本金、办理再保险；限制业务范围；限制向股东分红；限制固定资产购置或者经营费用规模；限制资金运用的形式、比例；限制增设分支机构；责令拍卖不良资产、转让保险业务；限制董事、监事、高级管理人员的薪酬水平；限制商业性广告；责令停止接受新业务。在2008年公布的《保险公司偿付能力管理规定》以及2012年公布的《关于保险公司加强偿付能力管理有关事项的通知》更加详细地规定了保险公司偿付能力的管理，提高了我国保险监管的效能。

《保险法》第86条明确规定，保险公司应当按照保险监督管理机构的规定，报送有关报告、报表、文件和资料。保险公司的偿付能力报告、财务会计报告、精算报告、合规报告及其他有关报告、报表、文件和资料必须如实记录保险业务事项，不得有虚假记载、误导性陈述和重大遗漏。

本章小结

本章主要介绍了保险法的基础理论，以及保险合同、财产保险合同、人身保险合同、保险公司、保险中介制度等法律制度基本内容。

第十二章

互联网金融法

学习目标

通过本章的学习，掌握互联网金融的概念和调整对象，互联网金融法律监管的基本思路和基本原则，互联网金融法律监管规则的主要内容，网络借贷监管的主要内容，股权众筹监管的主要内容，以及互联网支付监管的主要内容等。

关键概念

互联网金融　大数据金融　互联网消费金融　互联网保险　网络借贷　股权众筹　互联网保险网络支付

引导案例

2016年10月16日，中国互联网协会发布了"2014—2016年中国互联网法治十大影响性案例"，其中，"e租宝"案获得票选第一位。"e租宝"是"钰诚系"下属的金易融（北京）网络科技有限公司运营的网络平台，2015年12月8日，因涉嫌违法经营接受调查。深圳经侦于2016年1月11日发文通报对"e租宝事件"调查进展，称已对"e租宝"网络金融平台及其关联公司涉嫌非法吸收公众存款案件立案侦查；2016年8月16日，北京市人民检察院官网发布公告称，"e租宝"实际控制人钰诚国际控股集团有限公司涉嫌集资诈骗罪，董事长、董事局主席丁某、总裁张某等11人涉嫌集资诈骗罪，党委书记、首席运营官王某等15人涉嫌非法吸收公众存款罪一案，由北京市公安局侦查终结移送审查起诉，北京市人民检察院第一分院于2016年8月15日依法受理。

思考：对互联网金融应当如何监管？

第一节　互联网金融概述

一、互联网金融的概念

互联网金融是指传统金融机构与互联网企业利用互联网技术和信息通信技术实现资金融通、支付、投资和信息中介服务的新型金融业务模式。互联网金融不是互联网和金融业的简单结合，而是在实现安全、移动等网络技术水平上，被用户熟悉接受后（尤其是对电子商务的接受），自然而然为适应新的需求而产生的新模式及新业务，是传统金融行业与互联网技术相结合的新兴领域。

互联网金融的主要特点体现在以下几个方面：①成本低。互联网金融模式下，资金供求双方可以通过网络平台自行完成信息甄别、匹配、定价和交易，无传统中介、无交易成本、无垄断利润。金融机构可以避免开设营业网点的资金投入和运营成本；消费者可以在开放透明的平台上快速找到适合自己的金融产品，削弱了信息不对称程度，更省时省力。②效率高。互联网金融业务主要由计算机处理，操作流程完全标准化，客户不需要排队等候，业务处理速度更快，用户体验更好。③覆盖广。互联网金融模式下，客户能够突破时间和地域的约束，在互联网上寻找需要的金融资源，金融服务更直接，客户基础更广泛。互联网金融的客户以小微企业为主，覆盖了部分传统金融业的金融服务盲区，有利于提升资源配置效率，促进实体经济发展。④发展快。依托于大数据和电子商务的发展，互联网金融得到了快速增长。⑤管理弱。互联网金融还没有接入人民银行征信系统，也不存在信用信息共享机制，不具备类似银行的风控、合规和清收机制，容易发生各类风险问题，已有众贷网、网赢天下等 P2P 网贷平台宣布破产或停止服务。互联网金融还没有完善的监管和法律约束，缺乏准入门槛和行业规范，整个行业面临诸多政策和法律风险。⑥风险大。互联网金融违约成本较低，容易诱发恶意骗贷、卷款跑路等风险问题。特别是 P2P 网贷平台由于准入门槛低和缺乏监管，成为不法分子从事非法集资和诈骗等犯罪活动的温床。同时，网络金融犯罪问题不容忽视。一旦遭遇黑客攻击，互联网金融的正常运作会受到影响，危及消费者的资金安全和个人信息安全。

二、互联网金融的分类监管

根据《关于促进互联网金融健康发展的指导意见》。加强互联网金融监管，是促进互联网金融健康发展的内在要求。同时，互联网金融是新生事物和新兴业态，要制定适度宽松的监管政策，为互联网金融创新留有余地和空间。互联网金融监管遵循"依法监管、适度监管、分类监管、协同监管、创新监管"的原则。

其中，互联网支付业务由人民银行负责监管，网络借贷业务由银监会负责监管，股权众筹融资业务由证监会负责监管。除上述互联网金融形态以外，互联网基金销售业务由证监会负责监管，互联网保险业务由保监会负责监管，互联网信托业务、互联网消费金融业务由银监会负责监管。

三、互联网金融监管原则

《关于促进互联网金融健康发展的指导意见》明确了互联网金融监管的原则。发展互联网金融要以市场为导向，遵循服务实体经济、服从宏观调控和维护金融稳定的总体目标，切实保障消费者合法权益，维护公平竞争的市场秩序。要细化管理制度，为互联网金融健康发展营造良好环境。

四、互联网金融自律规则

延伸阅读

许晓征：解读中国互联网金融立法现状与趋势 http://mt.sohu.com/201608 10/n463606145.shtml

中国互联网金融协会（NIFA）是按照 2015 年 7 月 18 日经党中央、国务院同意，由人民银行、银监会、证监会、保监会、工信部、公安部、工商总局等 10 部委联合发布的《关于促进互联网金融健康发展的指导意见》（银发〔2015〕221 号）要求，由中国人民银行会同银监会、证监会、保监会等国家有关部委组织建立的国家级互联

常用网站

中国互联网金融协会 http://www.nifa.org.cn/nifa/index.html

网金融行业自律组织。2015 年 12 月 31 日，经国务院批准，民政部通知中国互联网金融协会准予成立。

2016 年 3 月 25 日，中国互联网金融协会暨第一次会员代表大会在上海举行。会议依照议程表决通过了《中国互联网金融协会章程》《中国互联网金融协会会员自律公约》《互联网金融行业健康发展倡议书》《中国互联网金融协会会员管理办法》《中国互联网金融协会会费管理办法》等 5 项基础制度。这些制度构成互联网金融的自律规则。

第二节 股权众筹监管

一、股权众筹概述

股权众筹融资主要是指通过互联网形式进行公开小额股权融资的活动。股权众筹融资必须通过股权众筹融资中介机构平台（互联网网站或其他类似的电子媒介）进行。股权众筹融资中介机构可以在符合法律法规规定前提下，对业务模式进行创新探索，发挥股权众筹融资作为多层次资本市场有机组成部分的作用，更好服务创新创业企业。股权众筹融资方应为小微企业，应通过股权众筹融资中介机构向投资人如实披露企业的商业模式、经营管理、财务、资金使用等关键信息，不得误导或欺诈投资者。投资者应当充分了解股权众筹融资活动风险，具备相应风险承受能力，进行小额投资。

案例 12-1

中兴智能门锁上线京东众筹

2016年11月30日，京东众筹携手中兴在京东总部举行了中兴智能门锁众筹发布会。作为家庭的入口，门锁是最重要的物理"开关键"，达到了"只要有家就有门锁"的普及率，而且使用频次非常高。根据该公司的宣传，作为中兴智能家居的三大核心单品之一，中兴智能门锁创新集合了活体指纹、密码、磁卡、钥匙等四种开锁方式，并且可以两两组合，解决了传统门锁容易忘带钥匙、带钥匙麻烦、防盗级别低等诸多痛点。这款众筹产品已经在2016年11月22日上线京东众筹平台，截至2016年11月30日，该项目已经获得众筹资金1 084万元，远超目标金额，支持人数也超过了6 800人次。

在股权众筹发展之初，并未有专门法律法规对此作出规定，只能参照已有法律规范，《证券法》《公司法》《关于进一步促进资本市场健康发展的若干意见》（国发〔2014〕17 号）等法律法规和部门规章。其中涉及股权众筹业务的主要有《公司法》对于公司人数的限制、《证券法》对于公开发行股票的规定等。中国证券业协会在 2014 年底发布了《私募股权众筹融资管理办法（试行）》，这是官方第一次出台针对股权众筹的法规。此文件的起草说明提到"由于缺乏必要的管理规范，众筹融资活动在快速发展过程中也积累了一些不容忽视的问题和风险。《关于促进互联网金融健康发展的指导意见》明确了股权众筹定义，将其定义为通过互联网形式进行公开小额股权融资的活动。2015 年 8 月 3 日，证监会发布了《关于对通过互联网开展股权融资活动的机构进行专项检查的通知》，2015 年 8 月 10 日，中国证券业协会发布了关于调整《场外证券市场业务备案管理办法》个别条款的通知，将"私募股权众筹"修改为"互联网非公开股权融资"。

按照要求，"股权众筹"的概念即指公募股权众筹，而当下我们普遍定义的私募股权众筹将被冠以"互联网非公开股权融资"的新名称。只有获得公募股权众筹试点资格的平安、阿里、京东才属于证监会监管的股权众筹范畴，股权众筹的门槛将被显著提高。而当下普遍存在的互联网非公开股权融资则不在上述《通知》监管范围之内，这意味着只要互联网非公开股权融资平台严守非法集资和非法发行证券两条红线的话，将迎来行业利好，只是不宜再冠以股权众筹的名义而已。

二、私募股权众筹融资管理

根据《私募股权众筹融资管理办法（试行）（征求意见稿）》，中国证券业协会依照有关法律法规对股权众筹融资行业进行自律管理。证券业协会委托中证资本市场监测中心有限责任公司对股权众筹融资业务备案和后续监测进行日常管理。

股权众筹平台是指通过互联网平台为股权众筹投融资双方提供信息发布、需求对接、协助资金划转等相关服务的中介机构。股权众筹平台应当在证券业协会备案登记，并申请成为证券业协会会员。证券业协会为股权众筹平台办理备案登记不构成对股权众筹平台内控水平、持续合规情况的认可，不作为对客户资金安全的保证。股权众筹平台应当具备下列条件：在中华人民共和国境内依法设立的公司或合伙企业；净资产不低于 500 万元人民币；有与开展私募股权众筹融资相适应的专业人员，具有 3 年以上金融或者信息技术行业从业经历的高级管理人员不少于 2 人；有合法的互联网平台及其他技术设施；有完善的业务管理制度；证券业协会规定的其他条件。

股权众筹平台不得有下列行为：通过本机构互联网平台为自身或关联方融资；对众筹项目提供对外担保或进行股权代持；提供股权或其他形式的有价证券的转让服务；利用平台自身优势获取投资机会或误导投资者；向非实名注册用户宣传或推介融资项目；从事证券承销、投资顾问、资产管理等证券经营机构业务，具有相关业务资格的证券经营机构除外；兼营个体网络借贷或网络小额贷款业务；采用恶意诋毁、贬损同行等不正当竞争手段；法律法规和证券业协会规定禁止的其他行为。

除此之外，《私募股权众筹融资管理办法（试行）（征求意见稿）》还规定了融资者与投资者、备案登记、信息报送、自律管理等内容。但《私募股权众筹融资管理办法》目前并未出台，该征求意见稿仅具有参考意义。

第三节　P2P 网络借贷监管

一、P2P 网络借贷概述

网络借贷包括个体网络借贷（即 P2P 网络借贷）和网络小额贷款。个体网络借贷是指个体和个体之间通过互联网平台实现的直接借贷。在个体网络借贷平台上发生的直接借贷行为属于民间借贷范畴，受合同法、民法通则等法律法规以及最高人民法院相关司法解释规范。个体网络借贷要发挥平台功能，为投资方和融资方提供信息交互、撮合、资信评估等中介服务。个体网络借贷机构要明确信息中介性质，主要为借贷双方的直接借贷提供信息服务，不得提供增信服务，不得非法集资。网络小额贷款是指互联网企业通过其控制的小额贷款公司，利用互联网向客户提供的小额贷款。网络小额贷款应遵守现有小额贷款公司监管规定，发挥网络贷款优势，努力降低客户融资成本。

个体包含自然人、法人及其他组织。网络借贷信息中介机构是指依法设立，专门从事网络借贷信息中介业务活动的金融信息中介公司。该类机构以互联网为主要渠道，为借款人与出借人（即贷款人）实现直接借贷提供信息搜集、信息公布、资信评估、信息交互、借贷撮合等服务。地方金融监管部门是指各省级人民政府承担地方金融监管职责的部门。

网络借贷信息中介机构按照依法、诚信、自愿、公平的原则为借款人和出借人提供信息服务，维护出借人与借款人合法权益，不得提供增信服务，不得直接或间接归集资金，不得非法集资，不得损害国家利益和社会公共利益。借款人与出借人遵循借贷自愿、诚实守信、责任自负、风险自担的原则承担借贷风险。网络借贷信息中介机构承担客观、真实、全面、及时进行信息披露的责任，不承担借贷违约风险。

国务院银行业监督管理机构及其派出机构负责制定统一的规范发展政策措施和监督管理制度，负责网络借贷信息中介机构的日常行为监管，指导和配合地方人民政府做好网络借贷信息中介机构的机构监管和风险处置工作，建立跨部门、跨地区监管协调机制。各地方金融监管部门具体负责本辖区网络借贷信息中介机构的机构监管，包括对本辖区网络借贷信息中介机构的规范引导、备案管理和风险防范、处置工作。中国互联网金融协会从事网络借贷行业自律管理。

经中国互联网金融协会第一届常务理事会 2016 年第二次会议审议通过，协会于 2016 年 10 月 28 日正式发布《互联网金融信息披露个体网络借贷》标准（T/NIFA 1—2016）和《中国互联网金融协会信息披露自律管理规范》。

🐷 **新闻链接**

网贷平台渐由信用中介向信息中介回归
http://finance.sina.com.cn/roll/2016-09-29/doc-ifxwkvys2250611.shtml

案例 12-2

大大集团非法集资案

2015年12月23日，互联网金融公司大大集团被媒体报道因涉嫌非法集资四名高管被羁押，警方冻结了大大集团账户，发现其账面上仅剩1亿多元资金，但如果要实现投资人资金完全兑付，可能需要40

亿元左右。12月25日大大集团的官方网站声明，正在接受上海经侦调查取证，案件还未定性。声明称，因上海经侦调查需要，大大集团相关账户被依法冻结，目前所有客户兑付工作停止。2016年6月23日，上海市人民检察院第一分院发布《马某等20人、2单位非法吸收公共存款、集资诈骗案受理公告》。公告称："我院于6月22日受理上海市公安局经侦总队移送审查起诉的马某、单某等20人、2单位非法吸收公众存款、集资诈骗一案。"其中，马某为大大集团总裁，单某为集团首席执行官，同时也是大大集团旗下大大财富变更后的法定代表人。

二、备案管理

拟开展网络借贷信息中介服务的网络借贷信息中介机构及其分支机构，应当在领取营业执照后，于10个工作日以内携带有关材料向工商登记注册地地方金融监管部门备案登记。地方金融监管部门负责为网络借贷信息中介机构办理备案登记。地方金融监管部门应当在网络借贷信息中介机构提交的备案登记材料齐备时予以受理，并在各省（区、市）规定的时限内完成备案登记手续。备案登记不构成对网络借贷信息中介机构经营能力、合规程度、资信状况的认可和评价。

地方金融监管部门有权根据本办法和相关监管规则对备案登记后的网络借贷信息中介机构进行评估分类，并及时将备案登记信息及分类结果在官方网站上公示。

网络借贷信息中介机构完成地方金融监管部门备案登记后，应当按照通信主管部门的相关规定申请相应的电信业务经营许可；未按规定申请电信业务经营许可的，不得开展网络借贷信息中介业务。开展网络借贷信息中介业务的机构，应当在经营范围中实质明确网络借贷信息中介，法律、行政法规另有规定的除外。

网络借贷信息中介机构备案登记事项发生变更、拟终止网络借贷信息中介服务以及依法解散或者依法宣告破产的，除依法进行清算外，由工商登记注册地地方金融监管部门办理变更备案或注销备案。

延伸阅读

P2P 备案登记管理指引 http://finance.ifeng.com/a/20161128/15039626_0.shtml?wratingModule=1_15_103

三、业务规则

网络借贷信息中介机构应当履行下列义务：①依据法律法规及合同约定为出借人与借款人提供直接借贷信息的采集整理、甄别筛选、网上发布，以及资信评估、借贷撮合、融资咨询、在线争议解决等相关服务；②对出借人与借款人的资格条件、信息的真实性、融资项目的真实性、合法性进行必要审核；③采取措施防范欺诈行为，发现欺诈行为或其他损害出借人利益的情形，及时公告并终止相关网络借贷活动；④持续开展网络借贷知识普及和风险教育活动，加强信息披露工作，引导出借人以小额分散的方式参与网络借贷，确保出借人充分知悉借贷风险；⑤按照法律法规和网络借贷有关监管规定要求报送相关信息，其中网络借贷有关债权债务信息要及时向有关数据统计部门报送并登记；⑥妥善保管出借人与借款人的资料和交易信息，不得删除、篡改，不得非法买卖、泄露出借人与借款人的基本信息和交易信息；⑦依法履行客户身份识别、可疑交易报告、客户身份资料和交易记录保存等反洗钱和反恐怖融资义务；⑧配合相关部门做好防范查处金融违法犯罪相关工作；⑨按照相关要求做好互联网信息内容管理、网络与信息安全相关工作；⑩国务院银行业监督管理机构、工商登记注册地省级人民政府规定的其他义务。

网络借贷信息中介机构不得从事或者接受委托从事下列活动：①为自身或变相为自身融资；②直接或间接接受、归集出借人的资金；③直接或变相向出借人提供担保或者承诺保本保息；④自行或委托、授权第三方在互联网、固定电话、移动电话等电子渠道以外的物理场所进行宣传或推介融资项目；⑤发放贷款，但法律法规另有规定的除外；⑥将融资项目的期限进行拆分；⑦自行发售理财等金融产品募集资金，代销银行理财、券商资管、基金、保险或信托产品等金融产品；⑧开展类资产证券化业务或实现以打包资产、证券化资产、信托资产、基金份额等形式的债权转让行为；⑨除法律法规和网络借贷有关监管规定允许外，与其他机构投资、代理销售、经纪等业务进行任何形式的混合、捆绑、代理；⑩虚构、夸大融资项目的真实性、收益前景，隐瞒融资项目的瑕疵及风险，以歧义性语言或其他欺骗性手段等进行虚假片面宣传或促销等，捏造、散布虚假信息或不完整信息损害他人商业信誉，误导出借人或借款人；⑪向借款用途为投资股票、场外配资、期货合约、结构化产品及其他衍生品等高风险的融资提供信息中介服务；⑫从事股权众筹等业务；⑬法律法规、网络借贷有关监管规定禁止的其他活动。

案例 12-3

上海某 P2P 机构非法宣传案

2016年3月9日，上海市工商部门对2015年以来遭查处的9个典型案例予以曝光。其中三起与P2P有关。具体涉及虚假宣传的点包括：交易量、公司人数、合作机构和项目安全程度等。有的机构还谎称获得"上海市发改委""上海市金融办"和"上海市委"的审批。其中上海某金融信息服务有限公司利用其企业网站和经营场所，虚构"年放贷额超3亿元、年金融信息服务总量达5亿元、建立了350人的专业团队、成功控股内蒙白云岩矿（镁矿）有限公司、与上海浦东发展银行等众多银行机构签约了长期合作关系"等宣传内容。经查实：至案发时该企业成立仅8个月，期间的金融信息服务总量和放贷额总计不足千万元，在职和办过聘用合同的工作人员仅15人，所谓"内蒙白云岩矿（镁矿）有限公司"的企业纯属虚构，与上海浦东发展银行等亦无合作关系。当事人的行为构成虚假宣传，被依法处罚款19.5万元。

参与网络借贷的出借人与借款人应当为网络借贷信息中介机构核实的实名注册用户。借款人应当履行法定义务，不得从事禁止性行为。参与网络借贷的出借人，应当具备投资风险意识、风险识别能力、拥有非保本类金融产品投资的经历并熟悉互联网。参与网络借贷的出借人应当履行向网络借贷信息中介机构提供真实、准确、完整的身份等信息的义务。

四、风险管理

网络借贷信息中介机构在互联网、固定电话、移动电话等电子渠道以外的物理场所只能进行信用信息采集、核实、贷后跟踪、抵质押管理等风险管理及网络借贷有关监管规定明确的部分必要经营环节。

网络借贷金额应当以小额为主。网络借贷信息中介机构应当根据本机构风险管理能力，控制同一借款人在同一网络借贷信息中介机构平台及不同网络借贷信息中介机构平台的借款余额上限，防范信贷集中风险。

延伸阅读

P2P 借贷纠纷案件中常见的法律问题

http://www.sinotf.com/GB/News/1005/2016-12-01/xMMDAwMDIxNTAxMQ.html

同一自然人在同一网络借贷信息中介机构平台的借款余额上限不超过人民币 20 万元；同一法人或其他组织在同一网络借贷信息中介机构平台的借款余额上限不超过人民币 100 万元；同一自然人在不同网络借贷信息中介机构平台借款总余额不超过人民币 100 万元；同一法人或其他组织在不同网络借贷信息中介机构平台借款总余额不超过人民币 500 万元。

网络借贷信息中介机构应当按照国家网络安全相关规定和国家信息安全等级保护制度的要求，开展信息系统定级备案和等级测试，具有完善的防火墙、入侵检测、数据加密以及灾难恢复等网络安全设施和管理制度，建立信息科技管理、科技风险管理和科技审计有关制度，配置充足的资源，采取完善的管理控制措施和技术手段保障信息系统安全稳健运行，保护出借人与借款人的信息安全。

网络借贷信息中介机构应当记录并留存借贷双方上网日志信息、信息交互内容等数据，留存期限为自借贷合同到期起 5 年；每两年至少开展一次全面的安全评估，接受国家或行业主管部门的信息安全检查和审计。网络借贷信息中介机构成立两年以内，应当建立或使用与其业务规模相匹配的应用级灾备系统设施。

网络借贷信息中介机构应当为单一融资项目设置募集期，最长不超过 20 个工作日。

借款人支付的本金和利息应当归出借人所有。网络借贷信息中介机构应当与出借人、借款人另行约定费用标准和支付方式。

网络借贷信息中介机构应当加强与金融信用信息基础数据库运行机构、征信机构等的业务合作，依法提供、查询和使用有关金融信用信息。

各方参与网络借贷信息中介机构业务活动，需要对出借人与借款人的基本信息和交易信息等使用电子签名、电子认证时，应当遵守法律法规的规定，保障数据的真实性、完整性及电子签名、电子认证的法律效力。

网络借贷信息中介机构使用第三方数字认证系统，应当对第三方数字认证机构进行定期评估，保证有关认证安全可靠并具有独立性。

网络借贷信息中介机构应当采取适当的方法和技术，记录并妥善保存网络借贷业务活动数据和资料，做好数据备份。保存期限应当符合法律法规及网络借贷有关监管规定的要求。借贷合同到期后应当至少保存 5 年。

网络借贷信息中介机构暂停、终止业务时应当至少提前 10 个工作日通过官方网站等有效渠道向出借人与借款人公告，并通过移动电话、固定电话等渠道通知出借人与借款人。网络借贷信息中介机构业务暂停或者终止，不影响已经签订的借贷合同当事人有关权利义务。网络借贷信息中介机构因解散或宣告破产而终止的，应当在解散或破产前，妥善处理已撮合存续的借贷业务，清算事宜按照有关法律法规的规定办理。网络借贷信息中介机构清算时，出借人与借款人的资金分别属于出借人与借款人，不属于网络借贷信息中介机构的财产，不列入清算财产。

案例 12-4

华强财富案

将资金池里面绝大多数甚至全部资金用于个人挥霍，或拆东墙补西墙式的**"庞氏骗局"**，在实践中很可能被认定为集资诈骗罪。著名的"华强财富"案就是如此。被告人吴义华为维持其自有公司经营，欠下大量债务。随后，吴义华建立了名为"华强财富"投融资P2P互联网交易平台，指使吴秋虹等人制作虚假的借款合同和抵押合同，在互联网上发布虚假的借贷信息，承诺高回报率，进行融资。通过第三方平台或直接将钱转入该公司账户或吴秋虹的银行卡的形式进行投标。将骗取资金用于华强公司的运营和归还其个人其他债务等。被告人吴义华被认定为犯集资诈骗罪，判处有期徒刑14年，并处罚金人民币50万元。

五、出借人与借款人保护

未经出借人授权，网络借贷信息中介机构不得以任何形式代出借人行使决策。

网络借贷信息中介机构应当向出借人以醒目方式提示网络借贷风险和禁止性行为，并经出借人确认。网络借贷信息中介机构应当对出借人的年龄、财务状况、投资经验、风险偏好、风险承受能力等进行尽职评估，不得向未进行风险评估的出借人提供交易服务。网络借贷信息中介机构应当根据风险评估结果对出借人实行分级管理，设置可动态调整的出借限额和出借标的限制。

网络借贷信息中介机构应当加强出借人与借款人信息管理，确保出借人与借款人信息采集、处理及使用的合法性和安全性。

网络借贷信息中介机构及其资金存管机构、其他各类外包服务机构等应当对业务开展过程中收集的出借人与借款人信息保密，未经出借人与借款人同意，不得将出借人与借款人提供的信息用于所提供服务之外的目的。在中国境内收集的出借人与借款人信息的储存、处理和分析应当在中国境内进行。除法律法规另有规定外，网络借贷信息中介机构不得向境外提供境内出借人和借款人信息。

网络借贷信息中介机构应当实行自身资金与出借人和借款人资金的隔离管理，并选择符合条件的银行业金融机构作为出借人与借款人的资金存管机构。

出借人与网络借贷信息中介机构之间、出借人与借款人之间、借款人与网络借贷信息中介机构之间等纠纷，可以通过以下途径解决：①自行和解；②请求行业自律组织调解；③向仲裁部门申请仲裁；④向人民法院提起诉讼。

六、信息披露

网络借贷信息中介机构应当在其官方网站上向出借人充分披露借款人基本信息、融资项目基本信息、风险评估及可能产生的风险结果、已撮合未到期融资项目资金运用情况等有关信息。披露内容应符合法律法规关于国家秘密、商业秘密、个人隐私的有关规定。

中国互联网金融协会于2016年10月28日正式发布《互联网金融信息披露个体网络借贷》标准（T/NIFA 1—2016）和《中国互联网金融协会信息披露自律管理规范》。该标准定义并规范了96项披露指标，其中强制性披露指标逾65个、鼓励性披露指标逾31项，分为从业机构信息、平台运营信息与项目信息等三方面，以期通过信息披露使行业达到"三个透明"，即通过披露从业机构、年度报表、股东高管与平台经营等信息，达到机构自身透明；通过披露资金存管、还款代偿等信息，达到客户资金流转透明；通过披露借款用途、合同条文、相关风险以及借款人信用等信息，达到业务风险透明。《中国互联网金融协会信息披露自律管理规范》分为总则、信息披露管理与责任、信息披露方式和要求、奖惩、附则等五部分内容，对经发现确认为违规的信息披露行为将依据相关条例实施自律惩戒。

根据规定，网络借贷信息中介机构应当及时在其官方网站显著位置披露本机构所撮合借贷项目等经营管理信息。网络借贷信息中介机构应当在其官方网站上建立业务活动经营管理信息披露专栏，定期以公告形式向公众披露年度报告、法律法规、网络借贷有关监管规定。网络借贷信息中介机构应当聘请会计师事务所定期对本机构出借人与借款人资金存管、信息披露情况、信息科技基础设施安全、经营合规性等重点环节实施审计，并且应当聘请有资质的信息安全测评认证机构定期对信息安全实施测评认证，向出借人与借款人等披露审计和测评认证结果。网络借贷信息中介机构应当引入律师事务所、信息系统安全评价等第三方机构，对网络信息中介机构合规和信息系统稳健情况进行评估。网络借贷信息中介机构应当将定期信息披露公告文稿和相关备查文件报送工商登记注册地地方金融监管部门，并置备于机构住所供社会公众查阅。

网络借贷信息中介机构的董事、监事、高级管理人员应当忠实、勤勉地履行职责，保证披露的信息真实、准确、完整、及时、公平，不得有虚假记载、误导性陈述或者重大遗漏。借款人应当配合网络借贷信息中介机构及出借人对融资项目有关信息的调查核实，保证提供的信息真实、准确、完整。网络借贷信息披露具体细则另行制定。

第四节　互联网支付监管

一、互联网支付概述

互联网支付是指通过计算机、手机等设备，依托互联网发起支付指令、转移货币资金的服务。互联网支付应始终坚持服务电子商务发展和为社会提供小额、快捷、便民小微支付服务的宗旨。银行业金融机构和第三方支付机构从事互联网支付，应遵守现行法律法规和监管规定。第三方支付机构与其他机构开展合作的，应清晰界定各方的权利义务关系，建立有效的风险隔离机制和客户权益保障机制。要向客户充分披露服务信息，清晰地提示业务风险，不得夸大支付服务中介的性质和职能。

根据《非银行支付机构网络支付业务管理办法》，支付机构是指依法取得"支付业务许可证"，获准办理互联网支付、移动电话支付、固定电话支付、数字电视支付等网络支付业务的非银行机构。网络支付业务是指收款人或付款人通过计算机、移动终端等电子设备，依托公共网络信息系统远程发起支付指令，且付款人电子设备不与收款人特定专属设备交互，由支付机构为收付款人提供货币资金转移服务的活动。收款人特定专属设备是指专门用于交易收款，在交易过程中与支付机构业务系统交互并参与生成、传输、处理支付指令的电子设备。

支付机构应当遵循主要服务电子商务发展和为社会提供小额、快捷、便民小微支付服务的宗旨，基于客户的银行账户或者按照本办法规定为客户开立支付账户提供网络支付服务。支付账户是指获得互联网支付业务许可的支付机构，根据客户的真实意愿为其开立的，用于记录预付交易资金余额、客户凭以发起支付指令、反映交易明细信息的电子簿记。支付账户不得透支，不得出借、出租、出售，不得利用支付账户从事或者协助他人从事非法活动。

支付机构基于银行卡为客户提供网络支付服务的，应当执行银行卡业务相关监管规定和银行卡行业规范。支付机构对特约商户的拓展与管理、业务与风险管理应当执行《银行卡收单业务管理办法》等相关规定。支付机构网络支付服务涉及跨境人民币结算和外汇支付的，应当执行中国人民银行、国家外汇管理局相关规定。支付机构应当依法维护当事人合法权益，遵守反洗钱和反恐怖融资相关规定，履行反洗钱和反恐怖融资义务。

支付机构依照中国人民银行有关规定接受分类评价，并执行相应的分类监管措施。

二、客户管理

支付机构应当遵循"了解你的客户"原则，建立健全客户身份识别机制。支付机构为客户开立支付账户的，应当对客户实行实名制管理，登记并采取有效措施验证客户身份基本信息，按规定核对有效身份证件并留存有效身份证件复印件或者影印件，建立客户唯一识别编码，并在与客户业务关系存续期间采取持续的身份识别措施，确保有效核实客户身份及其真实意愿，不得开立匿名、假名支付账户。

支付机构应当与客户签订服务协议，约定双方责任、权利和义务，至少明确业务规则，收费项目和标准，查询、差错争议及投诉等服务流程和规则，业务风险和非法活动防范及处置措施，客户损失责任划分和赔付规则等内容。支付机构为客户开立支付账户的，还应在服务协议中以显著方式告知客户，并采取有效方式确认客户充分知晓并清晰理解下列内容："支付账户所记录的资金余额不同于客户本人的银行存款，不受《存款保险条例》保护，其实质为客户委托支付机构保管的、所有权归属于客户的预付价值。该预付价值对应的货币资金虽

然属于客户，但不以客户本人名义存放在银行，而是以支付机构名义存放在银行，并且由支付机构向银行发起资金调拨指令。"支付机构应当确保协议内容清晰、易懂，并以显著方式提示客户注意与其有重大利害关系的事项。

获得互联网支付业务许可的支付机构，经客户主动提出申请，可为其开立支付账户；仅获得移动电话支付、固定电话支付、数字电视支付业务许可的支付机构，不得为客户开立支付账户。支付机构不得为金融机构，以及从事信贷、融资、理财、担保、信托、货币兑换等金融业务的其他机构开立支付账户。

三、业务管理

支付机构不得经营或者变相经营证券、保险、信贷、融资、理财、担保、信托、货币兑换、现金存取等业务。

支付机构向客户开户银行发送支付指令，扣划客户银行账户资金的，支付机构和银行应当执行下列要求：①支付机构应当事先或在首笔交易时自主识别客户身份并分别取得客户和银行的协议授权，同意其向客户的银行账户发起支付指令扣划资金；②银行应当事先或在首笔交易时自主识别客户身份并与客户直接签订授权协议，明确约定扣款适用范围和交易验证方式，设立与客户风险承受能力相匹配的单笔和单日累计交易限额，承诺无条件全额承担此类交易的风险损失先行赔付责任；③除单笔金额不超过200元的小额支付业务，公共事业缴费、税费缴纳、信用卡还款等收款人固定并且定期发生的支付业务，以及符合规定的情形以外，支付机构不得代替银行进行交易验证。

支付机构应根据客户身份对同一客户在本机构开立的所有支付账户进行关联管理，并按照要求对个人支付账户进行分类管理。

支付机构应当确保交易信息的真实性、完整性、可追溯性以及在支付全流程中的一致性，不得篡改或者隐匿交易信息。交易信息包括但不限于下列内容：①交易渠道、交易终端或接口类型、交易类型、交易金额、交易时间，以及直接向客户提供商品或者服务的特约商户名称、编码和按照国家与金融行业标准设置的商户类别码；②收付款客户名称，收付款支付账户账号或者银行账户的开户银行名称及账号；③付款客户的身份验证和交易授权信息；④有效追溯交易的标识；⑤单位客户单笔超过5万元的转账业务的付款用途和事由。因交易取消（撤销）、退货、交易不成功或者投资理财等金融类产品赎回等原因需划回资金的，相应款项应当划回原扣款账户。

对于客户的网络支付业务操作行为，支付机构应当在确认客户身份及真实意愿后及时办理，并在操作生效之日起至少5年内，真实、完整保存操作记录。客户操作行为包括但不限于登录和注销登录、身份识别和交易验证、变更身份信息和联系方式、调整业务功能、调整交易限额、变更资金收付方式，以及变更或挂失密码、数字证书、电子签名等。

案例 12-5

内鬼泄密20G海量用户信息被盗卖

2013年11月27日，某支付公司内部一员工因伙同他人多次以批量出售的方式泄露用户信息被杭州当地警方逮捕。据该涉案嫌疑人交代，他曾经是该支付公司技术员工，利用工作之便，在2010年分多次在公司后台下载了公司用户的资料，资料内容超20GB。随后伙同两名外部人员，以500元3万条的价格将用户信息多次出售予电商公司、数据公司。这些用户资料，包括公民个人的真实姓名、手机、身份证号、电子邮箱、家庭住址、消费记录等。据其供述，仅最大买家服装类电商V公司就曾通过该团伙一次性购买用户资料1 000万条。不过V公司一位副总裁表示并不清楚此事。支付公司方面则承认确有内部员工盗卖用户信息案，一名负责人称："不得不承认，我们在管理上出了一些问题。"

四、风险管理与客户权益保护

支付机构应当综合客户类型、身份核实方式、交易行为特征、资信状况等因素，建立客户风险评级管理制度和机制，并动态调整客户风险评级及相关风险控制措施。支付机构应当根据客户风险评级、交易验证方式、交易渠道、交易终端或接口类型、交易类型、交易金额、交易时间、商户类别等因素，建立交易风险管理制度和交易监测系统，对疑似欺诈、套现、洗钱、非法融资、恐怖融资等交易，及时采取调查核实、延迟结算、终止服务等措施。

案例 12-6

支付公司未履行安全保障义务导致消费者购物款被盗转

2014年7月张先生在某购物网站上和卖家协商购买价值27 500元的照相机一台，双方约定分多笔交易付款。后根据支付机构网页提示登录到网上银行进行付款操作，收款方名称为：××支付科技有限公司。付款后该购物网站显示"等待买家付款中"，张先生到银行查询，被告知钱款已经打到支付机构。后张先生发现打入支付机构的钱款被转入另外一个工商银行账户，而此账号并非本次交易卖方的账户。按照支付机构交易规则，在买方没有确认收货前，支付机构不能将货款转出。张先生诉至人民法院，认为该购物网站和支付机构作为交易平台的提供方和第三方资金管理方，未尽到安全管理义务，致使己方购物款被盗转，要求法院判决该购物网站和支付机构赔偿其相应损失。经法院查明，支付机构未将货款转入卖方而转入他人账户，法院认定支付机构未尽到安全注意义务。其经营的网络系统、服务器和程序的安全性不足，或他人利用网络技术非法入侵，均有可能导致张先生的财产受到损失。最终法院判决支付机构应赔偿张先生相应损失，共计20 129元。

本章小结

本章主要介绍了互联网金融的含义、运作和监管等内容。包括 P2P 网络借贷、股权众筹以及互联网支付等互联网金融的概念、主要表现形式以及法律监管规范。

第十三章

金融监管与调控法律制度

学习目标

通过本章的学习，掌握金融监管的基本概念，金融监管的机构、监管内容和监管手段；了解银监会、证监会、保监会等监管机构的概念、职责、功能及其监管范围；了解良好金融监管的基本理论；了解主要国际金融监管文件及其内容。

关键概念

金融监管　央行　证监会　银监会　保监会　主要金融监管制度　金融监管的国际准则　巴塞尔协议

引导案例

证监会行使监管职能

2016年8月，证监会发布公告称证监会对金徽酒股份有限公司（以下简称金徽酒或发行人）及其首发保荐机构某证券公司、签字保荐代表人采取了行政监管措施。金徽酒首次公开发行股票并上市申请于2015年6月24日通过发审会审核，2016年2月22日刊登招股意向书。发行人在通过发审会审核后，在已完成封卷程序的招股说明书中披露了历年的利润分配情况，并承诺首次公开发行股票前滚存的未分配利润归新老股东共享。之后，发行人召开股东大会，审议通过2015年利润分配事项，并于2016年2月3日发放现金分红款5 880万元。发行人发生利润分配重大会后事项时，未主动向证监会履行告知义务，擅自改动已完成封卷程序的招股说明书中利润分配相关信息并对外刊登。上述行为违反了《公开发行证券的公司信息披露内容与格式准则第1号——招股说明书》第7条的规定，并构成《首次公开发行股票并上市管理办法》第55条所述行为。按照《首次公开发行股票并上市管理办法》第55条的规定，证监会对金徽酒采取出具警示函的行政监管措施，对证券公司采取了出具警示函的行政监管措施，对保荐代表人采取"6个月不受理相关保荐代表人具体负责的推荐"的行政监管措施。证监会发行主管部门也对相关律师事务所、会计师事务所负责人、签字律师和会计师进行了约谈提醒。

思考：什么是金融监管？为什么需要金融监管？什么是良好的金融监管？

第一节　金融监管与金融监管法

一、金融监管的定义

金融监管是指政府通过特定的机构（如中央银行）对金融交易行为主体进行的某种限制

或规定。金融监管本质上是一种具有特定内涵和特征的政府规制行为。

金融监管是金融监督和金融管理的总称。综观世界各国，凡是实行市场经济体制的国家，无不客观地存在着政府对金融体系的管制。金融监督是指金融主管当局对金融机构实施的全面性、经常性的检查和督促，并以此促进金融机构依法稳健地经营和发展。金融管理是指金融主管当局依法对金融机构及其经营活动实施的领导、组织、协调和控制等一系列的活动。

金融监管有狭义和广义之分。狭义的金融监管是指中央银行或其他金融监管当局依据国家法律规定对整个金融业（包括金融机构和金融业务）实施的监督管理。广义的金融监管在上述含义之外，还包括了金融机构的内部控制和稽核、同业自律性组织的监管、社会中介组织的监管等内容。

金融监管的目的包括：①维持金融业健康运行的秩序，最大限度地减少银行业的风险，保障存款人和投资者的利益，促进银行业和经济的健康发展。②确保公平而有效地发放贷款的需要，由此避免资金的乱拨乱划，防止欺诈活动或者不恰当的风险转嫁。③金融监管还可以在一定程度上避免贷款发放过度集中于某一行业。④银行倒闭不仅需要付出巨大代价，而且会波及国民经济的其他领域。金融监管可以确保金融服务达到一定水平从而提高社会福利。⑤中央银行通过货币储备和资产分配来向国民经济的其他领域传递货币政策。金融监管可以保证实现银行在执行货币政策时的传导机制。⑥金融监管可以提供交易账户，向金融市场传递违约风险信息。

延伸阅读

中国金融监管框架改革的初步设想
http://www.p5w.net/news/xwpl/201608/t20160803_1538243.htm

二、金融监管的原则

所谓金融监管原则，即在政府金融监管机构以及金融机构内部监管机构的金融监管活动中，始终应当遵循的价值追求和最低行为准则。金融监管应坚持以下基本原则。

1. 依法监管原则

依法监管原则又称合法性原则，是指金融监管必须依据法律、法规进行。监管的主体、监管的职责权限、监管措施等均由金融监管法规和相关行政法律、法规规定，监管活动均应依法进行。

2. 公开、公正原则

监管活动应最大限度地提高透明度。同时，监管当局应公正执法、平等对待所有金融市场参与者，做到实体公正和程序公正。

3. 效率原则

效率原则是指金融监管应当提高金融体系的整体效率，不得压制金融创新与金融竞争。同时，金融监管当局合理配置和利用监管资源以降低成本，减少社会支出，从而节约社会公共资源。

4. 独立性原则

银行业监督管理机构及其从事管理监督管理工作的人员依法履行监督管理职责，受法律保护，地方政府、各级政府部门、社会团体和个人不得干涉。

5. 协调性原则

监管主体之间职责分明、分工合理、相互配合。这样可以节约监管成本，提高监管的效率。

三、我国的金融监管体制

2003 年 3 月 10 日第十届全国人大一次会议第三次会议通过了国务院机构改革方案，中国银行业监督管理委员会获准成立；是年 12 月 27 日，第十届全国人大常务委员会第六次会议通过了《中华人民共和国银行业监督管理法》(下称《银行业监督管理法》)、《关于修改〈中华人民共和国中国人民银行法〉的决定》和《关于修改〈中华人民共和国商业银行法〉的决定》，并于 2004 年 2 月 1 日起正式施行。

三部银行法和《证券法》《保险法》《信托法》《证券投资基金法》《票据法》及有关的金融行政法规、部门规章、地方法规、行业自律性规范和相关国际惯例中有关金融监管的内容共同组成了中国现行的金融监管制度体系。

三部银行法的颁布和实施，标志着中国现代金融监管框架的基本确立。根据修订后的《中国人民银行法》，中国人民银行的主要职责是："在国务院领导下，制定和执行货币政策，防范和化解金融风险，维护金融稳定。"

修订后的《中国人民银行法》强化了中国人民银行在执行货币政策和宏观经济调控上的职能，将对银行业金融机构的监管职能转移给新成立的中国银行业监督管理委员会，保留了与执行中央银行职能有关的部分金融监督管理职能，继续实行对人民币流通、外汇的管理、银行间同业拆借市场和银行间债券市场、银行间外汇市场、黄金市场等金融市场活动的监管。

至此，中国金融监管将分别由中国人民银行、中国银行业监督管理委员会、中国证券市场监督管理委员会和中国保险业监督管理委员会 4 个机构分别执行。

为确保四部门间在监管方面的协调一致，《中国人民银行法》第 9 条授权国务院建立金融监督管理协调机制；《银行业监督管理法》第 6 条、《中国人民银行法》第 35 条分别规定了国务院银行业监督管理机构、中国人民银行应当和国务院其他金融监督管理机构建立监督管理信息共享机制。

第二节　金融监管的国际规则

一、巴塞尔银行监管委员会

巴塞尔银行监管委员会（Basel Committee on Banking Supervision）简称巴塞尔委员会，原称银行法规与监管事务委员会，是由美国、英国、法国、德国、意大利、日本、荷兰、加拿大、比利时、瑞典 10 大工业国的中央银行于 1974 年底共同成立的。作为国际清算银行的一个正式机构，以各国中央银行官员和银行监管当局为代表，总部在瑞士的巴塞尔。每年定期集会 4 次，并拥有近 30 个技术机构，执行每年集会所订目标或计划。

巴塞尔委员会本身不具有法定跨国监管的权力，所作结论或监管标准与指导原则在法律上也没有强制效力，仅供参考。但因该委员会成员来自世界主要发达国家，影响大，一般仍预期各国将会采取立法规定或其他措施，并结合各国实际情况，逐步实施其所订监管标准与指导原则，或实务处理相关建议事项。在"国外银行业务无法避免监管"与"适当监管"原则下，消弭世界各国监管范围差异是巴塞尔委员会运作追求的目标。

延伸阅读

国际金融监管体系改革的成就及其最新进展
http://bank.hexun.com/2014-11-14/170412269.html

巴塞尔委员会制订了一些协议、监管标准与指导原则，如《关于统一国际银行资本衡量和资本标准的协议》《有效银行监管核心原则》等。这些协议、监管标准与指导原则统称为巴塞尔协议。这些协议的实质是为了完善与补充单个国家对商业银行监管体制的不足，减轻银行倒闭的风险与代价，是对国际商业银行联合监管的最主要形式。这些文件的制定与推广，对稳定国际金融秩序起到了积极作用。

除核心原则外，委员会还制定了评估各项原则达标情况的详细指导文件，即核心原则评估方法。该文件 1999 年第一次发布，也在这次审议中一并进行了修订。

2004 年 6 月，巴塞尔银行监管委员会公布了《新资本协议》框架。据调查，有 88 个非巴塞尔银行监管委员会的国家（或地区），包括非洲、亚洲、加勒比海地区、拉丁美洲、中东和非巴塞尔监管委员会的欧洲国家（或地区）准备实施新资本协议，而且大部分国家也制定了在 2009 年前实施新资本协议的规划。加上巴塞尔委员会成员国，计划实施新资本协议的国家已超过 100 个。

从 1979 年开始，由巴塞尔银行监管委员会牵头举办国际银行监督官大会，它是多边银行监管论坛，每两年举行一次，旨在促进各国（地区）银行监管当局的交流和合作。

各国的代表机构为中央银行，如果中央银行不负责银行业的审慎监管，则该国的银行监管当局也可是代表机构。

二、《巴塞尔协议》的制定及其主要内容

《巴塞尔协议》是国际清算银行（BIS）的巴塞尔银行业条例和监督委员会的常设委员会——"巴塞尔委员会"于 1988 年 7 月在瑞士的巴塞尔通过的"关于统一国际银行的资本计算和资本标准的协议"的简称。该协议第一次建立了一套完整的国际通用的、以加权方式衡量表内与表外风险的资本充足率标准，有效地扼制了与债务危机有关的国际风险。

巴塞尔协定从国际的角度要求国际银行在资本（监管资本）计量和资本标准所要达到的国际标准。从外部上对商业银行进行风险控制，以保证银行的安全性和稳定性原则的实现。以下是巴塞尔协定主要的几次变革，也是核心内容。

巴塞尔资本协议 Basel Capital Accord 主要包括四部分内容：一是确定资本的构成，即核心资本和附属资本两大类，且附属不得超过核心的 100%；二是风险档次划分，根据资产信用风险的大小，可以分为 0、20%、50%、100%四档；三是设定转换系数，将表外授信业务纳入资本监管；四是规定银行的资本与风险加权总资本之比不得低于 8%，核心资本与风险加权总资产之比不得低于 4%。

巴塞尔新资本协定 2004 年 6 月《统一资本计量和资本标准的国际协定：修订框架》

资本监管的三大支柱。①最低资本要求：仍采用资本充足率作为银行稳健经营、安全运行的核心指标，增加计算公式中全面反映信用风险、市场风险和操作风险；二是引入计量信用风险的内部评级法。②外部监管：现场检查和非现场监管。③市场约束：主要途径是银行披露的信息，包括 CAR、资本构成、风险敞口及风险管理策略、盈利能力、管理水平及过程等。

2010 年巴塞尔协定Ⅲ坚持基于风险的资本监管的逻辑思路，对Ⅱ做了完善和强化：①增加资本质量和数量要求，最低资本要求中的核心一级资本（普通股和留存收益）要求由 2% 提至 4.5%，另加 2.5% 的资本保护缓冲和 0～2.5% 的反周期资本缓冲要求，因此要求可以高达 9.5%（对全部资本要求高达 13%）；②扩大资本对风险的覆盖范围和提高资本对风险的敏感度，降低监管资本套利的可能性；③以资本为手段来应对监管资本的缺陷（顺周期效应）和系统性风险的挑战，例如资本保护缓冲和反周期资本缓冲，对系统性重要机构提出超额资本要求等；④此外，还将引入杠杆比率、流动杠杆比率和净稳定资金来源比率的要求，以降低银行系统的流动性风险，加强抵御金融风险的能力。

三、《有效银行监管的核心规则》

《有效银行监管的核心原则》（Core Principles for Effective Banking Supervision），简称《核心原则》，是巴塞尔银行监管委员会 1997 年 9 月 1 日发布的成员国国际银行监管领域里一份重要文献，1997 年 9 月 1 日正式生效。

《核心原则》共 6 节和 2 个附录，25 条原则。主要内容包括：前言；有效银行监管核心原则一览表；第一节，简介；第二节，有效银行监管的先决条件；第三节，发照程序和对机构变动的审批；第四节，持续性银行监管的安排；第五节，监管者的正规权力；第六节，跨国银行业；附录一，有关政府所有银行的特殊问题；附录二，存款保护。《核心原则》从有效银行监管的前提条件、发照和结构、审慎法规和要求、持续监管手段、信息要求、正式监管权力、跨境银行监管等方面，分别对监管主体和监管行为做出规定。并提出了银行风险监管的最低资本金要求、外部监管、市场约束等三大原则，这些原则是世界各国近百年银行监管经验教训的系统总结，反映了国际银行业发展的新变化和银行监管的新趋势。

《核心原则》和《1988 年资本协议》共同构成对外资银行风险性监管的基本规定。《核心原则》是继《巴塞尔资本协议》后国际上有关银行业监管的又一纲领性和指导性文献。《核心原则》作为国际上有效银行监管的通行标准，不仅为评价银行监管体系的有效性提供了评判准绳，也为各国银行监管方面存在的差距和问题提供了评估方法；不仅为 10 国集团所遵循，也陆续得到其他国家的认同，并作为建立和完善本国银行监管体系的指导准则。

四、《合规与银行内部合规部门》

2005 年 4 月，巴塞尔银行监管委员会发布《合规与银行内部合规部门》，敦促并指导国际银行业金融机构建立起有效的合规政策和程序，以便银行管理层在发现违规情况时能够采取适当措施予以纠正。该文件明确指出：银行的活动必须与所适用的法律、监管规定、规则、自律性组织制定的有关准则以及适用于银行自身业务活动的行为准则相一致。合规法律、规则和准则应包括：立法机构和监管机构发布的法律、规则和准则；市场惯例；行业协会制定的行业规则；适用于银行职员的内部行为准则；诚信和道德准则等。

巴塞尔银行监管委员会在《合规与银行内部合规部门》中，不仅提供了银行合规工作的基本指引，包括合规部门、岗位设置、合规风险、合规管理等，而且明确了国际银行监管标准的新趋势。

延伸阅读

《商业银行合规风险管理指引》
http://www.cbrc.gov.cn/chinese/home
/docDOC_ReadView/2835.html

第三节 金融调控法律制度

一、货币政策概述

常用网站

新华社中国金融信息网
http://www.xinhua08.com/

货币政策是指中央银行为实现既定的目标，运用各种工具调节货币供应量来调节市场利率，通过市场利率的变化来影响民间的资本投资，影响总需求来影响宏观经济运行的各种方针措施。调节总需求的货币政策的三大工具为法定准备金率，公开市场业务和贴现政策。货币政策的构成要素主要有5个：最终目标、政策工具、中介目标、传导机制、效果等，这构成了货币政策体系的总体框架。

1. 最终目标

《中国人民银行法》第3条规定，我国的货币政策目标是保持货币币值的稳定，并以此促进经济增长。近年来改革中的调整、充实措施，实际上也是为了保持人民币币值稳定，从而推动经济发展和社会进步。

货币政策是指一个国家的中央银行为了国民经济的正常运转而制定的战略目标。其主要包括四项内容：①稳定物价。物价稳定的反面是通货膨胀，而通货膨胀直接影响货币政策的实现，所以抑制通货膨胀、保持物价的基本稳定是中央银行的基本任务之一。物价稳定指一般物价水平在短期内没有显著的或急剧的波动。能够将物价波幅控制在2%～4%内就算基本上实现了物价水平的稳定。②充分就业。这不但是个经济问题，而且是个社会问题，国际上一般将失业率低于4%视为充分就业。③经济增长。一个国家的经济适度增长不但是适应国际竞争的需要，也是不断提高人民生活水平、增进社会进步的需要。④国际收支平衡。这是指本国对其他国家的全部货币收入和货币支出相抵，略有顺差或略有逆差。

2. 中介目标

中央银行的战略目标是由若干个短期目标构成的，这些短期目标就是货币政策的中介目标。中介目标主要有利率和货币供应量两个指标，中央银行通过制定不同的利率和控制经济中的货币供应量来影响各种生产经营活动。

新闻链接

2017年货币政策偏紧
http://finance.ifeng.com/a/2016
1213/15074116_0.shtml

二、存款准备金制度

存款准备金是指金融机构为保证客户提取存款和资金清算需要而准备的在中央银行的存款，中央银行要求的存款准备金占其存款总额的比例就是存款准备金率。存款准备金制度的初始意义在于保证商业银行的支付和清算，之后逐渐演变成中央银行调控货币供应量的政策工具。2015年9月15日，中国人民银行改革存款准备金考核制度，由现行的时点法改为平均法考核。平均法考核，即维持期内，金融机构按法人存入的存款准备金日终余额算术平均值与准备金考核基数之比，不得低于法定存款准备金率。同时，为促进金融机构稳健经营，存款准备金考核设每日下限。即维持期内每日营业终了时，金融机构按法人存入的存款准备金日终余额与准备金考核基数之比，可以低于法定存款准备金率，但幅度应在1个（含）百分点以内。

案例 13-1

央行下调存款准备金率

据央行网站消息，自2016年3月1日起，普遍下调金融机构人民币存款准备金率0.5个百分点，以保持金融体系流动性合理充裕，引导货币信贷平稳适度增长，为供给侧结构性改革营造适宜的货币金融环境。

三、基准利率制度

《中国人民银行法》第23条规定：中国人民银行为执行货币政策，可以确定中央银行基准利率。利率制度是我国货币政策调控制度的重要组成部分，也是现实货币政策的主要金融法律制度之一。中国人民银行根据货币政策实施的需要，适时地运用利率制度，对利率水平和利率结构进行调整，进而影响社会资金供求状况，实现货币政策的目标。

目前，中国人民银行实行的利率制度主要有以下几个。①调整中央银行基准利率，包括：再贷款利率，指中国人民银行向金融机构发放再贷款所采用的利率；再贴现利率，指金融机构将所持有的已贴现票据向中国人民银行办理再贴现所采用的利率；存款准备金利率，指中国人民银行对金融机构交存的法定存款准备金支付的利率；超额存款准备金利率，指中央银行对金融机构交存的准备金中超过法定存款准备金水平的部分支付的利率。②调整金融机构法定存贷款利率。③制定金融机构存贷款利率的浮动范围。④制定相关政策对各类利率结构和档次进行调整等。

小知识

利率

利率是利息率的简称，是指一定时期内利息的金额与存入或贷出金额的比率，由资金的供求关系决定。我国的利率分三种：①中国人民银行对商业银行及其他金融机构的存、贷利率，即基准利率，又称法定利率；②商业银行对企业和个人的存、贷款利率，称为商业银行利率；③金融市场的利率。其中，基准利率是核心，它在整个金融市场和利率体系中处于关键地位、起决定作用，它的变化决定了其他各种利率的变化。

根据《中国人民银行关于进一步推进利率市场化改革的通知》，自2013年7月20日起全面放开金融机构存贷款利率管制。2014 年 9 月 24 日，中国人民银行通过了《市场利率定价自律机制工作指引》，明确了市场利率定价自律机制的组织架构和工作机制，通过了《贷款基础利率集中报价和发布规则》。

四、再贴现制度

再贴现是中央银行对商业银行及其他金融机构的放款行为。在需要现金时，商业银行可以持合格的有价证券到中央银行进行再贴现或进行抵押贷款。这时，中央银行可以利用再贴现率执行货币政策。贴现率提高，商业银行向中央银行借款就会减少，准备金从而货币供给量就会减少。贴现率降低，向中央银行借款就会增加，准备金从而货币供给量就会增加。这种政策是逆经济风向的。再贴现是中央银行执行货币政策的重要手段之一。

除起到融通资金的作用外，再贴现作为中央银行执行货币政策的重要工具之一，还可以起到扩张或收缩社会信用的作用。当中央银行需要收缩银根，抑制经济过快扩张时，就可提高再贴现率，使商业银行和其他金融机构向中央银行融资的成本提高，从而抑制信贷需求，减少货币供给。另外，再贴现率可以影响市场利率，通过调整再贴现率，能及时将货币政策的意图传递给社会，并引导人们的投资、消费行为，推动货币政策目标的实现。

延伸阅读

发挥票据再贴现业务功能作用的思考

http://finance.ce.cn/rolling/201612/01/t20161201_18299602.shtml

五、再贷款制度

再贷款是指中央银行向商业银行的贷款。根据《中国人民银行对金融机构贷款管理暂行办法》第 8 条的规定，人民银行对金融机构贷款根据贷款方式的不同，可以划分为信用贷款和再贴现两种。信用贷款是指人民银行根据金融机构资金头寸情况，以其信用为保证发放的贷款。又根据《中国人民银行法》第 22 条和第 27 条的规定，信用贷款是指中央银行向商业银行提供的贷款，不包括商业银行之外的其他金融机构。所以，在我国，再贷款即指中央银行向商业银行提供的信用贷款。《中国人民银行法》、1999 年颁布实施的《中国人民银行分行短期再贷款管理暂行办法》和《中国人民银行紧急贷款管理暂行办法》、2002 年颁行的《中国人民银行对农村信用合作社贷款管理办法》构成我国再贷款制度的主要法律规范。

小知识

信贷资产质押再贷款

按照 2015 年人民银行工作会议要求，人民银行在前期山东、广东开展信贷资产质押再贷款试点形成可复制经验的基础上，决定在上海等 9 省（市）推广试点。人民银行分支机构对辖内地方法人金融机构的部分贷款企业进行央行内部评级，将评级结果符合标准的信贷资产纳入人民银行发放再贷款可接受的合格抵押品范围。信贷资产质押再贷款试点利于完善央行抵押品管理框架，利于提高货币政策操作的有效性和灵活性，有助于解决地方法人金融机构合格抵押品相对不足问题，引导其扩大"三农"、小微企业信贷投放，降低社会融资成本。

六、公开市场操作制度

公开市场操作（公开市场业务）是中央银行吞吐基础货币，调节市场流动性的主要货币政策工具，通过中央银行与指定交易商进行有价证券和外汇交易，实现货币政策调控目标。

《中国人民银行法》第22条第5项规定："中国人民银行为执行货币政策，可以运用下列货币政策工具：在公开市场上买卖国债、其他政府债券和金融债券及外汇。"20世纪90年代初中国人民银行开始进行公开市场业务以来，在不同的时期曾经使用过不同的操作工具。1997年3月中国人民银行颁布了《公开市场业务暨一级交易商管理暂行规定》，这为公开市场业务的操作提供了法律依据。中国人民银行公开市场操作的工具是国债、其他政府债券、金融债券和外汇，目前主要是外汇。

🐣 新闻链接

公开市场操作成为
调节流动性主要工具
http://www.financialnews
.com.cn/sc/hbsc/201608/t
20160806_101681.html

七、常备借贷便利操作制度

2014年1月20日起，人民银行在北京、江苏、山东、广东、河北、山西、浙江、吉林、河南、深圳开展常备借贷便利操作试点，由当地人民银行分支机构向符合条件的中小金融机构提供短期流动性支持。2013年初央行创设常备借贷便利工具以来，主要向符合宏观审慎要求的政策性银行和全国性商业银行提供了大额的短期流动性支持。部分人民银行分支行常备借贷便利操作试点，是短期流动性调节方式的创新尝试，主要解决符合宏观审慎要求的中小金融机构流动性需求，完善中央银行对中小金融机构提供正常流动性供给的渠道。人民银行分支行常备借贷便利操作的对象包括城市商业银行、农村商业银行、农村合作银行和农村信用社四类中小金融机构。期限分为隔夜、7天和14天三个档次。常备借贷便利全部以抵押方式操作。此次试点接受的合格抵押品包括国债、中央银行票据、国家开发银行及政策性金融债、高等级公司信用债等债券资产，央行通过设置不同的抵押率来控制信用风险。

👓 小知识

中期借贷便利

中期借贷便利（medium-term lending facility，MLF）于2014年9月由中国人民银行创设，是中央银行提供中期基础货币的货币政策工具。对象为符合宏观审慎管理要求的商业银行、政策性银行，可通过招标方式开展。发放方式为质押方式，并需提供国债、央行票据、政策性金融债、高等级信用债等优质债券作为合格质押品。

📖 **本章小结**

本章主要介绍了金融监管与金融监管法的基本理论、金融监管国际准则、宏观调控法律制度、我国的货币政策目标等相关内容。

第十四章

涉外金融法律制度

学习目标

通过本章的学习，了解外资国内证券市场投资法律制度、境内资金境外投资法律制度、境内企业境外上市法律制度以及境内企业跨境债券法律的法律制度等相关内容。

关键概念

B 股　QDII　QFII　H 股上市　红筹上市　VIE 结构　内保外贷　境外债券发行

引导案例

阿里巴巴美国上市

美国时间 2014 年 9 月 19 日上午，阿里巴巴正式在纽交所挂牌交易，股票代码为 BABA。截至当天收盘，阿里巴巴股价暴涨 25.89 美元报 93.89 美元，较发行价 68 美元上涨 38.07%，市值达 2 314.39 亿美元，超越 Facebook 成为仅次于谷歌的第二大互联网公司。9 月 19 日北京时间 21 时 30 分，阿里正式敲钟开市。因为交易量庞大，阿里创美股 10 年来开盘时间最长纪录。直到北京时间 23 时 50 分之后才出炉开盘价。开盘价 92.7 美元，较发行价 68 美元高开 36.3%。阿里巴巴集团市值达到 2 383.32 亿美元。据阿里巴巴招股书披露，马云占阿里巴巴 8.9% 的股份，以开盘价 92.7 美元计算，他在阿里巴巴的股份价值超过 200 亿美元。据国际货币基金组织公布的 2013 年世界各国 GDP 排行榜，阿里巴巴总市值 2 314.39 亿美元这个数字，居第 44 位伊拉克及 43 位巴基斯坦之间，阿里之富可匹敌全球 100 多个国家。

思考：我国公司海外上市一般采取什么模式？

第一节　外资国内证券市场投资法律制度

一、外资对国内证券市场投资类型

外资投资我国国内证券市场主要有三种类型，外资直接投资国内 B 股市场，外资通过 QFII 投资国内 A 股市场以及外资通过 RQFII 投资国内 A 股市场。

B 股又称上市外资股，是指国内企业发行的以人民币标明面值和以外币认购和进行交易，专供我国和我国港、澳、台地区的投资者买卖的特种股票。根据 1995 年《国务院关于股份有限公司境内上市外资股的规定》第 4 条的规定，我国 B 股投资者限于：①外国的自然人、法人和其他组织；②中国香港、澳门、台湾地区的自然人、法人和其他组织；③定居在国外的中国公民；④国务院证券委员会规定的境内上市外资股的其他投资人。中国证监会 2001 年 2

月 19 日发布了境内居民可投资 B 股市场的决定，境内居民个人可以按照《关于境内居民个人投资境内上市外资股若干问题的通知》（证监发〔2001〕22 号）的规定从事 B 股投资。

A 股又称人民币普通股，是指国内股份有限公司经中国证监会批准，依法发行的上市流通普通股股票。在我国目前资本项目尚未完全开放的情况下，该类股票主要对境内投资者开放，而对外国投资者只是作有限的开放，只有特定的境外投资者，即"合格的境外机构投资者"（Qualified Foreign Institutional Investors，QFII）方可认购与交易 A 股。

小知识

QFII 制度

QFII 制度，即合格的外国机构投资者制度，是指允许经核准的合格外国机构投资者，在一定规定和限制下汇入一定额度的外汇资金，并转换为当地货币，通过严格监管的专门账户投资当地证券市场，其资本利得、股息等经批准后可转为外汇汇出的一种市场开放模式。QFII 制度是在人民币未完全自由兑换的前提下，以证券投资形式有控制地引入外资，作为对直接投资的有效补充。2011 年 12 月 16 日中国证监会发布《基金管理公司、证券公司人民币合格境外机构投资者境内证券投资试点办法》，该办法适用于境内基金管理公司、证券公司的香港子公司，运用在香港募集的人民币资金投资境内证券市场的行为。中国证监会依法对香港子公司的境内证券投资实施监督管理，中国人民银行依法对香港子公司在境内开立人民币账户进行管理，国家外汇管理局依法对香港子公司的投资额度实施管理，人民银行会同国家外汇管理局依法对资金汇出入进行监测和管理。该办法的出台为中国带来了一种新的 QFII 模式，即人民币合格境外机构投资者（RMB Qualified Foreign Institute Investors）。

2013 年 3 月 1 日中国证监会发布了《人民币合格境外机构投资者境内证券投资试点办法》,《基金管理公司、证券公司人民币合格境外机构投资者境内证券投资试点办法》同时废止，试点办法明确指出人民币合格境外机构投资者（RQFII）是指经中国证券监督管理委员会批准，并取得国家外汇管理局批准的投资额度，运用来自境外的人民币资金进行境内证券投资的境外法人。

二、外资国内证券市场投资的主要法律规定

我国目前有关外资国内证券市场投资的法律法规体系除基本法律外，大致包括：①国务院制定的行政法规，内容是有关外资证券投资的市场准入与活动、范围方面的规范，如国务院《关于股份有限公司境内上市外资股的规定》（1995）、《指导外商投资方向规定》（2002）。②国务院的各部、委、局颁布的部门规章，内容是有关外资国内证券市场投资监管的专项规定，主要有《关于设立外商投资股份有限公司若干问题的暂行规定》（1995）、《关于上市公司涉及外商投资有关问题的若干意见》（2001）、《关于向外商转让上市公司国有股和法人股有关问题的通知》（2002）、《合格境外机构投资者境内证券投资管理办法》（2006）、《合格境外机构投资者境内证券投资外汇管理规定》（2012 年修改）、《外商投资产业指导目录》（2011）、《关于实施〈合格境外机构投资者境内证券投资管理办法〉有关问题的规定》（2012）等。③交易所和登记结算公司制定的各种涉及 QFII 的自律性文件及相应的交易、结算规则，主要包括《上海证券交易所合格境外机构投资者和人民币合格境外机构投资者证券交易实施细则》（2014）、《深圳证券交易所合格境外机构投资者和人民币合格境外机构投资者证券交易

实施细则》（2014）、中国证券登记结算有限责任公司发布的《中国证券登记结算有限责任公司合格境外机构投资者境内证券投资登记结算业务实施细则》（2013）。

在上述法律规章和规范性文件中，2006 年颁布的《合格境外机构投资者境内证券投资管理办法》及《关于实施〈合格境外机构投资者境内证券投资管理办法〉有关问题的规定》（2012）和上海、深圳两个证券交易所等发布的有关 QFII 交易、结算规则，共同构成了我国现有的 QFII 制度的主要内容，是我国当前规范外资投资国内证券市场的专门法律制度。

案例 14-1

第七批网下配售黑名单出炉 QFII 今年首次被"拉黑"

2016年12月1日，中证协公布了2016年第七批网下配售黑名单。这份网下配售黑名单中，QFII账户2016年首次进入。它们分别是CSIIM CLIENT FUND-04 / CSIIM CLIENT和LEGG MASON PERMAL CHINA ALPHA FUND，后者则是来自著名的美盛投资（欧洲）有限公司。

第二节 境内资金境外投资法律制度

一、境内资金境外直接投资

境外直接投资是指伴有企业经营管理权和控制权的投资，投资者在境外直接经营企业，并对企业的经营管理有较大的控制权，包括境外投资开办企业和境外投资项目。2014 年商务部第 3 号令《境外投资管理办法》第 2 条规定，境外投资是指："在中华人民共和国境内依法设立的企业通过新设、并购及其他方式在境外拥有非金融企业或取得既有非金融企业所有权、控制权、经营管理权及其他权益的行为。"2014 年国家发改委第 9 号令《境外投资项目核准和备案管理办法》第 3 条规定："境外投资项目是指投资主体通过投入货币、有价证券、实物、知识产权或技术、股权、债权等资产和权益或提供担保，获得境外所有权、经营管理权及其他相关权益的活动。"

🦔 **案例链接**

中铁进军欧洲折载波兰：怎样搞砸海外项目 http://finance.sina.com.cn/chanjing/sdbd/20110725/121810202007.shtml

二、境内资金境外间接投资

（一）境外间接投资与 QDII 制度

境内投资者除通过在境外设立企业、机构等方式进行境外直接投资外，还可以采取如下方式进行境外间接投资，包括商业银行代客境外理财渠道、保险机构境外证券投资渠道、证券类经营机构境外证券投资渠道、信托公司受托境外理财渠道、个人投资者直接对外证券投资渠道等。在中国现有的法律框架内，境内投资者主要采取通过商业银行、证券类经营机构、信托公司等发行的 QDII 产品进行境外间接投资。

QDII 是 Qualified Domestic Institutional Investor 的首字缩写，合格境内机构投资者，是指在人民币资本项下不可兑换、资本市场未开放条件下，在一国境内设立，经该国有关部门批准，

有控制地，允许境内机构投资境外资本市场的股票、债券等有价证券投资业务的一项制度安排。设立该制度的直接目的是为了"进一步开放资本账户，以创造更多外汇需求，使人民币汇率更加平衡和市场化，并鼓励国内更多企业走出国门，从而减少贸易顺差和资本项目盈余"，直接表现为让国内投资者直接参与国外的市场，并获取全球市场收益。

（二）QDII 分类

根据我国目前的 QDII 的实践，按照当前金融监管部门核准的主体划分，QDII 大致可以分为四大类，即银行系 QDII、基金和券商系 QDII、保险系 QDII 和信托系 QDII。

1. 银行系 QDII

由金融监管部门核准的商业银行作为合格的境内机构投资者，是当前我国 QDII 的主流。2006 年 4 月，中国人民银行发布 5 号公告，允许符合条件的境内银行集合境内机构和个人的人民币资金，在一定额度内投资于境外固定收益类产品。2006 年 4 月，中国人民银行、中国银监会和国家外汇管理局颁布、实施《商业银行开办代客境外理财业务管理暂行办法》，允许符合条件的境内商业银行募集境内个人和机构的人民币与外汇资金进行境外证券投资。2007 年 5 月，中国银监会办公厅出台《关于调整商业银行代客境外理财业务境外投资范围的通知》，将商业银行代客境外理财产品境外投资范围拓宽至股票、股票型基金等金融产品。

2. 基金和券商系 QDII

2006 年 8 月，中国证监会批准华安基金管理公司开展境外证券投资试点。2007 年 6 月，中国证监会发布《合格境内机构投资者境外证券投资管理试点办法》，从市场准入、审批程序、境外投资顾问设置、资产托管以及资金运作等方面，对基金管理公司、证券公司等证券类经营机构境外证券投资业务进行规范。

3. 保险系 QDII

这是指由金融监管部门核准的保险公司取得合格境内机构投资者的资格。2004 年 8 月，中国人民银行和中国保监会联合发布《保险外汇资金境外运用管理暂行办法》，允许符合一定条件的保险公司运用自有外汇资金的一定比例，投资于境外债券、货币市场工具等风险较低的境外金融产品。2005 年 9 月，中国保监会发布《保险外汇资金境外运用管理暂行办法实施细则》，进一步将保险外汇资金境外投资范围拓宽至中国企业在纽约、伦敦、法兰克福、东京、新加坡和中国香港证券交易所上市的股票，使保险外汇资金境外投资资产配置更为灵活。2007 年 6 月，中国人民银行、中国保监会和国家外汇管理局联合发布《保险资金境外投资管理暂行办法》，允许保险机构以其自有外汇资金或者购汇进行境外证券投资。

4. 信托系 QDII

2007 年 3 月，中国银监会和国家外汇管理局联合发布《信托公司受托境外理财业务管理暂行办法》，允许符合条件的信托公司募集投资者的人民币资金及外汇资金，进行境外证券投资，为信托公司受托理财开辟了境外投资的新渠道。

第三节　境内企业境外上市法律制度

一、境内企业境外上市概述

20 世纪 90 年代，中国企业开始走出去，向境外投资者公开发行股票，并在境外交易所挂牌上市。融资是中国企业境外上市的首要原因。中国企业境外上市的另一个原因时提高公司治理水平，尤其是对于国企，在境外上市的过程中，私募投资者等外部股东的引进、独立董事的引进、信息披露机制的建立，这些措施也在客观上帮助民营企业提高其公司治理水平。

📢资料链接

境外上市流程及时间表
http://mt.sohu.com/20160914/n468438374.shtml

境内企业选择境外上市地点时需要考虑如下因素：投资者基础，流通性，估值，信息披露的要求，上市费用等。境内企业应根据自己所属行业、筹备上市项目，结合各地股票市场的特点，审慎选择最适合企业的上市地点。从现有情况看，境内企业选择境外上市的地点一般在我国香港、美国纽约、新加坡等地。

二、境内企业境外上市模式及监管

针对境内企业境外上市，中国目前采取双重审核原则。所谓"双重审核"，是指在跨境上市活动中，中国企业不仅需要遵守境外上市地的证券法，获得境外上市地证券监管机构的批准，在某些适用情形下还需要获得中国证券监管机构的批准。在"双重审核"原则下，中国又发展出多种模式。

1．H 股模式

在 H 股模式下，企业的注册地在中国境内，上市企业属于中国的《公司法》下注册的股份有限公司。就股票的发行和上市来讲，股票发行对象是境外的投资者，股票在香港联交所上市交易。比如，中国工商银行采用的就是"H 股模式"，在境外向投资者发行股票，股票在香港联交所上市，也被称为"H 股"。

2005 年之前，采用 H 股模式境外上市的中国企业，除了股票在我国香港联交所上市以外，股票还被转换成美国存托凭证的方式，在美国的交易所上市。

根据双重审核原则，采用"H 股模式"到境外公开发行股票并在当地上市，企业既要获得中国证监会的许可，也要获得境外证券监管机构的许可。2012 年，中国证监会颁布《H 股上市指引》，中国企业境外上市申请时，仍然要获得中国证监会的审批，也要符合香港联交所的上市规则，包括上市规则中规定的财务指标，获得联交所的批准。如果同时在香港联交所和纽约证券交易所上市，还要符合纽约证券交易所上市规则，符合纽约证券交易所规定的财务指标，获得美国证监会和纽约交易所的批准。《H 股上市指引》放松审批条件、简化审批流程，实际上是在朝着逐步取消"双重审批"原则、符合国际资本市场实践的方向迈进。

〉〉〉**案例 14-2**

邮储银行 H 股挂牌

2016年9月28日上午9时，中国邮政储蓄银行H股在香港联交所主板挂牌交易。作为最后一家上市的国有大行，邮储银行的IPO受到了资本的热捧。邮储银行宣布H股全球发售股份结果，以每股4.76港元全球发售121.07亿股，所得款项净额估计约566.27亿港元。邮储银行拟将全球发售所得款项净额扣除佣金及预计开支后，用于补充邮储银行资本金，以协助业务持续增长。

2. 红筹模式

红筹模式是指境内公司将境内资产/权益与股权/资产收购或协议控制（VIE）等形式转移至在境外注册的离岸公司，而后通过境外离岸公司来持有境内资产或股权，然后以境外注册的离岸公司名义申请在境外交易所（如纽约证券交易所、伦敦证券交易所、法兰克福证券交易所、纳斯达克证券交易所、新加坡证券交易所等）或中国香港联交所挂牌交易的上市模式。

在股权收购模式下，红筹模式操作程序为：国内企业股东以少量资本成立离岸公司，该离岸公司引入投资者或自行筹集外汇资金（数额相当于国内企业净资产值），足够购买国内企业股权，离岸公司收购国内企业股权，需将外汇收购价汇入国内，并将国内企业变更为外商独资或合资企业，国内企业股东以少量资本在境外（百慕大、开曼）和我国香港地区成立拟上市主体。

延伸阅读

境外红筹上市突破10号文的案例和模式
http://www.goingconcern.cn/article/2396

根据国务院于1997年6月20日下发的国发〔1997〕21号《关于进一步加强在境外发行股票和上市管理的通知》（下称"红筹指引"），红筹模式的关键问题是离岸公司收购国内资产的外汇如何获得以及在涉及国有股份比率较大时（超过30%）将国有股份或资产转移到境外能否通过中国证监会和国务院有关主管部门的批准（后者称为大红筹，否则为民营企业的小红筹）。

3. VIE模式

案例链接

看暴风科技如何拆除VIE架构
http://money.163.com/15/0409/11/AMOPA8LQ00253G87.html

VIE模式（variable interest entities，可变利益实体），即VIE结构，在国内被称为"协议控制"，是指境外注册的上市实体与境内的业务运营实体相分离，境外的上市实体通过协议的方式控制境内的业务实体，业务实体就是上市实体的VIEs（可变利益实体）。

这些公司通常的做法是：①公司的创始人或是与之相关的管理团队设置一个离岸公司，比如在维京群岛（BVI）或是开曼群岛；②该公司与VC、PE及其他的股东，再共同成立一个公司（通常是开曼），作为上市的主体；③上市公司的主体再在香港设立一个壳公司，并持有该香港公司100%的股权；④香港公司再设立一个或多个境内全资子公司（WFOE）；⑤该WFOE与国内运营业务的实体签订一系列协议，达到享有VIEs权益的目的，同时符合SEC的法规。

第四节　境内企业跨境债券发行法律制度

一、境内企业境外债券发行概述

根据国家发改委于2015年9月14日发布的《国家发展改革委关于推进企业发行外债备案登记制管理改革的通知》（发改外资〔2015〕2044号），将境外债券定义为："境内企业及其控制的境外企业或分支机构向境外举借的、以本币或外币计价、按约定还本付息的 1 年期以上债务工具。"目前发行的境外债券一般多为美元债券、欧元债券和人民币债券，具体发行的债券类型由发行企业根据需求来决定。

案例 14-3

徐州发行两批境外美元债券 融资额达 9 亿美元

2016年11月，徐州高新区国资公司境外发行3亿美元债券项目和新沂市国资公司境外发行3亿美元债券项目相继获批。截至2016年11月，徐州市境外美元债券成功发行三批，融资额达9亿美元，融资批次和总量跃居全省前列。据悉，两地发行的美元债券项目资金均回流到境内，主要用于科技园区、旅游景区及城镇化基础设施建设，外债项目在境外的成功发行，体现了海外投资者对徐州市整体实力、优良的信用资质和融资项目的高度认可，更为徐州市大型基础设施建设融资开辟了新渠道。这些项目的落地实施，将进一步加快我市对接融入"一带一路"和长江经济带建设、打造沿东陇海线经济带增长极、全面振兴老工业基地起到积极的推动作用。

二、境内企业境外债券发行监管

1. 发改委发行外债备案

境内企业及其控制的境外企业或分支机构向境外举借的、以本币或外币计价、按约定还本付息的 1 年期以上债务工具，包括境外发行债券、中长期国际商业贷款适用上述发改委文件。备案要求为，企业发行外债，须事前向国家发改委申请办理备案登记手续。企业在申请时需向国家发改委提交发行外债的申请报告和发行方案。申请报告的内容主要包括发行企业对其"信用记录良好，已发行债券或其他债务未处于违约状态。具有良好的公司治理和外债风险防控机制。资信情况良好，具有较强的偿债能力"等情况的具体说明。发行方案的主要内容包括外债币种、规模、利率、期限、募集资金用途及资金回流情况等。

备案及事后报告程序时间要求是，国家发改委在收到备案登记申请后 5 个工作日决定是否予以受理，自受理之日起 7 个工作日内，在外债总规模限额内出具"企业发行外债备案登记证明"。同时，发行企业需要在每期发行结束后 10 个工作日内，向国家发改委报送"企业发行外债信息报送表"，该"企业发行外债信息报送表"需发行企业填写发行主体的基本情况、企业主要经济指标、企业发行外债基本情况以及资金回流及使用情况等信息。国家发改委内部对于年度境内企业海外发债有个总额度目标。

2. 内保外贷的外汇备案

2014 年 5 月 12 日，国家外汇管理局发布了《跨境担保外汇管理规定》，规定在内保外贷的情形下，若担保人为集团母公司，应在签订担保合同后 15 个工作日内到所在地外汇局办理内保外贷签约登记手续。

若采用银行备用信用证提供担保的，担保人通过数据接口程序或其他方式向外汇局报送内保外贷业务相关数据。

小知识

内保外贷

内保外贷包含两部分，一是"内保"，二是"外贷"。"内保"就境内企业是向境内分行申请开立担保函，由境内分行出具融资性担保函给离岸中心；"外贷"即由离岸中心凭收到的保函向境外企业发放贷款。假设国内的 A 公司在海外一个子公司是 B 公司，因为自身经营，比如参与国际间的贸易竞争需要贸易融资额度或者企业周转需要流动资金贷款，急需银行的授信支持，但是因为 B 公司在海外成立时间较短，或者海外银行对 B 公司有"规模"的要求，在短时间内得到海外授信的难度比较大。而 A 公司跟某银行境内分行合作情况良好，且有授信的支持。在这样的背景下，通过某银行的"内保外贷"业务就可以解决。

3. 国企审批

目前没有统一的法律法规规范国企境外发债的审批事项。中央国企是否需要报国有资产监督管理部门审批取决于国资监管部门权限下放范围及公司章程的规定，即发债主体或其集团母公司是否有足够的权限进行审批。境内政策性银行或商业银行赴港发行人民币债券还需中国人民银行审批。地方国企的审批情况是，地方国企境外发债的审批取决于各地规定，部分省份规定境外发债需要当地省级国有资产监督管理部门审批，也有部分省份规定境外发债仅需要向当地省级国有资产监督管理部门报告即可。

案例 14-4

大连万达集团股份有限公司境外公司境外完成美元债券发行

2016年7月21日，大连万达集团股份有限公司境外公司境外成功发行2.1亿美元债券，期限3年，票面利率3.8%。

本章小结

本章主要介绍了外资国内证券市场投资法律制度、境内资金境外投资法律制度、境内企业境外上市法律制度以及境内企业跨境债券发行法律制度等相关内容。

主要参考文献

[1] 朱大旗. 金融法（三版）. 北京：中国人民大学出版社，2015

[2] 岳彩申，盛学军. 金融法学（二版）. 北京：中国人民大学出版社，2015.

[3] 徐孟洲. 金融法（三版），北京：高等教育出版社，2014.

[4] 吴志攀. 金融法概论（五版）. 北京：北京大学出版社，2011.

[5] 唐应茂. 国际金融法：跨境融资和法律规制. 北京：北京大学出版社，2015.

[6] 王巍. 金融信托投融资实务与案例. 北京：经济管理出版社，2013.

[7] 姜仲勤. 融资租赁在中国：问题与解答. 北京：当代中国出版社，2015.

[8] 高仲，张媛媛. 金融租赁业务：操作实务与图解. 北京：法律出版社，2015.

[9] 刘婷，隋平. 上市公司并购重组：操作实务与图解. 北京：法律出版社 2015.

[10] 申林平. 上市公司并购重组解决之道：500 个实务要点深度释解. 北京：法律出版社，
2016.

[11] 中国期货业协. 期货及衍生品基础. 北京：中国财政经济出版社，2015.

[12] 中国证券投资基金业协会. 股权投资基金基础知识要点与法律法规汇编. 北京：中国金
融出版社，2016.

[13] 申林平. 红筹 VIE 结构企业回归实务与案例分析. 中国：法律出版社，2016.

[14] 法律出版社法规中心. 新编金融法小全书. 北京：法律出版社，2016.

[15] 中国期货业协会. 期货法律法规汇编. 北京：中国财政经济出版社，2015.

[16] 陈志武. 金融的逻辑. 北京：国际文化出版公司，2009.

[17] 盛松成，刘西. 金融改革协调推进论：论中国利率、汇率改革与资本账户开放. 北京：
中信出版集团股份有限公司，2015.

[18] 乔安妮·凯勒曼，雅各布·德汗费姆克·德弗里斯，张晓朴译. 21 世纪金融监管. 北京：
中信出版集团股份有限公司，2016.

[19] 王曙光. 普惠金融：中国农村金融重建中的制度创新与法律框架. 北京：北京大学出版
社，2013.

[20] 马丽娟. 信托与融资租赁（二版）. 北京：首都经济贸易大学出版社，2013.

配套资料索取示意图

说明：学生和普通读者注册后可下载**学习资源**；**教学用资源**仅供教师下载，**教师身份**、**用书教师身份**需网站后台审批，审批后可下载相应资源；教师加"关注"后新增资源有邮件提醒。

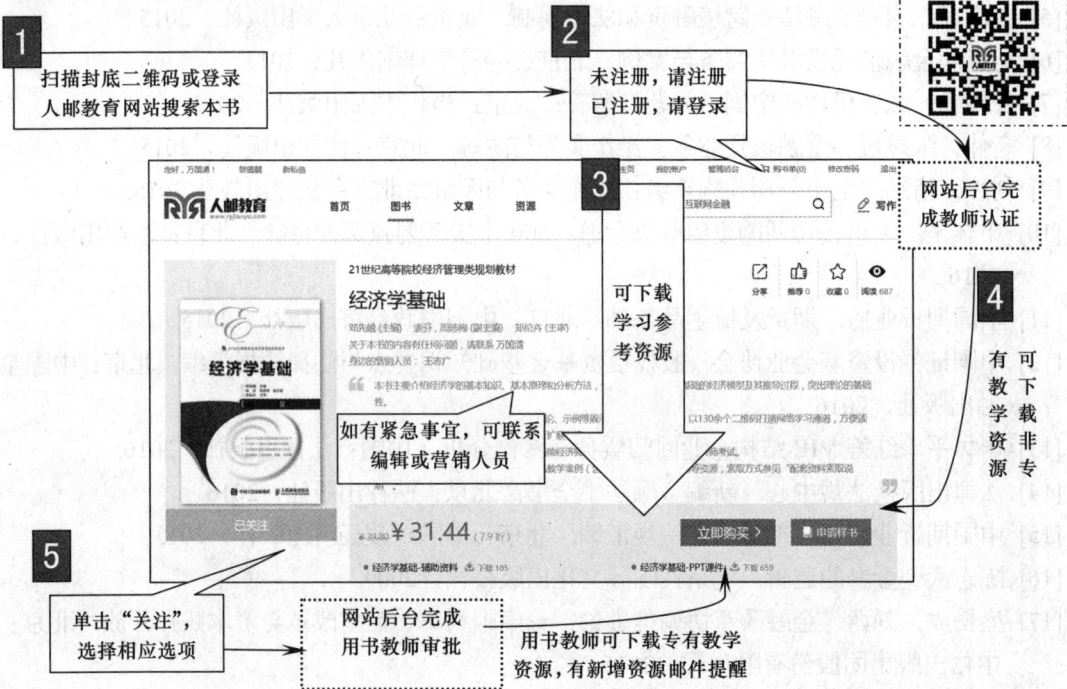

1 扫描封底二维码或登录
人邮教育网站搜索本书

2 未注册，请注册
已注册，请登录

网站后台完成教师认证

3

4 可下载非专有教学资源

5 单击"关注"，选择相应选项

网站后台完成用书教师审批

用书教师可下载专有教学资源，有新增资源邮件提醒

可下载学习参考资源

如有紧急事宜，可联系编辑或营销人员

部分 21 世纪高等院校经济管理类规划教材推荐

书名	主编	书号	编辑推荐
管理学——原理与实务（第2版）	李海峰	978-7-115-35395-5	2013年陕西普通高校优秀教材二等奖；提供课件、教案、实训说明、教学体会、文字与视频案例、习题集及参考答案等
管理学	方振邦	978-7-115-44334-2	提供PPT、习题库及习题答案、模拟试卷、视频案例、案例库等
人力资源管理	方振邦	978-7-115-44795-1	提供PPT、习题及习题答案、模拟试卷、视频案例等
企业文化	杨月坤	978-7-115-44012-9	提供课件、习题答案、教学计划和电子教案、视频案例等
企业战略管理（第2版）	舒 辉	978-7-115-43139-4	二维码打造立体化阅读环境；案例、习题等营造多方位学习环境；提供课件、补充案例、模拟试卷等素材
客户关系管理理论与应用	栾 港	978-7-115-39343-2	60组案例助力理论联系实际，33个二维码打通网络学习通道，在线Xtools软件方便实践训练；提供课件、教案、教学日历、免费教学账号、习题库、试卷等
客户关系管理	伍京华	978-7-115-44624-4	提供PPT、视频案例、案例库、习题库（及答案）、模拟试卷等材料
社会心理学	陈志霞	978-7-115-40977-5	40余二维码拓展读者视野；兼顾基础与应用社会心理学；数百实例助力理论与实践相结合；提供课件、案例、答案、试卷等

书名	主编	书号	编辑推荐
经济学基础	邓先娥	978-7-115-39039-4	近300个实例连接理论与生活，130余个二维码打通网络学习通道，70余项扩展阅读指南指引学习方向；提供课件、教案、答案、文字和视频案例、试卷等
微观经济学（第2版）	胡金荣	978-7-115-39400-2	简明易懂，关注热点；二维码扩展网络视野；提供课件、答案、案例、试卷
政治经济学（第2版）	张 莹 李海峰	978-7-115-42571-3	着重于分析社会经济问题；利用二维码拓展读者阅读空间；提供课件、大纲、视频案例、习题集、试卷等
财务管理	王积田	978-7-115-28482-2	吸收相关学科的最新成果，与企业财务管理实践接轨；提供课件、习题答案、试卷等
应用统计学（第2版）	潘 鸿	978-7-115-38994-7	以Excel为实验软件，适应职场需求；提供全套实验资料，提升读者应用能力；提供课件、教案、上机操作数据、函数实现常用统计表等
国际市场营销	李 爽	978-7-115-39077-6	80余个实例追求学以致用，80余个二维码拓展读者学习空间；提供课件、教案、文字与视频案例、实训资料、答案、试卷等
国际贸易理论与政策	毛在丽	978-7-115-37138-6	包括新新贸易理论等新内容，将非关税措施分为技术性和非技术性两类，提供课件、教案、答案、试卷和视频案例等
国际贸易实务	吕 杜	978-7-115-37235-2	提供课件、答案、单证样本、习题集、试卷、模拟操作训练材料和常用规则文本等
报关实务（第2版）	朱占峰	978-7-115-42629-1	五十余个二维码链接网络学习资源；理论与实务并重，操作与案例同行；提供课件、视频案例、答案、试卷等
电子商务概论（第3版）	白东蕊	978-7-115-42630-7	新增跨境电商、互联网+等新内容；百余二维码拓展读者学习空间；提供课件、教案、大纲、答案、实验指导、文字与视频案例等
电子商务概论	仝新顺	978-7-115-38748-6	七十余个二维码拓展学习空间，近百组案例、实训促进学练结合；提供大纲、课件、视频案例、自测试题、模拟试卷等
网络营销——基础、策划与工具	何晓兵	978-7-43745-7	二维码链接网络资源；提供案例、课件、习题助力学习
金融法	李良雄 王琳雯	978-7-115-30980-8	吸收截至2012年12月的最新法律法规，高度融合职业资格考试要求，提供课件、教案、视频案例、习题答案、补充练习题
金融法	贾翱	978-7-11544992-4	提供PPT及习题等资料
经济法概论	王子正	978-7-11544966-5	提供PPT、习题及习题答案、模拟试卷等
商法学	王子正	978-7-115-43248-3	通过二维码营造网络阅读环境；提供课件、习题和习题答案
国际商法（双语版）	韩永红	978-7-115-43994-9	提供PPT教学课件、教学大纲、相关法律条约及法规文本
保险学（第2版）	刘永刚	978-7-115-43687-0	以大量案例解读相关内容；保险理论与保险业务并重；二维码链接网络学习资源；提供课件、答案、案例、试卷等
物流成本管理	鲍新中	978-7-115-44379-3	提供电子课件、电子教案等教学资源
物流学	陈文汉	978-7-115-28271-2	针对非金融类读者，内容紧跟时代；提供课件、教案、视频案例、答案、试卷等
物流工程导论	朱占峰	978-7-115-42535-5	课件嵌入大量教学视频案例；物流新闻拉近理论与现实距离；提供课件、答案、视频案例、试卷等
财政学	唐祥来	978-7-115-31521-2	以丰富的案例提升学习兴趣；提供课件、教案、答案、文字与视频案例、试卷等
商务礼仪	王玉苓	978-7-115-36091-5	图文并茂，追求学以致用；提供教案、课件、答案、文字与视频案例、课外阅读资料等
现代社交礼仪（第2版）	闫秀荣	798-7-115-25681-2	图文并茂，二维码链接网络资源；提供课件、教案、文字与视频案例、实训手册、练习题及参考答案等
商务谈判理论与实务	林晓华	978-7-115-41308-6	以即学即练、模拟商务谈判实践、模拟商务谈判大赛等形式增强互动；二维码链接网络学习资源；提供课件、答案、视频案例、试卷等资料
商务谈判	李爽	978-7-115-44794-4	二维码链接网络资源，提供PPT、模拟试卷和视频案例等
商务沟通与谈判（第2版）	张守刚	978-7-115-43065-6	二维码打造立体化阅读环境；强调实践教学，提供模拟商务谈判素材；提供教案、课件、案例、视频库等资料

配套资料索取示意图